suhrkamp taschenbuch
wissenschaft 1107

Die Empirische Literaturwissenschaft formuliert ein neues Konzept von Literatur und Literaturwissenschaft: untersucht wird literarisches Handeln, Handeln mit Texten, nicht mehr (in erster Linie) allein der Text. Das bedeutet: Entwicklung neuer theoretischer Bausteine, Fragestellungen, die mit der hermeneutischen Tradition brechen, Integration interdisziplinärer Ansätze und Perspektiven, Anknüpfung an Systemtheorie, methodische Prüfverfahren und empirisches Forschen.
Der *Grundriß der Empirischen Literaturwissenschaft* von Siegfried J. Schmidt (zuerst 1980, jetzt stw 915) hat dazu das Gerüst geliefert. Der vorliegende Band bietet einen Überblick über die Resonanz dieser neuen Literaturwissenschaft: von Philosophen, Linguisten, Soziologen, Psychologen und natürlich Literaturwissenschaftlern werden – auf dem neuesten Forschungsstand – Probleme und Grundlagen der neuen Konzeption diskutiert, Fragen nach einer empirischen Literaturgeschichtsschreibung gestellt, die Problembezüge unterschiedlicher Rollen »literarischen Handelns« erforscht, und es wird gezeigt, welche Innovationen im Bereich der »Methoden« notwendig und möglich sind.
Der Band richtet sich an Literaturwissenschaftler aller Philologien, Kommunikationswissenschaftler, Psychologen, Soziologen, Literaturdidaktiker und Philosophen.

Empirische Literaturwissenschaft in der Diskussion

Herausgegeben von
Achim Barsch, Gebhard Rusch
und Reinhold Viehoff

Suhrkamp

Die Deutsche Bibliothek – CIP-Einheitsaufnahme
Empirische Literaturwissenschaft in der Diskussion /
hrsg. von Achim Barsch ... –
1. Aufl. – Frankfurt am Main :
Suhrkamp, 1994
(Suhrkamp-Taschenbuch Wissenschaft ; 1107)
ISBN 3-518-28707-9
NE: Barsch, Achim [Hrsg.]; GT

suhrkamp taschenbuch wissenschaft 1107
Erste Auflage 1994

Satz und Druck: Wagner GmbH, Nördlingen
Printed in Germany
Umschlag nach Entwürfen von
Willy Fleckhaus und Rolf Staudt

1 2 3 4 5 6 – 99 98 97 96 95 94

Inhalt

III. ASPEKTE EMPIRISCHER LITERATURGESCHICHTSSCHREIBUNG

IV. LITERARISCHES HANDELN

V. ANSÄTZE ZUR METHODENINNOVATION

Achim Barsch, Gebhard Rusch und Reinhold Viehoff
Einleitung

C. P. Snows These von den zwei Kulturen, deren jeweilige »Anhänger« zwar nach seinen Beobachtungen miteinander über das Wetter reden können, aber nicht darüber, was es bedeutet, Wissenschaft zu betreiben, findet – in der Konsequenz der ontologisierenden Trennung und Gegenüberstellung von »Geistes-« und »Naturwissenschaften« durch Dilthey – gerade in den neueren Literaturwissenschaften anscheinend eine fortdauernde Bestätigung. Mit der »empirischen Literaturwissenschaft« zwingt seit nun fast zwanzig Jahren die »eine Kultur« die »andere« innerhalb der Grenzen einer Disziplin – eben der Literaturwissenschaft – zur »Paradigmendiskussion«. 1972 wurde zuerst von Norbert Groeben eine »empirische Literaturwissenschaft« als Ziel einer prinzipiellen methodologischen und theoretischen Umorientierung der Literaturwissenschaft in Richtung auf die empirischen Sozialwissenschaften gefordert. 1980/82 wurde die Empirische Literaturwissenschaft (ELW) dann im *Grundriß* von S. J. Schmidt als wohlformuliertes, in der Tradition der analytischen Wissenschaftstheorie begründetes Konzept einer »Empirischen Theorie der Literatur« (ETL) vorgelegt.[1] Diese Theorie wird seitdem als Programm verstanden, die individuellen und vergesellschafteten Formen »literarischen Handelns« diachron und synchron zu erforschen. Die Empirische Literaturwissenschaft ist innerhalb der hermeneutisch dominierten Literaturwissenschaft zwar immer noch »die andere Kultur«, aber selbst die Ignoranten unter ihren Verächtern wissen heute, daß die LiteraturwissenschaftlerInnen durch diese »interkulturelle« Konstellation zu Begründungsdiskursen gezwungen werden, in denen sich auch *schon immer Gewußtes* oder bisher *nicht Gewußtes* als neues Problem zeigen kann.

Die Beiträge dieses Bandes können als Forschungs-, aber auch als Fortschrittsberichte der Empirischen Literaturwissenschaft in den letzten zehn Jahren seit Erscheinen des »Grundrisses« von S. J. Schmidt gelesen werden. Sie sind gerichtet auf die Diskussion und Lösung der von der Empirischen Literaturwissenschaft gestellten Forschungsprobleme; sie sind insofern zugleich auch als

Angebot zu verstehen, sich auf diese Diskussionen und auf die Lösungsvorschläge einzulassen.

Die Idee, eine Empirische Literaturwissenschaft zu entwickeln, kristallisierte sich Anfang der siebziger Jahre in einer Situation heraus, in der die Legitimationskrise der Literaturwissenschaft einen ersten Höhepunkt erreicht hatte. Die Disziplin war – durch Kritik von innen und von außen – auf der Suche nach neuen Ansätzen, Gegenstandsbereichen und Aufgabenfeldern. So wurde beispielsweise die Literaturgeschichtsschreibung als Betätigungsfeld (mit inzwischen eindrucksvollen Resultaten im Bereich der Sozialgeschichte der Literatur) wiederentdeckt, aber auch die Ausweitung auf Trivialliteratur-, Rezeptions- und Medienforschung stellte unübersehbar neue theoretische und methodische Anforderungen. Aus anderen Nachbardisziplinen (z. B. Psychologie, Philosophie, Linguistik) wurden zudem Konzepte und Ideen zur Verbesserung literaturwissenschaftlicher Theorie und Praxis (d. h. Literaturtheorie und Interpretation) importiert, so daß die Disziplin »Literaturwissenschaft« ein Kaleidoskop von zwar konkurrierenden, aber sich gegenseitig tolerierenden Ansätzen, Methoden und Programmen darstellte. Dabei drückte sich im liberalen Toleranzprinzip nicht nur edle Gesinnung, sondern das heimliche Eingeständnis des Ungenügens auch der jeweils eigenen Mittel aus, während das Konkurrenzverhältnis in der Bildung von Schulen und im wissenschaftlichen Diskurs kultiviert wurde. Aus einer wissenschaftstheoretischen Verlegenheit entstand eine methodenpluralistische Tugend nach dem Motto: Wir sind zwar methodologisch am Ende, aber wir machen methodisch das Beste daraus!

In dieser Lage mußte früher oder später die Frage gestellt werden, ob die Entwicklung immer neuer Methoden (vor allem der Textanalyse und -interpretation), ob die beständige Erweiterung des Methodenarsenals innerhalb des (wie weit immer gespannten) Rahmens texthermeneutischer Literaturwissenschaft jemals zu einer wissenschaftstheoretisch-methodologisch befriedigenden Lösung führen könne. Und es mußte früher oder später die Idee aufkommen, den texthermeneutischen Rahmen (soweit möglich oder ganz) zu verlassen, um in einem anderen metatheoretischen Rahmen eine Literaturwissenschaft anderen Typs zu begründen, die wissenschaftstheoretischen (am Vorbild der Natur- und Sozialwissenschaften orientierten) Standards genügen könne. Dem methodenpluralistischen Status quo wurde deshalb mit der Idee der Empirischen Literaturwissenschaft die Forderung nach einer grundsätzlichen Alternative, nach einer konzeptionell anderen (nicht texthermeneutisch orientierten) Literaturwissenschaft gegenübergestellt.

Die NIKOL-Konzeption einer Empirischen Literaturwissenschaft – so wie sie der *Grundriß* von S. J. Schmidt repräsentiert – war und ist als eine solche Alternative, eben als eine nichtkonservative Literaturwissenschaft, beabsichtigt. Dabei ist der metatheoretische Rahmen der NIKOL-Konzeption wesentlich bestimmt durch die analytische Philosophie und Wissenschaftstheorie (Carnap, Popper, Lakatos, Sneed), durch die Philosophie der natürlichen Sprache (Wittgenstein, Searle, Austin), durch die Textlinguistik (Wienold, Ihwe, Schmidt), Kognitions-, Sprach- und Literaturpsychologie (Hörmann, Groeben, Neisser, van Dijk), sozialpsychologische Handlungstheorie (Brennenstuhl, Rehbein, Volpert, Habermas) und soziologische Systemtheorie (Luhmann in seinen frühen Arbeiten, Münch). Die Wissenschaftstheorie der NIKOL-Konzeption, der Konstruktive Funktionalismus P. Finkes, ihre Sprachtheorie, literarische Semantik und literarische Handlungstheorie (z. B. das Kommunikat-Konzept und die Rolle von Konventionen literarischen Handelns) sind für diese Konzeption von Literatur und Literaturwissenschaft charakteristisch.

Für die konkreten Entwicklungs- und Ausarbeitungsschritte einer Empirischen Theorie der Literatur seit den siebziger Jahren entscheidend war die doppelte Orientierung an der Linguistik einerseits und der Analytischen Wissenschaftstheorie andererseits. Die Linguistik, die durch die generative Transformationsgrammatik Chomskys zu erheblicher interdisziplinärer und gesellschaftlicher Wirkung gelangt war, bildete hinsichtlich der Gegenstandsbestimmung und Theoriebildung eine Vorgängerdisziplin mit paradigmatischen Problemlösungen. Auf diese Weise ergab sich ein Anschluß an strukturelles Denken und an die Tradition linguistischer Poetiken, die bis zu den russischen Formalisten zurückreicht.

Mit der Suche nach und mit der Formulierung von Gesetzmäßigkeiten, die die spezifischen Charakteristika erklären sollten, die aus einem sprachlichen Text ein literarisches Kunstwerk machen (Literarizität), verband sich die weitere Orientierung an Wissen-

schaftsstandards und Theoriebegriffen der Analytischen Philosophie und Wissenschaftstheorie.
Schon 1970, also ein Jahrzehnt vor Erscheinen des *Grundrisses,* entwickelte S. J. Schmidt einen literaturtheoretischen Ansatz zur Erneuerung der Literaturwissenschaft, der sich in seinen prinzipiellen Grundlagen mit der späteren NIKOL-Konzeption deckt: Das wissenschaftstheoretische Konzept des Forschungsprogramms von Lakatos wird als Theoriemodell verwendet, um in der Literaturwissenschaft Theorien aufzustellen, die sich wiederum an der modernen Sprachwissenschaft ausrichten. Schon 1970 werden nicht Texte, sondern wird literarische Kommunikation als literaturwissenschaftlicher Gegenstandsbereich einer Theorie literarischer kommunikativer Handlungsspiele formuliert und in eine Allgemeine Textwissenschaft eingebettet.
Die Orientierung an Linguistik und Wissenschaftstheorie wird in der NIKOL-Konzeption einer Empirischen Literaturwissenschaft beibehalten. Das Theoriemodell von Sneed, erweitert um den Konstruktiven Funktionalismus Finkes, wird als Vorlage für die literaturwissenschaftliche Theoriebildung konstruktiv verwendet. Die Theorie literarisch-kommunikativen Handelns ist eingebettet in und logisch verknüpft mit einer linguistischen Theorie kommunikativen Handelns, die kommunikatives Handeln ganz allgemein zum Gegenstand nimmt.
Mit dieser – zum klassischen Setting der Literaturwissenschaft – alternativen Ausrichtung verfolgt das Programm einer Empirischen Theorie der Literatur
– die Überwindung der »geisteswissenschaftlichen« Fundierung der Literaturwissenschaft und ihrer Fixierung auf einen hermeneutischen Werkbegriff mit dem Ziel, Literaturwissenschaft als kritisch-analytische Wissenschaft theoretisch zu modellieren und dadurch anschlußfähig für Diskurse außerhalb der »Humanities« zu machen;
– die Aufhebung des fast »klassischen« Theoriedefizits der Literaturwissenschaft durch explizite Theoriebildung, dadurch auch die Aufhebung von autoritären Verzerrungen zwischen »Meistern« und »Jüngern«, also Rationalisierung und Öffnung für begründete Kritik der Literaturwissenschaft in Lehre und Forschung;
– die Entwicklung einer bzw. Anschluß an eine »interdisziplinäre(n) Logik« der Forschung;
– die Integration ästhetischer Fragestellungen in einen sozialwis-

senschaftlichen, handlungstheoretischen Rahmen, d. h. die Beantwortung der (normativ intendierten) Frage ›Was ist Literatur?‹ wird selbst zum Gegenstand sozialwissenschaftlicher Forschung (›Wer hält was aus welchen Gründen und zu welchem Ende für Literatur?‹).

Im Laufe ihrer bisherigen Forschungsgeschichte ist der Konzeption einer Empirischen Literaturwissenschaft von anderen blanker Positivismus, Psychologismus, ein unklares Kritikpotential, das Festschreiben einer historisch kontingenten Elite-Ästhetik, Verlust des historischen Bewußtseins, Gegenstandsinadäquatheit und Trivialität der Ergebnisse usw. angelastet worden. Die Diskussionen darüber und die Erfahrungen und Bewertungen der eigenen Forschungspraxis haben innerhalb der Empirischen Literaturwissenschaft zu weiteren wichtigen Klarstellungen und Ausformulierungen des Programms im Theoretischen wie im Methodischen geführt, so daß die Empirische Literaturwissenschaft heute auf einem expliziten und klar »durchargumentierten« Fundament aufbaut, das sich zudem als weiter »ausbaufähig« erwiesen hat.

Unabhängig davon, daß – umgekehrt – zentrale kritische Vorwürfe gegen die textontologisierende Tradition der Literaturwissenschaft von den hermeneutischen Denkzirkeln nicht angenommen und selbstkritisch diskutiert worden sind, hat die ELW praktisch – durch ihr Programm wie ihre Forschungsleistungen – eine ganze Reihe neuer literaturwissenschaftlicher Frage- und Problemstellungen fest in der avancierten Forschungsdiskussion etabliert:

1. Konventionen

In der Empirischen Literaturwissenschaft steht nicht die »literarische Qualität« eines Textes im Zentrum des Interesses, sondern leitend ist die Frage nach den sozialen Handlungen mit Texten (Text-Handlungs-Syndrome), durch die solche Prädikate wie »ist literarisch« oder »ist nicht literarisch« zugeschrieben werden. Soziale Handlungen folgen aber stets (mehr oder weniger bewußt) bestimmten Konventionen, im Falle des literarischen Handelns den sogenannten literarischen Konventionen (ÄLKO, PLKO). Darunter sind bestimmte Leitorientierungen für literarische Kognitionen und Kommunikationen zu verstehen, die gesellschaftlich wie individuell in jeweils geltenden »Literaturbegriffen«

gebündelt sind. Ein damit verbundener funktionaler Literaturbegriff, also die Bestimmung eines »Textes« nicht allein über textimmanente »Merkmale«, sondern über Funktionen in kommunikativen Handlungsspielen, hat den Blick geschärft für die (z. B. machtgestützten, historisch kontingenten) sozialen »Regelwerke« literarischer Handlungsspiele und -rollen, die sich seit dem 18. Jahrhundert dominant durchgesetzt haben. Mit der Herleitung der »Literarizität« von Handlungen bzw. Handlungsergebnissen und den Konventionen ist zudem das Problem bewußt gemacht worden, daß Konventionen als »Grenzmarkierungen« des Literatursystems wirken und also auch, daß Veränderungen in solchen »Leitorientierungen« zu veränderten »Literatursystemen« führen. Die »Konventionen« des literarischen Handelns – so hat die bisherige Diskussion gezeigt – sind deshalb theoretische Variablen, deren je historische, soziale und individuelle »Füllung« (Normativität) empirisch zu erforschen ist.

2. Das Beobachterproblem: Teilnahme an und Analyse von Literatur

Von analytischer und empirischer Seite ist an literarischer Interpretation als wissenschaftlichem Verfahren vor allem das hermeneutische methodische Gebot zur Überwindung der Differenz von Interpret (Analytiker) und Autor kritisiert worden. In der NIKOL-Konzeption wurde die Differenz zwischen literarischem bzw. teilnehmendem und wissenschaftlichem bzw. analysierendem Handeln besonders hervorgehoben. Während der wissenschaftliche *Beobachter* (literarischer Kommunikationshandlungen) im System Wissenschaft (und nach den Regeln bzw. Konventionen jenes Systems) agiert, handelt der Interpret literarischer Texte im Literatursystem (und gemäß literarischer Konventionen).

Im Rahmen einer konstruktivistischen Metatheorie ist mit dem Ausdruck ›Beobachterproblem‹ der Sachverhalt aufgerufen, daß jede (auch wissenschaftliche) Beobachtung und Aussage (ohne Ausnahme) von einem (menschlichen) Subjekt gemacht wird.

3. Der Theoriebegriff in der konservativen (d. h. primär textorientierten) und in der nicht-konservativen (d. h. nicht primär textorientierten) Literaturwissenschaft

Aus der analytischen Tradition hat die NIKOL-Konzeption das Gebot größtmöglicher Explizitheit (z. B. aller als relevant erachteten Voraussetzungen wissenschaftlicher Argumentation) auch in die literaturwissenschaftliche Theoriebildung eingebracht. Eine Konsequenz dieses Vorgehens ist, daß die ELW im Gegensatz zu konservativen literaturwissenschaftlichen Konzeptionen (soweit diese überhaupt genauer identifiziert werden können) über einen expliziten und präzisen Theoriebegriff sowie über eine konstruktiv-funktionalistische Metatheorie verfügt. Diese bilden gleichzeitig die Grundlage einer angestrebten Paradigmatisierung im Sinne Thomas S. Kuhns.

4. Empirische Literaturforschung

Während sich die textorientierte Literaturwissenschaft notwendig auf Semantik, Textanalyse und historische Traditionszusammenhänge konzentriert und entsprechend in diesen Bereichen zu methodischen Verfahren zu kommen versucht (ohne durch solche Regelwerke Eindeutigkeit der Ergebnisse erzielen zu wollen), ist die Empirische Literaturwissenschaft auf die Erforschung aller psychischen und sozialen Bedingungen literarischen Handelns gerichtet. Dazu übernimmt die ELW weitgehend die in der empirischen Sozialforschung entwickelten Methoden und Prüfverfahren, modifiziert sie jedoch entsprechend einer Bewertung der »relevanten« Probleme der eigenen Konzeption.

5. Sozialisation

Wenn Handeln im Literatursystem den eigentlichen Forschungsgegenstand der Empirischen Literaturwissenschaft bildet, dann kann sich die historische Perspektivierung nicht – wie in der traditionellen Konzeption von Literaturwissenschaft – wesentlich auf die »Geschichte der Texte« richten, sondern muß mit der gleichen Begründung die Geschichte der Handelnden analysieren. Diese Geschichte der jeweils Handelnden wird – auch in den übrigen Sozialwissenschaften – als »Sozialisation« erforscht. Da in »Text-Handlungs-Syndromen« trivialerweise nicht die »Texte« handeln, sondern die Menschen, ist in der ELW die Sozialisationsthematik der »Literaturgeschichte« systematisch vorgeordnet.

6. Angewandte Literaturwissenschaft

Angewandte Literaturwissenschaft thematisiert als dritter Bestandteil der Trias »Theorie – Empirie – Anwendung« die gesellschaftliche Relevanz wissenschaftlicher Arbeit bzw. Fragen des Theorie-Praxis-Verhältnisses. Als Humanwissenschaft hat es die Angewandte Literaturwissenschaft mit Menschen und deren Verhältnissen zu tun. Sie ist deshalb ethisch verpflichtet, den Bedürfnissen der Teilnehmer an Literatur in empirischer und anwendungsorientierter Forschung nachzugehen und diese Bedürfnisse zu berücksichtigen, wenn z. B. Veränderungen von Teilnahmehandlungen im Literatursystem initiiert werden sollen.

7. Konstruktion versus Rekonstruktion in der Wissenschaft

Wissenschaftstheoretische Theoriebegriffe erlauben einerseits die rekonstruktive Darstellung existierender Theorien. Andererseits können sie als wissenschaftliche Standards für die Theoriebildung gesetzt werden. Der konstruktive Funktionalismus will als Wissenschaftstheorie die Theoriekonstruktion in Literatur- und Sprachwissenschaft leiten und zur Paradigmenbildung hinführen, da in diesen Disziplinen hauptsächlich Theorieskizzen und noch keine vollständig entwickelten Theorien vorliegen.

8. Rezeption und Verarbeitung

Dieses Begriffspaar hat in der Diskussion des Ansatzes immer wieder Verwirrung ausgelöst, weil der Ausdruck »Verarbeitung« hier anderes als in der psychologischen und linguistischen Forschung zur Textverarbeitung bedeutet, nämlich eine manifeste sprachliche Folgehandlung (der vorausgegangenen) Rezeption, z. B. die Produktion literaturkritischer Äußerungen. In der Empirischen Theorie der Literatur wird der Rezeptionsprozeß als mit der Bildung eines Kommunikates (d. h. einer Lesart) abgeschlossen betrachtet, während der Prozeß der Verarbeitung von einem solchen Kommunikat seinen Ausgang nimmt, dieses also voraussetzt. Die Eingrenzung des Gegenstandsbereiches auf spezifisch *literarische* Verarbeitungshandlungen scheint inzwischen problematisch, weil auch solche Handlungen als Verarbeitungshandlungen von literaturwissenschaftlichem Interesse sind, die nicht als literarisch (im Sinne der Definition) gelten können, z. B. der literaturwissenschaftliche Diskurs.

9. Literaturgeschichte

In einer erfahrungswissenschaftlich ausgerichteten Konzeption stellt sich das Problem der Integration auch solcher Gegenstandsbereiche, für deren Erforschung erfahrungswissenschaftliche Methoden (der empirischen Sozialwissenschaften) nicht eingesetzt werden können. Sollen also z. B. literaturgeschichtliche Fragestellungen integriert werden, so muß im Rahmen jeweils konzeptionell zugrundezulegender Empiriebegriffe geklärt werden, ob und wie eine historiographische Komponente methodologisch möglich ist und welchen Status literarhistoriographische Aussagen in einer Empirischen Literaturwissenschaft haben können oder sollen.

Anmerkung

1 S. J. Schmidt, *Grundriß der Empirischen Literaturwissenschaft,* Bd. 1: *Der gesellschaftliche Handlungsbereich Literatur.* Braunschweig/Wiesbaden 1980; Neuauflage im Suhrkamp Verlag, Frankfurt am Main 1991, stw 915; S. J. Schmidt, *Grundriß der Empirischen Literaturwissenschaft,* Bd. 2: *Zur Rekonstruktion literaturwissenschaftlicher Fragestellungen in einer Empirischen Theorie der Literatur,* Braunschweig/Wiesbaden 1982. (In den Fußnoten der Einleitungstexte zu den einzelnen Kapiteln sind nur solche Titel angegeben, die sich nicht in der Auswahlbibliographie am Ende des Bandes befinden.)

1. Die Konzeption Empirische Literaturwissenschaft

Auch über zehn Jahre nach dem Erscheinen des *Grundrisses der Empirischen Literaturwissenschaft* befindet sich dieses Forschungsfeld in einem »vorparadigmatischen« (Th. S. Kuhn) Entwicklungsstadium. Die forschungsleitenden Rahmenbedingungen bzw. konzeptionalen Werte, Normen und Standards (d. h. die Konzeption im Sinne P. Finkes) fungieren noch immer eher als programmatische Zielideen denn als wissenschaftstheoretische Deskriptoren eines Status quo. Die von Kuhn unterschiedenen Analyse-Ebenen für ausgereifte (d. h. paradigmatische) wissenschaftliche Disziplinen (»symbolische Verallgemeinerungen«, »Modelle«, »Werte« und »Musterbeispiele«) können von der Empirischen Literaturwissenschaft noch nicht vollständig ausgefüllt werden (vgl. Groeben in diesem Band). Die Gründe dafür sind vielfältig; der gewichtigste aber dürfte sein, *daß das Feld empirischer Forschungen in der Literaturwissenschaft sich eben noch in der Entwicklung befindet.* Selbst zehn Jahre sind eine relativ kurze Zeitspanne, wenn man bedenkt, wie lange klassische Disziplinen für die Erlangung ihres heutigen Reifegrades benötigt haben.

Aus diesem Grunde ist auch als Vorwurf an die Adresse empirischer Literaturwissenschaftler unbegründet, was als Zustandsbeschreibung durchaus zutrifft: daß nämlich mit dem Entwurf einer Konzeption Empirischer Literaturwissenschaft (vgl. Schmidt 1980, 1982) und einer (obwohl nicht geringen) Anzahl weiterer Arbeiten noch kein neues Paradigma im Sinne einer ausgereiften wissenschaftlichen Disziplin auf den Plan getreten ist. Andererseits ist es aber so, daß die Konzeption Empirische Literaturwissenschaft ein ernsthafter Paradigma-Kandidat ist, und daß diese Kandidatur gegenüber konservativen (im Sinne von textorientierten) Ansätzen (auch empirisch orientierter Literaturwissenschaft) immer besser behauptet werden konnte, obwohl die Literaturwissenschaft im allgemeinen sich nicht gerade durch ein besonders innovationsfreundliches Klima auszeichnete und auszeichnet (vgl. Ibsch in diesem Band).

Versuche sowohl zur weiteren Ausarbeitung als auch zur Weiterentwicklung der Konzeption wurden bislang in unterschiedlichen Bereichen und mit unterschiedlichem Erfolg unternommen. Und so wie die Konzeption insgesamt befindet sich auch jeder dieser Versuche in der Diskussion (vgl. Pasternack in diesem Band), sind allgemein akzeptierte Standards noch in weiter Ferne. Dies gilt für die wissenschafts- und erkenntnistheoretischen Bemühungen der Empirischen Literaturwissenschaft (Strukturalismus, Konstruktiver Funktionalismus, Kognitiver und Radikaler Konstruktivismus) ebenso wie für objekttheoretische (Theorie literarischer Kommunikationshandlungen, Literatur als Teilsystem von Gesellschaft), methodologische und methodische Fragen (klassischer Empirismus vs. konstruktivistische Erfahrungswissenschaft, quantitative vs. qualitative Verfahren).

In der weiteren Entwicklung der Konzeption dürfte es darauf ankommen, zentrale Leitlinien dieses empirischen Ansatzes nicht aus den Augen zu verlieren: die auf den Bereich literarischer Phänomene gerichtete erfahrungswissenschaftliche Grundorientierung, gepaart mit einem nicht-substanzialistischen Empiriekonzept und einer ausdrücklichen Nutzenorientierung wissenschaftlichen Handelns. Kritik und Vorschläge zur Weiterentwicklung der Konzeption müssen sich an diesen Leitlinien messen lassen.

Norbert Groeben
Der Paradigma-Anspruch der Empirischen Literaturwissenschaft

1. Historische Ansprüche zu Beginn der Empirischen Literaturwissenschaft (ELW)

Aus den sechziger Jahren stammen die ersten konkreten Einzelarbeiten zur Verbindung von empirischen Modellen und literaturwissenschaftlichen Fragestellungen (z. B. Kreuzer und Gunzenhäuser 1965/67). Diese Ansätze wurden im folgenden Jahrzehnt zu einer generelleren (auch metatheoretischen) empirischen Konzeption von Literaturwissenschaft als konkurrierendem Paradigma zur klassischen hermeneutischen Wissenschaftskonzeption dieser Disziplin ausgeweitet. Der Beginn dieser Entwicklung datiert relativ eindeutig aus dem Jahr 1972, in dem von drei verschiedenen Objektdisziplinen aus Entwürfe zur Empirisierung der Literaturwissenschaft vorgelegt wurden: nämlich aus der Psychologie (Groeben 1972), der Linguistik (Ihwe 1972) und der Semiotik (Wienold 1972; vgl. zusammenfassend Schmidt 1974). Dieser Anstoß hat dann nicht nur zur Intensivierung empirischer Untersuchungsanstrengungen im Bereich der Literaturanalyse (vgl. dazu unten 3.) geführt, sondern auch zu einer übergreifenden theoretischen und metatheoretischen Ausarbeitung dieser Empirie-Konzeption. Dabei habe ich selbst einen Entwurf von der methodologischen Dimension her vorgelegt (Groeben 1977/80), während Schmidt (1980/82: mit seiner Theorie literarischen kommunikativen Handelns) vor allem einen theoretischen Ausgangspunkt gewählt hat. Beiden – sich gegenseitig ergänzenden – Konzeptentwürfen aber ist gemeinsam, daß sie die ELW als konkurrierendes Paradigma (im Sinne Kuhns: 1967) zur klassischen hermeneutischen Wissenschaftskonzeption verstehen; d. h. sie greifen auf die Nicht-Aussagenkonzeption von Theorien zurück, die im Anschluß an das wissenschaftshistorische Revolutionsmodell von Kuhn durch die analytische Wissenschaftstheorie herausgearbeitet worden ist (vgl. Sneed 1972; Stegmüller 1973; 1979). Schmidt geht dabei relativ direkt von der Stegmüllerschen Rekonstruktion aus,

wogegen ich mich auf die ›untechnische‹ Anwendung dieser Theoriekonzeption durch Herrmann (1974; 1976) beziehe.
Gemeinsam ist dieser Übertragung, daß damit eine normative Perspektive verbunden wird, d. h. der Anspruch, die ELW als jenen umfassenden Theorieansatz (im Paradigma-Sinn) einzuführen, der in einer Krisensituation der Literaturwissenschaft ein neues und zeitgemäßes Lösungspotential verspricht. Es wird versucht, eine (theoretische) ›Revolution‹, wie sie im Kuhnschen Modell (1967) wissenschafts*historisch* rekonstruiert wird, konstruktiv zu konzipieren und zu implementieren. Dies ist sicherlich die expliziteste Form eines Paradigma-Anspruchs, die man erheben kann. Dementsprechend muß die ELW auch auf allen drei Ebenen, die Kuhn für die Konstituierung eines Paradigmas elaboriert hat, nämlich der metaphysischen, soziologischen und operativ-konstruktiven Ebene, eine Alternative zur traditionellen hermeneutischen Literaturwissenschaft anbieten. Sie hat dies auch von Anfang an versucht, und zwar nicht nur in Absetzung von der hermeneutischen Wissenschaftspraxis, sondern auch im Kontrast zu neueren Theorieentwürfen, wie z. B. der sogenannten Rezeptionsästhetik. Es soll im folgenden – zumindest kursorisch – geprüft werden, inwieweit und in welcher Weise die ELW nach ein bis zwei Jahrzehnten Forschungsanstrengungen diesen selbstgesetzten Anspruch erfüllt.
Dabei ist zu berücksichtigen, daß Kuhn nach einschlägigen Kritiken am zum Teil mehrdeutigen Paradigma-Begriff (vgl. Masterman 1970) eine Präzisierung unter dem Konzept der disziplinären Matrix (1972) vorgenommen hat, wobei er vier Merkmalsdimensionen ansetzt: symbolische Verallgemeinerungen; metaphysische Annahmen; gemeinsame (metatheoretische) Werte; Musterbeispiele. Bei den symbolischen Verallgemeinerungen handelt es sich ziemlich eindeutig um ein Merkmal, das von den voll formalisierten physikalischen Theorien aus expliziert ist, für die ursprünglich die Nicht-Aussagenkonzeption von Theorien entwickelt wurde; der ELW kommt nun sicherlich dieser Theorienstatus nicht zu, der selbst von den Modellen der (älteren) empirischen Sozialwissenschaften (Psychologie, Soziologie etc.) nur selten erreicht wird. Deshalb soll im folgenden der Paradigma-Anspruch der ELW vor allem in bezug auf die metaphysischen (Kern-)Annahmen, die gemeinsamen metatheoretischen Werte und Musterbeispiele überprüft werden.

2. (Metaphysische) Kernannahmen und metatheoretisch-methodologische Werte

Bei den (metaphysischen) Kernannahmen stellt sicherlich die kognitive Konstruktivität des Rezipienten bei der Verarbeitung von (literarischen) Texten einen zentralen Ausgangspunkt dar. Die ELW hat hier Entwicklungen und Thesen der hermeneutischen Ästhetik, z. B. der Rezeptionsästhetik der Konstanzer Schule (vgl. Iser 1971; 1976; Jauß 1982) aufgenommen und mit den empirischen Ergebnissen der Textwissenschaften (Linguistik, Psychologie, Informatik usw.: Cognitive Science; vgl. Herrmann 1985; Mandl und Spada 1988) verbunden. Danach besteht die Rezeption von Texten prinzipiell in einer Informationsverarbeitung, die die im Text enthaltene ›linguistische Information‹ so mit Weltwissen usw. verbindet, daß dabei auch über die im Text enthaltenen manifesten Bedeutungsinhalte hinaus Information ›geschaffen‹ wird (vgl. Hörmann 1976; Groeben 1982); dies gilt für sogenannte literarische Texte aufgrund von deren ›Leerstellenstruktur‹ (Konstanzer Rezeptionsästhetik) und den bei der Produktion und Rezeption dieser Texte relevanten Konventionen (vgl. Schmidt 1980: Ästhetik- und Polyvalenz-Konvention) in erhöhtem Maße. Daraus folgt für die ELW die Notwendigkeit, von einem als ›essentialistisch‹ empfundenen Textbegriff der klassischen hermeneutischen Literaturtheorie abzugehen, d. h. ausschließlich ›den Text in Funktion‹ als konzeptuelle Grundlage der Theorienbildung anzusehen. Dieser funktionale Text-Begriff stellt die zentrale problemdefinierende Kernannahme der ELW dar, deren Eliminierung die Basis aller weiteren theoretischen (Zusatz-)Annahmen auflösen würde. Damit hat der funktionale Text-Begriff innerhalb der ELW sicherlich jenen quasibegrifflichen Status der Unfalsifizierbarkeit inne, wie das für den Strukturkern von Theorien nach der Nicht-Aussagen-Konzeption unvermeidbar ist (Stegmüller 1973; 1979), wobei ein derartiger Strukturkern auch in nicht-formalisierten Theorien (entsprechend der Elaboration von Herrmann 1976) durch die skizzierte versuchsweise Annahmenelimination festgestellt werden kann.

Dieser problemdefinierende Kern ist dann im Laufe der weiteren Theoriemodellierung (vor allem von Schmidt 1980/82) auf bestimmten Manifestationsdimensionen ausgearbeitet worden; dazu gehört vor allem die Theorie der kommunikativen Handlungsrol-

len in literarischer Kommunikation, in der er die vier Handlungsrollen Produktion, Vermittlung, Rezeption und Verarbeitung unterscheidet. Diese Handlungsrollen implizieren eine Prozeßorientierung der Forschung und eröffnen über das Rollen-Konzept die Möglichkeit, individuell idiographische Handlungsaspekte mit übergreifenden Systemperspektiven zu verbinden (vgl. z. B. Schmidt 1989). Prozeß-, Handlungs- und Systemorientierung stellen daher Aspekte des Annahmenkerns der ELW dar, in denen sich auch die theoriehistorische Verflechtung dieses Paradigmas manifestiert. Im Vergleich zur traditionellen hermeneutischen Literaturwissenschaft liegen damit relativ ›formale‹, abstrakte Kernannahmen vor, die eben gerade nicht von konkreten Charakteristika eines inhaltlich (›essentialistisch‹) festgelegten Konzepts des ›literarischen Texts‹ ausgehen; dementsprechend ist die ELW in bezug auf die Gegenstandsdimension von einer vergleichsweise flexiblen Breite gekennzeichnet und bezieht in ihrer Theoriebildung gerade auch die Vernetzung zu anderen Medien und Mediennutzungen in der ›Informationsgesellschaft‹ (Groeben 1992) mit ein, und zwar sowohl in bezug auf ästhetische als auch pragmatische Nutzungskontexte (vgl. Schmidt 1990).
Diese Flexibilität in der Gegenstandsextension gründet sich in einer Haltung, die man im Kontrast zur rückwärts gewandten Historizität der hermeneutischen Literaturwissenschaft als ›vorwärtsgewandte Historizität‹ bezeichnen könnte: das Bemühen, alle beobachtbaren und erwartbaren Veränderungen im (Teil-)System ›Ästhetik‹ innerhalb unserer Gesellschaft theoretisch, empirisch und praktisch abdecken zu können. Diese vorwärtsgewandte Historizität ist untrennbar verbunden mit einem Streben nach Anwendungsrelevanz der Forschung (vgl. NIKOL 1986), die die hermeneutische Literaturwissenschaft aus der Sicht der ELW weitgehend verloren hat. Diese Anwendungsrelevanz einer empirischen Forschungsstruktur ist als konstruktive, positive Antwort auf die berechtigte Frage nach der gesellschaftlichen Legitimation der Literaturwissenschaft gemeint, hinsichtlich derer das neue Paradigma unter Umständen die derzeit beste verfügbare Variante zum Überleben der Literaturwissenschaft im kontemporären wissenschaftlichen Disziplinenkanon darstellen kann; zumindest fühlen sich die Vertreter/innen einer ELW durch die (Mittel-)Kürzungen, die die hermeneutische Literaturwissenschaft im universitären Bereich in letzter Zeit hinnehmen mußte,

in diesem Streben nach Anwendungsrelevanz einer empirisch-literaturwissenschaftlichen Forschung bestätigt.
Der Aspekt der Anwendungsrelevanz markiert bereits den Übergang zu den gemeinsamen metatheoretisch-methodologischen Werten. Denn in der empirisch-analytischen Wissenschaftstheorie bezeichnet die Trias ›Erklärung, Prognose, Technologie‹ die zentralen metatheoretischen Zielkriterien, für deren Realisierung im Laufe dieses Jahrhunderts auch in den Sozialwissenschaften eine ausgefeilte Methodologie entwickelt worden ist. Die ELW führt hier die Empirisierung, die Ende des 19., Anfang des 20. Jahrhunderts vor allem von den Disziplinen der Psychologie, Soziologie und Pädagogik vollzogen worden ist, fort – und zwar in das Gebiet der Kultur- bzw. Geisteswissenschaften hinein (vgl. Groeben 1981). Damit ist in erster Linie eine Adaptation des szientistischen Empirie-Begriffs verbunden, wie er sich in den genannten drei sozialwissenschaftlichen Disziplinen etabliert hat; allerdings gibt es gerade auch in diesen Objektdisziplinen lang andauernde methodologische Kontroversen, z. B. zwischen sogenannten quantitativen versus qualitativen Methoden-Vertretern (vgl. Lamneck 1989; Flick u. a. 1991), die im Bereich der ELW sicher nicht weniger virulent sein bzw. werden dürften. Jedoch weisen auch die ›qualitativ‹-empirischen Forschungsmethoden eine so große strukturelle Distanz und Andersartigkeit in Relation zur hermeneutischen Methodik der traditionellen Literaturwissenschaft auf, daß die ELW bei aller internen Variabilität konkreter methodologischer Standards auf der metatheoretischen Ebene des Empirie-Konzepts eine in sich kohärente, deutlich abgegrenzte, konkurrierende Paradigma-Alternative (zur Hermeneutik) darstellt.
Das wird besonders deutlich, wenn man die im Paradigma-Konzept von Kuhn mitgemeinte soziologische Dimension einbezieht: Von der institutionellen Verankerung her sind die Paradigmen der hermeneutisch versus empirisch vorgehenden Literaturwissenschaft sowohl formell als auch informell zumeist deutlich getrennt; das geht nicht selten mit einer weitgehenden Ablehnung des empirisch-literaturwissenschaftlichen Ansatzes durch das (noch?) herrschende hermeneutische Paradigma Hand in Hand. Allerdings wird die ELW zum Teil in einschlägigen Überblicks- und Standardwerken zur Literaturwissenschaft bereits als eigenständiger Ansatz mit aufgenommen (vgl. Groeben in: Harth und Gebhardt 1982a sowie Brackert und Stückrath 1992a); dabei wird

durch die Unterschiedlichkeit der behandelten Probleme wie der berücksichtigten (wissenschaftlichen) Literatur jedoch die Distanz zur hermeneutischen Literaturwissenschaft sehr klar deutlich. Diese Paradigmakonkurrenz ist also sowohl auf der eher informellen Ebene der Zitationsgruppierungen (vgl. Weingart 1972/74) als auch auf der formellen Ebene einer eigenen wissenschaftlichen Gesellschaft (Internationale Gesellschaft für Empirische Literaturwissenschaft: IGEL) zu beobachten. Es liegt daher eine relativ deutliche Diskrepanz der jeweiligen Bezugsgruppen, formellen und informellen ›gate keeper‹ (Witte 1989) vor, bezüglich derer die ELW natürlich noch am meisten Verbindungen zu solchen anderen Theorieansätzen, Objektdisziplinen etc. besitzt, die sich ebenfalls als potentielle alternative Paradigmen zur klassischen hermeneutischen Literaturwissenschaft verstehen: wie z. B. der Sozialgeschichte der Literatur, der Medienwissenschaft, Publizistik und anderen.

Insgesamt kann man daher festhalten, daß der Anspruch der ELW, ein zur traditionellen hermeneutischen Literaturwissenschaft konkurrierendes, alternatives Paradigma zu bilden, auf der Ebene der (auch metaphysischen) Kernannahmen und metatheoretisch-methodologischen Werte einschließlich der soziologischen Manifestationen als weitgehend erfüllt gelten kann. Das impliziert nicht (wie oben auch schon angedeutet), daß die ELW keine theoretischen und metatheoretischen Kontroversen kennt. Gerade im metatheoretischen Bereich hat sich in den 80er Jahren ein Disput darüber entwickelt, ob und in welcher ›Radikalität‹ die Übertragung der konstruktivistischen Kernannahme auf die erkenntnistheoretische Grundposition der Wissenschaft(en) selbst sinnvoll bzw. notwendig ist oder nicht. Hier stehen sich Vertreter des sogenannten Radikalen Konstruktivismus (in der ELW: vgl. Rusch 1987; Schmidt 1987) und deren Kritiker (z. B. Martindale 1988a; Groeben 1989; Nüse u. a. 1991) vergleichsweise konträr gegenüber. Doch ändern diese Binnendifferenzen nichts an der gemeinsamen Distanz der (verschiedenen Ansätze innerhalb der) ELW zum herrschenden hermeneutischen Paradigma (der Literaturwissenschaft).

3. Operativ-konstruktive Ebene: die Musterbeispiele

Ein vergleichbar klares Profil kann nun allerdings für die paradigmainterne operativ-konstruktive Dimension m. E. nicht behauptet werden. Auf der Ebene der Musterbeispiele besteht in der bisherigen Entwicklung der ELW höchstens in der Ablehnung bestimmter Untersuchungsansätze eine gewisse Einigkeit, nicht jedoch in bezug auf die positiv prägende Kraft konkreter (im engeren methodologischen Sinne) Untersuchungsparadigmen. So ist z. B. der Versuch von Rusch und Schmidt (1983), das individuelle, soziale und historische ›Voraussetzungssystem Georg Trakls‹ zu bestimmen, von hermeneutischer Seite (Pasternack 1985) als induktiv-›positivistisch‹ im Hinblick auf die primär kumulative Datenfülle kritisiert worden; und dieser Kritik ist sicher auch unter empirisch-methodologischer Bewertungsperspektive insofern zuzustimmen, als das Konzept des ›Voraussetzungssystems‹ gerade keine präzise Erklärungsstruktur angibt, sondern eher in der Gefahr einer immunisierenden Uneindeutigkeit der Hypothesen steht, selbst wenn diese erst heuristisch generiert werden sollen. Aber auch innerhalb der ELW hat es vergleichbare Kritiken gegeben, so z. B. von Viehoff (1982) an der Untersuchung von Heuermann u. a. (1982), in der die Rezeptions- und Verarbeitungsweisen von 1200 Schülern (aus Nordrhein-Westfalen) in bezug auf sechs Textbeispiele untersucht worden sind; hier geht es ebenfalls darum, daß eine induktive Datenfülle ohne theoretisch sinnvolle Schritte einer Datenreduktion bzw. -zusammenfassung lediglich zu einer unübersichtlich-amorphen Befundstruktur führt, die zum einen für den Leser schwer rezipierbar ist und zum anderen auch für die (weitere) Forschung weitgehend unergiebig bleibt. Hinter solchen (und ähnlichen) Kritiken steht als berechtigte generelle Zielidee, daß auch in der Empirischen Literaturwissenschaft eine *theoriegeleitete Forschung* anzustreben ist, wie es heute für die empirischen Sozialwissenschaften weitgehend als akzeptiert gilt, weil sich die primär induktive Erhebung aller möglichen Variablen und deren Zusammenhänge (Fischernetz-Modell: ›Irgend etwas wird schon hängen bleiben‹) als unergiebig erwiesen hat; denn dabei bleibt nicht nur die Interpretation der Ergebnisse weitgehend beliebig, sondern überdies hat sich auch die Replizierbarkeit derartig induktiv gewonnener Zusammenhänge bzw. Unterschiede als äußerst unbefriedigend erwiesen. Gesucht sind also Musterbeispiele für theoriegeleitete Forschung in der ELW, wobei wiederum drei spezifische Teilperspektiven unterschieden werden können: nämlich die *Fragestellung*, die *Versuchsanordnung* und die *Operationalisierung* der zentralen Variablen.

In bezug auf die *Fragestellung(en)* läßt sich innerhalb der ELW eine große Varianz feststellen, ohne daß bisher prägende Präferenzen beobachtbar wären. Den historischen wie systematischen Beginn stellen dabei sicherlich Fragestellungen dar, die aus der hermeneutischen Literaturwissenschaft stammen bzw. die deren Hypothesen oder Vorgehensweisen empirisch zu rekonstruieren versuchen. Dazu gehört in erster Linie natürlich die Beschreibung von (literarischen) Textmerkmalen sowie deren Wirkung auf die Rezeption bzw. Bewertung auf seiten der Rezipienten. Hier sind z. B. die stilstatistischen Untersuchungen von Frey (1970; 1980) genauso zu nennen wie die umfassende Studie von van Peer (1986), der Textmerkmale (der Abweichung und Parallelität) auf verschiedenen Niveaus (nämlich phonologischem, grammatischem und semantischem) in einem Modell des ›foregrounding‹ zusammengefaßt und dessen Relevanz für die Rezeption und Bedeutungskonstituierung empirisch gesichert hat (und zwar für die abhängigen Variablen: Auffälligkeit, Wichtigkeit, Kohäsion und Diskussionswert). Eine spezifische, aber qualitativ wie quantitativ gewichtige Hypothese der hermeneutischen Literaturanalyse haben Ludwig und Faulstich (1985) mit der experimentellen Variation der Erzählperspektive (Er- versus Ich-Form am Beispiel einer Kurzgeschichte von Hemingway) überprüft und sich aufgrund der resultierenden Ergebnisse der These von Booth angeschlossen, der die Er-/Ich-Unterscheidung als »the most overworked distinction« der Erzähltheorie bezeichnet hat (Ludwig und Faulstich 1985, 144). Komplexere literaturwissenschaftliche Fragestellungen bzw. Vorgehensweisen sind ebenfalls empirisch rekonstruiert worden, so z. B. von Wolff (1977) die Frage nach der adäquaten Rezeption (am Beispiel des Gedichts »Les chats« von Baudelaire) oder die Interpretation eines Prosatextes (Musils »Hasenkatastrophe«); dazu haben in dem von mir herausgegebenen Sammelband (Groeben 1981a) hermeneutische und empirische Forscher/-innen interdisziplinär zusammengearbeitet und Möglichkeiten wie Grenzen einer empirischen Validierung von Interpretationsentwürfen auszuloten versucht. Allerdings hat sich keine dieser Frageperspektiven als irgendwie prägender Ansatz, der besonders intensive weitere Forschung ausgelöst hätte, herausgestellt.

Letztendlich gilt das auch für jene Frageperspektiven, die für die Konzeption der ELW (im Kontrast zur hermeneutischen Literaturwissenschaft) spezifischer bzw. konstitutiv sind. Das betrifft zunächst einmal die empirische Demonstration der kognitiven Konstruktivität von Textrezeption und -verarbeitung, die durchaus eine nicht geringe Forschungsanstrengung auf sich gezogen hat (vgl. z. B. in der NIKOL-Gruppe Meutsch und Schmidt 1985; Meutsch 1987). Die dabei resultierenden Ergebnisse, daß die literarische Textrezeption vor allem durch Elaborationstypen wie ›Inhaltselaborationen mit alternativen Referenzrahmen, metatextuelle Elaborationen mit literaturspezifischen Signalen sowie kognitive, polyvalente Elaborationen‹ gekennzeichnet sind, stellen zugleich die empirische Validierung für eine der zentralen Hypothesen innerhalb der ›Theorie des literarischen kommunikativen Handelns‹ von Schmidt (1980, 159 ff.) dar. Diese These der Polyvalenz-Konvention ist innerhalb der ELW jene Einzelhypothese, die noch am meisten theoretische Diskussion und empirische Forschungsanstrengung auf sich konzentriert hat (vgl. den zusammenfassenden Überblick von Groeben und Schreier 1992). Allerdings sind hier neben den angeführten Ausgangsarbeiten vor allem auch andere Versuchsanordnungen mit abweichenden Operationalisierungen (vgl. dazu unten) auf der Basis einer modifizierten theoretischen Explikation des Polyvalenz-Konzepts vorgelegt worden (so z. B. von Ibsch 1988; vgl. auch Viehoff 1988). Daher kann selbst in diesem spezifischen Problembereich, der noch am ehesten Mehrfachuntersuchungen aufweist, nicht von prägenden Musterbeispielen die Rede sein. Das gilt noch eindeutiger für die anderen Fragestellungen, die ebenfalls für die ELW als spezifisch anzusehen sind, z. B. die Frage nach den Leservoraussetzungen: von der Alters- über die Geschlechtsvariable bzw. die dahinterstehenden entscheidenden psychologischen Strukturen (vgl. im Überblick Groeben und Vorderer 1988; Groeben und Landwehr 1991) bis hin zum Wissen über literarische Textsorten (wie z. B. Märchen und Krimi: Burgert u. a. 1989). Und auch die komplementäre Wirkungsperspektive weist zwar mit der Untersuchung von Geiger (1975) über die Vorurteilsstabilisierung durch Landserhefte bereits eine frühe, vorbildliche Untersuchung auf,

die gleichwohl bisher keine prägende Anregungsfunktion ausüben konnte (vgl. Groeben und Vorderer 1988, 245 ff.).
Im Bereich der weiteren Handlungsrollen (Produktion, Vermittlung, Verarbeitung) sowie der Einbeziehung anderer Medien ist die Anzahl der Untersuchungen in Relation zu der Menge der möglichen Fragestellungen schon wegen der bisherigen kurzen Entwicklungszeit der ELW so gering, daß prägende Einflüsse kaum möglich sind. Zwar hat der Teilaspekt der Rezension literarischer Werke Mehrfachbearbeitung erfahren (vgl. Viehoff 1981; Rosengren 1983; Segers 1989), doch sind auch hier die konkreten Fragestellungen so unterschiedlich (Rosengren: Referenzrahmen der schwedischen Rezensionen zwischen 1953 und 1976; Viehoff: Vergleich zweier literaturkritischer Hörfunk-Sendereihen; Segers: Teilprozeduren als Strukturmerkmale am Beispiel holländischer Rezensionen), daß die eingesetzten Analyseinstrumente und Auswertungsmodelle ebenfalls notwendigerweise weit streuen müssen.
Diese weite Streuung gilt auch generell unter der Perspektive der methodologischen *Untersuchungsansätze* bzw. *Versuchsanordnungen.* Dabei gibt es natürlicherweise ein Schwergewicht der deskriptiven Erhebungen, bei denen in erster Linie die Variabilität der benutzten Erhebungsmethoden bedeutsam ist (vgl. den strukturierenden Überblick bei Groeben 1977/80, Kap. III). Dazu gehören klassische textpsychologische Methoden wie die freie Assoziation und das Semantische Differential, die bereits 1972 von Bauer u. a. bei der Rezeptionsuntersuchung des Gedichts »Fadensonnen« (von Paul Celan) verwendet wurden. Relativ frühzeitig wurden auch die Paraphrase (von Eggert u. a. 1974; 1975 bei der literaturdidaktischen Erhebung von Textrezeption im Unterricht) sowie die cloze-procedure von Faulstich 1976 (Rezeptionsuntersuchung eines Gedichts von St. Crane) angewandt. Bei der Akzentuierung des Textfaktors ist in erster Linie die Inhaltsanalyse als klassische Systematisierungsversion des hermeneutischen Beschreibens eingesetzt worden, so z. B. von Martindale (vgl. 1975; 1984; 1986), der damit seine ›psychologische Theorie ästhetischer Revolution‹ überprüft hat, nach der innerhalb eines literarischen Stils Neuheit vor allem durch einen permanenten Zuwachs von Regression und damit der primärprozeßhaften Denkinhalte generiert wird; erst wenn diese Neuheitsquelle erschöpft ist, erfolgt eine Änderung der sekundärprozeßhaften Strukturen als Schaffung eines neuen Stils. All diese (und

vergleichbare) Erhebungsmethoden sind natürlich auch in Korrelations- sowie Unterschiedsstudien verwendbar und benutzt worden. So haben z. B. schon Bauer et al. (1972, 152 ff.) die Ähnlichkeit von zentralen Gedichtmetaphern durch die Korrelation der jeweils spezifischen Profile des eingesetzten Semantischen Differentials berechnet (vgl. Groeben 1980, 101 f.). Und Grimm hat (1986) über den Einsatz der Inhaltsanalyse Ähnlichkeiten und Unterschiede verschiedener Reihen von Kriminalromanheften untersucht und dabei Ergebnisse gesichert, die zum Teil keineswegs dem einschlägigen Stereotyp über diese Heftchenserien entsprechen.

Diese Nutzung der ›natürlichen Variation‹ (von unabhängigen Variablen) wird in der empiriewissenschaftlichen Methodologie normalerweise als quasi-experimentelle Versuchsanordnung bezeichnet, die innerhalb der ELW sowohl beim Text- als auch beim Leserfaktor möglich und realisiert worden ist. Unter die Perspektive des Textfaktors sind dabei z. B. die bereits erwähnten stilanalytischen Studien von Frey (1970; 1980) und van Peer (1986) zu subsumieren. Dem Leserfaktor sind alle Studien zuzuordnen, die verschiedene Rezipientengruppen nach ihren Voraussetzungen trennen und deren Einfluß auf die Textrezeption, -verarbeitung etc. untersuchen (zum Teil ebenfalls bereits in der skizzierten Untersuchung von Bauer u. a. 1972; sehr viel umfassender und differenzierter bei Heuermann u. a. 1982). Daß auch strikte experimentelle Ansätze im Bereich der ELW möglich und fruchtbar sind, ist bereits sowohl für die Perspektive der Textrezeption als auch deren Wirkung nachgewiesen. Bei der Textrezeption ist die oben dargestellte Untersuchung von Ludwig und Faulstich (1985) zum Einfluß der Erzählperspektive einschlägig, bei der Textwirkung die Studie von Geiger (1975) zur stereotyp-stabilisierenden Wirkung von Landserheften. Ganz generell weisen Untersuchungen der empirischen Literaturdidaktik eine genuine Nähe zum experimentellen Ansatz auf, insofern hier die literaturdidaktische Einflußnahme als experimentelle Bedingungsvariation angesehen werden kann. Paradigmatische Beispiele dafür bieten z. B. Wermke (1989) und Bilsky (1989), wobei Wermke die Wirksamkeit kreativitätsorientierter Unterrichtssequenzen anhand lehrzielorientierter Tests nachweisen konnte, während Bilsky die Möglichkeiten und Grenzen der Entwicklung des Moralbewußtseins durch die Bearbeitung bestimmter literarischer Texte (die moralische Dilemmata enthalten) untersucht hat. Gleichwohl haben sich auch auf der Dimension der Untersuchungsansätze bisher keine prägenden Musterbeispiele herausgebildet, insbesondere nicht in Verbindung mit bestimmten inhaltlichen Fragestellungen. Das liegt sicherlich nicht zuletzt auch an der Komplexität und Differenziertheit der zu untersuchenden Strukturen und Prozesse, die eine Vielzahl von unterschiedlichen Erhebungsverfahren und Versuchsanordnungen sinnvoll machen und zum Teil erfordern. Gerade deshalb aber dürfte es für die kommenden Entwicklungsstufen der ELW weiterführend sein, eine Kombination verschiedener Untersuchungsansätze und Fragestellungen für ein und dasselbe Textkorpus zu versuchen, wie es etwa der von Martindale herausgegebene Sammelband (1988: über moderne ungarische Kurzgeschichten) demonstriert.

Dabei wird allerdings eine besondere Sorgfalt auf die *Operationalisierung* der jeweiligen Variablen gelegt werden müssen, da diese Teilperspektive der operativ-konstruktiven Ebene innerhalb der ELW sicherlich noch die größten Mängelaspekte aufweist. Denn zum einen kommen durchaus auch kurzschlüssige ›operationale Definitionen‹ vor, die in unbegründeter und intolerabler Weise einen relativ oberflächlichen Aspekt als Indikator für ein sehr viel umfassenderes, breites Konstrukt ansetzen (vgl. zur wissenschaftstheoretisch methodologischen Problematik Groeben 1986, 105 ff.). So entwertet z. B. Hoffstaedter (1986) ihre ansonsten höchst differenzierte Analyse über die Relevanz komplexer (auch ›formaler‹) Textmerkmale für die Rezeption dadurch, daß sie als Indikator für eine poetische Verarbeitung des Textes lediglich eine Einschätzskala über die Poetizität des Textes ansetzt (was sicher nicht als zureichende Überprüfung der Text*verarbeitung* akzeptiert werden kann); das gleiche gilt für die ›Messung‹ der Inhaltsaspekte ›Gewalt, Erotik und Romantizismus‹ von literarischen Texten durch Brewer und Ohtsuka (1988, 407), die ebenfalls lediglich eine Rating-Skala anwenden (als Antwort auf die Frage »To what extent do you find the passage ...?«; vgl. die Kritik bei Groeben und Landwehr 1991). Aber auch der komplementäre Fall kommt vor, daß sehr komplexe Operationalisierungen vorgenommen werden, deren Ableitung (z. B. über Propositionsmodelle usw.) zum Teil nicht stringent oder nicht vollständig begründet erscheint; das gilt z. B. für die erwähnten Polyvalenz-Operationalisierungen bei Meutsch, bezüglich derer Groeben und

Schreier (1992) darauf hinweisen, daß bei Viehoff partiell entgegengesetzte Operationalisierungen für dasselbe Konstrukt verwendet werden. Hier wird es also darauf ankommen, Konstruktoperationalisierungen zu entwickeln, die den in der empiriewissenschaftlichen Metatheorie herausgearbeiteten Anforderungen an intensionale Bestimmtheit und extensionale Offenheit (d. h. an eine Kombination von operationaler Präzision und nicht zu großem, aber auch nicht zu kleinem intensionalem Bedeutungsüberschuß) genügen können (vgl. Groeben und Westmeyer 1981, 43 ff.; Groeben 1986, 109 ff.).
Insgesamt wird man daher konstatieren müssen, daß in bezug auf die operativ-konstruktive Ebene der Musterbeispiele die ELW zumindest bisher die Ansprüche an ein voll entwickeltes Paradigma (noch) nicht zu erfüllen vermag.

4. Fazit: Ein Paradigmakandidat auf der Suche nach den prägenden Musterbeispielen

Damit ist insgesamt nur eine uneinheitliche Antwort auf die Eingangsfrage möglich: Bei der ELW handelt es sich sowohl von den inhaltlichen (metaphysischen) Kernannahmen als auch von den metatheoretisch-methodologischen Werten her um einen Ansatz, der in so großer Distanz zu dem (noch) herrschenden Paradigma der hermeneutischen Literaturwissenschaft steht, daß von einer echten konkurrierenden Alternative die Rede sein kann und muß, die entsprechend dem Kuhnschen Modell der Wissenschaftsentwicklung eine revolutionäre Veränderung bedeuten würde, sofern sie sich denn umfassend durchsetzen sollte. Dies ist bislang allerdings noch keineswegs sicher abzusehen, weswegen zum gegenwärtigen Zeitpunkt unter wissenschafts*historischer* Perspektive nur von einem Paradigmakandidaten die Rede sein kann. Dabei ist zu berücksichtigen, daß diese ›Kandidatur‹ bisher in erster Linie auf die programmatischen Dimensionen der (potentiell neuen) disziplinären Matrix zurückgeht. Für die operativ-konstruktive Ebene muß festgestellt werden, daß die ELW noch auf der Suche nach ihren Musterbeispielen ist, für die sich folgende heuristischen Vorschläge für die nähere Zukunft machen lassen: Von der Perspektive der Fragestellungen her sollte nach einer Kombination von intern und extern bedeutsamen Problemstellungen gesucht werden, die auch die metatheoretische Zielidee der Anwendungsrelevanz (für die gesellschaftliche Praxis) zu erfüllen vermögen. Ein Beispiel dafür könnte die auch unter kulturbewertender Perspektive (Kulturoptimismus versus -pessimismus) relevante, schon von Benjamin vertretene These darstellen, daß durch die ›neuen Medien‹ die von der ›schönen‹ Literatur her gewohnten und für sie notwendigen Rezeptionsweisen und -kompetenzen ›verflacht‹ werden. Über den Medienvergleich kommt dieser Alternative von (kulturpessimistischer) Defizit- versus (kulturoptimistischer) Differenz-Hypothese (der medienbedingten Rezeptionskompetenz) auch eine unmittelbare Praxisrelevanz zu. Allerdings werden solche unter mehreren Perspektiven bedeutsamen Fragestellungen nur ›exemplar‹-Status gewinnen, wenn sie mit entsprechend aussagekräftigen Untersuchungsansätzen und vor allem auch (stringent) begründeten Operationalisierungen der zentralen Variablen verbunden werden. Hier sind die Vertreter/innen der ELW mit einer paradoxal erscheinenden Aufgabe konfrontiert: Zum einen müssen sie versuchen, solche möglichst aussagekräftigen Operationalisierungen und Versuchsanordnungen (neu) zu entwickeln, zum anderen aber kann sich eine prägende Kraft konkreter Untersuchungsansätze nur dann manifestieren, wenn auch die Bereitschaft besteht, bestimmte beispielhafte Studien zu replizieren bzw. auf andere Gegenstandsteilbereiche (seien es Texte, Gruppen von Untersuchungsteilnehmer/innen usw.) zu übertragen. Denn erst solche Kreuzvalidierungen können zu einer überzeugenden Geltungseinschätzung wichtiger, zentraler Hypothesen führen – und lassen zugleich erkennen, was die ›exemplars‹ eines voll ausgearbeiteten Paradigmas sind. Dabei muß es aus heutiger Sicht eine offene Frage bleiben, ob auf die Dauer wirklich ein solcher operativ-konstruktiver Wechsel zur ELW als herrschendem Paradigma in der Literaturwissenschaft eintritt oder nicht. Diese historische Frage wird sich naturgemäß nicht nur in Relation zu dem bisher herrschenden Paradigma der hermeneutischen Literaturwissenschaft entscheiden, sondern auch im Verhältnis zu den anderen erwähnten Paradigmakandidaten (wie Medienwissenschaft, Sozialgeschichte der Literatur etc.), für die allerdings auch die Möglichkeit besteht, daß erst eine Verbindung solcher Paradigma-Alternativen (gegebenenfalls auch mit der ELW) zu einem ›revolutionären‹ Paradigmawechsel (sensu Kuhn) führt. Die Zukunft wird es zeigen.

Bauer, W. u. a. (1972), *Text und Rezeption. Wirkungsanalyse zeitgenössischer Lyrik am Beispiel des Gedichtes ›Fadensonnen‹ von Paul Celan*, Frankfurt/M.

Bilsky, W. (1989), *Angewandte Altruismusforschung*, Bern.

Brewer, W. F./Ohtsuka, K. (1988), »Story structure and reader affect in American and Hungarian short stories«, in: C. Martindale (Hg.), *Psychological approaches to the study of literature narratives*, Hamburg, 133-158.

Burgert, M. u. a. (1989), »Strukturen deklarativen Wissens – Untersuchungen zu ›Märchen‹ und ›Krimi‹«, in: *LUMIS-Schriften 23*, Siegen.

Eggert, H. u. a. (1974), »Literaturrezeption von Schülern als Problem der Literaturdidaktik«, in: W. Dehn (Hg.), *Ästhetische Erfahrung und literarisches Lernen*, Frankfurt/M., 267-298.

– (1975), *Schüler im Literaturunterricht*, Köln.

Faulstich, W. (1976), »Die Relevanz der cloze-procedure als Methode wissenschaftlicher Textuntersuchung«, in: *LILI (Zeitschrift für Linguistik und Literaturwissenschaft) 21*, 81-95.

Flick, U. u. a. (Hg.) (1991), *Handbuch Qualitative Sozialforschung*, München.

Frey, E. (1970), *Franz Kafkas Erzählstil*, Bern.

– (1980), *Text und Stilrezeption*, Königstein/Ts.

Geiger, K. F. (1975), »Jugendliche lesen ›Landser‹-Hefte«, in: Grimm, G. (Hg.), *Literatur und Leser. Theorien und Modelle zur Rezeption literarischer Werke*, Stuttgart, 324-341.

Grimm, J. (1986), *Unterhaltung – zwischen Utopie und Alltag. Methode und praktische Anwendung der Inhaltsanalyse am Beispiel von Kriminalheftromanen*, Frankfurt/M.

Groeben, N. (1972), *Literaturpsychologie*, Stuttgart.

– (1977/80), *Rezeptionsforschung als empirische Literaturwissenschaft*, Kronberg/Ts.; 2. Auflage Tübingen.

– (1981), »Die Handlungsperspektive als Theorierahmen für Forschung im pädagogischen Feld«, in: M. Hofer (Hg.), *Informationsverarbeitung und Entscheidungsverhalten von Lehrern*, München, 14-48.

– (Hg.) (1981a), *Rezeption und Interpretation. Ein interdisziplinärer Versuch am Beispiel der ›Hasenkatastrophe‹ von R. Musil*, Tübingen.

– (1982), *Leserpsychologie: Textverständnis – Textverständlichkeit*, Münster.

– (1982a), »Empirische Literaturwissenschaft«, in: D. Harth und P. Gebhardt (Hg.), *Erkenntnis der Literatur*, Stuttgart, 266-297.

– (1986), *Handeln, Tun, Verhalten als Einheiten einer verstehend-erklärenden Psychologie*, Tübingen.

– (1989), »Das Konzept der Text-Leser-Interaktion in der Empirischen

Literaturwissenschaft«, in: *SPIEL (Siegener Periodikum zur Internationalen Empirischen Literaturwissenschaft) 8*, 255-273.
– (1992), *Veränderungsdimensionen, -notwendigkeiten und -grenzen einer Literaturwissenschaft in der ›Informationsgesellschaft‹ – in Richtung auf eine empirisch-interdisziplinäre Kulturwissenschaft. Vorlage zum Symposium ›Germanistik 2000‹*, Aachen.
– (1992a), »Empirisch-konstruktivistische Literaturwissenschaft«, in: H. Brackert und J. Stückrath (Hg.), *Grundkurs Literaturwissenschaft*, Reinbek, 619-629.
– und J. Landwehr (1991), »Empirische Literaturpsychologie (1980-1990) und die Sozialgeschichte der Literatur: ein problemstrukturierender Überblick«, in: *IASL (Internationales Archiv für die Sozialgeschichte der Literatur) 16*, 143-235.
– und M. Schreier (1992), »The hypothesis of the polyvalence convention: a systematic survey of the research development from a historical perspective«, in: *Poetics* 21, 5-32.
– und P. Vorderer (1988), *Leserpsychologie: Lesemotivation – Lektürewirkung*, Münster.
– und H. Westmeyer (1981), *Kriterien psychologischer Forschung*, München.
Herrmann, Th. (1974), *Psychologische Theorien – nicht als Aussagengefüge betrachtet. Bericht aus dem Psychologischen Institut der Universität Marburg*, Nr. 42.
– (1976), *Die Psychologie und ihre Forschungsprogramme*, Göttingen.
– (1985), *Allgemeine Sprachpsychologie*, München.
Heuermann, H. u. a. (1982), *Werkstruktur und Rezeptionsverhalten*, Göttingen.
Hörmann, H. (1976), *Meinen und Verstehen*, Frankfurt/M.
Hoffstaedter, P. (1986), *Poetizität aus der Sicht des Lesers*, Hamburg.
Ibsch, E. (1988), »Zur literarischen Sozialisation«, in: *SPIEL (Siegener Periodikum zur Internationalen Empirischen Literaturwissenschaft) 7*, 333-345.
Ihwe, J. (1972), *Linguistik in der Literaturwissenschaft. Zur Entwicklung einer modernen Theorie der Literaturwissenschaft*, München.
Iser, W. (1971), *Die Appellstruktur der Texte*, Konstanz.
– (1976), *Der Akt des Lesens*, München.
Jauß, H. R. (1982), *Ästhetische Erfahrung und literarische Hermeneutik*, Frankfurt/M.
Kreuzer, H. und R. Gunzenhäuser (Hg.) (1965/67), *Mathematik und Dichtung*, München.
Kuhn, Th. S. (1967), *Die Struktur wissenschaftlicher Revolutionen*, Frankfurt/M.
– (1972), »Postskript – 1969 zur Analyse der Struktur wissenschaftlicher Revolutionen«, in: P. Weingart (Hg.), *Wissenschaftssoziologie*, Frankfurt/M., 287-319.

Lamneck, S. (1989), *Qualitative Sozialforschung*, 2 Bde., München.
Ludwig, H.-W. und W. Faulstich (1985), *Erzählperspektive empirisch*, Tübingen.
Mandl, H. und H. Spada (Hg.) (1988), *Wissenspsychologie*, München.
Martindale, C. (1975), *Romantic progression*, New York.
– (1984), »Evolutionary trends in poetic style: The case of English metaphysical poetry«, in: *Computers and the Humanities* 18, 3-21.
– (1986), »Psychologie der Literaturgeschichte«, in: Langner, R. (Hg.), *Psychologie der Literatur*, Weinheim, 165-211.
– (Hg.) (1988), *Psychological approaches to the study of literary narratives*, Hamburg.
– (1988a), »Positivism, constructivism, and poetics«, in: *SPIEL (Siegener Periodikum zur Internationalen Empirischen Literaturwissenschaft)* 9, 209-242.
Masterman, M. (1970), »The nature of paradigm«, in: Lakatos, I. und Musgrave, A. (Hg.), *Criticism and the growth of knowledge*, Cambridge, 59-90.
Meutsch, D. (1987), *Literatur verstehen*, Braunschweig.
– und S. J. Schmidt (1985), »Über die Rolle von Konventionen beim Verstehen literarischer Texte«, in: *SPIEL (Siegener Periodikum zur Internationalen Empirischen Literaturwissenschaft)* 9, 1-14.
NIKOL (Hg.) (1986), *Angewandte Literaturwissenschaft*, Braunschweig.
Nüse, R., N. Groeben, M. Schreier und B. Freitag (1991), *Über die Erfindung/en des Radikalen Konstruktivismus*, Weinheim.
Pasternack, G. (1985), »Intradisziplinäre Theoriebildung und interdisziplinärer Diskurs«, in: *SPIEL (Siegener Periodikum zur Internationalen Empirischen Literaturwissenschaft)* 4, 155-175.
Peer, W. v. (1986), *Stilistics and psychology*, London.
Rosengren, K. E. (1983), *The climate of literature. Sweden's literary frame of reference 1953-1976*, Lund.
Rusch, G. (1987), *Erkenntnis, Wissenschaft, Geschichte: von einem konstruktivistischen Standpunkt*, Frankfurt/M.
– und S. J. Schmidt (1983), *Das Voraussetzungssystem Georg Trakls*, Braunschweig.
Schmidt, S. J. (1974), »Literaturwissenschaft zwischen Linguistik und Sozialpsychologie«, in: *zeitschrift für germanistische linguistik* 2, 49-80.
– (1980), *Grundriß der empirischen Literaturwissenschaft*, Bd. 1: *Der gesellschaftliche Handlungsbereich Literatur*, Braunschweig.
– (1982), *Grundriß der empirischen Literaturwissenschaft*, Bd. 2: *Zur Rekonstruktion literaturwissenschaftlicher Fragestellungen in einer Empirischen Theorie der Literatur*, Braunschweig.
– (1987), »Der Radikale Konstruktivismus: Ein neues Paradigma im interdisziplinären Diskurs«, in: ders. (Hg.), *Der Diskurs des Radikalen Konstruktivismus*, Frankfurt/M., 11-88.

– (1989), *Die Selbstorganisation des Sozialsystems Literatur im 18. Jahrhundert,* Frankfurt/M.
Segers, R. T. (1989), »Understanding contemporary literature«, in: *SPIEL (Siegener Periodikum zur Internationalen Empirischen Literaturwissenschaft) 8,* 131-155.
Sneed, J. D. (1971), *The logical structure of mathematical physics,* Dordrecht.
Stegmüller, W. (1973), *Probleme und Resultate der Wissenschaftstheorie und Analytischen Philosophie,* Berlin/Heidelberg/New York.
– (1979), *Rationale Rekonstruktion von Wissenschaft und ihrem Wandel,* Stuttgart.
Viehoff, R. (1981), *Literaturkritik im Rundfunk,* Tübingen.
– (1982), »›Die weiblichen Leser von Textpaar III haben mehr Geschwister‹ oder: Literaturwissenschaft der 20 000 Lochkarten. Rezension zu Heuermann, H., Hühn, P. und Röttger, B.: Werkstruktur und Rezeptionsverhalten«, in: *SPIEL (Siegener Periodikum zur Internationalen Empirischen Literaturwissenschaft)* 1, 140-151.
– (1988), »Literarisches Verstehen«, in: *IASL (Internationales Archiv für Sozialgeschichte der deutschen Literatur)* 13, 1-29.
Weingart, P. (Hg.) (1972/74), *Wissenschaftssoziologie,* 2 Bde., Frankfurt/M.
Wermke, J. (1989), *›Hab a Talent, sei a Genie!‹ Kreativität als paradoxe Aufgabe,* 2 Bde., Weinheim.
Wienold, G. (1972), *Semiotik der Literatur,* Frankfurt/M.
Witte, E. H. (1989), *Sozialpsychologie,* München.
Wolff, R. (1977), *Strukturalismus und Assoziationspsychologie. Empirisch-pragmatische Literaturwissenschaft im Experiment: Baudelaires ›Les Chats‹,* Tübingen.

Elrud Ibsch
Das Selbstverständnis der Literaturwissenschaftler in den Niederlanden
Mit einem Kommentar aus empirischer Sicht

Die niederländische allgemeine kulturelle Zeitschrift *De Gids* hat in ihrem 154. Jahrgang, im Jahre 1991, zwölf Vertreter der niederländischen Literaturwissenschaft aufgefordert, sich zum Thema »Ein neues Paradigma in der Literaturwissenschaft?« zu äußern. Die Redakteure Christel van Boheemen (Professor der Anglistik an der Universität von Amsterdam) und Willem G. Weststeijn (Professor der Slawistik an derselben Universität) gaben den als repräsentativ betrachteten Kollegen die folgenden Thesen und Erwägungen als Richtlinien für ihre Reaktion mit:

1. Mittlerweile hat sich berechtigter Zweifel an der strikt wissenschaftlichen Behandlung von Literatur eingestellt.
2. Literaturwissenschaftliche Interpretationen beziehen sich immer weniger ausschließlich auf literarische Texte; die Skala der Textsorten hat sich beachtlich erweitert; es werden insbesondere historische, philosophische und theologische Texte in die Interpretation einbezogen. Die gleiche Feststellung gilt für die Literaturtheorie, die nicht mehr ausschließlich von literarischen Texten ausgeht.
3. Die Frage ist, ob man die Gründe für diesen einschneidenden Wandel in disziplin-internen, gesellschaftlichen oder aber kulturellen Verhältnissen zu suchen hat.

Sieben der zwölf Teilnehmer sind Lehrstuhlinhaber, vier sind Universitätsdozenten, und ein Teilnehmer ist ein frühpensionierter Universitätsdozent. Die Zusammenstellung indiziert eine zahlenmäßig zwar reduzierte, qualitativ jedoch nicht unerhebliche Repräsentanz bezüglich des Selbstverständnisses von Literaturwissenschaftlern in den Niederlanden zu Beginn der neunziger Jahre. Drei Teilnehmer vertreten eine empirische Position, sie sind auch Mitglieder der Internationalen Gesellschaft für empirische

Literaturwissenschaft (IGEL). Es handelt sich um Douwe Fokkema (Universität Utrecht), Hugo Verdaasdonk (Universität Tilburg) und Elrud Ibsch (Freie Universität Amsterdam). In ihren Reaktionen sprechen sie sich aus für die Unterscheidung von Partizipanten- und Beobachterrolle im literarischen System und versuchen deutlich zu machen, daß von einer solchen Position her den vorgelegten Thesen nur zum Teil und nach nicht unerheblichen Neuformulierungen zugestimmt werden kann.
In den nicht-empirischen Beiträgen wird eine Rollendifferenzierung zwischen dem Literaturwissenschaftler und dem Kulturvermittler nicht in Erwägung gezogen. Innerhalb des globalen Profils eines Literaturwissenschaftlers, der, wie zu zeigen sein wird, wesentlich auch als Teilnehmer an der Kulturdebatte konzipiert wird, unterscheiden Carel Peeters (Professor der Literaturkritik an der Freien Universität Amsterdam) und Maarten Steenmeijer (Dozent Hispanistik an der Universität Nijmegen) jedoch zwischen dem Literaturwissenschaftler und dem Kritiker/Rezensenten. Steenmeijer vertritt die Ansicht, der Kritiker leide weniger als der Literaturwissenschaftler unter Minderwertigkeitskomplexen gegenüber dem Naturwissenschaftler, da ihm die »poly-paradigmatische« Situation der Literaturwissenschaft vertraut sei.
Mit dem Begriff »poly-paradigmatisch« ist ein Zauberwort für das Selbstverständnis des niederländischen Literaturwissenschaftlers aufgerufen. Toleranz, Diversität, Freiheit, Proliferation, Phantasie, Offenheit, Gleichberechtigung sind die Begriffe, die für die hoch positiv bewertete Überwindung der »Strengheit von Wienold und Groeben« (wie es bei Jan van Luxemburg, Dozent der Allgemeinen Literaturwissenschaft an der Universität von Amsterdam, heißt) verwendet werden. In diesem Rahmen werden Zielvorstellungen von einer breit orientierten Literaturwissenschaft entworfen, in der das Verfahren der Überprüfung von Hypothesen nicht (mehr) genannt wird. Von »Wissenschaftlichkeit« ist vornehmlich als von einem vergeblichen und obsoleten Streben die Rede. Eine wissenschaftsphilosophische Diskussion, die sich der Unterscheidung von empirisch und interpretativ bedient, wird von Ernst van Alphen (Dozent der Allgemeinen Literaturwissenschaft an der Universität von Leiden) als veraltet charakterisiert. Hans Mooij (zur Zeit der *Gids*-Beiträge Professor für Allgemeine Literaturwissenschaft in Groningen) erklärt, das Streben nach strikter Wissenschaftlichkeit sei erfolglos ge-

blieben, habe jedoch in der empirischen Literaturwissenschaft einige Spuren hinterlassen. John Neubauer (Professor für Vergleichende Literaturwissenschaft an der Universität von Amsterdam) stellt – sich auf seinen eigenen wissenschaftlichen Hintergrund berufend – fest, im anglo-amerikanischen Raum seien wissenschaftliche Prätentionen, wie sie in Europa bestanden hätten, unbekannt geblieben. Mieke Bal (Professor für Theoretische Literaturwissenschaft an der Universität von Amsterdam) verwendet den Begriff der Wissenschaftlichkeit zwar in positivem Sinne und will global darunter verstehen: keiner schwierigen Frage aus dem Wege gehen. Sie fordert erlernbare und eindeutige Methoden. Zum Objekt der Literaturwissenschaft erklärt sie den Umgang mit Literatur, und bis dahin sieht es danach aus, als begäbe sie sich in die Nähe der empirischen Literaturwissenschaft. Wenn sie dann aber die Interpretation wieder ins Zentrum rückt, »Uneinigkeit über Bedeutungen« als Hauptaufgabe der Literaturwissenschaft postuliert, zudem die Fokussierung auf Rezeption, Rhetorik und Ideologie als Folge des Rufes nach gleicher Behandlung, nach Kultur- und Geschlechterdiversität und nach Veränderung der Machtverhältnisse beschreibt, schart sie sich dezidiert in die Reihen der Kulturkritiker. Vergleichbar hält Maaike Meijer (Dozentin für Frauenstudien an der Universität Utrecht) das Streben nach einem universalistischen Standpunkt für bedeutend weniger wissenschaftlich als die Reflexion über die eigene Konditionierung, Interessen-, Kultur- und Gruppenbildung.
Die nicht-empirischen Wortführer erfahren, wie bereits gesagt, den poly-paradigmatischen Charakter der Literaturwissenschaft als große Befreiung und definieren ihn vorzugsweise als Grenzüberschreitung zu anderen Disziplinen. Daß die Literaturwissenschaft, zum Teil mit dem Instrumentarium, das sie dem Formalismus/Strukturalismus verdankt, sich Texten aus anderen Disziplinen zuwendet, macht sie soviel »aufregender, erotischer, genußreicher«, so Jan van Luxemburg. John Neubauer erstrebt ähnliches: einerseits literarischen Verfahren in nicht-literarischen Diskursen nachzuspüren, andererseits sich inspirieren zu lassen von Derrida, der Psychoanalyse und der politischen Haltung des New Historicism, kurz: Interdisziplinarität betreiben, das ist die Losung. Hans Mooij begrüßt es, daß das Studium der Literatur sich »wieder breitmacht«; es umfaßt die Skala von wissenschaftlich zu spekulativ und von wertfrei zu wertgeladen und schöpft

dabei aus der »Inspirationsquelle« der Nachbardisziplinen. Ernst van Alphen begründet die Ausdehnung literaturwissenschaftlicher Arbeit auf andere Kulturformen mit dem Verlust an medienspezifischem Denken in der Postmoderne. Maaike Meijers Rede vom *homo parlans* als dem Weltschöpfer erfordert notwendigerweise eine Erweiterung des Textmaterials. Steenmeijer versucht eine Erklärung für den schnellen Paradigmawechsel in der Literaturwissenschaft zu erbringen und rekurriert dabei auf das Originalitätspostulat. Emmanuel Kummer (ehemaliger Dozent der Literaturwissenschaft an der Universität von Leiden), dessen Beitrag sich als ein Pamphlet gegen den »esprit de sérieux« in der Literaturwissenschaft liest, spricht sich gegen disziplinarischen Status aus, da dieser das Ende des Phantasiereichen, Aufregenden im Umgang mit Literatur bedeute.

Zusammenfassend läßt sich feststellen, daß der Typus eines Literaturwissenschaftlers entsteht, der sich von strengen Wissenschaftspostulaten abgewendet hat, dezidiert eine kulturkritische Position vertritt (nicht selten die feministische) und sich zu einer poly-paradigmatischen, namentlich interdisziplinär ausgerichteten Literaturwissenschaft bekennt. Die hier angesprochene Interdisziplinarität steht übrigens auf gespanntem Fuße mit Fokkemas Verständnis; er sieht die Verwirklichung von Interdisziplinarität dort, wo die verschiedenen Disziplinen an ihren jeweiligen strikt wissenschaftlichen Normen und Methoden festhalten, die man sich zu eigen zu machen hat.

Auf anekdotische Weise erläutert Steenmeijer die Toleranz, die er an den niederländischen Universitäten meint feststellen zu können und die er positiv bewertet. Es ist möglich, so führt er aus, daß an einem und demselben Institut sich Verdaasdonks Berührungsangst vor Texten und Gœdegebuures (Professor für Literaturwissenschaft) Lesewut und Texthunger entfalten können.

Die Beiträge in *De Gids* betrafen persönlich selegierte Literaturwissenschaftler, und es lag nahe, die Frage zu stellen, ob eine anonyme Umfrage das gleiche Bild ergeben würde.

Zu den befragten Personen: Von 180 an die Mitglieder der Niederländischen Gesellschaft für Allgemeine und Vergleichende Literaturwissenschaft verschickte Fragebogen gingen 55 Antworten ein, zwei Drittel von männlichen und ein Drittel von weiblichen Respondenten. Die Altersstufen waren gleichmäßig verteilt zwischen 26 und 66 Jahren (mit einer Ausnahme von 80 Jahren); 50% der Respondenten befinden sich im Alter unter 41 Jahren und 50% darüber. Ausbildung und Beruf der Probanden sind als relativ homogen zu beurteilen: 58,2% haben den Doktortitel erworben (das ist das höchste akademische Examen in den Niederlanden), von den übrigen 41,8% arbeiten 95,7% an ihrer Doktorarbeit. 80% der Respondentengruppe sind als Professoren, Dozenten, emeritierte Professoren oder als Forschungsstipendiaten einer Universität verbunden; die übrigen sind Gymnasiallehrer oder Übersetzer. Hinsichtlich der Berufserfahrung ist die Verteilung die folgende: 28 Probanden haben eine Berufserfahrung zwischen 1 und 14 Jahren, 14 zwischen 14 und 26 Jahren und 13 zwischen 17 und 22 Jahren. Die Mitgliedschaft der Niederländischen Komparatistengesellschaft bedeutet, daß bei allen Respondenten Interesse an der Allgemeinen Literaturwissenschaft vorausgesetzt werden kann, auch wenn der Beruf im Bereich der Anglistik oder Romanistik liegt.

Zu den Fragen: Außer den Fragen zur Person wurden Fragen zum Thema Literaturwissenschaft gestellt. Auf die Frage, ob man seine Arbeit vornehmlich in den Dienst der Wissenschaft oder aber in den Dienst der Literatur stelle, entscheiden sich 82% der Versuchspersonen für die Wissenschaft und nur 18% für die Literatur (dieses Ergebnis ist signifikant auf dem 5% Niveau: s = 5%). In Übereinstimmung mit diesem Ergebnis betrachten 21,2% ihre Arbeit als Fortsetzung der schöpferischen Tätigkeit des Dichters gegen 78,8%, die eine solche Filiation ablehnen.

Gefragt nach dem bevorzugten Aussagetyp in literaturwissenschaftlichen Publikationen (zur Wahl standen: überraschende Aussagen, stilistisch gepflegte Aussagen, methodologisch valide Aussagen, empirisch kontrollierbare Aussagen, distanzierte Aussagen, persönliche Aussagen, engagierte Aussagen) entscheiden sich 32,7% für die überraschenden Aussagen, 54,5% für die methodologisch validen und 36,4% für die empirisch kontrollierba-

ren; die anderen Möglichkeiten blieben praktisch unbenutzt. Der Auftrag ließ die Wahl von zwei Möglichkeiten zu. Die Erwartung, daß bei der Beantwortung dieser Frage eine Clusterbildung auftreten würde, nämlich nach 4 »hermeneutischen« und 3 »empirischen« Möglichkeiten, erfüllte sich nicht.
Die Frage nach dem wichtigsten Aspekt in der Bestimmung des Forschungsobjektes, wobei zur Wahl standen: der literarische Text (1), das historische Umfeld des Textes (2), der Umgang von Menschen mit Literatur (3), das eigene Verhältnis zum Text (4), ergab eine Präferenz von 48,1% für die Arbeit am Text; das historische Umfeld wurde von 22,2% der Vpn genannt, der Umgang von Menschen mit Texten von 29,6%, während das eigene Verhältnis zum Text nicht gewählt wurde. Zu dieser Frage wurde die folgende Korrelation berechnet: Von den 9 Respondenten, die angaben, ihre Arbeit in den Dienst der Literatur zu stellen, bezeichnen 6 den Text als wichtigstes Forschungsobjekt; von 40 wissenschaftlich orientierten Respondenten, die vorliegende Frage beantworten, entscheiden sich 18 für den Text, 10 für das Umfeld und 12 für den Umgang von Menschen mit dem Text.
Die Frage, ob man im Laufe des Berufslebens eine Veränderung der wissenschaftlichen Orientierung erfahren habe, beantworten 59,3% bejahend und 40,7% verneinend. Das Jahr 1980 wurde von 5 Personen als ein Wendepunkt angegeben.
Für eine gegenseitige Beeinflussung von Natur- und Humanwissenschaften sprechen sich 60% der Respondenten aus; 13% setzen einen Einfluß der Naturwissenschaften auf die Geisteswissenschaften voraus, 13% nehmen einen umgekehrten Einfluß an und weitere 13% sehen keine Möglichkeit einer Beeinflussung. Als Begriffe, die den Einfluß benennen, erscheinen die folgenden: Problembewußtsein, Teamwork, Kontrollierbarkeit, neue Perspektiven, Präzision, Eindeutigkeit, Systematik, Methodik für die Einflußrichtung Naturwissenschaften – Humanwissenschaften und Relativieren, Wahrheitsfragen, Dialog, Ironie, gesellschaftliche Relevanz, Offenheit, Kreativität, Spekulationen, Intuition, Subjektivität der Interpretationen, Spannung zwischen Wirklichkeit und Möglichkeit, Skepsis im Hinblick auf Nutzenfragen, Komplexitätserfahrung für die umgekehrte Richtung (man beachte den verhältnismäßig großen verbalen Spannungsbogen, wenn es darum geht, den Lehreffekt der Humanwissenschaften zum Ausdruck zu bringen).

Auf die Frage, ob man bei seiner Arbeit Regelmäßigkeiten auf der Spur sei oder aber die Unizität zu erfassen suche, antworten 59,2% zugunsten der Regelmäßigkeiten gegenüber 40,8% zugunsten der Unizität.
Disziplinen, die als bedeutsam für die Literaturwissenschaft erfahren werden, sind: Philosophie (36,4%), Linguistik (32,7%), Geschichte, Soziologie und Psychoanalyse mit jeweils etwa 20%, Kunstwissenschaften mit 9%. Als wichtigste Alternative, die nicht in die Reihe aufgenommen worden war, wurde die Psychologie von 4 Personen genannt.
Eine der Aufgaben bestand in der Beurteilung von 12 Zitaten aus *De Gids* (von allen 12 Teilnehmern ein Zitat) auf einer Skala mit 5 Antwortmöglichkeiten (von »sehr einverstanden« bis »überhaupt nicht einverstanden«; siehe Tabelle). Ein Zitat wurde bei der Datenanalyse eliminiert, weil es mehrheitlich Verständnisschwierigkeiten hervorgerufen und zu Bemerkungen wie »unbegreiflich«, »schlechter Stil«, »grammatisch falsch« Anlaß gegeben hatte. Die Versuchspersonen waren über die Quelle der Zitate nicht unterrichtet; sie wurden ihnen als »Aussagen« angeboten. Drei Aussagen bildeten bei der Faktoranalyse einen Faktor. Es handelt sich um die folgenden Zitate, die für relativ große Unterschiede in den Präferenzen verantwortlich waren: »Eine Literaturwissenschaft, die keine Interpretationen anfertigt, ist nicht objektiv, sondern objektlos« (in der Tabelle bezeichnet als B); »Was eine strikt wissenschaftliche Behandlung von Literatur ist, weiß niemand, hat niemand je gewußt und wird niemand je wissen« (D); »Theorien, Richtungen, Begriffe, Gesetzmäßigkeiten führen ein eigenes Leben, wodurch ein großer Abstand zur lebendigen Literatur entstanden ist« (H). Die quantitative Analyse ergibt folgendes Bild: (B) 34 Personen stimmen zu, 16 stimmen nicht zu, 3 befinden sich in mittlerer Position; (D) 21 Personen stimmen zu, 26 stimmen nicht zu, 6 befinden sich in mittlerer Position; (H) 21 Personen stimmen zu, 26 stimmen nicht zu, 5 befinden sich in mittlerer Position.
Das Zitat: »Das Studium der Literatur orientiert sich wieder in die Breite – von strikt wissenschaftlich bis hin zu spekulativ, von wertfrei bis zu höchst engagiert. Lassen wir ihm diese Chance« (F) findet große Zustimmung (von 36 Personen). In ähnlicher Weise wird reagiert auf: »Die Dichotomie zwischen hermeneutisch und empirisch bzw. interpretativ gegenüber objektiv, wissenschaftlich

Tabelle: Antwortfrequenzen bei der Beurteilung der Zitate

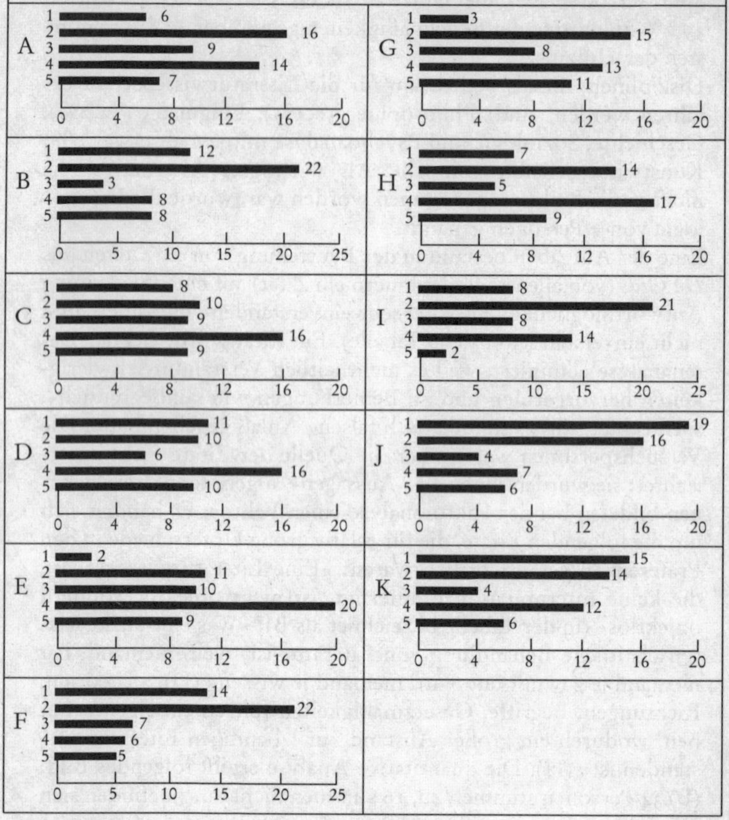

ist eine falsche Dichotomie« (J): 35 Personen stimmen dieser Aussage zu gegen 13 Ablehnungen.
Beinahe gleichmäßig verteilt sind Zustimmung und Ablehnung, wenn es darum geht, die folgende Aussage zu beurteilen: »Von großem Einfluß auf die derzeitige Literaturwissenschaft ist die *Dekonstruktion*, eine Richtung, die (inter)textuelle und rhetorische Eigenschaften an Literatur untersucht« (A) (22 gegen 21 Personen). Mehr Abstand zwischen zustimmenden und ablehnenden Antworten bewirkt das Zitat: »Eine Literaturwissenschaft, die die Text-Leser-Interaktion erforscht, wird strikte methodologische Postulate nicht in Zweifel ziehen« (C) (18 Probanden sind einverstanden, 25 sind nicht einverstanden).
Geringe Konsensfähigkeit der niederländischen Literaturwissenschaftler äußert sich in der großen Streuung von Personennamen, die das Resultat auf die Fragen nach der am meisten bewunderten Persönlichkeit aus dem Fachgebiet (1) und nach der Persönlichkeit, von der man den größten Einfluß empfangen hat (2), ist. Siegfried J. Schmidt, Roman Jakobson und Mieke Bal erscheinen je zweimal in (1) und (2), Bachtin wird zweimal in (1) genannt.

Diskussion

Die Analyse des Fragebogens läßt nur vorsichtige Schlußfolgerungen zu. Einmal ist die Zahl der ausgefüllten Fragebogen verhältnismäßig klein. Zum andern – zum Teil damit zusammenhängend – reagieren manche Literaturwissenschaftler irritiert auf eine Umfrage, die ihre Einstellung zum Fach zum Thema hat (in einigen Fällen wurde die Irritation am Schluß expliziert). Man darf jedenfalls feststellen, daß die konzeptuelle Verarbeitung einer Unterscheidung von Partizipanten- und Beobachterrolle in der Literaturwissenschaft höchstens bei einem Drittel der Respondenten stattgefunden hat. Die Reaktion auf das Zitat, in dem die Dichotomisierung zwischen Hermeneutik und Empirik abgelehnt wird, sollte man allerdings nicht überbewerten: auch Empiriker könnten sich gegen Dichotomisierung aussprechen. Das Drittel entspricht im übrigen dem 3:9-Verhältnis in *De Gids*. Ein starker Legitimationszwang ist wahrscheinlich die Ursache dafür, daß man die wissenschaftliche Einbettung der eigenen Arbeit so deutlich herausstellt, auch wenn man nicht bereit ist, hieraus die methodologischen Konsequenzen zu ziehen. Ein einigermaßen überraschendes Resultat dürfte das Festhalten am Text als dem bevorzugten Objekt sein. Die Wahl des historischen Umfeldes hätte mehr im Bereich der Erwartungen gelegen. Möglich ist es, daß die Literaturhistoriker in der Niederländischen Gesellschaft für Allgemeine und Vergleichende Literaturwissenschaft es vorgezogen haben, nicht auf den Fragebogen zu antworten. Die Kombination von Wissenschaftspostulat und zentraler Stellung des Textes deutet darauf hin, daß das interpretative »Paradigma« noch vollauf in Ansehen steht. Das würde auf eine im Vergleich zu den Autoren in *De Gids* eher konservative Position der Respondenten hindeuten.

Ein Kommentar aus empirischer Sicht

In der Diskussion zwischen der Hermeneutik und der Empirik in der Literaturwissenschaft kommt dem Empiriker die Rolle des Herausforderers zu, der den Hermeneutiker in die Verteidigung drängt. Wissenschaftshistorisch und institutionell gibt es dafür gute Gründe. Bislang nämlich wurde der Empiriker in den weitaus meisten Fällen als Hermeneutiker ausgebildet, wohingegen dem Hermeneutiker eine empirische Schulung abgeht. Wissenschaftspsychologisch bleibt diese Asymmetrie nicht folgenlos. Wann immer eine empirische Ausbildung des Studenten der Literaturwissenschaft stattfindet, so beruht diese auf eigener Wahl, dürfte also hochmotiviert sein. Eine solche Ausbildung wird zu einem Zeitpunkt angetreten, an dem hermeneutisches Umgehen mit Literatur einen gewissen Überdruß bewirkt beziehungsweise sich als defizitär vom Gesichtspunkt wissenschaftlicher Validität aus erweist. Wenn die Aneignung des erforderlichen Know-how gelingt, bringen die methodologische Stringenz, Übertragbarkeit und intersubjektive Einrichtung der Verfahren in den Sozialwissenschaften intellektuellen Gewinn. Diese Ausgangsposition des Empirikers sollte man in Betracht ziehen, wenn man eine vergleichende Analyse der beiden wichtigsten Handlungsrollen im Fachbereich der Literaturwissenschaft unternimmt.
Zunächst gilt es zu berücksichtigen, daß, wann immer man von der Hermeneutik spricht, man bedenken muß, daß die Hermeneutik nicht als ein homogenes Feld auftritt, sondern sich nach

zwei Richtungen ausdifferenziert. Es betrifft einerseits die Entwicklungslinie (Schleiermacher, Dilthey), Gadamer mit Ausläufern in die Rezeptionsästhetik (Holub 1984) und andererseits die Linie (Schleiermacher, Dilthey), Adorno, Foucault, Derrida mit starker Repräsentanz im Dekonstruktivismus und neuerdings auch in der feministischen Literaturbetrachtung, prominent vertreten in den *Gids*-Beiträgen.
Der Handlungsbereich der literarischen Hermeneutik umfaßt die Herstellung von *Sinn, Kontext* und *Urteil.* Während die Gadamer-Variante die Kulturvermittlung und -wahrung zum Ziel hat, setzt die Adorno/Foucault/Derrida-Variante auf Kulturkritik. Selbstredend hat die Entscheidung zur Kulturtradierung auf der einen oder zur Kulturkritik auf der anderen Seite Einfluß auf Sinn, Kontext und Urteil, die denn auch inhaltlich unterschiedlich besetzt werden.
Im Verständnis der beiden hermeneutischen Varianten erhält der Empiriker ein bestimmtes Profil, dem gemeinschaftliche und unterschiedliche Merkmale eignen. Die folgende Gegenüberstellung der kritischen Beurteilung des Empirikers von seiten des Hermeneutikers macht dies sichtbar.

traditionelle Hermeneutik	*kritische Hermeneutik*
Der Empiriker ist:	Der Empiriker ist:
– politisch progressiv	– politisch konservativ
– Anhänger modischer Positionen in der Wissenschaft	– Anhänger überlebter Positionen in der Wissenschaft
– respektlos gegenüber der historischen Tradition	– hilflos gegenüber der historischen Tradition
– kein Sachverständiger in Sachen Kunst	– kein Sachverständiger in Sachen Kunst
– jemand, der sich durch Zahlen imponieren läßt	– jemand, der sich durch Zahlen imponieren läßt
– Verkünder trivialer Ergebnisse	– Verkünder trivialer Ergebnisse

Es sind die gleichlautenden Merkmale in den beiden Profilen, die den Kern der Kritik am empirischen Vorgehen bilden. Sie lauten: fehlende künstlerische Einstellung, Ausrichtung auf Quantität anstelle von Qualität und Trivialität der Ergebnisse. Übersetzen wir diese Merkmale probeweise einmal in ihre positiven Gegenbe-

griffe, so erhalten wir: künstlerische Einstellung, Qualitätsbewußtsein, Bedeutsamkeit und Überraschung der Ergebnisse. Angesichts dieser Begriffe fällt auf, daß ihre Semantik, und das heißt dann die Semantik der Forschungsebene, übereinstimmt mit der Semantik des Objektes. Wer kennt nicht die Rede von der Literatur als Kunst, als qualitativ hoch, als Träger von Bedeutsamkeit und Überraschung? Es ist bekannt, daß das hermeneutische Wissenschaftsverständnis auf Objekthomologie basiert. Ein wesentliches Motiv Wilhelm Diltheys für die Einführung der Hermeneutik als Methode war schließlich der prinzipiell andere und im Vergleich zum Objekt der Naturwissenschaften mit deren Methoden dann auch nicht beschreibbare Charakter des geisteswissenschaftlichen Objektes. *Objektnähe* ist in hermeneutischer Forschung ein Kriterium für *Relevanz.* Von empirischer Perspektive aus betrachtet, wird Objektnähe dagegen als *Redundanz* erfahren und werden Abstraktions- und Modellierungsprozesse, die das sogenannte Objekt womöglich unkenntlich erscheinen lassen (zum Beispiel im experimentellen Design), zu den normalen Verfahren gerechnet. Der Empiriker bindet sein Urteil über *Relevanz* nicht an das Objekt, sondern an die von ihm gewählte *Fragestellung.*
Die wissenschaftliche Position des Empirikers wird von den beiden hermeneutischen Richtungen unterschiedlich bewertet. Die Differenz jedoch läßt sich auf einer höheren Ebene aufheben, wo nämlich das »zu progressiv« der einen Seite zusammen mit dem »zu traditionell« der anderen Seite einen Kristallisationspunkt im Vorwurf der Pseudo-Objektivität findet. Die Gadamer-Variante beharrt auf der Unvereinbarkeit geisteswissenschaftlicher und naturwissenschaftlicher Forschung, während die Derrida-Variante sich ein Stück weiter vorwagt, indem sie die Erfahrungswissenschaften mit Hilfe des linguistischen und diskursiven Determinismus zu unterlaufen versucht: Erfahrungen und Sachverhalte sind ideologische, d. h. von bestimmten Machtinteressen motivierte und fixierte Verhaltens- oder Sprachregeln.
Der Kognitive Konstruktivismus (Groeben, Vorderer 1988), den die Empiriker im allgemeinen für hinreichend validiert halten, um sich auf ihn zu basieren, ist, wie es den Anschein hat, außerstande, den Vorwurf einer naiv-realistischen Epistemologie zu entschärfen. Daß dies auch dem Radikalen Konstruktivismus nicht gelingt, ist überraschender, muß aber wahrscheinlich wiederum

darauf zurückgeführt werden, daß der Hermeneutiker Objektferne unter allen Umständen zu vermeiden sucht. Der Radikale Konstruktivismus kann ohne den Theorierahmen und die Konzeptualisierung der Neurobiologie nicht auskommen (Schmidt 1987). Die neurologische »hardware« aber ist ausgesprochen objektfern und darüber hinaus schwerlich mit dem Ideologiebegriff zu vereinbaren.

In seinem Verhältnis zur Geschichte wird der Empiriker vom Hermeneutiker kaum ernst genommen. Experimentelle Verfahren greifen nicht, wo es um die Erforschung der Vergangenheit geht, und dokumentarische Arbeit bezieht sich häufig auf unattraktive und periphere Objekte, wie z. B. Auflageziffern, Rechnungen, Berufsdifferenzierungen, institutionelle Rahmenbedingungen und andere Kontextdaten, die am »Eigentlichen« vorbeigehen. Aber auch für die Erfahrung der kritischen Hermeneutik mit der Geschichte ist in der Empirik, so wird vorausgesetzt, kein Platz. Der adaptierende Eingriff in die Geschichte, die Umwertung des Tradierten aus einer engagierten Position in der Gegenwart, ist dem Empiriker aufgrund seines Wissenschaftsverständnisses nicht unmittelbar möglich. Die Neutralität des Empirikers wird vom Hermeneutiker als Verzicht auf kulturelle Intervention betrachtet.

Über die Methode der Geisteswissenschaften ist viel gesagt und geschrieben worden. Vielleicht ist das Verfahren des Hermeneutikers am besten zu beschreiben als eine Kombination von *Argument* und *Beispiel* (siehe für die Terminologie auch Japp 1987). Auf diese Formel gebracht, läßt es sich vergleichen mit dem empirischen Vorgehen, dessen Kernbegriffe *Hypothese* und *Überprüfung* sind. Es wäre jedoch ein voreiliger Schluß, wenn man aufgrund dieser strukturellen Ähnlichkeit die Augen schließen würde vor den wesentlichen Unterschieden zwischen Argument und Hypothese. Obgleich im erfahrungswissenschaftlichen Bereich eine Hypothese prinzipiell in Freiheit entworfen wird, entsteht sie in der Praxis in der Regel innerhalb eines Theorierahmens, ein Umstand, der den Gebrauch gut definierter Begriffe in ihrem gegenseitigen Bezug voraussetzt. Über eine vergleichbare Einbettung verfügt das hermeneutische Argument nicht. Es ist nicht ungebräuchlich, daß sich ein Argument de facto als Gegenargument artikuliert. Etwa auf folgende Art und Weise. Als Argument liegt die Interpretation des Kafkaschen Œuvres einge-

bettet in einen religiös-judaischen Bezugsrahmen vor. Das Gegenargument orientiert sich an einem psychoanalytischen Bezugsrahmen. Steht es einmal als neues Argument im Raum, so wird es von einer Vielzahl von Beispielen gestützt. Die Überzeugungskraft des Argumentes findet ihren Grund nicht zuletzt in der Anzahl der Beispiele. (Man beachte, daß auch im hermeneutischen Bereich Quantitäten zählen!) Selten wird einem einzigen Beispiel alle Beweislast zugemutet. Die Mauer der Beispiele, die letztendlich ein Argument umgibt, macht es unangreifbar. Wird eines der Beispiele als qualitativ schwach entlarvt, so kann notfalls auf das betreffende Beispiel verzichtet werden – es bleiben noch genügend andere zur Instandhaltung des Argumentes übrig. Der Hermeneutiker schirmt sein Argument mit großer Sorgfalt ab. Auf sein Argument kann er nicht verzichten, eher schon auf sein Beispiel. Über dessen Zulassung zur Absicherung seines Argumentes denkt er gründlich nach und verwendet zudem große Sorgfalt auf die Formulierung, mit der er Argument und Beispiel verbindet.
Dem Empiriker steht die Möglichkeit einer vergleichbaren Absicherung seiner Hypothese nicht zur Verfügung. Eine erfahrungswissenschaftliche Überprüfung kann das Gegenbeispiel nicht abweisen und ausgliedern. Unter dem Druck eines Gegenbeispieles muß ein Empiriker bereit und imstande sein, auf seine Hypothese zu verzichten oder sie zu korrigieren. Zwar kann ein individueller Forscher versuchen, nicht erwünschte Resultate zu kamouflieren, die Einbettung von Hypothese und Überprüfung in einen Theorierahmen jedoch bedeutet, daß ein anderer Forscher die Manipulation aufdecken kann. Replizierte Experimente, deren möglicherweise unterschiedliche Resultate evaluiert werden müssen, gehören zum Erfahrungsbereich des Empirikers. Argument und Beispiel des Hermeneutikers sind in ihrer Verknüpfung auf gegenseitige Bestätigung angelegt. Bei erfolgreicher Verknüpfung wird dem Forscher kulturelles Wissen attestiert und – wenn die Beziehung überraschende Aspekte aufweist – auch Spontaneität und Kreativität. Der *kulturelle Diskurs* ist in seiner Grundstruktur auf Argument und Beispiel angewiesen; das *wissenschaftliche Protokoll* rapportiert die Überprüfung einer Hypothese. Es hat denn auch wenig Sinn, im wissenschaftlichen Bereich über *Beispiele* und im kulturellen Bereich über *Überprüfungen* zu sprechen. Der erstere Fall wird kaum auftreten, der letztere recht häufig. Argumentative Validität und empirische Validität werden

auf verschiedenen Wegen erreicht und auf verschiedene Weise verantwortet.

Auf das literarische System bezogen, halte ich beide, wissenschaftliches Protokoll und kulturellen Diskurs, für notwendig, sei es, daß die lange Tradition der Hermeneutik eher zu einer gewissen Sättigung geführt hat, während die wissenschaftliche Analyse der Kulturdebatte im Rückstand geblieben ist. Auf eine große Anzahl von Fragen, die das Funktionieren von literarischen Texten und literarischen Institutionen betreffen, kann keine präzise Antwort gegeben werden, da man sich beispielsweise nicht um das Anlegen von Datenbeständen gekümmert hat. Während zahlreiche kulturelle Diskurse zu Kafka vorliegen, fehlen zur Erklärung des Kanonisierungsprozesses von Kafka noch viele Bausteine.

Die Diskussion in der heutigen Literaturwissenschaft wird dadurch erschwert, daß die Einsicht in die verschiedenen Aufgaben und methodologischen Verpflichtungen noch immer kein Gemeingut ist. So geschieht es regelmäßig, daß Kulturkritik sich als Wissenschaftskritik geriert. Hierbei wird sie sekundiert von der poststrukturalistischen Philosophie, deren linguistischer Imperialismus dem Gedanken Vorschub leistet, daß Erfahrungsdaten sich grundsätzlich nur in rhetorischer Verpackung bestimmter Gruppenideologien darstellen. Während die Naturwissenschaften praktisch gar nichts und die Sozialwissenschaften nur in sehr beschränktem Maße mit dieser Versprachlichung der Welt etwas anfangen können, fällt sie in den Humanwissenschaften auf fruchtbaren Boden, und das bedeutet, daß dem Argument Dominanz über die Hypothese zugesprochen wird. Die Diskussion kann dann bei der alten Verwirrung anschließen: der auf Wissenschaftlichkeit ausgerichteten Literaturwissenschaft wird zu Unrecht unterstellt, es ginge ihr um die Überprüfung von Argumenten, mit anderen Worten um die Wahr- oder Nicht-wahr-Entscheidung hinsichtlich der vorgelegten Sinnangebote (Interpretationen). Die oben besprochene Umfrage weist deutlich in diese Richtung.

Das Argument ist die Stärke des Hermeneutikers, der Validierungsprozeß die Stärke des Empirikers. Liegt die Schwäche des Hermeneutikers in der intuitiven und subjektiven Verknüpfung von Argument und Beispiel, so liegt die des Empirikers in der oftmals geringen Relevanz und Reichweite der Erklärungshypothese. Psychologen sind sich dieser Gefahr in ihrem Wissenschaftsbereich durchaus bewußt. So folgert Sarbin (1990), eine

Anzahl Untersuchungen seien ausgeführt »for the purpose of vigorously testing miniature hypotheses« (S. 265), und wirft Bronfenbrenner der Entwicklungspsychologie vor, sie sei »looking more and more at less and less« (Bronfenbrenner, Kessel und White 1986, 1219).

Zusammenarbeit zwischen Psychologie und Literaturwissenschaft könnte dazu führen, daß die Psychologen sich für komplexe Text-Leser-Interaktionen zu interessieren beginnen, auch z. B. für die Sinnangebote von hochsozialisierten Lesern, für das Argument und Beispiel-Verhältnis bei hermeneutischen Experten. Der Vorschlag dazu muß jedoch von der Literaturwissenschaft kommen. Der Literaturwissenschaftler muß den Mut haben, die Fragen zu stellen, auf die er Antworten haben will. Eine brennende Frage ist immer wieder die nach dem Langzeit-Effekt der Lesesozialisation. Ein solcher Effekt – einerseits für das Individuum und seine persönliche Kreativität (Glover, Ronning und Reynolds 1989), andererseits für die Gesellschaft, die tolerante und wenig aggressive Menschen nötig hat – kann als Lese-Effekt vorläufig nur vermutet werden. An empirischer Validierung besteht ein großer Bedarf.

Literatur

Bronfenbrenner, U., W. Kessel und S. White (1986), »Toward a Critical Social History of Developmental Psychology. A Propaedeutic Discussion«, in: *American Psychologist* 41, 1218-1230.

De Gids (1991), 154. Jahrgang, Nr. 3, Amsterdam: Meulenhoff, 225-245.

Glover, John A., Royce R. Ronning und Cecil R. Reynolds (Hg.) (1989), *Handbook of Creativity*, New York und London: Plenum Press.

Groeben, Norbert/Peter Vorderer (1988), *Leserpsychologie: Lesemotivation – Lektürewirkung*, Münster: Aschendorff.

Holub, R. C. (1984), *Reception Theory. A Critical Introduction*, London und New York: Methuen.

Japp, Uwe (1987), »Argument und Beispiel in der Literaturwissenschaft«, in: Elrud Ibsch und Dick H. Schram (Hg.), *Rezeptionsforschung zwischen Hermeneutik und Empirik*, Amsterdam: Rodopi, 171-184.

Sarbin, T. R. (1990), »Toward the Obsolescence of the Schizophrenia Hypothesis«, in: *The Journal of Mind and Behavior* 11, 259-283.

Schmidt, Siegfried J. (1987), *Der Diskurs des Radikalen Konstruktivismus*, Frankfurt/M.: Suhrkamp.

Gerhard Pasternack

Empirische Literaturwissenschaft und ihre wissenschaftsphilosophischen Voraussetzungen

1.0 Wissenschaftstheorie und Wissenschaftsphilosophie der empirischen Literaturwissenschaft

Die Methodologie mit ihren Zielkriterien und Regeln ist zwar polyfunktional in bezug auf unterschiedliche Disziplinen, aber sie ist nicht unabhängig von deren jeweiligen wissenschaftsphilosophischen Rahmen, die erst die Interpretation der theoretischen und empirischen Entitäten ermöglichen. Die wissenschaftstheoretische Rekonstruktion gibt Aufschlüsse über die methodologischen Voraussetzungen, aber erst die wissenschaftsphilosophische Analyse der jeweiligen Grundbegriffe, Methodenansätze, metatheoretischen Annahmen und weltbildartigen Prämissen erlaubt Einsichten in das komplexe Voraussetzungssystem der einzelnen Wissenschaften.[1]

Die empirische Literaturwissenschaft ist ein Beispiel dafür, wie ein Paradigmenwechsel durch die methodologische Analyse und Kritik der hermeneutischen Wissenschaften und durch die Neuorientierung an veränderten methodologischen Zielkriterien ins Werk gesetzt worden ist. Die erste Phase, die durch die Kritik der eingespielten literaturwissenschaftlichen Praktiken, insbesondere der hermeneutischen Interpretationsverfahren geprägt ist, führt Kriterien der Analytischen Philosophie und Wissenschaftstheorie als mehodologische Festsetzungen in die Literaturwissenschaft ein, häufig in der Variante des Kritischen Rationalismus.[2] Einen weiteren wissenschaftstheoretischen Anstoß erhält die Theorie der Literarischen Kommunikation durch die Weiterentwicklung der analytischen Positionen durch die Adaptation des Sneedschen wissenschaftstheoretischen Strukturalismus, der zunächst in rekonstruktiver Weise von Heide Göttner und Joachim Jacobs genutzt wird, danach von Peter Finke zum Konstruktiven Funktionalismus weiterentwickelt und in dieser Form explizit zur wissenschaftstheoretischen Grundlage des NIKOL-Projekts gemacht wird.[3]

Die Abgrenzung der empirischen Literaturwissenschaft von allen

Varianten der hermeneutischen Literaturwissenschaft erfolgt nicht durch die Auseinandersetzung mit den ontologischen und erkenntnistheoretischen Grundlagen der pilosophischen Hermeneutik, sondern auf dem Wege des imitierenden Theoretisierens nach dem Vorbild der empirischen Psychologie und Soziologie, wie die Diskussionen zwischen der empirischen Rezeptionsforschung und der hermeneutischen Rezeptionsästhetik zeigen. Die Objekttheorien des literarischen Handelns entwickeln sich so zunächst als Begriffssystematiken in Auseinandersetzung mit dem herkömmlichen Literaturbegriff ohne eine eigene Metatheorie der objekttheoretischen Grundbegriffe und Konstrukte.[4]
Die Einführung der empirischen Literaturwissenschaft zeigt jedoch, in welchem Maße nicht nur die veränderten wissenschaftstheoretischen bzw. methodologischen Kriterien zum Paradigmenwechsel einer Wissenschaft beitragen, sondern zugleich, in welchem Umfang der wissenschaftsphilosophische Rahmen den Status der theoretischen und deskriptiven Terme, der Prüfanforderungen, der Wahrheits- und Adäquanzkriterien betrifft und zu unterschiedlichen Ausprägungen der empirischen Literaturwissenschaft führt. Erstaunlicherweise wird aber der Zusammenhang von wissenschaftstheoretischen Regeln und Kriterien und wissenschaftsphilosophischen Voraussetzungen von den Kritikern der hermeneutischen Literaturwissenschaft zunächst nur ausnahmsweise thematisiert, und die Gründe für die Entwicklung unterschiedlicher Konzeptionen der empirischen Forschungen, die sich mit gleichem Recht auf die Analytische Wissenschaftstheorie oder den Kritischen Rationalismus berufen können, werden anfänglich nicht reflektiert.
Die Abgrenzung gegen die traditionelle hermeneutische Literaturwissenschaft und die Textinterpretation stehen so sehr im Vordergrund, und die Kritik ist so ausschließlich auf die methodologischen Probleme der Beweis- und Begründungszirkularität, der Subjekt-Objekt-Konfundierung oder der fehlenden Reliabilität und Validität der philologischen Daten oder Belege gerichtet, daß die philosophischen, insbesondere epistemologischen und ontologischen Besonderheiten nicht ins Blickfeld geraten. Die Anfänge der empirischen Literaturwissenschaft entwickeln sich philosophiefern, und die neu entstehende Forschungsrichtung orientiert sich allein an anderen empirischen Disziplinen wie Psychologie und Soziologie.

In diesem Punkt ist die Anfangsphase der empirischen Literaturwissenschaft der Entwicklung der hermeneutischen Philologien nicht unähnlich, die zunächst auch ihre Auslegungsregeln und Kriterien als philologische Techniken im Sinne des imitierenden Theoretisierens in Anlehnung an die klassische Philologie entwikkelt haben und erst im nachhinein, beginnend mit Schleiermachers *Hermeneutik* und Diltheys *Kritik der historischen Vernunft* sich die transzendentalphilosophischen, erkenntnistheoretischen und ontologischen Theorien der philosophischen Hermeneutik aneignen. In der Folgezeit bleibt dann die metatheoretische Abhängigkeit der materialen Hermeneutik von der philosophischen Hermeneutik charakteristisch für die Literaturwissenschaft. Sie reflektiert ihre eigenen philosophischen Voraussetzungen in Anlehnung an die Theorien von Dilthey, Gadamer, Heidegger oder Habermas und häufig in eklektischen Versionen.[5] Insbesondere dienen erkenntnistheoretische Theorieelemente aus Diltheys *Kritik der historischen Vernunft* zur Begründung eines objektivistischen Interpretationskonzepts oder Heideggers fundamentalontologische Theorie der Auslegung des »Sinns von Sein« sowie Gadamers spekulative Sprach- und Bedeutungstheorie zur Begründung der methodologischen Eigenart oder Sonderstellung der hermeneutischen Wissenschaft. Die metatheoretischen Konzepte der Vorurteilsstruktur, des philologischen Zirkels, des Verstehens als Existenzial im Unterschied zum beweisenden Erklären, die Besonderheit der philologischen Erkenntnis aufgrund der Evidenz des unmittelbar Gegebenen oder der ästhetischen Erfahrung ersetzen vielfach die notwendige Ausarbeitung der methodologischen Anforderungen, und die Reflexion auf die philosophischen Implikationen erweist sich als ein Hemmnis für die Ausarbeitung einer spezifischen hermeneutischen Methodologie.

Mit umgekehrtem Vorzeichen wirken sich für die Forschungspraxis der empirischen Literaturwissenschaft die Ausrichtung an Objekttheorien und die Orientierung an den standardisierten Methodologien bereits entwickelter empirischer Wissenschaften einschließlich ihrer impliziten realistischen Voraussetzungen[6] als Hindernisse für die metatheoretische Reflexion der eigenen objekttheoretischen Konstruktionen und methodologischen Setzungen aus.[7]

Methodologische Festsetzungen und wissenschaftsphilosophische, d.h. ontologische und erkenntnistheoretische Annahmen, stehen aber in einem systematischen Zusammenhang. Die wissenschaftsphilosophischen Voraussetzungen bilden den konzeptuellen Rahmen für die Interpretation wissenschaftlicher Theorien und ihrer Entitäten.[8] Das Verhältnis der methodologischen und ontologischen Voraussetzungen zueinander hat zudem eine Bedeutung für die Wissenschaftsdynamik: Starke ontologische und erkenntnistheoretische Annahmen in der Objekttheorie erfordern lediglich schwache methodologische Festsetzungen, weil für die Prüfverfahren und Adäquanzforderungen ein »fundamentum in re« angenommen wird; schwache ontologische Annahmen in der Sache erfordern hingegen starke methodologische Festsetzungen mittels pragmatischer Definitionen.[9]

Für die Entstehung der empirischen Literaturwissenschaft bleibt das wissenschaftsphilosophische Reflexionsdefizit kennzeichnend und folgenreich. Die neue literaturwissenschaftliche Konzeption geht zwar von einer Neuorientierung nicht nur im objekttheoretischen, sondern auch im metatheoretischen Bereich aus, versteht aber unter Metatheorien offensichtlich lediglich umfassende »Gesellschaftstheorien, Literaturtheorien, Wissenschaftstheorien«, ohne diese Rahmentheorien nach ihren ontologischen und erkenntnistheoretischen Voraussetzungen zu differenzieren.[10] Die Theorie Literarischer Kommunikationshandlungen entwickelt sich anfänglich in der Vorform von Begriffssystematiken und nicht auf der Grundlage gut bestätigter empirischer Hypothesen und Hypothesenhierarchien, so daß die Interpretation der theoretischen und empirischen Entitäten offengelassen wird und die epistemologischen und ontologischen Leerstellen nur unter methodologischen Anforderungen durch pragmatische Definitionen ausgefüllt werden[11], die zwar für die einzelwissenschaftliche methodische Praxis, d.h. für die Konstruktion von Versuchsanordnungen zum Beispiel zur Erforschung der literarischen Rezeptionsprozesse von Nutzen sind, aber für die Interpretation der erhobenen Daten und für die Konstruktion einer Prüfbasis als realistische oder als konstruktivistische nicht hinreichend sind, um theoretische Begründungen für ein *fundamentum in re*, für »Eigenschaften von Kommunikatbasen« oder für die Bildung von »Konventionen« abgeben zu können. Die empirische Literaturwissenschaft nimmt unter der rein methodologischen Orientierung sowohl einen indirekt realistischen Standpunkt als auch

einen direkt konstitutionstheoretischen Standpunkt ein und beruft sich für ihre Prüfoperationen und Adäquanzentscheidungen entweder auf eine »empirische Objektivität« oder auf selbsterzeugte »Eigenschaften von Kommunikatbasen«.[12]
Epistemologisch nimmt die empirische Literaturwissenschaft bei der Interpretation ihrer Daten den transzendentalphilosophischen Standpunkt des »als ob« ein, um methodologisch von einem *fundamentum in re* ausgehen zu können, weil sie zu vermeiden sucht, daß der »Umgang mit Kunstwerken als subjektiv völlig beliebig« erscheint. Obwohl ontologisch gesehen keine Basissachverhalte begründet sind und erkenntnistheoretisch aufgrund der soziologischen oder psychologischen Erhebungsmethoden nur subjektdependente Rezeptionsresultate bzw. Bedeutungszuordnungen vorliegen können, geht die empirische Literaturwissenschaft in der einen Version theoretisch von der Unterscheidung zwischen »Text und Kommunikat« aus, methodologisch aber von »Sinnangeboten des Werks«, die das »auslösen«, was die Rezipienten an der Kommunikatbasis als »formale Textgestaltung« realisieren, in der anderen Version geht sie von Rezeptionsresultaten aus, die Rückschlüsse auf Werkstrukturen ermöglichen.
Diese bloß methodologische Konstruktion eines *fundamentum* bleibt aber abhängig von den transzendentalphilosophischen Bedingungen der Rezeption der »Eigenschaften« der Erfahrungsgegenstände, die zugleich die Bedingungen eben der Erfahrungsgegenstände sind. Das gilt auch dann, wenn die impliziten transzendentalphilosophischen Bedingungen als epistemisch-pragmatische gedeutet werden, d. h. wenn die Bedeutungsidentität nicht von einer ontischen Referenzbasis, sondern von der Übereinstimmung vernünftiger Subjekte abhängig gemacht wird[13], und die Gleichheit oder Ähnlichkeit in der Zuordnung von Bedeutungen, Sinnbezügen und Relevanzen auf Eigenschaften bezogen werden, die der Kommunikatbasis erst durch die urteilsfähigen Rezipienten als Eigenschaften zugeschrieben werden.[14]
Es ist daher nur folgerichtig, daß sich in einer ersten Phase der ausschließlich methodologischen Orientierung unterschiedliche Versionen der empirischen Literaturwissenschaft entwickelt haben. Die Alternative zwischen Groeben und Schmidt liefert für den Zusammenhang von wissenschaftsphilosophischen Voraussetzungen und objekttheoretischen Konzepten ein instruktives

Beispiel. Die Analyse darf dabei allerdings nicht den Selbstdeutungen von Groeben und Schmidt folgen, die die Unterschiede lediglich als theorienorientiert (Schmidt) und methodenorientiert (Groeben) verstehen.

1.1 Die verhaltenstheoretische Konzeption der empirischen Literaturwissenschaft

Groeben grenzt die empirische Literaturforschung scharf von der hermeneutischen Literaturwissenschaft ab und analysiert die methodologischen Defizite dieser traditionellen Richtung. Er führt die eigenen, am Kritischen Rationalismus orientierten methodologischen Kriterien mit Blick auf die empirische Psychologie auf dem Wege des imitierenden Theoretisierens ein, ohne über deren metatheoretische Voraussetzungen Auskunft zu geben.[15]
Doch sind nicht die methodologischen Kriterien und auch nicht die methodischen Operationen für den theoretischen Status der Entitäten der empirischen Literaturwissenschaft ausschlaggebend, sondern die wissenschaftsphilosophische, speziell die ontologische und epistemologische Interpretation der Grundbegriffe. Die Funktion von Daten können verschiedene wissenschaftsinterne Entitäten übernehmen; die Funktion der empirischen Prüfinstanz können ebenso Deskriptionen wie normative Konventionen oder sozial konventionalisierte Präferenzen ausüben. Die Klärung der Grundbegriffe ist daher nur metatheoretisch im konzeptuellen Rahmen des jeweiligen ontologischen und erkenntnistheoretischen Voraussetzungssystems möglich. Anders als Groeben unterstellt, sind die Abgrenzungen zwischen unterschiedlichen Konzeptionen der empirischen Wissenschaften nicht durch den Hinweis auf die Differenz zwischen »theorieorientiertem und methodenorientiertem Ansatz« vorzunehmen[16], sondern nur mit Bezug auf die metatheoretische Ebene. Dabei spielt der Gegensatz von Realismus (Objektivismus) bzw. epistemologisch modifiziertem Realismus und Anti-Realismus eine entscheidende Rolle.
Das betrifft beispielsweise den unterschiedlichen Status der Daten in der empirischen Rezeptionsforschung und in der Interpretation. Daten fungieren als Basissachverhalte in Prüfungsoperationen. In der hermeneutischen Wissenschaft wird aber der »Beweischarakter des Faktischen« (Szondi) erst von der Interpretation

enthüllt, in der empirischen Forschung wird eine strikte Trennung zwischen Rezeptionsresultaten und Interpretation vorgenommen und die Resultate werden rein methodologisch als harte Daten definiert, sofern sie den Kriterien der Reliabilität und Validität genügen. In Groebens Version haben sie darüber hinaus eine mediale Funktion, die Rückschlüsse auf die »empirische Objektivität« erlauben. Diese indirekt realistische Interpretation ist allerdings nicht mehr durch die Methodologie und Reliabilitäts- und Validitätskriterien gedeckt, sondern macht von impliziten ontologischen Voraussetzungen Gebrauch.
Groeben orientiert sich in seinen methodologischen Festsetzungen an einem epistemologisch modifizierten Realismus. Speziell die beiden Fragen nach der Konstruktion einer material-objektiven Prüfinstanz und der Gewinnung von textbezüglichen Eigenschaften werden selbst in der empirischen Literaturwissenschaft unterschiedlich beantwortet. Groeben legt ein heuristisches Modell zugrunde, das die Besonderheiten der Ästhetizität sowohl »auf der Ebene der psychischen Funktionen des Rezipienten« als auch »auf der Ebene der Textmerkmale« zu klären sucht. Nicht die Rezeptionsresultate bilden die letzte methodologische Prüfinstanz, denn die mediale Funktion des Rezipienten gibt eine Grundlage für die Erschließung von Werkstrukturen, so daß die Frage nach der Adäquanz einer Rezeption innerhalb einer Rezeptionsamplitude eine methodisch sinnvolle und lösbare Aufgabe benennt, die durch eine empirische Relationsanalyse von Textmaterialität und Konkretisationsstrukturen zu bearbeiten ist. Folgerichtig muß in diesem Rahmen das Adäquanzproblem nicht ausgeklammert werden.[17] Diese empirische Frage soll allerdings nicht positiv mit Bezug auf eine bestimmte Deskription der Werkstruktur entschieden werden, sondern lediglich negativ im Sinne eines Ausschlusses aller jener Konkretisationen, die mit einer zu erhebenden material-objektiven Textstruktur nicht vereinbar sind, so daß ein Spielraum der Rezeptionsamplitude erhalten bleibt, zugleich aber die Beliebigkeit der Konkretisationen ausgeschlossen wird.
Die Adäquanz wird in Groebens empirischem Ansatz als ein Grenzkriterium eingeführt, »bis zu dem die Rezeptionsamplitude akzeptierbar, weil mit der materialen Textstruktur vereinbar ist.«[18] Das Kriterium liefert lediglich einen methodologischen Bezugspunkt, der bestimmen soll, »inwieweit die individuelle Lese-

weise sich mit den wissenschaftlich beschriebenen Textstrukturen vereinbaren oder auf deren Grundlage erklären läßt«.[19] Groeben führt dieses Kriterium ausdrücklich nicht als objekttheoretisches Explikat ein, sondern »als Heuristik zur Gewinnung von Ordnungsgesichtspunkten«, nutzt aber implizit die »materiale Textstruktur« als einen ontologischen Bezugspunkt und macht so von den Prämissen eines epistemologisch modifizierten Realismus Gebrauch.

1.2 Die handlungstheoretische Konzeption der empirischen Literaturwissenschaft

Schmidt geht in seiner Version der empirischen Literaturwissenschaft von der Interaktion zwischen Text, Leser und Situation aus. Ziel ist nicht die Rekonstruktion von Werkstrukturen oder die Interpretation von Werken. Dabei muß diese Version mit der Schwierigkeit rechnen, daß in dem interaktionellen Faktorenmodell zwischen Variablen der textuellen Komplexität und der Leserakzeptanz keine strengen Korrelierungen bestehen, so daß keine kausal deterministische Interpretation möglich ist.[20] Gegenstand der empirischen Forschung ist daher auch nicht der Text, sondern das auf einen Produzenten und Rezipienten bezogene »Kommunikat«. Die Subjektdependenz jeder Bedeutungszuordnung erlaubt für die Werkinterpretation keine »richtige« Bedeutungsfestlegung. Fragen nach möglichen Kriterien der Adäquanz können in diesem Rahmen nicht werkseitig beantwortet werden, sondern nur rezipientenseitig mit Bezug auf Konventionen oder eingespielte Rezeptionsmuster. Für die Interpretation bzw. Analyse kann kein »objektives Datum« aufgrund eines »ontologisch real gesetzten Textes« herangezogen werden. Die Interpretation scheidet somit aus dem Aufgabenkatalog einer empirischen Literaturwissenschaft aus.[21]

Die empirische Literaturwissenschaft muß folglich eine Neubestimmung des Aufgabenfeldes vornehmen. Die Untersuchung der kognitiven Prozesse, die beim Verstehen, Rezipieren, Verarbeiten von Texten ablaufen, die Erforschung von Persönlichkeitsprofilen verschiedener Typen von Literaturproduzenten oder die Analyse der Voraussetzungssysteme einzelner Autoren und medialer Gattungen rücken in den Mittelpunkt des Interesses.[22]

In diesem veränderten Forschungsfeld muß für die Commonsense-Feststellung, daß trotz fehlender Verankerung in einer Werkstruktur und bei breiter sozialer und individueller Divergenz im einzelnen, dennoch Übereinstimmungen in der Bedeutungszuordnung und in Präferenzentscheidungen vorliegen, eine Erklärung gesucht werden; denn Rezipienten gehen, Schmidt zufolge, mit literarischen Texten weder willkürlich um, noch können sie es überhaupt, »weil sie es in der sprachlichen wie literarischen Sozialisation nie gelernt haben«.[23]

Korrelierungen zwischen Leser, Situation und Text ermöglichen zwar Erklärungen des Rezipientenverhaltens, erlauben aber keine Rückschlüsse auf Werkstrukturen oder ästhetische Ordnungsbildungen, so daß weder für Adäquanzentscheidungen noch für Prüfinstanzen Deskriptionen von Werkstrukturen herangezogen werden können. Die Adäquanz einer Rezeption ist methodisch nur mit Bezug auf die Intersubjektivität von sozial konventionalisierten Werkrezeptionen zu prüfen, wobei diese ihrerseits von Bedeutungsregeln und von langfristig stabilisierten Präferenz- und Deutungsmustern abhängig sind.

Aber auch in dieser Konzeption der empirischen Literaturwissenschaft lassen sich die metatheoretischen Voraussetzungen nicht durch methodologische Festsetzungen einfach eliminieren. Auf metatheoretischer Ebene tritt als Folge methodologischer Anforderungen das Problem der Neubestimmung des Empiriebegriffs bzw. der Interpretation der Daten wieder auf, weil methodologisch die Konstruktion einer Prüfbasis gefordert ist. Schmidt spricht in diesem Zusammenhang unter Vorbehalt von einem *fundamentum in re*, d. h., er führt dieses *fundamentum* lediglich in methodologischer Funktion ein, muß sich aber zugleich auf eine Diskussion über die »ontological fallacy« und die Abwehr jeder realistischen Interpretation einlassen[24] und zieht hierzu kognitionstheoretische Argumente heran.

Wie bereits erwähnt, bilden die methodologischen Festsetzungen mit den epistemologischen und ontologischen Voraussetzungen einen Zusammenhang, der nicht durch bloß pragmatische Definitionen von Grundbegriffen aufgehoben werden kann. Die metatheoretische Interpretation der Grundbegriffe bzw. einzelner Theorieelemente bleibt in Schmidts *Grundriß*, der überwiegend eine Begriffssystematik und kein Theoriengebäude darstellt, zunächst rudimentär. Erst nach der Adaptation der kognitionstheoretischen und bedeutungstheoretischen Teile der Theorien selbstorganisierender Systeme werden die Grundbegriffe und die Begriffssystematik in einen extradisziplinären, von der Kybernetik und Kognitionswissenschaft geprägten Deutungskontext gerückt, der in metatheoretischer Funktion auch von der empirischen Literaturwissenschaft genutzt wird.

Die konstruktivistische Epistemologie als konzeptueller Rahmen für die metatheoretische Interpretation des »fundamentum in re« als einer »Als-ob«-Basis hat die Funktion eines nachträglich eingefügten Deutungsschemas, hat aber gegenüber der aus den Anfängen der empirischen Literaturwissenschaft von der Analytischen Wissenschaftstheorie bzw. dem Kritischen Rationalismus übernommenen empiristischen Methodologie insofern keine Verbindlichkeit, als die zentralen Bestandteile wie die Selbstreferenzialität und Selbstexplikation für diese Methodologie folgenlos bleiben. Die Probleme der Zirkularität und der Selbstkontrolle führen nicht dazu, daß die empirisch-explanativen Bestätigungsverfahren zu konstruktivistisch-explikativen Prüfverfahren modifiziert werden, sondern die Erhebungsdaten, die nur als Konstrukte eines »Beobachters« und nicht als Tatsachen des Systems selbst aufzufassen sind, fungieren weiterhin als eine Prüfinstanz, obwohl sie nur ein »Als-ob«-fundamentum sind. Die wissenschaftstheoretische Position des methodologischen »Als ob« bleibt im Radikalen Konstruktivismus erkenntnistheoretisch und ontologisch aber ganz ungeklärt. Anders als das Kantische »Als ob«, das immer noch einen Bezugspunkt in der Orientierung an einem Ding an sich hat, bleibt im Konstruktivismus das »Als ob« freischwebend eine Konstruktionsleistung des kognitiven Systems und ermöglicht keine Prüfung dieser kognitiven Leistung, ohne von einer Differenzierung zwischen konstitutiven und regulativen Funktionen schon Gebrauch zu machen, die metatheoretisch aber erst begründet sein muß.

Das Kantisch-Newtonische Paradigma dagegen ist zugleich transzendentalphilosophisch und empirisch ausgerichtet. Die Bedingungen für die Möglichkeit von Erfahrung sind einerseits zugleich die Bedingungen für den Gegenstand der Erfahrung, so daß der Erfahrungsgegenstand nur als subjektkonstituierte Erscheinung beobachtbar und beschreibbar wird, die Erscheinung ihrerseits ist auf der anderen Seite durch den Bezug auf das Korrelat eines Gegenstands an sich definiert, der ein realistisches, wenngleich nicht manifestes »fundamentum in re« bildet und somit polyinterpretabel bleibt.

Für die Polyinterpretabilität der theoretischen und empirischen Entitäten liefert der wissenschaftstheoretische Strukturalismus Sneedscher Prägung einen Rahmen.[25] Anders im Radikalen Konstruktivismus. Nach Adaptation der Theorie autopoietischer Systeme müssen alle Grundbegriffe der Beobachtung und Deskription vollständig uminterpretiert werden, um einerseits den ontologischen Fehlschluß zu vermeiden, andererseits aber die subjektkonstituierten »Kommunikate«, »Kommunikatbasen«, »Eigenschaften von Kommunikaten« methodologisch wie ein *fundamentum in re* behandeln zu können. Der Konstruktivismus muß seine objekttheoretischen Entitäten ausschließlich als subjektkonstituierte und nur intersubjektiv konventionalisierbare Konstrukte verschiedener kognitiver Systeme interpretieren, für die kein realistisches »fundamentum« mehr unterstellt werden darf. Die Sicherung des wissenschaftlichen Wissens ist daher, sofern die erkenntnistheoretischen und ontologischen Voraussetzungen des Radikalen Konstruktivismus für die Methodologie theoretische Konsequenzen haben, nicht in empirischen Bestätigungsoperationen, sondern in semantisch-explikativen Verfahren zu suchen. Verwunderlich bleibt, daß mit der Abkehr von der ursprünglichen Orientierung an der Wissenschaftstheorie des Empirismus und als Konsequenz aus den theoretischen Vorgaben des Konstruktivismus ein Wissenschaftstypus befürwortet wird, der literarische Handlungen und Literaturprozesse »beschreibt und erklärt«.[26] Dabei darf allerdings nicht aus dem Blick geraten, daß mit dem konstruktivistischen Empiriebegriff auch die Beschreibungs- und Erklärungsbegriffe eine systeminterne Umdeutung erhalten müssen und damit die Methodologie insgesamt nur noch nominell als empirische gelten kann. Denn die ursprünglich auf dem Wege des imitierenden Theoretisierens im wesentlichen von den Sozialwissenschaften übernommene empirisch-wissenschaftliche Methodologie hat theoretische Vorgaben, die nicht bruchlos vom Radikalen Konstruktivismus adaptiert werden können, ohne auf metatheoretischer Ebene zu gravierenden Widersprüchen zu führen. Das betrifft insbesondere die Interpretation des Empiriebegriffs.

Alle Positionen, die sich in den gegenwärtigen Diskussionen zwischen den Verteidigern des wissenschaftlichen Realismus wie z. B.

Devitt bis zu den Vertretern des Anti-Realismus wie Putnam oder van Fraassen aufweisen lassen, können zwar den metatheoretischen Rahmen für die Interpretation der theoretischen und empirischen Entitäten bilden, allerdings nicht ohne methodologische Konsequenzen. Daß sich die beiden Versionen der empirischen Literaturwissenschaft, die in ihren metatheoretischen Interpretationen so unvereinbar sind wie der wissenschaftliche Realismus und der Konstruktivismus, unter denselben Zielkriterien der empirischen Forschung entwickelt haben, bedarf zusätzlicher Erläuterungen über die bloße Unterscheidung von »theorieorientierter und methodenorientierter« Version der empirischen Literaturwissenschaft hinaus.

2.0 Zur metatheoretischen Diskussion der empirischen Literaturwissenschaft

Das handlungstheoretische und das verhaltenstheoretische Konzept der empirischen Literaturwissenschaft orientieren sich an denselben methodologischen Kriterien; die methodologischen Entitäten, wie z. B. die Daten, sind allerdings polyinterpretabel.[27]
Daß die beiden Versionen der empirischen Literaturwissenschaft unterschiedliche wissenschaftliche Aufgabenstellungen formulieren und insbesondere die Interpretation und Adäquanz unterschiedlich bewerten, kann demnach nicht von methodologischen Zielkriterien abhängen, sondern muß von metatheoretischen Voraussetzungen herrühren, die die Konstruktion der Prüfbasis als »fundamentum in re« betreffen und unterschiedliche epistemologische und ontologische Implikationen haben.

Im begrenzten Rahmen dieses Aufsatzes sollen die metatheoretischen realistischen bzw. antirealistischen Interpretationen nur anhand des Basisproblems diskutiert werden. Zunächst ist das Problem der Zirkularität in der Konstruktion der Basissachverhalte zu betrachten. Daten können als material-objektive Deskriptionen eines wissenschaftlichen Subjekts oder als subjektabhängige Konstitutionsresultate interpretiert werden.

Das in den hermeneutischen Wissenschaften viel diskutierte Problem der Zirkularität kehrt in veränderter Gestalt auch in der empirischen Literaturwissenschaft wieder, da es nicht auf der Ebene der methodologischen Festsetzungen zu entscheiden, son-

dern nur auf der Ebene der wissenschaftsphilosophischen Voraussetzungen zu klären ist.
Die empirische Literaturwissenschaft geht in der Schmidtschen Version von einem nichtobjektivistischen, d. h. von einem konstruktivistischen Empiriebegriff, in der Groebenschen Version von einem partial objektivistischen Datenkonzept aus. Die terminologische Fassung als Beobachtungs- oder Deskriptionsdaten sagt selbstverständlich nichts über ihren theoretischen Status und die Konsequenzen für Prüfoperationen, Wahrheits- und Adäquanzkonzepte aus. Ausschlaggebend ist die metatheoretische Interpretation dieser Entitäten im Rahmen einer antirealistischen bzw. partiell realistischen Wissenschaftsphilosophie. Im Kontext des wissenschaftstheoretischen Strukturalismus muß die empirische Literaturwissenschaft den Status der Daten zwar nicht ein für allemal festlegen: Je nach systematischem Zusammenhang können die T-theoretischen Terme auch als N-theoretische interpretiert werden. Die höherrangigen theoretischen Organisationsbedingungen definieren das, was jeweils als Datum oder als Evidenzinstanz zu gelten hat. Wahrheitskonzepte auf dieser Basis können sich dann an Reschers kriteriologischer Kohärenztheorie ausrichten, in der jedes Datum als eine Proposition zu interpretieren ist, d. h. als ein sprachliches Phänomen und nicht als ein ontisches.[28]
Die weiterentwickelte Version der NIKOL-Arbeitsgruppe führt explizit die erkenntnistheoretischen Voraussetzungen des Radikalen Konstruktivismus ein, der eine Uminterpretation der Basissachverhalte, des Empiriebegriffs und des Bedeutungsbegriffs zur Folge hat. Allerdings kann auch diese wissenschaftstheoretische Festlegung ihre eigenen erkenntnistheoretischen und ontologischen Voraussetzungen nicht eliminieren. Mit der nicht-reduktionistischen Kognitionstheorie wird über die wissenschaftstheoretischen Kriterien hinaus eine wissenschaftsphilosophische Rahmentheorie eingeführt, die die Polyinterpretabilität wissenschaftlicher Entitäten erkenntnistheoretisch untermauert. Jede Rückführung von Bewußtseinsinhalten auf elementare Prozesse und Entitäten wird durch die Bestimmung der Funktionsweise, der Wirkungen und Resultate von Erkenntnisvorgängen ersetzt.[29]
In neurophysiologischer Perspektive wird in Anlehnung an Roths theoretische und empirische Arbeiten dargelegt, daß das Gehirn selbst die konstitutive Instanz ist, die Welterfahrung ermöglicht, Bedeutung im Austausch mit anderen kognitiven Systemen er-

zeugt und die Überprüfung des Wissens vornimmt, und zwar ohne direkten Kontakt mit der Außenwelt. Das kognitive System ist nach Roth kein weltoffenes Reflexionssystem, das, von außen gesteuert, Repräsentationen von Wahrnehmungsinhalten liefert, sondern ein funktional geschlossenes, das nur mit seinen eigenen Zuständen und Operationen umgeht. Als geschlossenes System muß es elektrische Impulse bzw. Signale ineins mit den Bedeutungen erzeugen und verarbeiten. Dadurch kann ein Gehirn nicht Wirklichkeit von außen abbilden, sondern nur in sich selbst präsentieren oder konstruieren.[30] Konsequenterweise kann das Gehirn Bewertungs- und Deutungskriterien nur aus sich selbst heraus festlegen. Das reale Gehirn kann seine eigenen Eigenschaften, Zustände und selbst seine eigene Existenz nur erschließen, nicht von außen her erfahrbar- oder beschreibbar machen.

Auf diese Weise stellt sich das Problem der Zirkularität in veränderter Form wieder ein. Aus der Annahme, daß das Gehirn als Teil des Nervensystems kognitiv und semantisch abgeschlossen ist, ergibt sich als Konsequenz, daß es nur selbstreferentiell und selbstexplikativ arbeitet. Dabei ist das reale Gehirn als Konstrukteur des phänomenalen Gehirns, wie des kognitiven Subjekts in der kognitiven Welt selbst ein Konstrukt dieser phänomenalen Welt. Innerhalb dieses Rahmens ist kein Bezugspunkt in einer Objektwelt an sich gegeben und somit sind auch keine unmittelbaren Beobachtungsdaten und Evidenzen, die nicht lediglich selbstkonstituierte Momente der phänomenalen Welt sind, als Referenzpunkte einzuführen.[31] Die Objektwelt ist immer konstruierte Wirklichkeit, und ein kognitiver Zugang zu dieser Welt ist nur möglich durch das System selbst und seine Selbstkonstruktion eines »Beobachters«.[32]

In diesen wissenschaftsphilosophischen Rahmen kann somit eine empiristische Methodologie nur nach Umdeutung aller Grundbegriffe, wie des Empiriebegriffs, Beobachtungsbegriffs, Theoriebegriffs, Wahrheitsbegriffs eingeführt werden. Beobachtungsdaten können dann nicht mehr als Resultate organisationsfreier Wahrnehmung aufgefaßt und als ein »fundamentum in re« interpretiert werden. Wenn aber auf der Ebene der Basissachverhalte keine Trennung von Wahrnehmung und Interpretation begründbar ist, dann ist auch das methodologische »als-ob« eines »fundamentum in re« kein Basissachverhalt, auf den in Prüfoperationen unmittelbar Bezug genommen werden kann, sondern ein Inter-

pretament, das in einem selbstexplikativen System sowohl Explikans als auch Explikandum sein kann.
Die Daten der empirischen Literaturwissenschaft sind unter diesen Bedingungen nicht anders als die der hermeneutischen Literaturwissenschaft im Rezeptionsprozeß konstituierte.[33] Daß dieser Rezeptionsprozeß in großem Umfang von hochkonventionalisierten Bedeutungsregeln und von langfristig stabilisierten Präferenzmustern abhängig ist, die die kognitiven Systeme erst im kommunikativen Austausch herausgebildet haben, gilt sowohl für die hermeneutische als auch für die konstruktivistische Sinnzuordnung. Die hermeneutische Methodologie hat denn auch ganz folgerichtig die Zirkularität der Bedeutungskonstitution und Bedeutungsexplikation anerkannt. Der methodologische Fortschritt der empirischen Literaturwissenschaft, der in der Lösung des Zirkularitätsproblems durch die strikte Theorie-Empirie-Distinktion und in der Aufhebung der Konfundierung von Rezeption und Interpretation zu liegen scheint, verliert sich im Rahmen der konstruktivistischen Kognitionstheorie auf der metatheoretischen Ebene der Interpretation des Empiriebegriffs wieder, denn der Rezeptionsprozeß geht von einem zirkulär organisierten System aus, das nicht die Wiedergabe der Realität leistet, nicht einmal im Sinne des Kantischen »als ob«, sondern lediglich die Komplexitätsreduktion und die Konstruktion kognitiver Welten.[34]
Unter Einbeziehung solcher erkenntnistheoretischer Implikationen des Anti-Realismus lassen sich für ein selbstreferentielles und selbstexplikatives System die methodologischen Zielkriterien nicht mehr im Rückgriff auf die eingespielte Methodologie der empirischen Sozialwissenschaften begründen, weil sonst zwischen epistemologischen Voraussetzungen und methodologischen Anforderungen theoretisch nicht zu überbrückende Inkonsistenzen auftreten, die zwar forschungspragmatisch überspielt, aber metatheoretisch nicht gerechtfertigt werden können. Unter den Bedingungen des Radikalen Konstruktivismus sind die geforderte intersubjektive Vermittelbarkeit und Überprüfbarkeit nicht mehr auf Reliabilität und Validität in der Datenerhebung zu reduzieren[35], sondern erfordern eine Methodologie selbstexplikativer Systeme. Trotz der Umdeutung des Empiriebegriffs im Konstruktivismus zu einer Menge von subjektkonstituierten »Beobachtungs«- und »Deskriptions«-Sätzen des selbstreferentiellen Systems werden die selbstbezüglichen propositionalen Sachverhalte

methodologisch reifiziert, um für die eingespielten Prüfoperationen ein »fundamentum in re« abgeben zu können; und dieses ontologische »als ob« erfolgt nur, weil das empirische Bestätigungsverfahren nicht durch eine Methodologie der systeminternen Selbstkontrolle ersetzt wird, die sich allerdings stärker an explikativen als an empirischen Verfahrensweisen orientieren müßte.
Festzuhalten ist, daß die wissenschaftsphilosophischen, speziell die erkenntnistheoretischen Modifikationen auf der metatheoretischen Ebene Konsequenzen für die einzelwissenschaftlichen Methodologien nach sich ziehen. Philosophisch ist dieser Zusammenhang seit langem diskutiert, wie der Übergang vom Kantisch-Newtonischen Paradigma zum Hegelschen Paradigma und der Wechsel der Rationalitätsstandards von explanativen zu explikativen Verfahren zeigt. Deutlicher als der Konstruktivismus hat bereits Hegel den theoretischen Zusammenhang von Selbstreferentialität und Selbstexplikation hervorgehoben. Das Problem der Selbstreferentialität ist nämlich systematisch mit dem Problem der Selbstexplikation verbunden, und dieser ontologische und logische Holismus ist wissenschaftshistorisch nicht so neu wie es im Radikalen Konstruktivismus erscheint. Die Überwindung des Dualismus von kognitivem System und der Außenwelt dieses Systems oder in traditioneller Terminologie des Dualismus von Kantischer Erscheinungswelt und Ding-an-sich-Welt ist zentral für die Hegelsche *Wissenschaft der Logik* als eines selbstexplikativen Systems, das mit der »Fortbestimmung des Begriffs« zugleich die »Selbstbewegung der Sache« zu explizieren hat. Es gibt in der »Totalität der Bestimmungen« kein Außen außerhalb der Einheit von Begriffs- und Realbestimmungen, sondern nur eine in sich selbst differenzierbare Einheit, die durch »Herabsetzen in ihre eigenen Momente« Ausdifferenzierungen und, in moderner Redeweise formuliert, Komplexitätsreduktionen vornimmt. Ausgangspunkt ist nicht ein isoliertes Erkenntnissubjekt oder ein isolierbares Objekt, sondern nur das historisch konkrete Wissen der »Totalität der Bestimmungen«, das nicht einem Kantischen abstrakten Bewußtsein überhaupt zukommt, sondern den historisch je konkreten Subjekten. Jede sachlich-inhaltliche Bestimmung ist angewiesen auf begrifflich-semantische Konstrukte. Methodischer Ausgangspunkt für die Selbstexplikation des Systems ist daher auch nicht die Wahrnehmung oder Beobachtung einer Außenwelt, sondern deren subjektabhängige Konstruktion

und Präsentation des Wissens, das von konventionalisierten, intersubjektiv stabilisierten Kommunikationsmustern und zugleich von kategorialen Strukturierungen abhängig ist, die als Transzendentalien in der Platonischen Denktradition nicht auf empirische Begriffe zurückgeführt werden können, sondern von denen in jeder Rede über Empirisches als Wirklichkeitsinterpretament immer schon Gebrauch gemacht werden muß. Anders als im Konstruktivismus wird durch Hegel der unaufhebbare Zusammenhang von empirischer und transzendentaler Begründung thematisiert und werden die Konsequenzen aus den ontologischen und erkenntnistheoretischen Voraussetzungen für die Methodologie der Selbstexplikation gezogen.

In Hegels selbstexplikativem System kann es keine strikte Distinktion zwischen uninterpretierten Wahrnehmungsevidenzen und theoretischen Konstruktionen geben, sondern immer nur eine Differenz zwischen dem unexplizierten Vorwissen bzw. den lebensweltlich geprägten »vorprädikativen Urteilen«, die Husserl auch als Doxa bezeichnet, und der systemintern theoretisch explizierten Episteme.[36] Systematisch führt Hegel ein Wissenssystem ein, das lediglich eine Überführung des doxastischen zum epistemischen Wissen in kontrollierter Weise vorsieht und dadurch Referenzverschiebungen im Verhältnis von Explikandum und Explikat ermöglicht, das aber keinen Referenzpunkt außerhalb der Einheit von »Begriff und Realität« zur Verfügung hat und für die Sicherung des Wissens keine Wahrnehmungsevidenzen und keine Deskriptionen in Anspruch nehmen kann, ohne hierbei immer schon von den kognitiven, sprachlichen und kommunikativen Bedingungen dieses Systems selbst Gebrauch machen zu müssen. Der in unserem Problemzusammenhang entscheidende Schritt besteht darin, daß mit Hegels Theorie des Wissens zugleich eine Methodologie der Selbstexplikation dieses Systems des Wissens vorgelegt wird und nicht auf disziplinäre Methodologien im Sinne eines bloß imitierenden Theoretisierens zurückgegriffen wird.

Ein methodischer Zugang für die Selbstexplikation der »Totalität der Bestimmungen«, d. h. des gesamten Weltwissens, das kognitive Systeme hervorbringen, kann folgerichtig nur über die Explikation der Denkbestimmungen erfolgen, die mit der Semantik der sprachlichen und kommunikativen zugleich die inhaltlichen Bestimmungen »in jedem Satze, der uns aus dem Munde herausgeht« umfassen.[37]

Jede Theorie selbstreferentieller Systeme muß eine Methodologie der Selbstauslegung, der kategorialen Selbstexplikation der systeminternen Bestimmungen entwickeln, die immer schon von den kategorialen Einheiten, die Gegenstand der Explikation sind, Gebrauch machen muß, weil keine unabhängige Deskriptionssprache zur Verfügung steht. Selbstexplikative Systeme des Wissens müssen darüber hinaus eine spezifische Methodologie der Selbstkontrolle entwickeln, die nicht die Hempelsche »logic of confirmation« imitiert, und von einem Wahrheitskonzept Gebrauch machen, das alle Korrespondenzen durch epistemisch-pragmatische Kohärenzkriterien ersetzt. Die Selbstkontrolle kann nur innerhalb eines sprachlich-kommunikativen Systems in der Weise erfolgen, daß anzweifelbare problematische Explikate durch weniger problematische ersetzt werden, die wiederum nur innerhalb desselben Kommunikationssystems modifiziert werden können, bis alle Kommunikationsteilnehmer, die meisten oder wenigstens die Experten zustimmen.[38] Ein ontisches *fundamentum* als eine letzte Instanz für Evidenz oder als infallibler Referenzpunkt für Bedeutungsidentität ist in selbstexplikativen Systemen nicht zu gewinnen. Für den von Putnam so bezeichneten semantischen Holismus ist die »sufficient similarity« einzig zu forderndes Kriterium. Selbstreferentielle und selbstexplikative Systeme haben daher auch eine größere Nähe zu hermeneutischen als zu empiristischen Methodologien.
Ob die empirische Forschung im Rahmen selbstreferentieller und selbstexplikativer Systeme auf eine »Als-ob«-Distinktion von Theorie und Empirie verzichten kann, ohne an wenigstens einer Stelle auf einen epistemologisch modifizierten Realismus zurückzugreifen, darf bezweifelt werden.[39] Die empirisch arbeitenden, nicht nur theoretisch reflektierenden Wissenschaften gerade im Bereich der Biologie und Neurophysiologie haben bezeichnenderweise einen gemäßigten Konstruktivismus als metatheoretischen Rahmen entwickelt, der von dem Objektivitätsbegriff wieder Gebrauch macht.
Eine wichtige Grundlage für den Konstruktivismus bilden die biologisch, insbesondere neurophysiologisch begründeten kognitiven Theorien, die zugleich empirische Theorien der Wahrnehmung und Kommunikation und philosophische Erkenntnistheorien sein wollen. Auf die Gefahr des vitiösen Zirkels in der Anwendung der Ergebnisse der empirischen Kognitionsfor-

schung auf die konstruktivistische Erkenntnistheorie ist wiederholt hingewiesen worden.[40] Auf der einen Seite ist aufgrund der Ergebnisse der experimentellen Neurobiologie festzuhalten, daß nicht von einem ontologischen Sprung zwischen Gegenständen und den Erlebnissen dieser Gegenstände bzw. dem Mentalen gesprochen werden kann. Auch die Objekte gehören keiner anderen Seinsklasse an und sind nur als Mentales zugänglich. Die phänomenale Welt, die wir erleben, ist ein Konstrukt unseres Gehirns selbst. Das hat zur Folge, daß auch alle wissenschaftlichen Entitäten, die Gegenstand von Experimenten sind, zur phänomenalen Welt zu rechnen sind. Der Konstruktivist kann auch als Experimentator nicht ein »objektiv vorhandenes Gehirn« untersuchen, sondern immer nur ein von einem kognitiven System konstruiertes Gehirn und dessen Interaktionen mit einer konstruierten Umwelt. Der Konstruktivismus in jeder Spielart muß aber konzedieren, daß die phänomenale Welt durch die Aktivitäten des Gehirns konstruiert oder »hervorgebracht« wird, wie Roth und Schwegler formulieren. Der Radikale Konstruktivismus muß darüber hinaus akzeptieren, theoretisch durchaus folgerichtig, daß der Konstruktionsprozeß selbst der phänomenalen Welt zuzurechnen ist[41], so daß das wissenschaftliche Subjekt als Konstrukt eines kognitiven Systems dieses Gehirn, das es »hervorgebracht« hat, und seine Umwelt untersucht. An dieser Stelle wechselt bezeichnenderweise der gemäßigte Konstruktivismus in aufschlußreicher Weise zur Prinzipienwissenschaft, löst damit zwar das Problem des vitiösen Zirkels, handelt sich aber das Problem der Prinzipienbegründung ein, das in der Tradition seit Aristoteles die Philosophie begleitet. Roth und Schwegler behaupten, daß sie »aus Gründen der logischen Konsistenz«, d. h. um den Zirkel zu vermeiden, annehmen, daß der Konstrukteur der phänomenalen Welt nicht zugleich Teil dieser phänomenalen Welt ist, so daß wir davon ausgehen müssen, daß es eine »von unserer je individuellen phänomenalen Welt unabhängige Welt gibt«, die als Realität im Unterschied zur subjektkonstituierten Wirklichkeit bezeichnet wird.[42] Die Vertreter des gemäßigten Konstruktivismus sind sich durchaus bewußt, daß sie hierbei von Prinzipien im Sinne des Leibnizschen *principium contradictionis* Gebrauch machen, die »man akzeptieren mag oder nicht«. Auf dem Umweg über Prinzipien wird so ein »schwacher ontologischer Realismus« begründet, der seinerseits für die Methodologie der empirischen neurophysiologischen Forschungen und für die dabei angewandten Prüfoperationen ein »fundamentum in re« systematisch einzuführen erlaubt.

Eine alternative Interpretation der methodologischen Prüfinstanz als *fundamentum,* mit Referenz auf die Realität ist auch im Rahmen des wissenschaftlichen Realismus möglich, sofern der Ding-an-sich-Realismus erkenntnistheoretisch modifiziert ist. In dieser Metatheorie ist kein absoluter Außenstandpunkt gefordert; die Welt ist das, was sich in unseren Erfahrungen zeigt; die Welt ist immer relativ zu unserem »Gesamthorizont« bestimmt, wie Kutschera formuliert.[43] Der erkenntnistheoretische Realismus hält die realistische These mit der Auffassung, daß es unentschieden ist, ob die Sätze unserer Dingsprache objektive Sachverhalte ausdrükken, für vereinbar. Er wendet sich ausdrücklich gegen die »Realisten, für die die Welt ein Ding an sich ist, das prinzipiell jenseits der Reichweite unseres Denkens und Sprechens« liegt, und die damit der Skepsis Tür und Tor öffnen. Die so modifizierte Empiriekonzeption macht zwar nicht von Prinzipien, aber von epistemisch-pragmatischen Argumenten in transzendentaler Funktion Gebrauch: Ein Ding-an-sich-Realismus entspricht »weder dem gesunden Menschenverstand oder wissenschaftlichen Auffassungen von der Natur noch ist er vernünftig«.[44] Das Vernünftigkeitsargument hat auch in seiner schwachen epistemisch-pragmatischen Fassung einen transzendentalphilosophischen Status ebenso wie das Kohärenzargument.[45] Die Aussagen über die Welt sind »Systematisierungen unserer Eindrücke, bei denen wir versuchen, sie in einen kohärenten Zusammenhang zu bringen«, und stehen unter Vernünftigkeitsannahmen, von denen immer schon Gebrauch gemacht werden muß. Das Ziel solcher Systematisierungen bleibt aber, ein Bild der gegenständlichen Realität herzustellen und ein »Bild von den Korrelationen unserer Eindrücke mit den objektiven Gegebenheiten« zu gewinnen.[46] Die Korrespondenzbeziehung in dieser realistischen Konzeption bleibt dabei immer von den metatheoretischen Kohärenz- und Systematizitätskriterien abhängig. Auch der erkenntnistheoretische Realismus ist dem Radikalen Konstruktivismus darin überlegen, daß er die ontologischen Bestimmungen und methodologischen Konsequenzen nicht von den transzendentalen Bedingungen trennt.

Metatheoretisch ist nicht ohne weiteres zu entscheiden, welche wissenschaftsphilosophische Position für die Interpretation von

Grundtermen und für die Begründung von methodologischen Kriterien in den Einzelwissenschaften fruchtbarer ist: der gemäßigte Konstruktivismus oder der erkenntnistheoretische Realismus, weil beide konsistente Positionen darstellen und den Zusammenhang zwischen erkenntnistheoretischen und ontologischen Voraussetzungen und methodologischen Konsequenzen begründen und so für die Prüfinstanz ein *fundamentum in re* in Anspruch nehmen können. Beide Positionen machen aber in ihren wissenschaftstheoretischen Begründungen von Prinzipien oder transzendentalphilosophischen Vernünftigkeits- und Kohärenzannahmen Gebrauch, die sich nicht von selbst verstehen. Für eine Begründung solcher Grundsätze wäre aber ein hypermethodologisches Prinzip vonnöten, das das von Albert so bezeichnete Münchhausen-Trilemma vermeidet.[47] Dieser metatheoretischen Frage zweiter Stufe soll an dieser Stelle nicht weiter nachgegangen werden.

Eine Entscheidung auf metatheoretischer Ebene zwischen dem erkenntnistheoretischen Realismus oder dem gemäßigten Konstruktivismus einerseits und dem Radikalen Konstruktivismus andererseits ist dagegen naheliegend; denn letzterer stellt insofern keine konsistente Position dar, als der systematische Zusammenhang zwischen den selbstreferentiellen erkenntnistheoretischen Voraussetzungen und den selbstexplikativen methodologischen Konsequenzen nicht begründet ist. Der Radikale Konstruktivismus hat somit für die empirische Literaturwissenschaft nicht die Funktion einer wissenschaftsphilosophischen Metatheorie, sondern ist zu einem bloß weltbildartigen Deutungsmuster herabgesetzt.

Anmerkungen

1 Zur Aufgabenstellung der Wissenschaftsphilosophie in Abgrenzung gegen die wissenschaftstheoretische Rekonstruktion vgl. Pasternack/Mehrtens 1990.

2 Vgl. hierzu die Arbeiten von Groeben/Westmeyer 1975; Schmidt 1975; Kindt/Schmidt (Hg.) 1976; Groeben 1977; Wirrer (Hg.) 1977 als Beispiele.

3 Über die Entwicklung der literaturwissenschaftlichen Forschung von der linguistischen Poetik zur empirischen Literaturwissenschaft gibt

Schmidt 1980, 2 ff. selbst Auskunft. Zur Einordnung und zur »angemessenen Dimensionierung der Erwartungen« an die empirische Literaturwissenschaft vgl. Hintzenberg/Schmidt/Zobel 1980.

4 Pasternack 1975 versucht dagegen vor allem diese philosophischen Voraussetzungen des Methodenpluralismus in der Literaturwissenschaft herauszuarbeiten.

5 Hierzu die Nachweise in Pasternack 1975.

6 Vgl. hierzu Leplin 1986.

7 Die rein methodologische Imitation kann so weit gehen, daß bereits die Aufgaben und Fragestellungen der empirischen Untersuchungen auf Ziele eingeschränkt werden, die zwar nicht für die interessantesten, sondern lediglich für die empirisch prüfbarsten gehalten werden. Schmidt/Zobel 1983, 38; vgl. Hintzenberg/Schmidt/Zobel 1980, 7 ff.

8 Zur Unterscheidung des Realismus der Theorien vom Realismus der Entitäten vgl. Hacking 1983.

9 Vgl. dazu Pasternack/Mehrtens 1990.

10 Bewußt wird auf eine Festlegung auf eine spezifische Gesellschaftstheorie »wegen des hochgradig spekulativen Charakters vorliegender Gesellschaftstheorien« verzichtet. Vgl. Hintzenberg/Schmidt/Zobel 1980, 8.

11 Als Beispiel sei auf die für die Literaturwissenschaft zentrale Bestimmung des Ästhetischen hingewiesen: »Die pragmatische Lösung der Definition von ›Ästhetisch‹ klammert bewußt die inhaltliche Seite des Begriffs aus.« Vgl. Schmidt 1980, 84.

12 Vgl. Groeben 1972, 175 ff., der für die Realitätsprüfung material-objektive Verfahren entwickelt und Schmidt 1980, 101.

13 Die Diskussionen, beginnend mit den Kontroversen zwischen Frege und Russell bis zu Quines wissenschaftstheoretischem Holismus und Davidsons und Putnams epistemischem und semantischem Holismus bilden den wissenschaftsphilosophischen Hintergrund für eine Neubestimmung der Referenz. Auch der Radikale Konstruktivismus geht von einem »holistischen Kommunikatbildungsprozeß« aus, wie Meutsch/Schmidt 1987 formulieren, ohne allerdings die transzendentalen Probleme zu thematisieren. Der Konstruktivismus verweist diese Fragen an die empirische Kognitionsforschung offenbar in der Erwartung, daß die selbstbezüglichen Begründungsprobleme sich dann empirisch lösen lassen.

14 Vgl. Schmidt 1980, 101. Schmidt übernimmt hier die aus der *Topik* bekannte Wendung »viele oder alle vernünftigen« Teilnehmer, die die Ausbildung unterschiedlicher Zustimmungsgrade berücksichtigt. Vgl. Aristoteles, *Topik* I 100b.

15 Groeben 1972 und Groeben/Westmeyer 1975.

16 Groeben 1985.

17 Groeben 1977, 136 ff.

18 Groeben 1977, 141.
19 Vgl. auch Heuermann/Höhn/Röttger 1975, 15.
20 Hauptmeier/Meutsch/Viehoff 1987, 9.
21 Schmidt 1987, 68.
22 Schmidt/Zobel 1983; Schmidt 1987a.
23 Schmidt 1984, 313f.
24 In diesem Rahmen sind text-ontologische Interpretationen auszuschließen: »The definition now relies on the empirical question of how, why, and to what extent readers follow specific literary conventions in terms of dominant strategies in cognitive operations«. Hauptmeier/Meutsch/Viehoff 1987, 19.
25 Die Theorie-Empirie-Distinktion bezieht sich auf Begriffe, die mit Bezug auf wechselnde Theorierahmen polyinterpretabel sind. Das bedeutet, daß es keine feste Grenzziehung zwischen T-theoretischen und N-theoretischen Entitäten gibt, weil je nach wechselndem Kontext N-theoretische Entitäten auch als T-theoretische fungieren können. Vgl. hierzu Diederich 1992.
26 Schmidt führt selbst als eine Konsequenz aus den theoretischen Vorgaben des Radikalen Konstruktivismus den Wissenschaftstypus auf, der Prozesse »beschreibt und erklärt«; vgl. Schmidt 1987, 67.
27 Polyvalenz ist Kennzeichen verschiedener Systeme und kann auch Bedingung für die metatheoretische Polyinterpretabilität theoretischer Terme und Systemteile sein. Anders als Schmidt 1980, 110ff. begründet, ist Polyvalenz gerade kein spezifisches Abgrenzungskriterium für Systeme ästhetischer Kommunikationshandlungen.
28 Rescher 1973. Der kriteriologische Wahrheitsbegriff, im Unterschied zum definitionalen, klammert die metaphysischen Annahmen über die Natur der Realität aus und ist eine Theorie der Wahrheit im abgeschwächten Sinn, die lediglich ein Kriterium der rationalen Legitimation bereitstellt. Vgl. hierzu Puntel 1983.
29 Vgl. zum folgenden Schmidt 1987, 11ff.
30 Roth 1985, 237.
31 Bereits Husserls transzendentalphänomenologische Analysen der Herstellung von Evidenzen durch das Subjekt und die Anmessung der Begriffe an diese Selbstgegebenheiten haben diese Abhängigkeit aufgewiesen. Vgl. Husserl, Cartesianische Meditationen (Husserliana 1).
32 Roth 1978 unterscheidet strikt zwischen internem und externem Beobachter. Dem internen Beobachter sind innere Zustände zugänglich, dem externen lediglich das Verhalten.
33 Die Nichttrennbarkeit der Daten vom Hintergrundwissen ist von Stegmüller für die hermeneutischen Wissenschaften hervorgehoben worden. Vgl. Stegmüller 1973. Die Literaturwissenschaft spricht hierbei von der »Interdependenz von Beweis und Erkenntnis«: »Der Beweischarakter des Faktischen wird erst von der Interpretation ent-

hüllt, während umgekehrt das Faktische der Interpretation den Weg weist.« Vgl. Szondi 1970, 26.

34 Vgl. Schmidt 1987, 17.

35 Schmidt 1987 formuliert methodologische Zielkriterien nur noch als »gesellschaftspolitische Zielvorgaben« für wissenschaftliches Handeln. Diese bleiben allerdings so allgemein, daß eine Abgrenzung von anderen Wissenschaftskonzeptionen und eine Spezifizierung für empirische Konzeptionen nicht mehr erkennbar ist: Wissenschaftliches Handeln soll explizit, systematisch, intersubjektiv vermittelbar und überprüfbar sein. Vgl. Schmidt 1987, 64.

36 Diese Unterscheidung nimmt Husserl in Anlehnung an die Platonsche Differenzierung vor. Vgl. hierzu Pasternack 1991.

37 In Hegels kategorialer Analyse aller Wirklichkeitsinterpretamente im Rahmen seiner *Wissenschaft der Logik* heißt das folgendes: Ausgangspunkt sind »die Denkbestimmungen, von denen wir allenthalben Gebrauch machen, die uns in jedem Satze, den wir sprechen, zum Munde herausgehen«. Hegel wendet sich damit philosophiegeschichtlich gegen die Hypertrophie des Kantischen »Bewußtseins überhaupt«, das losgelöst von der Objektwelt als Dispositionen eines Gattungssubjekts oder als »Seelenvermögen« analysiert werden muß. Und er wendet sich damit zugleich gegen die methodologische Einseitigkeit dieses subjektphilosophischen Ansatzes, die zum Kantisch-Newtonischen Paradigma der empirischen Bestätigung aus ultimen Entitäten führt, dem der Dualismus von sensuell und kategorial disponiertem Erkenntnissubjekt einerseits und subjektunabhängiger Welt an sich andererseits zugrunde liegt, ein Dualismus, der nur transzendentalphilosophisch dadurch überwunden werden kann, daß die Bedingung der Möglichkeit von Erfahrung zugleich zur Bedingung des Gegenstands der Erfahrung gemacht wird, so daß der Erfahrungsgegenstand immer nur den theoretischen Status derErscheinung hat und das Ding an sich lediglich postulative Funktion hat, und lediglich einen Feigenblatt-Realismus begründet.

38 Hegel greift hierbei auf die Unterscheidungen zwischen Syllogistik und Dialektik bzw. Topik zurück, die bereits bei Platon und Aristoteles diskutiert werden. Vgl. Platon, *Soph.* 259b; Aristoteles, *Topik* 1, 100b. Hegel kann nur auffordern, sofern ein Explikat nicht akzeptabel erscheint, eine alternative Explikation vorzulegen, die möglicherweise größere Zustimmung erfährt, aber ihrerseits auch von den Begriffen und kategorialen Bestimmungen Gebrauch machen muß, die in den sprachlichen Explikationen verwendet werden. Vgl. *Logik* 1, 77.

39 Leplins Rekonstruktionen der ontologischen Voraussetzungen naturwissenschaftlicher Forschungen lassen das eher unwahrscheinlich erscheinen; weil die Einzeldisziplin selbst für problematische Entitäten von Existenzannahmen ausgeht. Vgl. Leplin 1986.

40 Insbesondere in den Beiträgen von Roth 1985 und Roth/Schwegler 1992.
41 Vgl. Schmidt 1987.
42 Vgl. Roth 1985; Stadler/Kruse 1989; Roth/Schwegler 1992.
43 Kutschera 1992.
44 Kutschera 1992.
45 Wie z. B. auch bei Putnam 1987, 276.
46 Kutschera 1992.
47 Probleme der Letztbegründung stellen sich ja nicht nur im theoretisch philosophischen Rahmen, sondern auch im praktisch philosophischen; und in diesem Zusammenhang ist das Problem der Begründung von Grundsätzen ausführlich von Rawls und rekonstruktiv von Stegmüller diskutiert worden; vgl. Stegmüller 1986.

Literatur

Albert, H. (1968), *Traktat über kritische Vernunft,* Tübingen (Die Einheit der Gesellschaftswissenschaften 9).

Aristoteles (1968), *Topik,* Hamburg (Philosophische Bibliothek 12).

Diederich, W. (1992), »Prinzipien und Perspektiven des Antirealismus«, in: H.-J. Sandkühler (Hg.), *Wirklichkeit und Wissen. Wirklichkeits-Konzeptionen in Philosophie und Wissenschaften,* Frankfurt/M. (Philosophie und Geschichte der Wissenschaften 17).

Groeben, N. (1972), *Literaturpsychologie. Literaturwissenschaft zwischen Hermeneutik und Empirie,* Stuttgart (Sprache und Literatur 80).

– (1977), *Rezeptionsforschung als empirische Literaturwissenschaft. Paradigma – durch Methodendiskussion an Untersuchungsbeispielen,* Kronberg/Ts. (Empirische Literaturwissenschaft 1).

– (1982), *Leserpsychologie. Textverständnis – Textverständlichkeit,* Münster.

– (1985), »Empirisierung der Literaturwissenschaft: Theorie- oder methodenorientiert?«, in: *SPIEL* 4, H. 1, 117-133.

– (1987), »Verstehen, Erklären, Bewerten in einer empirischen Literaturwissenschaft«, in: G. Pasternack (Hg.), *Theorie und Empirie,* Bremen (Schriftenreihe des Zentrums Philosophische Grundlagen der Wissenschaften 5), 219-266.

–/Westmeyer, H. (1975), *Kriterien psychologischer Forschung,* München.

Hacking, I. (1983), *Representing and Intervening. Introductory Topics in the Philosophy of Natural Science,* Cambridge.

Hauptmeier, H., D. Meutsch und R. Viehoff (1987), *Literary Understanding from an Empirical Point of View* (LUMIS-Schriften 14).

Hegel, G. W. F. (1951), *Wissenschaft der Logik. Erster Teil,* Hamburg (Phil. Bibl. 56).

Heuermann, H., P. Huehn und B. Röttger (Hg.) (1975), *Literarische Rezeption. Beiträge zur Theorie des Text-Leser-Verhältnisses und seiner empirischen Erforschung*, Paderborn (Information zur Sprach- und Literaturdidaktik 4).

Hintzenberg, D., S. J. Schmidt und R. Zobel (1980), *Zum Literaturbegriff in der Bundesrepublik Deutschland*, Braunschweig/Wiesbaden 1980 (Konzeption Empirische Literaturwissenschaft 3/4).

Husserl, E. (1950), *Cartesianische Meditationen und Pariser Vorträge*, The Hague (Husserliana, Bd. 1).

Kindt, W. und S. J. Schmidt (Hg.) (1976), *Interpretationsanalysen. Argumentationsstrukturen in literaturwissenschaftlichen Interpretationen*, München (Grundfragen der Literaturwissenschaft. Neue Folge 2).

Kutschera, F. von (1992), »Der erkenntnistheoretische Realismus«, in: H.-J. Sandkühler (Hg.), *Wirklichkeit und Wissen. Wirklichkeits-Konzeptionen in Philosophie und Wissenschaften*, Frankfurt/M. (Philosophie und Geschichte der Wissenschaften 17).

Leplin, J. (Hg.) (1984), *Scientific Realism*, Berkeley/Los Angeles/London.

– (1986), »Methodological Realism and Scientific Rationality«, in: *Philosophy of Science* 53, 31-51.

Meutsch, D. und S. J. Schmidt (1987), »Über die Rolle von Konventionen beim Verstehen literarischer Texte«, in: *SPIEL* 4, H. 2, 381-408.

Pasternack, G. (1975), *Theoriebildung in der Literaturwissenschaft*, München.

– (1987), »Zur Konstruktion einer Prüfbasis des methodischen Verstehens literarischer Werke«, in: ders. (Hg.), *Theorie und Empirie* (Schriftenreihe des Zentrums Philosophische Grundlagen der Wissenschaften 5), 185-218.

– und A. Mehrtens (1990), »Wissenschaftsphilosophisches Voraussetzungssystem und Probleme der rationalen Rekonstruktion impliziter Voraussetzungen«, in: G. Pasternack (Hg.), *Philosophie und Wissenschaften. Zum Verhältnis von ontologischen, epistemologischen und methodologischen Voraussetzungen der Einzelwissenschaften*, Frankfurt/M. (Philosophie und Geschichte der Wissenschaften 12), 25-38.

– (1991), »Wahrheit oder Plausibilität? Diskurshermeneutische Probleme philosophiegeschichtlicher Rekonstruktionen«, in: H.-J. Sandkühler (Hg.), *Geschichtlichkeit der Philosophie*, Frankfurt/M. (Philosophie und Geschichte der Wissenschaften 14), 141-163.

Platon (1985), *Der Sophist*. Neu bearbeitet und herausgegeben von Reiner Wiehl, Hamburg (Philosophische Bibliothek).

Puntel, L. B. (1983), *Wahrheitstheorien in der neueren Philosophie*, Darmstadt (Erträge der Forschung 83).

Putnam, H. (1987), »Meaning Holism and Epistemic Holism«, in: K. Cramer (Hg.), *Theorie der Subjektivität*, Frankfurt/M., 251-277.

Rescher, N. (1973), *The Coherence Theory of Truth*, Oxford.

Roth, G. (1978), »Die Bedeutung der biologischen Wahrnehmungsforschung für die philosophische Erkenntnistheorie«, in: P. M. Hejl, W. K. Köck und G. Roth (Hg.), *Wahrnehmung und Kommunikation*, Frankfurt/M., 65-78.

– (1985), »Die Selbstreferentialität des Gehirns und die Prinzipien der Gestaltwahrnehmung«, in: *Gestalt Theory* 7, 228-244.

–/Schwegler, H. (1992), »Kognitive Referenz und Selbstreferenzialität des Gehirns. Ein Beitrag zur Klärung des Verhältnisses zwischen Erkenntnistheorie und Hirnforschung«, in: H.-J. Sandkühler (Hg.), *Wirklichkeit und Wissen. Wirklichkeitskonzeptionen in Philosophie und Wissenschaft*, Frankfurt/M. (Philosophie und Geschichte der Wissenschaften 17).

Schmidt, S. J. (1975), *Literaturwissenschaft als argumentierende Wissenschaft. Zur Grundlegung einer rationalen Literaturwissenschaft*, München (Kritische Information 38).

– (1980), *Grundriß der Empirischen Literaturwissenschaft* 1. *Der gesellschaftliche Handlungsbereich der Literatur*, Braunschweig (Konzeption Empirische Literaturwissenschaft 1).

– und R. Zobel (1983), *Empirische Untersuchungen zu Persönlichkeitsvariablen von Literaturproduzenten*, Braunschweig (Konzeption Empirische Literaturwissenschaft 5).

– (1984), »Empirische Literaturwissenschaft in der Kritik«, in: *SPIEL* 3, H. 2, 291-332.

– (1987), »Der Radikale Konstruktivismus: Ein neues Paradigma im interdisziplinären Diskurs«, in: ders. (Hg.), *Der Diskurs des Radikalen Konstruktivismus*, Frankfurt/M., 11-88.

– (1987a), »Towards a Constructivist Theory of Media Genre«, in: *Poetics* 16 (1987), 371-395.

Stadler, M. und P. Kruse (1989), »Über Wirklichkeitskriterien«, in: G. Pasternack (Hg.), *Tatsache, Bedeutung, Konstruktion*, Bremen (Schriftenreihe d. Zentrums Philos. Grundlagen d. Wissenschaften 7), 151-176.

Stegmüller, W. (1973), »Der sogenannte Zirkel des Verstehens«, in: Hübner, K./Menne, A. (Hg.), *Natur und Geschichte*, Hamburg, 21-46.

– (1986), »Überlegungsgleichgewicht (Reflective Equilibrium). Die Bedeutung des methodologischen Prinzips von J. Rawls in normativen und grundlagentheoretischen Disziplinen und bei der Gegenüberstellung von historischen und systematischen Untersuchungen der Wissenschaften«, in: H. Lenk (Hg.), *Zur Kritik der wissenschaftlichen Rationalität*, Freiburg/München, 145-167.

Szondi, P. (1970), »Über philologische Erkenntnis«, in: P. Szondi, *Hölderlin-Studien*, Frankfurt/M., 9-34.

Wirrer, J. (Hg.) (1977), *Textgrammatische Konzepte und Empirie. Probleme und Perspektiven der neueren textgrammatischen Forschung* II, Hamburg (Papiere zur Textlinguistik 12).

II. Bausteine einer Empirischen Theorie der Literatur

Ausgehend von einer pragmatischen Theorie kommunikativer Handlungsspiele konzipiert die ETL »Literatur« nicht nur als sprachlich-textuelles und psychologisches, sondern vielmehr als ein soziales Phänomen. Auf einer elaborierten theoretischen Basis wird somit auch ernst gemacht mit R. Jakobsons zentraler Frage, der sich jede Literaturtheorie zu stellen hat: »Was macht aus einer sprachlichen Nachricht ein Kunstwerk?« Die Antwort der ETL auf diese Frage schließt einen textontologischen Zugang aus: Texte sind nicht literarisch aufgrund bestimmter immanenter Eigenschaften und Strukturen; vielmehr werden Texte unter bestimmten Bedingungen und unter bestimmten Voraussetzungen für literarisch gehalten. Damit verlagert sich der zentrale Gegenstand der ETL mit der Frage nach der Literarizität von Texten auf die Untersuchung derjenigen historisch kontingenten Voraussetzungen, auf denen die Unterscheidung von Literatur und Nicht-Literatur basiert. Deswegen sind in den letzten Jahren vor allem literatursystemspezifische Aktantenmerkmale wie Literaturbegriff, Voraussetzungssystem, literarisches Wissen, literarische Konventionen etc. untersucht worden.

Mit ihrem auf Interdisziplinarität ausgerichteten, integrativen Forschungsprogramm setzt sich die ETL neben der Kritik aus dem eigenen Fach auch der Auseinandersetzung mit den verschiedenen Nachbardisziplinen aus. Um eine solche kritische Diskussion geht es in diesem Kapitel, in dem aus ganz verschiedenen Blickwinkeln (wie Psychologie, Literaturgeschichte und Wissenssoziologie) Forschungsdefizite und Probleme der Theoriekonzeption der ETL angesprochen werden.

Forschungshistorisch zentral ist in dieser Hinsicht die Beziehung der ETL zur Psychologie, abzulesen an der Tatsache, daß mit der literaturpsychologischen Rezeptionsforschung N. Groebens und dem NIKOL-Ansatz zwei unterschiedliche Konzeptionen einer »Empirischen Literaturwissenschaft« vorliegen. Das Problem der

Überwindung des Text-Leser-Dualismus und die Kontroversen um kognitiven (psychologischen) vs. radikalen (erkenntnistheoretischen) Konstruktivismus (vgl. Halász in diesem Band) verdeutlichen exemplarisch das auf einer metatheoretischen Ebene zu klärende Verhältnis von ETL und Theorien ihrer Nachbardisziplinen.

Die ETL wird häufig als theorielastig, wenn nicht gar als dogmatisch bezeichnet. Dabei wird jedoch vergessen, daß ein elaboriertes Theoriekonzept notwendig ist, um Literatur als ein soziales Phänomen für die Literaturwissenschaft zu konzipieren. Dabei ist die ETL natürlich auch auf theoretische Ansätze, Forschungsergebnisse und Untersuchungen anderer Disziplinen angewiesen. Andererseits wird in den Nachbardisziplinen – wie Psychologie, Linguistik, Kommunikations- und Medienwissenschaft, Soziologie und soziologischer Buchmarktforschung – Literarizität implizit immer schon vorausgesetzt und eben nicht wie in der ETL expliziert und zum Gegenstand einer Literaturtheorie gemacht.

Der Ausgangspunkt, Literatur als ein soziales Phänomen aufzufassen, führt weg von der ausschließlichen Untersuchung literarischer Texte und hin zu einer Priorität der Erforschung von Handlungen im Literatursystem. Diese Schwerpunktverlagerung läßt bei strukturalistischen Literaturwissenschaftlern den Eindruck entstehen, die Textanalyse komme in Theorie und Praxis der ETL zu kurz (vgl. den Beitrag von Ort). Wichtig an dieser Kritik ist der Hinweis auf das objekttheoretisch zu klärende Problem, wie im Literatursystem, verstanden als Sozialsystem, Literatur im Sinne einer spezifischen Menge von Texten konzipiert werden kann (vgl. zu diesem Problem Meyer und Ort 1990).

Dazu bedarf es auch einer weiteren Entwicklung und Spezifizierung des Konzepts ›Literatursystem‹, das sich heute, angesichts der systemtheoretischen Diskussionen der letzten Jahre, als ein rudimentärer systemtheoretischer Entwurf darstellt. Gegenwärtig werden in der Literaturwissenschaft verschiedene systemtheoretische Ansätze diskutiert. Die Münchener Forschergruppe »Sozialgeschichte der deutschen Literatur 1770-1990« strebt auf der Basis der Systemtheorie von T. Parsons ein struktural-funktionales Theoriemodell für eine Sozialgeschichte der Literatur an (vgl. zum theoretischen Ansatz Meyer und Ort 1988). Andere Literaturwissenschaftler sind bestrebt, die sozialphilosophische Systemtheorie N. Luhmanns auf ihren Gegenstandsbereich entweder direkt zu übertragen oder moderat anzuwenden (vgl. Schwanitz 1990; sowie jetzt Schwanitz 1993 und Werber 1993) bzw. für ihre Fragestellungen fruchtbar zu machen (dazu gehört etwa Schmidt 1989). Schließlich sind auch noch literaturwissenschaftliche Arbeiten (wie die von Barsch 1991, 1992 und zum Teil Schmidt 1989) zu nennen, die auf eine konstruktivistische Theorie sozialer Systeme zurückzugreifen, wie sie von P. M. Hejl (1987; 1989) ansatzweise entwickelt worden ist.

Die systemtheoretische Diskussion wirft spezielle Fragestellungen für die empirische Literaturwissenschaft auf. Ein zentrales Problem bildet dabei die Bestimmung der Grenze des Literatursystems zu anderen sozialen Systemen, die einmal über Makro-Konventionen (Schmidt 1989), andererseits über den Literaturbegriff (Barsch 1992) oder via N. Luhmann über einen systemspezifischen, binären Code angegangen wird. Ein anderes Problem betrifft die systemtheoretische Fundierung, die in einigen Ansätzen auf Kommunikationen, in anderen auf Handlungen ausgerichtet ist (vgl. Schwanitz 1993). Mit der systemtheoretischen Problematik hängen auch Fragen zusammen, die sich auf die literatursysteminterne Strukturierung beziehen. Was sind etwa die Elemente des Literatursystems: Aktanten in ihren Handlungsrollen, literarische Handlungen oder aber Kommunikationen? Reichen die vier in der ETL vorgesehenen Handlungsrollen aus, um den Phänomenen im Literatursystem gerecht zu werden (vgl. Natori in diesem Band; Rusch 1991)?

Die objekttheoretische Weiterentwicklung der ETL muß einerseits die theoretische Diskussion und die Forschungsergebnisse der Nachbardisziplinen aufgreifen. Andererseits muß dabei in der Theoriebildung ein kohärentes Modell des Literatursystems angestrebt werden, das uns in die Lage versetzt, die Mechanik der im Literatursystem ablaufenden Prozesse zu erfassen. Die weitere Diskussion muß zeigen, in welcher Weise z. B. die verschiedenen systemtheoretischen Ansätze einen solchen Beitrag für die literaturwissenschaftliche Theorieentwicklung leisten können.

László Halász

Die Grundlegung einer »Empirischen Literaturwissenschaft« – von einem psychologischen Standpunkt aus betrachtet

1

Rein vom Begriff her erinnert der Ausdruck »Empirische Literaturwissenschaft« einen Psychologen an Fechner (1897) und daran, daß dieser damals praktisch gleichzeitig die experimentelle Psychologie und die experimentelle Ästhetik begründete und daß er dabei sehr deutlich eine induktiv-empirische Ästhetik von einer normativ-deduktiven philosophischen Ästhetik unterschied.
»Empirisch« ist nun zweifellos ein umfassenderer Begriff als »experimentell«; denn für einen Psychologen, der sich mit Fragen der Kunst und Literatur befaßt, schließt dieser Begriff eine unzweideutige Verpflichtung ein: er muß mit allen rein spekulativen Ansätzen, die man sich am Schreibtisch ausdenken kann, brechen, und er muß sich auf theoriegeleitetes empirisches Forschen einlassen, das zudem von anderen überprüft werden kann.
Dies trifft jedenfalls dann zu, wenn man einmal all die sicher eindrucksvollen Arbeiten außer acht läßt, die schon bald nach Freuds erstem Essay (Freud 1907) als Beitrag der Psychoanalyse (vgl. Kiell 1963; Grimaud 1984) zur Literaturpsychologie geschrieben worden sind. Diese Studien hier auszuklammern, kann man damit begründen, daß sie nicht den Kriterien entsprechen, die Fechner (1897) oder seine Nachfolger (vgl. Berlyne 1971, 1974) für empirische Arbeiten aufgestellt haben. Es kann ja kein Zweifel daran bestehen, daß alle diese psychoanalytischen Studien im wesentlichen auf psychoanalytischen »Beobachtungen« beruhen und ausschließlich als »Einzelfallstudien« konzipiert sind, ohne daß man ihnen deshalb das Prädikat »empirisch« verleihen könnte. Diese Kritik bedeutet nicht, daß psychoanalytische Konzepte nicht auch von Bedeutung in strikt empirischen Studien sein können, man denke nur an das Persönlichkeitsprofil eines Schriftstel-

lers oder an Studien zur Literaturgeschichte (vgl. Barron 1972; Martindale 1973, 1975, in diesem Band).

Schon Galtons frühe Arbeiten (Galton 1869), in denen er Biographien, unter anderem auch von berühmten Schriftstellern und Dichtern, mit quantitativen Methoden untersucht hat, um die Natur des literarischen Schöpfertums zu erklären, bilden einen Teil der Geschichte der empirischen Literaturwissenschaft (zu weiteren Beispielen vgl. Viehoff 1991). Cox (1926) hat zum Beispiel versucht, den Intelligenzquotienten berühmter Schriftsteller zu schätzen, und die Serie solcher Studien kann man fortschreiben bis hin zu den Pionierarbeiten von Guilford (1957) über künstlerische Kreativität. Zu solchen kreativen Prozessen gab es auch schon früh eine Studie von Patrick (1937), bei der er kontrollierte Experimente durchführte.

Im Hinblick auf die Psychologie der literarischen Rezeption ist die Arbeit eines Literaturwissenschaftlers zu nennen, I. A. Richards (1929), der als einer der ersten Schritte in eine solche Richtung machte, indem er die Interpretationen von Studenten zu Gedichten untersuchte. Wenig später schon hat Eysenck (1940), ganz anders, die allgemeinen und individuellen psychologischen Faktoren bei der kognitiven und affektiven Rezeption von Literatur analysiert. Und für die Zeit, in der die »Empirische Literaturwissenschaft« entwickelt wurde, hat Klemenz-Belgardt (1981) in einem kritischen Literaturbericht mehr als hundert einschlägige Studien allein aus den USA vorgestellt, die einen guten Überblick zum weiten Spektrum der empirischen Forschungen zur Literaturpsychologie bieten.

Aus diesen Gründen denken Psychologen, die sich mit Fragen der Literaturpsychologie beschäftigen und die von der »Empirischen Literaturwissenschaft« hören, zuerst einmal, daß es sich dabei gewiß um eine Art interdisziplinäre Legitimation all der Ansätze und Unternehmungen handelt, an denen sie selbst in den letzten 30-40 Jahren beteiligt waren. Natürlich denken sie das auch deshalb, weil sie wissen, daß eine systematische Interdisziplinarität für alle beteiligten Disziplinen – die Literaturwissenschaft ebenso wie die Psychologie (oder die Soziologie, die Linguistik) – einen Wissenszuwachs bedeuten kann.

Es ist jedoch sehr deutlich, daß die von S. J. Schmidt propagierte »Empirische Literaturwissenschaft« mehr und außerdem etwas anderes will. Die »Empirische Literaturwissenschaft« in der von

Schmidt vertretenen Fassung versteht sich nämlich nicht als »eine ›Empirisierung‹ der Literaturwissenschaft, die alte Fragen mit neuen (...) Methoden beantworten will«; die »Empirische Literaturwissenschaft« versucht statt dessen, »mit einer neuen Brille ein viel breiteres und teilweise völlig neues Problemfeld (innerhalb des Literatursystems)« zu betrachten, dessen Fragen »soweit wie möglich und begründbar mit empirischen Forschungsmethoden beantwortet« werden sollen (vgl. Schmidt 1981, 320f.). Die »Empirische Literaturwissenschaft« plädiert »nicht für einen obsoleten Positivismus oder Empirismus. Das Konzept ›empirisch‹ ist auf keinen Fall subjektivistisch, sondern es ist gegründet in der Intersubjektivität der gemeinsam geteilten Sprache einer sozialen Gruppe von Individuen (...) Ein lebendes System konstruiert Wissen in Abhängigkeit von seiner Organisation und in Abhängigkeit von konsensuellen Prozessen in seiner sozialen Gruppe« (Schmidt 1981, 320f.).

Das heißt, kurz gesagt, daß die hier vorgeschlagene »Literaturwissenschaft« zwar empirisch ist, zur gleichen Zeit aber auch hochtheoretisch wegen des Konzepts eines »radikalen Konstruktivismus«. Nun ist die Idee, daß unsere psychischen Prozesse konstruktiv sind, der modernen Psychologie nicht fremd. Man denkt da zuerst natürlich an Piagets konstruktiven Strukturalismus (1970), an Neissers kognitiven Konstruktivismus (1976) oder auch an die sozial konstruktivistische Perspektive der Emotionsforschung (Harré 1986; Armon-Jones 1986). Die »Empirische Literaturwissenschaft« bezieht sich jedoch nicht darauf, sondern auf einige Arbeiten von Maturana und Varela, Roth, von Glasersfeld (vgl. Schmidt 1982; Schmidt in: Schmidt/Groeben 1989; Meutsch 1986). Wenn demnach hier gesagt wird, daß »Texte als Komponenten eines Aktant-Text-Kontext-Syndroms« betrachtet werden (Schmidt 1981, 323), dann ist das als ein quasi erkenntnistheoretischer »Vorschlag« gemeint, der vermeiden soll, »Ontologisierung der Bedeutung und eines Text-Leser-Dualismus« (Meutsch 1986, 315) einzuschmuggeln.

II

Der Vorschlag der »Empirischen Literaturwissenschaft«, den Text-Leser-Dualismus zu überwinden, ist natürlich auch für eine Literaturpsychologie ein kritisches, d.h. bedenkenswertes Programm. Schmidt (1981, 322) betont in diesem Zusammenhang ausdrücklich, daß »Literarizität und Bedeutung keine einem Text inhärente Eigenschaften sind, sondern Ergebnisse von kognitiven Prozessen auf seiten des Lesers«. Diese kognitiven Operationen seien durch eine Ästhetik- und eine Polyvalenzkonvention reguliert.

Schmidt ist nun nicht der einzige und nicht einmal der erste, der die von Jakobson zuerst am konzisesten formulierte These weiterführt, daß »der Gegenstand einer Literaturwissenschaft nicht Literatur ist, sondern ›Literarizität‹, das heißt das, was einen gegebenen Text zu einem literarischen Text macht« (Jakobson 1923, zitiert nach Pratt 1977, 27). Und auch von Dijk (1979, 593) hat schon betont, daß es »keine Texteigenschaften gibt, die alleine einen Text zu einem literarischen machen«. Jede »intrinsische« Texteigenschaft, sagt Pratt, ist »ein Ausdruck ihrer Funktion«, wobei er besonders unterstreicht, daß es letztlich die Entscheidung eines Lesers ist, ob er einen Text als Literatur liest oder nicht. Das gleiche kann man auch bei Fowler nachlesen (1979, 544): »(...) ›Literarizität‹ sollte von den Texten selbst gelöst werden und neu bestimmt werden in Begriffen, die das produktive und rezeptive Verhalten von Menschen in unterschiedlichen literatur-lesenden sozialen Gruppen beschreiben«. All diese Zitate sind zweischneidig. Sie heben hervor, wie viele Arten von Texten literarische Wirkung haben können – manchmal sogar für mehr als zweihundert Jahre (vgl. Sell 1991; Schmidt 1991). Jedenfalls sind heutzutage Leser meist bereit, in Übereinstimmung mit der Hauptströmung unserer literarischen Kultur, eine breite Vielzahl von Texten zu lesen als Texte, in denen menschliches Schicksal emotional ausgedrückt wird und die in mehrfacher Weise interpretiert werden können. Praktisch ist es genau diese Bereitschaft, die dazu führt, daß wir selbst einen ziemlich schlichten und einfachen Text unter bestimmten Umständen als bedeutungsreich ansehen (vgl. Halász 1986, 1992). Oder, wie Short und Candling es ausdrücken: »(...) wenn die Leser eine bestimmte Notwendigkeit sehen, einen Text literarisch zu lesen (...), dann werden sie

versuchen, eine Reihe spezieller Interpretationskonventionen anzuwenden«. Wie können wir nun erklären, daß all diese Feststellungen und Schlußfolgerungen – die in vielen Hinsichten der bei Schmidt geäußerten Auffassung entsprechen – keineswegs so heftigen Widerspruch erfahren haben wie die Äußerungen von Schmidt im *Grundriß* selbst? Wenn man außerdem auch noch bedenkt, daß Schmidt in einem folgenden Beitrag (1982, 56), aber auch im *Grundriß* schon, alle zu erwartenden Mißverständnisse eines ontologischen Fehlschlusses abzuwehren versuchte, indem er ausdrücklich schrieb, daß niemand ein Kunstwerk »vollständig subjektiv frei rezipiert. In allen Gesellschaften gibt es hochkonventionalisierte Regeln, um Bedeutung und Relevanz der Kommunikation zu erzeugen«. Dennoch ist ihm diese Abwehr von Mißverständnissen mißlungen. Und es hat nichts genutzt, daß er noch verschiedentlich dieses Argument – ohne Erfolg – wiederholt hat (vgl. Schmidt in: Schmidt und Groeben 1989, 41): »Ich leugne nicht die Existenz von Texten (...) Textmerkmale sind intersubjektiv (konsensuell) Texten attribuiert, aber sie sind keine objektiven (ontologischen) Texteigenschaften.«
Ich persönlich beurteile Schmidts Standpunkt ebenfalls als erheblich provokativer und riskanter als die oben angeführten Sichtweisen. Denn der gemeinsame Bezugspunkt all dieser Forschungsperspektiven ist ein Funktionalismus, der zwar einen sozialpsychologisch beeinflußten kognitiven Konstruktivismus miteinschließt, keineswegs aber die Position eines »Radikalen Konstruktivismus«, um eine umfassende literaturwissenschaftliche Theorie zur Vermeidung eines Text-Leser-Dualismus zu entwickeln. Eine konsequente Weiterführung solch radikaler Forderungen würde nämlich Tür und Tor für einen völligen psychologischen Relativismus öffnen. Wenn wirklich alles von der jeweiligen Lesepraxis abhängt, die ihrerseits durch Konventionen bestimmt wird, dann wird die Beziehung zwischen Text und Leser konzipiert wie die Beziehung zwischen einem projektiven Test und einer Versuchsperson in der experimentellen Psychologie (vgl. Halász 1989).
Stellen wir uns einmal, im Sinne einer extremen Zuspitzung dieser Position, vor, der »Stimulus« in einem projektiven Test sei ein Text. Dieser Text läßt, im Gegensatz zu einem literarischen Text, keinen Rückschluß zu über die Welt, über den Autor und über die Beziehung des Autors zur Welt und zu sich selbst. Er kommuni-

ziert nichts und beeinflußt niemanden. Er hat keine kommunikative Intention. Es ist einfach bloß ein Text, ohne Anbindung an einen Diskurs. Diskurs meint dabei z. B. Gespräch, Unterhaltung, Konversation, Unterricht, Gebet, Abhandlung. Ein Diskurs meint also soziale Handlungen: etwas sagen, miteinander über etwas sprechen, sich über etwas unterhalten, eine Sache miteinander diskutieren, öffentlich jemandem etwas mitteilen, andere etwas lehren, also irgendeine Form bestimmter verbaler Interaktion zwischen verschiedenen Menschen. Obwohl also ein solcher projektiver Test-Text durchaus Ausgangspunkt für irgendeine Reaktion der Versuchsperson sein kann, gibt es eigentlich keine Text-Leser-Interaktion, weil der Leser eben nicht grundsätzlich den Text interpretiert (oder sich selbst), sondern auf den Text-Stimulus mehr oder weniger spontan reagiert (was natürlich selbst in dieser Konstellation nicht Beliebigkeit bedeutet), und weil er sich nur ziemlich indirekt, im Sinne von »projektiv«, selbst einbringt. In diesem Sinne wäre also durch ein solches Modell tatsächlich ein Text-Leser-Dualismus überwunden.
Während es offenbar immer noch einige Literaturwissenschaftler gibt, die »glauben, ihre Aufgabe sei die Aufdeckung der richtigen Textbedeutung« (Schmidt 1982, 165), ist die Existenz einer »verborgenen Bedeutung« für Psychologen nur allzu verdächtig, seitdem man weiß, was Freud mit »Überdetermination« gemeint hat. Auf diesem Feld tun Psychologen deshalb gut daran, äußerst vorsichtig zu operieren. Denn Freuds Vorschläge, nach unterschiedlichen impliziten Bedeutungsebenen eines Werkes zu suchen und ein Werk selbst unter mehrfacher Bedeutungsperspektive zu sehen, sind genauso produktiv wie gefährlich und dubios: denn »die Zahl möglicher (und plausibler) Erläuterungen ist unbegrenzt« (Spence 1976, 377), selbst wenn der jeweils vorliegende weit weniger unbestimmt ist als ein literarischer Text.
Die Interpretation eines literarischen Lesers kann man nämlich nicht wie einen Test überprüfen, denn man sollte nie aus den Augen verlieren, was da interpretiert wird. Unabhängig davon, wie rätselhaft und ambivalent strukturiert ein literarischer Text auch immer sein mag oder wie wenig anspruchsvoll seine formale sprachliche Beschaffenheit ist, es ist immer das Problem, daß er selbst keine strikten Anweisungen enthält, wie er genau zu verstehen ist, sondern daß er einen ganzen Kreis von Bedeutungsmöglichkeiten oder Bedeutungsrichtungen umschließt. Van Peer

(1986) hat die Rezeption von Gedichten in bezug auf die zwei im Sinne Jakobsons fundamentalen »foregrounding«-Faktoren untersucht: phonetische, syntaktische oder semantische Abweichungen einerseits und Parallelismus andererseits. Er konnte einen Zusammenhang zwischen den durch solche Techniken hervorgehobenen Teilen eines Gedichtes und dem finden, was Leser an einem solchen Gedicht für wichtig, auffallend oder diskussionswürdig hielten, und zwar unabhängig von vorhergehender Erfahrung mit und Einstellung zur Literatur (vgl. Groeben, in diesem Band). Van Peer führte dazu aus, daß Wiegen- und Kinderlieder, Witze oder Rätselspiele ebenso wie Werbeslogans und Wahlkampfparolen zwar solche »foregrounding«-Techniken auch verwenden. Aber literarische Texte und dabei besonders Gedichte seien sozusagen prinzipiell durch Art und Verhältnis dieser Kunstgriffe geprägt, wodurch ein Leser beinahe zwangsläufig darauf orientiert werde, diese Texte literarisch zu lesen.

Einige Orientierungsmerkmale (und Textelemente, die eine bestimmte Bedeutungsrichtung nahelegen) können meist leicht erkannt werden, während andere etwas verdeckter oder versteckter sind, so daß zu ihrer Wirkung eine größere Interpretationsaktivität des Lesers notwendig ist. Besonders bei solchen Werken, die mit den gängigen Konventionen brechen, lassen sich – wie Martindale gezeigt hat (Martindale 1975) – gesteigerte Rückgriffe auf regressive Prozesse, freies Assoziieren und seltene Analogiebildungen nachweisen, also sogenannte Primärprozesse im Sinne Freuds. Zumindest für eine bestimmte Zeit vermag ein solcher Text den zeitgenössischen Lesern den Eindruck zu vermitteln, es handele sich bei ihm um quasi zusammenhangloses oder nur lokker verbundenes »Stimulus«-Material, ganz wie bei einem projektiven Test. Vorausgesetzt, daß ein Leser nur gelernt hat, konventionelle Erzähltexte verständnisvoll zu lesen, kann für ihn ein innovativer Text seine kommunikative Funktion tatsächlich verlieren und wie ein »projektiver Text« wirken (Viehoff 1986). Dann reagiert der Leser so, daß er seine Bedürfnisse, Wünsche und Idiosynkrasien auf den Text abbildet, als ob ihm die Standardinstruktionen eines projektiven Tests gegeben worden seien. Aber selbst in einem solchen Fall gibt es – wie oben erwähnt – Einschränkungen. Wegen Unterschieden in der Stärke des Provokationspotentials können die charakteristischen Merkmale eines Text-Stimulus nämlich nicht exakt errechnet werden, selbst nicht mit den stärksten projektiven Tests. Das heißt aber lediglich, daß die Projektionsmöglichkeiten im Rahmen einer erheblichen Bandbreite (wenn man will: konventionalisiert) begrenzt sind durch die gegebenen Merkmale des Stimulus. Es ist deshalb auch überhaupt nicht verwunderlich, daß die Mitglieder unterschiedlicher sozialer Gruppen tatsächlich auf einen projektiven Test jeweils in ganz typischer Weise reagieren.

Mérei (1974) hat zum Beispiel nachgewiesen, daß die positiven bzw. negativen Reaktionen von Versuchspersonen auf die Bilder des Szondi-Tests in hohem Maße davon abhängen, welchen Geschmack sie – in Abhängigkeit von ihrer sozialen Position und Erziehung – gebildet haben. Daher traten unabhängig von individuellen Differenzen statistisch auffällige Übereinstimmungen auf innerhalb der Gruppe »kreativer« Versuchspersonen oder ungelernter Arbeiter bezüglich der Bilder, die sie ablehnten oder die ihnen gefielen. Aber diese Arten von ästhetischer Übereinstimmung differieren wieder klar und scharf, wenn sie verbunden werden mit den jeweils unterschiedlichen und meistenteils stillschweigenden Konventionen über die Bedeutung eines sympathischen oder unsympathischen Gesichts.

Angenommen, aber nicht schon vorausgesetzt, daß im Laufe eines konventionsorientierten Leseprozesses alle nicht-intersubjektiven (nicht-konsensuellen, also par excellence subjektiven) bedeutungsgenerierenden Vorgänge ausgeklammert würden, dann würde selbst in einem solchen Fall die Beziehung des Lesers zum Text nicht anders als die einer Versuchsperson sein, die – in Übereinstimmung mit den Grundeinstellungen ihrer sozialen Gruppe – auf einen projektiven Test antwortet. Das heißt aber nichts anderes, als daß die Betonung eines hochkonventionalisierten Umgangs mit Literatur in einem radikal-konstruktivistischen Ansatz und die Behauptung der Überwindung eines Text-Leser-Dualismus nicht gegen die Gefahr des psychologischen Relativismus feit. Ich betone ausdrücklich, daß ich zu diesem Schluß komme, nicht indem ich die in der »Empirischen Literaturwissenschaft« angenommene Funktion einer Ästhetik- und Polyvalenzfunktion verneine, sondern indem ich sie voll bejahe und zu Ende denke. (Im Hinblick auf die Mikroprozesse, die ein kognitives Operieren begleiten, das diesen Konventionen folgt, weise ich auf eine Arbeit von Zwaan (1991) hin, die in lobenswerter Weise ein psychologisches Modell des literarischen Lesens entwickelt, das uns einen klar definierten Typ polyvalenten Textprozessierens besser verstehen läßt.)

Bisher habe ich argumentiert, daß zahlreiche Elemente und deren Komposition, die man in fast allen anderen Textsorten auch finden kann, in speziellen, von unserer Kultur als »literarisch« ausgezeichneten Situationen eine komplexe und mehrschichtige Bedeutung eines Textes »bewirken« können. Um es anders auszudrücken: »Wenn Texteigenschaften das Ergebnis und nicht die Ursache sind, dann können sie auch nichts beitragen, zu definieren oder zu erklären, was etwas zu einem ›literarischen Werk‹ macht« (de Beaugrande 1987, 58). Es steht dazu jedoch keineswegs im logischen Widerspruch, wenn man davon spricht, daß ein bestimmtes Werk oder ein Text ein literarisches Werk und ein literarischer Text ist, wenn man sich dabei darauf bezieht, »wie normalerweise Menschen eines gemeinsamen Kulturraumes – zum Teil Spezialisten – über die literarischen Qualitäten eines Textes Übereinkunft zu erzielen pflegen«.

Das kritischste Moment bleibt dabei zweifellos das Ergebnis oder Ziel des literarischen Lesens, denn es ist schlicht unmöglich, eine perfekte Auflösung (Interpretation) eines literarischen Textes zu finden, oder auch nur genau vorherzusagen, wie viele und welche gleichgewichtigen Lösungen (Interpretationen) es geben kann. Während nämlich bei einem »expositorischen« Diskurs der Rezipient mit einer klar bestimmten Problematik konfrontiert wird, handelt es sich beim literarischen Diskurs um unterbestimmte oder, wie Reitmann sagt, »schlecht bestimmte« Probleme (Reitmann 1965; vgl. auch Davis, in diesem Band).

Dennoch müssen wir nicht schließen, daß ein Text, gemessen an der Bedeutung der »Interpretationsgemeinschaft« im Sinne Stanley Fishs (1980), keine Rolle mehr spielt, obgleich Schmidt (vgl. etwa Schmidt 1982, 165) nur zu gerne Fish zuzustimmen geneigt ist. Argumentationen mit der »Interpretationsgemeinschaft« sind natürlich da im Recht, wo sie sagen, daß »die Bedeutung« nicht einfach »gefunden« wird. Interpretationen sind ja schon vom ersten Lesen eines Textes an bestimmt durch die von einem Leser erworbenen Sprachmuster, seine Normorientierung und sein soziales Verhaltensrepertoire. Aber das heißt eben nicht, daß literarisches Verstehen im Sinne des Interpretierens eines Textes »die Kunst der Konstruktion« ist, ein literarisches Werk »zu schaffen«, wie Fish sagt (vgl. Fish 1980, 327). Wir können nämlich nicht einfach die Freiheit eines Autors, eine mögliche Welt zu schaffen, mit der des Lesers in eins setzen. Wir müssen statt dessen genau die Unterschiede in den jeweiligen psychologischen Prozessen herausarbeiten. Wie z. B. können ein Autor und ein Leser Gebrauch machen von konvergentem bzw. divergentem Denken? Was bedeutet jeweils für einen Autor bzw. für einen Leser selbstbezügliche »Informationsverarbeitung«? Also, um es ganz einfach zu sagen: wir können nicht unterschlagen, daß der eine – der Autor – schon etwas geschaffen hat (geformt, konstruiert, harmonisiert), was der andere – der Leser – erst dann in die Hand bekommt. Und er, der Leser, bekommt dies – normalerweise – auch in die Hand, um es bloß zu lesen (und zu verstehen), aber nicht, um selbst wieder einen neuen, anderen (literarisch) gleichwertigen Text zu schaffen.

Als Konsequenz dieser Überlegungen zur fundamentalen Differenz des Produzierens eines literarischen Textes und der Konstruktion eines projektiven Tests (wobei diese Differenz natürlich direkt mit den unterschiedlichen Zielen und Funktionen beider zusammenhängt) ist also klar, daß wir nicht schlicht behaupten können, der einzige oder der Hauptunterschied zwischen einer Seite aus dem *Verlorenen Paradies* von Milton und einem Blatt aus dem Rorschachtest liege nicht »in« diesen »Stimuli«, sondern bloß in der üblichen (interpretativen) Reaktion darauf. Scholes (1986, 152 und 154) hat dazu schon früher ausgeführt: »Wenn man einen Text als Text wahrnimmt und rezipiert, dann bedeutet das, ihn als in einer Sprache situierten zu begreifen. (...) Keine Sprachgemeinschaft ist deckungsgleich mit einer Interpretationsgemeinschaft. (...) Ein Text ist an die Sprache gebunden; er existiert als Text nur in und als Sprache. Er ist nicht in vergleichbarer Weise gebunden an irgendeine ›Interpretationsgemeinschaft‹. (...) Ein gedruckter Text ist niemals bloß auf einem Blatt Papier. Er stellt eine ›Transaktion‹ dar zwischen dem, was auf der Seite steht, und den speziellen linguistischen Kodes, die solche Werke erst grundsätzlich in den Stand versetzen, ›Bedeutung zu tragen‹. Das ist in Wirklichkeit das, was einen geschriebenen Text von einer Rorschachtafel unterscheidet.«

Die hier vertretene Meinung bedeutet, um es mit einem bekannten Wort Sartres zu sagen, daß der Leser alles tun muß und alles schon für ihn getan ist. Sie korrespondiert insofern mit der von Louise Rosenblatt vorgeschlagenen »Transaktions-Theorie« (1938). Bekanntlich haben Dewey und Bentley den Begriff »Transaktion« benutzt, um den Dualismus in der »Stimulus-Response-Interaktion« zu überwinden. Sie stellten sich statt dessen einen zweiseitigen Prozeß vor, bei dem ein Subjekt auf der einen Seite einen »Stimulus« aus seiner Umgebung auswählt und ihn dadurch sozusagen für sich »schafft«, und daß es dann auf der anderen Seite auf dieses durch Auswahl »geschaffene« Umgebungselement reagiert. Ungefähr in diesem Sinne spricht auch Rosenblatt von den Buchstaben auf dem Papier: sie werden ein literarischer Text durch die Beziehung zu einem literarischen Leser, und umgekehrt wird der Leser ein literarischer Leser durch seine Beziehung zu dem literarischen Text. »Das Konzept einer Transaktion mit der Umwelt ermöglicht das Modell eines Prozesses, in dem Leser und Text gleichberechtigt vorkommen. Jeder Teil wird eine bedeutungsvolle ›Umwelt‹ für den anderen Teil. Dadurch kann ein zweiseitiger, oder besser, ein spiralförmiger Prozeß, postuliert werden, in dem ein Leser auf die vom Text angebotenen sprachlichen Merkmale antwortet, und in dem er zugleich sich selektiv auf den Fundus seiner eigenen Erfahrungen und seine Sensibilität beziehen muß, um die Substanz seiner Antwort zu schaffen und zu organisieren. Aus diesem Wechselspiel heraus wird die neue Erfahrung, das ist: das literarische Werk, geformt« (Rosenblatt 1978, 43). Als eine Art Theorie mittlerer Reichweite klammert diese Transaktions-Theorie einen simplen Text-Leser-Dualismus solide aus. Sie vermeidet beide Extreme: die formalistische Verneinung von Autor und/oder Leser, und sie konzeptualisiert den literarischen Text nicht als bloße Funktion des Lesers.

III

Ich will hier gar nicht versuchen, meine eigene Ambivalenz gegenüber der »Empirischen Literaturwissenschaft« zu verbergen. Einerseits gilt sicher, daß Schmidt mit dem Entwurf der »Empirischen Literaturwissenschaft« eine breite Schneise geschlagen hat, um alle möglichen metatheoretischen und empirischen, philosophischen, historischen, linguistischen, soziologischen und psychologischen Forschungen systematisch miteinander in Verbindung zu bringen, also ein wirklich multidisziplinäres Konzept vorgeschlagen hat. Es ist für mich auch ohne Zweifel, daß Schmidt sein anspruchsvolles Unternehmen nicht einmal in Ansätzen hätte entwickeln können, wenn er sich bloß auf die traditionellen (begrenzten) theoretischen oder empirischen Positionen gestützt hätte. Von diesem Blickwinkel aus bewundere ich in höchstem Maße seinen intellektuellen Mut und seine Leistung, nach einer neuen Theorie zu suchen und sie im *Grundriß* synthetisierend vorzustellen, und auch, daß er danach versucht hat, mit seinen Arbeiten in den achtziger Jahren den Entwurf weiter auszuführen und zu entwickeln.

Gleichzeitig allerdings, wie meine ganze Argumentation bis hierher hat erkennen lassen, ist der »Radikale Konstruktivismus« aber nicht nur völlig überflüssig, um zentrale (psychologische) Probleme der »Empirischen Literaturwissenschaft« zu lösen, auch jede Form von Einseitigkeit könnte ohne diesen Ansatz viel leichter vermieden werden als mit ihm. Das betrifft übrigens nicht nur die hier diskutierte Interpretation der Interpretation eines literarischen Textes, sondern das unterscheidende Merkmal der »Empirischen Literaturwissenschaft«, eben das »Empirische«. Es ist eindrucksvoll zu sehen, wie weitreichend die empirischen Forschungen (psychologische wie linguistische), auf die Schmidt für seinen *Grundriß* zurückgreift, einen Beweis dafür liefern, wie unerläßlich es ist, Ideen durch empirisches Forschen zu prüfen. Aber teils, um sich gegen den Vorwurf des Positivismus zu verteidigen, teils aus der Verpflichtung seinem eigenen Programm gegenüber, eine konzise Theorie zu entwickeln, scheint er dennoch die Notwendigkeit zu sehen, den Zusammenhang zwischen dem E (Empirische) und dem LW (Literaturwissenschaft) aufzulösen oder zumindest aufzuweichen. Wir erinnern uns: ELW (Empirische Literaturwissenschaft) heißt eben nicht, daß empirische Methoden uneingeschränkt in Anschlag gebracht werden, sondern nur »soweit wie möglich und begründbar«. Zudem bietet er eine andere Alternative für »empirisch«: wenn das E (für »Empirische«) fundiert ist »in Intersubjektivität« und »konsensuellen Prozessen«, dann ist eben alles, was als »gemeinsame Sprache einer Gruppe« zu definieren ist, »empirisch« (E). Wenn ich das konsequent weiterdenke, dann befällt mich als Psychologe, der seit Jahren die »Verbrechen« des Positivismus zu bekämpfen versucht, die Befürchtung, daß solche wie die hier zitierten Bemerkungen sehr wohl dazu führen können, eine voreilige Resignation im Hinblick auf den Einsatz empirischer Verfahren und Methoden zu rationalisieren. Und genau an diesem Punkt treffe ich mich, auch wenn ich aus einer anderen Richtung dabei komme, mit der Kritik, die Groeben und Schreier an der »Empirischen Literaturwissenschaft« im Sinne des Schmidtschen *Grundrisses* üben (vgl. Groeben und Schreier 1991). Sie finden nämlich, daß es zu viel erkenntnistheoretische und metatheoretische Diskussion gebe, gerade im Vergleich zu empirischen Forschungen, die durch die »Empirische Literaturwissenschaft« direkt angeregt worden seien.

Wenn ich sehe, wie unbefriedigend die »Empirische Literaturwissenschaft« bisher direktes empirisches Forschen stimuliert hat und – umgekehrt – wie wenig sie weiterentwickelt worden ist durch empirische Forschungen, dann habe ich den Eindruck, daß sie sich selbst ihre Kompetenz faktisch beschnitten hat. Von einem in erster Linie sozialpsychologischen Blick aus scheint mir, daß besonders die folgenden Forschungsgebiete, in denen schon empirische Methoden eingesetzt wurden, für die »Empirische Literaturwissenschaft« wichtig sind:

1. Studien zum Autor und seinen Aktivitäten
   – psychologische Charaktermerkmale der kreativen Persönlichkeit eines Autors, verglichen mit der anderer Künstler (oder Wissenschaftler);
   – psychologische Vorgänge bei der kreativen Arbeit eines Autors, verglichen mit denen anderer Künstler (oder Wissenschaftler).
2. Studien zu den Beziehungen zwischen einem Autor und seinem Werk
   – Beziehungen zwischen der Entwicklung neuer literarischer Strömungen oder Schulen und einem Wechsel im sozialen Denken, sozialen Fühlen, den sozialen Einstellungen eines Autors;
   – Beziehungen zwischen außergewöhnlichen historischen Ereignissen (z. B. Kriegen, Revolutionen) und dem Generationszusammenhang von Autoren;
   – Beziehungen zwischen den Arbeiten einer bestimmten Schriftstellergeneration und ihrer sozialpsychologischen Gruppierung, ihren Einstellungen, ihrer interpersonellen Vernetzung.
3. Studien zum literarischen Denken im Vergleich zum psychoanalytischen und (sozial)psychologischen Denken und deren Wechselbeziehungen untereinander – psychoanalytische und sozialpsychologische Analysen solcher literarischer Texte, die

sich mit der Frage sozialer Normen, Rollen, Einstellungen, abweichendem Verhalten, Führerschaft, Gruppenkonflikten, Identität, oder Konkurrenzverhalten beschäftigen.

4. Studien zur Rezeption und Wirkung literarischer Werke
   – Sozialpsychologie des Prestiges, von Kontextwirkungen und eine Sozialpsychologie der literarischen Wertung;
   – soziale Wahrnehmung literarischer Figuren und Charaktere: Hauptwirkungen des Lesers, Geschichten-, Ziel-, Personen- und Selbstschemata, Attribuierungen und Empathie, Zusammenhang von rationalen und emotionalen Prozessen;
   – Bedeutungszuordnungen bei literarischen Werken;
   – Wirkungen eines literarischen Werkes auf Einstellungen eines Lesers, einschließlich kognitiver, affektiver und konativer Variablen;
   – psychologische Bedingungen des Literaturunterrichts.
5. Studien zu den Dimensionen der Differenz »konventionsorientiertes vs. nicht-konventionsorientiertes« Schreiben und Lesen oder zu der Differenz zwischen »Erzählung« und »Gedicht« (und dies wieder alles in Beziehung zu den Punkten unter 1. und 4.).

Es ist ganz offenbar so, daß bisher jedenfalls empirisch die Berücksichtigung (einer Psychologie) des Autors im Vergleich zu der des Lesers in der »Empirischen Literaturwissenschaft« noch keinen rechten Platz gefunden hat, und selbst wenn die Untersuchungen zum literarischen Verstehen (d. h. der Zuordnung von Bedeutung zu einem literarischen Werk) zweifellos beträchtlich sind, kann doch eine solche einseitige Ausrichtung der Forschung auf die Rezeption nicht akzeptiert werden, weil diese vor allem und in erster Linie durch Forschungsinteressen, -erfahrungen und -kompetenz der Beteiligten zu erklären ist und nicht durch inhärente Bedingungen des Forschungsgegenstandes. Das gilt natürlich besonders für eine neue Literaturwissenschaft, die sich selbst als Wissenschaft vom Literatursystem versteht, also vom gesamten System literarischen Handelns. Außerdem muß man sogar sagen, daß die empirischen Arbeiten zur Rezeption bisher sehr beschränkt sind. So sind zwar die Beziehungen zwischen literarischen (meistens auf Kurzgeschichten gerichtete) und nicht-literarischen (am Beispiel expositorischer oder deskriptiver Texte) Lese- und Verstehensvorgängen relativ gut untersucht, aber vergleichsweise systematische empirische Studien zur Beziehung zwischen dem Lesen und Verstehen von literarischen »Erzählungen« und »Gedichten« sind bisher nicht durchgeführt worden. Gerade in bezug auf dieses zuletzt genannte Defizit sehe ich es als notwendig an, direkte und indirekte (offene, geschlossene) Verfahren zur Datengewinnung miteinander zu kombinieren, um die korrelativen Beziehungen zwischen zahlreichen verschiedenen Beobachtungen auf unterschiedlichen Ebenen zu prüfen; darüber hinaus müssen Studien betrieben werden, die prüfen, wie ein und derselbe Text von verschiedenen Lesern verstanden wird (wobei unterschieden werden muß nach Geschlecht, Alter, Ausbildung, National-, Kultur- und Sprachzugehörigkeit und besonders nach differenzierenden Persönlichkeitsvariablen).

Es ist offensichtlich, warum gerade die »Kurzgeschichte« das am liebsten benutzte empirische Textmaterial in solchen Studien ist. Aber man darf nicht vergessen, daß das Lesen von Romanen eigentlich die typischere und häufigere Form des literarischen Rezipierens ist. Unabhängig von allen methodischen Schwierigkeiten meine ich, daß wir uns nicht stillschweigend darauf einigen dürfen, empirische Studien zum Lesen von Romanen und längeren Erzählungen aus unseren Forschungsaktivitäten auszuklammern. Jeder erste Schritt in diese Richtung würde nämlich die ökologische Validität der »Empirischen Literaturwissenschaft« außerordentlich steigern.

All diese hier vorgeschlagenen empirischen Studien würden nicht nur der »Empirischen Literaturwissenschaft« ein schärferes Profil verleihen, sie würden nicht nur dazu führen, bestimmte Leerstellen der Theorie zu füllen, sie würden darüber hinaus auch helfen, weitere neue Forschungsperspektiven und Forschungsfragen zu begründen. Und weil es sich dabei um Vorschläge zu empirischen Forschungen handelt, könnten sie in überschaubaren und vorsichtigen Schritten angegangen werden, die wenig riskant erscheinen. »Niemand weiß bis jetzt, wie komplex unsere Theorien und Modelle einmal sein müssen« – beschließt Robert de Beaugrande seine kritische Übersicht zur Ersten IGEL-Konferenz (1989, 26), und er fügt hinzu: »Das Bild wird nur vorsichtig und in kleinen Stücken zu vervollständigen sein.«

Übersetzt von Reinhold Viehoff

Literatur

Armon-Jones, C. (1986), »The thesis of constructionism«, in: Harré, R. (Hg.), *The Social Construction of Emotions*, Oxford/New York: Basic Blackwell, 32-56.

Barron, F. (1972), *Artists in the Making*, New York: Seminar Press.

Beaugrande, R. (1987), »Schemas for literary communication«, in: L. Halász (Hg.), *Literary Discourse*, Berlin/New York: de Gruyter, 44-99.

– (1989), »Toward the empirical study of literature: A synoptic sketch of a new ›society‹«, in: *Poetics* 18, 7-27.

Berlyne, D. E. (1971), *Psychobiology and Aesthetics*, New York: Appleton Century Crofts.

– (Hg.) (1974), *Studies in New Experimental Aesthetics: Steps toward an Objective Psychology of Aesthetic Appreciation*, New York: Wiley.

Cox, C. M. (1926), *The Early Mental Traits of Three Hundred Geniuses*, Stanford: Stanford University Press.

Culler, J. (1982), *On Deconstruction. Theory and Criticism after Structuralism*, Ithaca/New York: Cornell University Press; deutsch: *Dekonstruktion*, Reinbek: Rowohlt 1988.

Eysenck, H. J. (1940), »Some factors in the appreciation of poetry«, in: *Character and Personality* 9, 160-167.

Fechner, G. T. (1897), *Vorschule der Aesthetik*, Leipzig: Breitkopf und Härtel.

Fish, S. (1980), *Is There a Text in This Class? The Authority of Interpretive Communities*, Cambridge, Mass.: Harvard University Press.

Fowler, R. (1979), »Preliminaries to a sociolinguistic theory of literary discourse«, in: *Poetics* 8, 531-556.

Freud, S. (1907), *Der Wahn und die Träume in W. Jensens »Gradiva«*, Wien und Leipzig.

Galton, F. (1969), *Hereditary Genius: An Inquiry into its Laws and Consequences*, London: MacMillan.

Grimaud, M. (1984), »Poetics from psychoanalysis to cognitive psychology«, in: *Poetics* 13, 325-345.

Groeben, N./M. Schreier (1991), »Does an empirical science of literature need metatheoretical discussion? Yes, but – some answers«, in: Ibsch, E./D. Schram/G. Steen (Hg.), *Empirical Studies of Literature: Proceedings of the Second IGEL-Conference*, Amsterdam: Rodopi, 371-379.

Guilford, J. P. (1957), »Creative abilities in the arts«, in: *Psychological Review* 44, 110-118.

Halász, L. (1986), »Remembering literary works and nonliterary variations«, in: *Spiel* 5, 23-47.

– (1989), »Social psychology, social cognition, and the empirical study of literature«, in: *Poetics* 18, 29-44.

Harré, R. (1986), »An outline of the social constructionist viewpoint«, in:

Harré, R. (Hg.), *The Social Construction of Emotions*, Oxford/New York: Basic Blackwell, 2-14.
Hauptmeier, H., D. Meutsch und R. Viehoff (1987), *Literary Understanding from an Empirical Point of View*, Siegen: LUMIS-Schriften 14.
Klemenz-Belgardt, E. (1981), »American research on response to literature: the empirical studies«, in: *Poetics* 10, 357-380.
Kiell, N. (Hg.) (1963), *Psychoanalysis, Psychology and Literature: A Bibliography*, Madison: University of Wisconsin Press.
Martindale, C. (1973), »An experimental simulation of literary change«, in: *Journal of Personality and Social Psychology* 25, 319-326.
– (1975), *Romantic Progression: The Psychology of Literary History*, New York: Wiley.
Mérei, F. (1974), »A Szondi-próba [The Szondi-test]«, in: Mérei, F./F. Szakács (Hg.), *Klinikai pszichodiagnosztikai módszerek* [Clinical Psychological Methods], Budapest: Medicina, 124-137.
Meutsch, D. (1986), »Mental models in literary discourse«, in: *Poetics* 15, 307-331.
Neisser, U. (1976), *Cognition and Reality*, San Francisco/Oxford: Freeman.
Patrick, C. (1937), »Creative thought in poets«, in: *Journal of Psychology* 4, 35-73.
Piaget, J. (1970), *Structuralism*, New York: Harper, deutsch: *Der Strukturalismus*, Olten und Freiburg i. B.: Walter 1973.
Pratt, M. L. (1977), *Toward a Speech Act Theory of Literary Discourse*, Bloomington: Indiana University Press.
Reitman, W. (1965), *Cognition and Thought*, New York: Wiley.
Richards, I. A. (1929), *Practical Criticism*. London: Routledge and Kegan Paul.
Rosenblatt, L. M. (1978), *The Reader, the Text, the Poem. The Transactional Theory of the Literary Work*, London/Amsterdam: Southern Illinois University Press.
– (1985), »The transactional theory of the Literary work: Implications for research«, in: C. Cooper (Hg.), *Researching Response to Literature and the Teaching of Literature*, Norwood, NJ: Ablex, 33-53.
Schmidt, S. J. (1981), »Empirical studies in literature: introductory remarks«, in: *Poetics* 10, 317-336.
– (1982), *Foundations for the Empirical Study of Literature*, Hamburg: Buske.
– (1991), »Literary systems as self-organizing systems«, in: E. Ibsch, D. Schram und G. Steen (Hg.), *Empirical Studies of Literature: Proceedings of the Second IGEL-Conference*, Amsterdam: Rodopi, 413-424.
–/N. Groeben (1989), »How to do thoughts with words: on understanding literature«, in: D. Meutsch und R. Viehoff (Hg.), *Comprehension of*

Literary Discourse. Results and Problems of Interdisciplinary Approaches, Berlin/New York: de Gruyter, 16-46.

Scholes, R. (1986), *Textual Power. Literary Theory and the Teaching of English*, New Haven/London: Yale University Press.

Sell, R. D. (1991), »How can literary pragmatics develop empirical methods? The problem of modal and evaluative expressions in literary texts«, in: E. Ibsch, D. Schram und G. Steen (Hg.), *Empirical Studies of Literature: Proceedings of the Second IGEL-Conference*, Amsterdam: Rodopi, 137-145.

Short, M./Ch. Candlin (1989), »Teaching study skills for English literature«, in: M. Short (Hg.), *Reading, Analysing and Teaching*, London/New York: Longman.

Spence, D. P. (1976), »Clinical interpretation: some comments on the nature of the evidence«, in: T. Shapiro (Hg.), *Psychoanalysis and Contemporary Science* 5, New York: International University Press.

Van Dijk, T. A. (1979), »Advice on theoretical poetics«, in: *Poetics* 8, 569-608.

Van Peer, W. (1986), *Stylistics and Psychology. Investigation of Foregrounding*, London: Croom Helm.

Viehoff, R. (Hg.) (1991), *Alternative Traditionen*, Braunschweig/Wiesbaden: Vieweg.

Zwaan, R. A. (1991), »The literary situational-action model and the reading process«, in: E. Ibsch, D. Schram und G. Steen (Hg.), *Empirical Studies of Literature: Proceedings of the Second IGEL-Conference*, Amsterdam: Rodopi, 167-174.

Claus-Michael Ort

Texttheorie – Textempirie – Textanalyse

Zum Verhältnis von Hermeneutik, Empirischer Literaturwissenschaft und Literaturgeschichte

1. Vorbemerkung

Siegfried J. Schmidts *Grundriß der Empirischen Literaturwissenschaft* (Schmidt 1980, 1991a, 1982) bezeichnet ein theoretisches und empirisches Forschungsprogramm, das im Lauf des vergangenen Jahrzehnts zum ›paradigmatischen‹ Kern für die um S. J. Schmidt entstandene Siegener Forschergruppe geworden ist und seither konsequent konkretisiert und modifiziert wurde; darüber hinaus hat es sich gruppenextern als problemdefinierender Ansatz erwiesen, dessen wissenschaftspragmatische Fruchtbarkeit nicht zuletzt auch am provozierten Widerspruch und seiner polarisierenden Wirkung abgelesen werden kann. Die Entwicklung der ›Empirischen Literaturwissenschaft‹ (ELW) von einer handlungs- und kommunikationstheoretisch orientierten ›Sozialwissenschaft‹ (u. a. Schmidt 1980, 1991a, 1982) zu einer ›radikal konstruktivistischen‹ und systemtheoretisch fundierten ›Medienwissenschaft‹ (z. B. Schmidt 1989, 1990, 1992) muß an dieser Stelle nicht eigens skizziert werden. Von Anfang an erwies sich die Empirische Literaturwissenschaft außerdem als eine stark theoretisierte Literaturwissenschaft: Daß »erst theoretische Instrumentarien den Zugang zu dem erschließen, was ›Empirie‹ genannt werden kann« (Schmidt 1991a, 24), daß also Empirie(fähigkeit) und Theorie(fähigkeit) in einem gegenseitigen Bedingungs- und idealiter Steigerungsverhältnis stehen, bildete schon vor einer elaborierten kognitionsbiologischen Begründung (sensu Maturana 1982) die Basisprämisse ›konstruktivistischer‹ Epistemologie.
Im folgenden möchte ich in thesenhafter Zuspitzung und unvermeidlicher Simplifikation der Frage nachgehen, aus welchen erkenntnistheoretischen, methodologischen oder forschungspraktischen Gründen sich jenes texttheoretische Defizit der ELW so hartnäckig perpetuiert, welches sich nach der vehementen und

noch jüngst rekapitulierten (vgl. Rusch 1992) Zurückweisung der Hermeneutik zusehends herauskristallisiert hat und – so meine These – eine fatale Virulenz für die literaturhistoriographische Forschung im Rahmen der ELW, ja für die Empirisierung der Literaturgeschichtsschreibung überhaupt gewonnen hat. Trotz zunehmender Reflexion des Problems hat es die ELW aber bisher versäumt, die theoretischen Voraussetzungen für ein textanalytisch operationalisierbares ›Empirie‹-Konstrukt zu klären und sich der symbolisch-informationellen Ebene des Sozialsystems ›Literatur‹, seinen institutionalisierten, d. h. sedimentierten und gespeicherten Selbstbeschreibungen theoretisch und empirisch-historisch zuzuwenden. Darin ist eines der ungelösten Probleme zu erblicken, denen sich jede systemtheoretisch konzipierte Literaturwissenschaft, a fortiori aber Literaturgeschichtsschreibung konfrontiert sieht.

2. Hermeneutik und ›Empirische Literaturwissenschaft‹

Als eine der ›theoriepolitisch‹ folgenreichsten Grundsatzentscheidungen der ELW muß die Zurückweisung der Hermeneutik – ihrer erkenntnistheoretischen Prämissen ebenso wie ihrer Terminologie und Methodologie – gelten. Weder konnte sie die im Anschluß an T. S. Kuhn und das ›strukturalistische Theorienkonzept‹ der Analytischen Wissenschaftstheorie (J. D. Sneed und W. Stegmüller, dazu Stegmüller 1975) erhobenen *metatheoretischen* Forderungen nach *Theoretizität* und *Empirizität* erfüllen, noch vermochte sie einem gestiegenen Anspruch nach nicht nur intra- und interdisziplinärer, sondern auch gesellschaftlicher *Relevanz* und Applikabilität standzuhalten (vgl. Schmidt 1991a, 19-26). Unter das Hermeneutik-Verdikt fällt somit potentiell jede Konzeption von Literaturwissenschaft (auch wenn sie sich nicht ausdrücklich als ›hermeneutisch‹ bezeichnen sollte), die

1. gegen basale *Theoritizitätsanforderungen* verstößt, indem sie
(a) über keine definierte und explizierte *Terminologie* verfügt (»Fachsprachenpostulat«, Schmidt 1991a, 21),
(b) sich nicht auf rational nachvollziehbare und *widerspruchsfreie Argumentation* verpflichten will (»Prüfbarkeitspostulat«, Schmidt 1991a, 21) und sich folglich

2. als *nicht empirisierbar und anwendbar* erweist, da sie außerdem (a) auf keiner begrenzbaren und angebbaren empirischen Basis beruht, sich so intersubjektiver *Nachprüfbarkeit* ebenso wie *interdisziplinärer Anschließbarkeit* entzieht (Prüfbarkeitspostulat),
(b) nicht in der Lage ist, fruchtbare (d. h. anschließbare und lösbare) *Problemstellungen* explizit zu formulieren (»Relevanzpostulat«, Schmidt 1991a, 21) und schließlich
(c) weder lehr- noch lernbar ist, »ohne daß dazu spezielle künstlerische Fähigkeiten und Intuitionen erforderlich sind (= *Vermittelbarkeits*postulat)« (Schmidt 1991a, 22).
Aus 1(b) und 2(a) wird deutlich, wie eng Empirisierbarkeit und Theoretisierbarkeit einander bedingen: Gerade die als Spätfolge der ontologisierenden Dichotomie von ›Natur-‹ und ›Geisteswissenschaften‹ (W. Dilthey) zu beobachtende A-Theoretizität, zum Teil sogar Anti-Theoretizität der Hermeneutik ist dafür verantwortlich zu machen, daß sie zu keiner elaborierten und reflektierten ›Empirie‹-Konstruktion gelangen konnte (oder wollte) und in »Problemesoterik« (Schmidt 1991a, 22) verharrt (oder diese bewußt zelebriert).[1]
Die genannten metatheoretischen Defizite lassen sich darüber hinaus für hermeneutische Ansätze objekttheoretisch und methodologisch weiter konkretisieren. *Objekttheoretisch* ist vor allem die im Kontext der ELW vielfach kritisierte Fixierung auf literarische ›Texte‹ und deren ›Interpretation‹ als bevorzugter literaturwissenschaftlicher Tätigkeit zu nennen. Die ›*Text*zentriertheit‹ hermeneutischer Ansätze erweist sich jedoch genaugenommen als eine bloß postulierte ›*Werk*immanenz‹, die wesentlich auf der apriorischen Projektion textexterner Kontexte auf die ›Werke‹ beruht. Dies wird aus dem *methodologisch-terminologischen* ›Hermeneutik‹-Syndrom[2] deutlich, an dessen normative Basisbegriffe und -annahmen hier nur resümierend erinnert werden soll:
(a) Betonung der ›Individualität‹ literarischer ›Werke‹; implizite Kanonfixierung und meist unexplizierte Wertungskriterien,
(b) eine Konzeption individueller Autorschaft/-intention eines *Autorsubjekts*,
(c) Textverstehen als einfühlendes *Verstehen* des *Individuellen;* latente Ontologisierung und Dichotomisierung von Individuellem und Allgemeinem (analog der Entgegensetzung von ›idiographischer Geisteswissenschaft‹ und ›nomothetischer Naturwissenschaft‹ (sensu W. Windelband, H. Rickert, W. Dilthey u. a.)[3],

(d) Auslegung/Interpretation als potentiell unabschließbare Aktualisierung historischer Kontexte des Werkes oder, immanentistisch gewendet: Entfaltung seiner *geschichtlichen Sinnhorizonte*,
(e) mangelhafte Trennung, zum Teil sogar bewußte Annäherung von *Meta- und Objektsprache:* tendenzielle Verdoppelung des Werkes durch den Interpreten, Werkinterpretation selbst als ›Kunst‹, und schließlich
(f) mythologisierende Hochstilisierung erkenntnistheoretischer Dilemmata, die im zeitlichen Nacheinander des Erkenntnisprozesses ›entparadoxiert‹ und entschärft werden können, zum *›hermeneutischen Zirkel‹* des Verstehens.[4]
Die im engeren Sinn hermeneutischen Positionen sind schon vor und außerhalb der ELW gerade von textorientierter, nicht-hermeneutischer (also etwa strukturalistischer, diskurstheoretischer) Seite und auch bis in die jüngste Zeit immer wieder kritisiert worden (z. B. von Hörisch 1988, 7-18, dessen polemische Bewertung sich durchaus mit einigen Argumenten in Rusch 1987a, 393-397 deckt).[5] Auch die oben genannten metatheoretischen Postulate erweisen sich außerhalb der ELW als konsensfähig und werden inzwischen sicherlich nicht nur da geteilt, wo sie explizit diskutiert werden (so in den »elementaren Interpretationsregeln« bei Titzmann 1977a, 20-32 oder den basalen »Thesen« in Fricke 1991, 11-12, 27-28 und im Kapitel »Wie empirisch sollte eine Literaturtheorie sein?«, 111-128).[6]
Problematisch ist jedoch die radikal anmutende *objekttheoretische* Konsequenz, die die ELW aus ihrer metatheoretisch motivierten Ablehnung der hermeneutischen Werkinterpretation zieht und die sich als folgenreich für die Bestimmung des Objektbereichs ›Literatursystem‹ erweist. Zwingend erscheint zwar der Verzicht auf einen *hermeneutischen* Umgang mit literarischen Texten, einen Typ von Textverarbeitung also, der weder konsistent theoretisiert noch methodisch reguliert, folglich auch nicht ›empirisiert‹ und in eine ›*empirische* Theorie der Literatur‹ integriert werden kann, wohl aber in andere (lebens- und existenzphilosophische, geisteswissenschaftliche) Literaturkonzeptionen. Diesen Verzicht aber auch auf nicht-hermeneutische (linguistische, struktural-semiotische usf.) Verfahren der Textanalyse auszudehnen, sie aus der ELW auszuschließen oder doch zumindest stark zu marginalisieren, bildet einen nie befriedigend begründeten Fehlschluß und eine unnötige Restriktion der ELW und ihres Literaturbegriffs.

Insbesondere die rigide Konzeption einer *›nichtkonservativen‹ Literaturwissenschaft* (im Sinne von Finke 1982), die, im Gegensatz zu ›konservativen‹ Ansätzen, »Textualität als wesentliches Merkmal des Literaturbegriffs« (Finke 1982, 28) tilgt[7], bedarf einer Revision: Ihr (meta)theoretischer Kern, nämlich die exklusiv definierte Leitdifferenz von ›konservativ/Textualität‹ und ›nicht-konservativ/Nicht-Textualität‹ beruht *erstens* auf einer unzulässigen Pauschalierung texttheoretischer und textanalytischer Konzeptionen. Wenn Finke für seine Zwecke die »werkimmanente Konzeption (Staiger, Kayser, Alewyn u. a.)« (Finke 1982, 28) unterschiedslos und explizit mit ihrerseits wiederum sehr heterogenen strukturalistischen (Barthes, Goldmann, Greimas, Jakobson, Kristeva, Lotman, Todorov, Tel Quel), semiotischen (Wienold), textwissenschaftlich-linguistischen (Ihwe, Schmidt) und literatursoziologischen Ansätzen (Adorno, Benjamin), aber auch mit Groebens Rezeptionstheorie (Jauss, Iser, Conrady und dem New Criticism) (Finke 1982, 28) gleichsetzt, dann führt dies immerhin vor Augen, wie wenig trennscharf die Basisunterscheidung ›Textualität vs. Nicht-Textualität‹ ist. Noch Rusch 1992 reproduziert dies, wenn er »heilsgeschichtlich(e), textimmanent(e), geistesgeschichtlich(e), psychoanalytisch(e), materialistisch(e), strukturalistisch(e), sozialgeschichtlich(e)« (254) und »diskursanalytische« (255) Verfahren als »unterschiedliche hermeneutische Lehren« (253) rubriziert. Solch undifferenzierte Nivellierungen bergen außerdem *zweitens* für die ELW die Gefahr einer texttheoretischen Sackgasse in sich, die es, wie zu zeigen sein wird, im Interesse der literaturhistorischen Option der ELW zu überwinden gilt.

Wenn mit S. J. Schmidt als »empiriesichernde Kategorien (...) ›Explizitheit‹, ›Intersubjektivität‹ und ›Systematizität‹ und nicht etwa ›Objektivität‹ oder ›Wahrheit‹ im traditionellen Verständnis dieser Begriffe« gelten können (Schmidt 1984, 310), dann desintegriert sich zwar per se die Hermeneutik aus einer empirischen Literaturkonzeption, nicht aber Textmodelle, die diesen metatheoretischen Ansprüchen genügen. Daß strikte ›Nichtkonservativität/Nichttextualität‹ jedenfalls keine notwendige, weil ›empiriesichernde‹ Eigenschaft einer ELW sein muß, sondern eher auf ein zu enges Empirieverständnis hindeutet, wird auch an der Hermeneutik selbst deutlich.

Strenggenommen wären die Basistheoreme der Hermeneutik nämlich als zumindest latent ›nichtkonservativ‹ zu charakterisieren, da sie nicht wesentlich auf ›Textualität‹, d.h. auf einem elaborierten Textmodell oder einer formulierbaren *Text*theorie beruhen, sondern auf einer emphatischen Konzeption des ›*Werkes*‹, die sich im wesentlichen gerade durch nichttextuelle, d.h. texttranszendente und nicht am Text selbst überprüfbare Eigenschaften auszeichnet, wenn sie etwa auf ›Individualität‹, ›Subjekt(ivität)‹, ›Autorschaft‹, ›Geschichtlichkeit‹ als ›Sinngaranten‹ von ›Verstehen‹ rekurriert.[8] So schafft gerade die zur Texteigenschaft hypostasierte potentiell ›unendliche Auslegbarkeit‹ – und *nicht* die empirische Tatsache, daß Literatur je nach Rezipient, Situation und sozialem Kontext subjektiv verschieden ›erlebt‹ und gelesen werden kann – erst eigentlich das (dann allerdings) unhintergehbare ›Verstehensproblem‹, von dessen ›Lösung‹ oder besser: Perpetuierung die Hermeneutik lebt.

Auch die ELW scheint gelegentlich dieser Hochstilisierung einer *empirischen* und somit empirisch erforschbaren Tatsache zum Wesensmerkmal künstlerischer Texte selbst und damit zum *theoretisch* a priori unlösbaren Problem zu erliegen. So konzediert Rusch 1992 zwar, daß sich das ›Problem des Textverstehens‹, das »Problem der semantischen Offenheit oder Unterbestimmtheit« (253) möglicherweise als unlösbares Scheinproblem entpuppen könnte, als eine »Fallgrube, in die das menschliche Denken aufgrund seiner eigenen Voraussetzungen und Bedingungen hineingestolpert (ist)« und aus der es »nach mehr als 2000 Jahren hermeneutischen Denkens« (254) noch immer nicht herausgefunden hat, und er sieht im literaturwissenschaftlichen ›Methodenpluralismus‹ ein »Ausbauprogramm« dieser Fallgrube (255). Seine Relativierung des Problems wird jedoch deutlich von einer resignativ gefärbten Dramatisierung zum menschheitsgeschichtlichen Denkproblem konterkariert.

Damit gelingt es dem hermeneutischen ›Verstehen‹ – als (nichtwissenschaftliche) Textverarbeitungshandlung doch eigentlich nurmehr Objekt *empirischer* Forschung im Rahmen der ELW[9] –, seine selbsterzeugten Aporien der texttheoretisch eher ›wehrlosen‹ ELW als *theoretische* Probleme aufzuladen. Die ELW gerät so in die Gefahr, ihrem bevorzugten und überwunden geglaubten Gegner ›Hermeneutik‹ indirekt und zumindest in dieser Hinsicht in die Falle zu gehen.[10]

3. Texttheorie und ›Textempirie‹ und die Probleme einer Diachronisierung der ELW

Unter dem Dach der ELW führen die nicht-hermeneutischen, also linguistisch, struktural und semiotisch fundierten Textkonzeptionen und Analysemethoden seit längerem das marginale Schattendasein eines zwar theoretisch postulierten, oft auch nur konzedierten, residualen Platzhalters.[11] Daß für eine stärker literaturhistorisch interessierte ELW gerade aus empirischen Gründen die Zeit dafür reif scheint, die Textanalyse aus diesem Schattendasein zu befreien und sie explizit in den Rahmen der ELW einzupassen, wird allerdings von S.J. Schmidt als potentielles Desiderat der ELW durchaus anerkannt.[12] Im folgenden möchte ich einige der (meta)theoretischen Vorbehalte diskutieren, die für die bisherige Reserve der ELW vor allem gegenüber strukturalistischen Methoden verantwortlich zu machen sind, um daran Vorschläge zu ihren möglichen Aufgaben und zu explizit textanalytischen Problemstellungen der ELW anzuschließen.

Wo die metatheoretischen Ansprüche an ein *wissenschaftliches* Textanalyseverfahren, also Theoretizität, Systematizität und Explizitheit als Voraussetzung für seine Empirizität, d.h. also methodische Kontrolliertheit, problembezogene Anwendbarkeit und intersubjektive Prüfbarkeit (sensu Rusch 1987, 389-390 oder Schmidt 1992, 325) erfüllt werden, was z.B. für theoretisch und methodisch so elaborierte strukturale Ansätze, wie den von M. Titzmann (Titzmann 1977a, 1991) gilt, sollte einer Anwendung im Rahmen der ELW prinzipiell nichts im Wege stehen. Auch der Vorschlag, wegen der noch uneingelösten Desiderate solcher Verfahren etwa im Bereich der theoretischen Linguistik, Semantik und Logik ihre praktische Anwendung in die ferne Zukunft zu verschieben (so Finke 1982, 29), ist nicht überzeugend. Würde man einen derartigen Anspruch generalisieren, wäre der sofortige Verzicht der ELW (nicht nur) auf soziologische Systemtheorien die unvermeidbare Konsequenz.

Auch der mehrfach von konstruktivistischer Seite geäußerte Einwand gegen eine vermeintliche subjektunabhängige Objektivität von Texten, Textmerkmalen oder -strukturen (Schmidt 1984, 311-317, 320; Schmidt 1991b, 20) dürfte sich zumindest dann als Mißverständnis herausstellen, wenn strukturale Textanalyseverfahren sich damit zufriedengeben, daß ihren Ergebnissen der ›ontologische‹ Status theorieabhängiger Konstrukte zukommt, sie also nicht *den* Text oder *die* Textstruktur erfassen, sondern »ein *Modell* des Textes (...) produzieren« (2.2.2 in Titzmann 1991, 399, Hervorhebung CMO; ähnlich schon Titzmann 1977a, 26). Insofern trifft auch für wissenschaftliche Textanalysen zu, was generell für jede (nicht nur wissenschaftlich geregelte) Beobachtung zutrifft: Auch wissenschaftliche »Aussagen über Texte sind anzusehen als subjektabhängige kognitive Beobachterkonstrukte« (Schmidt 1984, 313).

Die Aussage, daß »Texte weder eine Struktur noch eine Bedeutung besitzen« (Schmidt 1991b, 20), ist dann allerdings genauso unzulässig, weil ontologisierend, wie ihr Gegenteil; da Struktur und Bedeutung, wie Schmidt weiter ausführt, »kognitiv attribuiert und kommunikativ zugeschrieben« werden (ebd.), ›haben‹ sie nur insofern eine intersubjektiv prüfbare Bedeutung und Struktur, als diese auf methodisch kontrollierbare, wissenschaftliche Weise attribuiert worden sind. Derart erstellte ›Kommunikate‹ (in der Terminologie von Schmidt 1991a, 96) mit den je individuell verschiedenen, subjektiven ›Kommunikaten‹ nicht-wissenschaftlicher Leser/Interpreten zu verrechnen, beruht darüber hinaus auf einer fatalen Konfusion von Meta- und Objektebene, die nur die alten Einwände der Hermeneutik gegen strukturale Analyseverfahren reproduziert (also intentionalistische oder rezeptionsempirische Einwände des Typs, Analyse A verfehle die subjektiven Kognitionen des Produzenten B oder des nicht-wissenschaftlichen Rezipienten C).[13] Eine Analogie zur soziologischen Systemtheorie mag zur Verdeutlichung dienen: Wissenschaftliche Aussagen des Typs: ›Sozialsystem A hat die Struktur B und die Funktion C‹ können den expliziten Selbstaussagen der Aktoren dieses Sozialsystems widersprechen oder nicht, ohne dadurch bestätigt oder widerlegt zu werden, aber auch ohne deshalb schon den Status ontologischer Aussagen zu erhalten.

Vor diesem Hintergrund kann noch ein weiterer Einwand der ELW entkräftet werden, so verständlich ihre Abneigung gegen den ›Machtanspruch‹ der Hermeneuten (auch der strukturalistischen) erscheint, die objektiv ›richtige‹, einzige und wahre Textinterpretation (oder -analyse) zu liefern (vgl. zuletzt etwa Schmidt 1990, 324 oder Schmidt 1991b, 20: »›richtige Bedeutungsermittlung‹ als Domestikation von Polyvalenz«). Wenn nämlich qua »Prüfbarkeitspostulat« (Schmidt 1991a, 21) von wissenschaftlichen Textanalysen die Einhaltung der logischen Normen rationaler Argumentation zu fordern ist (etwa Widerspruchsfreiheit, wie sie schon Titzmann 1977a, 22 einklagt), dann wird man ihnen auch zugestehen müssen, daß sie ein Abstraktionsniveau ihrer (Re-) Konstruktion anstreben, das einander widersprechende Lesarten zu integrieren sowie semantische Ambiguitäten und Leerstellen, semantische Unbestimmtheit und Polyvalenz präzis zu beschreiben erlaubt und somit auch den vermeintlichen Pluralismus widersprüchlicher Interpretationen durch *eine* komplexe und insofern ›richtige‹ Analyse ersetzt.[14]

Daß eine solche Analyse dann nicht ›textontologisch‹, aber doch relativ zu ihrer Systematizität und Prüfbarkeit als ›richtig‹ gelten kann, verdankt sie dem Umstand, z. B. textuelle Polyvalenz oder semantische Unbestimmtheit gerade nicht ›weginterpretieren‹ und voreilig reduzieren zu müssen, sondern strukturell präzis beschreiben zu können. Wird also wissenschaftliche Textanalyse als prinzipiell möglich eingeräumt, dann gibt es notwendigerweise auch Kriterien für ›richtige‹ und ›falsche‹ Aussagen über Texte – aber diese Aussagen sind deshalb noch lange keine ontologischen.

Zweifellos sind also wissenschaftliche Aussagen über Texte, d. h. Textanalysen der oben skizzierten Art metatheoretisch sowie theoretisch und methodologisch mit den Prämissen der ELW kompatibel. Was sie jedoch in konkreten empirischen Fragestellungen zu leisten imstande sind, ist erst noch zu klären; da die Beschäftigung mit literarischen Texten im Rahmen der ELW nur eine unter vielen Aufgaben ist – weder Apriori noch Selbstzweck –, müßten also explizit *Probleme* benannt werden können, die eine Textforschung im Rahmen der ELW zu lösen hätte (Schmidt 1990, 325).

Ein sehr fundamentales Problem, zu dessen Lösung textanalytische Verfahren gerade in einer ELW unverzichtbar sind, das Hauptmeier und Schmidt 1985 (Abschnitt 6.4) allerdings vernachlässigen, stellt sich genau dann, wenn die ELW sich historischen Objektbereichen zuwendet, also Literaturgeschichte nach ihren Prämissen und theoriegeleitet zu schreiben versucht. Auf eine vorläufige Kurzformel gebracht: *Das bevorzugt von textbezogener Forschung innerhalb der ELW zu lösende Problem ist literaturgeschichtliche ›Empiriesicherung‹, d. h. die Sicherung der Nachprüfbarkeit literaturgeschichtlicher Aussagen der ELW.*

Wenn »›Literarhistorie in der ETL‹ (Empirische Theorie der Literatur, CMO) bedeutet: Erforschung der Geschichte aller (...) Elemente des Systems ›Literatur‹ im Kontext der übrigen gesellschaftlichen Systeme in einer Gesellschaft« (Schmidt 1982, 32), dann drängt sich die Frage auf, auf welcher empirischen Basis die *Diachronie eines Literatursystems*[15], seine vergangenen Zustände und die Prozeßdynamik seines Wandels, rekonstruiert werden sollen und was unter ›Literatursystem‹ verstanden werden soll, welche *synchronische* Vernetzung also zwischen welcher Art von Elementen eines solchen Systems anzunehmen ist.
Derzeit koexistieren im wesentlichen zwei unterschiedlich empiriefähige Verwendungen des Begriffs ›Literatursystem‹: Erstens eine struktural-semiotische bzw. *semantisch-logische*, die darunter »eine Abstraktion über einer Menge von Systemen, nämlich den (...) Texten eines repräsentativen Korpus eines raumzeitlichen Segments«, d. h. genauer: »die Gesamtmenge der Regularitäten« und die »(geordnete und hierarchisierte) Menge von Propositionen« dieses Korpus versteht (Titzmann 1991, 416, Abschnitt 15.1). Relativ zu den theoretischen Prämissen und dem vorausgesetzten Text(struktur)modell erweisen sich solche ›Literatursysteme‹ von vornherein und trivialerweise als empirisierbar: Sie werden mittels der textanalytischen Methoden empirisch ›beobachtet‹ d. h. konstruiert, die sie überhaupt erst auf methodisch kontrollierte und intersubjektiv überprüfbare Weise als ›Objekte‹ konstituieren. Der Preis hierfür ist allerdings die objekttheoretische Beschränkung auf *Literatur als Symbolsystem.*
Wird zweitens auf der Basis sozialwissenschaftlicher und systemtheoretischer Prämissen *Literatur als Handlungs- bzw. Sozialsystem* modelliert, wie es mit unterschiedlichen Akzenten die ELW und die Münchener Forschergruppe ›Sozialgeschichte der deutschen Literatur 1770-1900‹ vorgeschlagen haben, dann bilden Kommunikationen und Interaktionen zwischen Aktoren in je subsystemspezifischen Handlungsrollen und Institutionen die Elemente des Sozialsystems ›Literatur‹.[16] Der Objektbereich ›Literatur(system)‹ ist damit nicht bloß um sozialgeschichtlich relevante Bereiche erweitert, sondern von vornherein aus seiner Textlastigkeit befreit und auf eine interdisziplinär anschließbare Weise sozialwissenschaftlich definiert worden. Da die ›harten‹ Methoden der *empirischen* Sozialforschung jedoch auf historisch vergangene Zustände von Sozialsystemen nicht anzuwenden sind,

handeln sich solche Ansätze im Falle ihrer Historisierung bzw. Diachronisierung ein verschärftes Empirieproblem ein – vorausgesetzt sie begnügen sich nicht mit einer bloßen Applikation von Ergebnissen der Geschichts- und Sozialwissenschaft auf die Literaturgeschichte.[17]

Ein um Literatur als *Symbolsystem* gekürztes, historisches *Sozialsystem* ›Literatur‹ wird aus diesem Grund nur schwer auf empirisch überprüfbare Weise zu erforschen sein, da es sich literarische Texte als Quellenmaterial vorenthält.[18] Schon aus ›empirischen‹ Gründen ist Titzmann also zuzustimmen, wenn er den Begriff ›Literatursystem‹ zunächst so einführt, »daß dieses System allein schon auf der Basis der literarischen Texte rekonstruierbar ist« (Titzmann 1991, 416). Denn: »›Literaturgeschichte‹ ist (...) nur dann möglich, wenn literarische Texte tradiert sind, und sie soll *schon* dann möglich sein, wenn *nur* literarische Texte tradiert sind, d. h. auch dann, wenn Informationen über für diese Literatur möglicherweise relevante kulturelle Kontexte (also denk- und sozialgeschichtliche Strukturen) nur unvollständig oder gar nicht verfügbar sind.« (Titzmann 1991, 416)

Welchen Grund sollte es vor dem Hintergrund der in Abschnitt 2 diskutierten texttheoretischen Ausgangslage für die ELW noch geben, sich all die Probleme aufzuladen, die eine Zurückweisung der obigen Minimalposition mit sich brächte? Aus der berechtigten Ablehnung der hermeneutischen Werkinterpretation als nicht theorie- und empiriefähig ergibt sich jedenfalls keine Notwendigkeit, auf Textanalyse überhaupt zu verzichten oder nur so restriktiv wie bisher zuzulassen. Literaturgeschichte ist nicht mehr allein Text- oder gar Werkgeschichte, aber ohne textanalytische Methoden wird auch eine zukünftige, diachronische und ›empirische Systemtheorie von Literatur‹ als Sozial- *und* als Symbolsystem nicht auskommen können. Das heißt allerdings nicht, aus der empirischen Not gleich eine objekttheoretische Tugend zu machen und – wie tendenziell Titzmann – die sozialsystemische Dimension von Literatur aus der Modellbildung auszuschließen – oder nur auf der mikrosozialen Ebene und als bloßes Umformulierungsproblem zu behandeln (Titzmann 1991, 431: ›Literatursystem‹ als abgekürzte Redeweise für die Subjekte, die die Regularitäten dieses Systems ›produzieren‹ oder transformieren).

Literarische (oder nicht-literarische) Textkorpora oder Diskurse fungieren im Rahmen eines nicht-reduktionistischen Modells

nicht nur als empirischer Notbehelf, der den Mangel sozialgeschichtlich erhebbarer Daten in anderen Bereichen kompensieren hilft; sie sind mehr als nur *Dokumente für etwas ›anderes‹*, etwa für makro- oder mikrosoziale Prozesse, die in ihrer ›Umwelt‹ anzunehmen sind, aber außer über schriftlich tradierte Quellen schwer zu rekonstruieren sind. Sie *›dokumentieren‹* darüber hinaus und vor allem auch *sich selbst*, d.h. das gespeicherte soziokulturelle Wissen einer Gesellschaft, ihre (literarischen) Selbstbeschreibungen und deren diskursive, narrative usf. Organisationsmuster, ihre Semantiken und Codes sowie deren soziale Funktion und Verteilung.[19] Eine Systemtheorie der Literatur, die sich (auch) als historische und systematisch reformulierte Wissenssoziologie begreift, kann sich also nicht allein aus empirischen Gründen die Ausblendung literarischer Symbolsysteme nicht leisten, sondern verlöre damit auch ein wissenssoziologisch (nicht nur literaturgeschichtlich) hoch relevantes empirisches Datenmaterial.[20]
Neben der ›Empiriesicherung‹ wird eine weitere, theoretische Aufgabe für Texttheorie und Textanalyse innerhalb des skizzierten Rahmens darin bestehen, Kriterien für die Begrenzung der Spezifität, aber auch der Abstraktionshöhe diskursanalytischer und strukturaler Ansätze zu entwickeln, um diese überhaupt erst in die Lage zu versetzen, selektiv anschließbare und wissenssoziologisch fruchtbar zurechenbare Einheiten (Semantiken, Codes, semantische Merkmale, Erzählstrukturen, Diskurse usf.?) bereitzustellen. ›Texte‹ oder einzelne ›Werke‹ bilden dabei keine prädestinierten Zurechnungseinheiten mehr, sondern sind eine Möglichkeit unter mehreren. Auch hier erweist sich ausschließliche ›*Text*zentriertheit‹ als hinderlich, wenn nicht obsolet. Eine wissenssoziologische Rekonstruktion von »agent-text-context-syndromes« (Schmidt 1985, 296) sollte statt dessen das Bezugsfeld mikro- wie makroanalytisch differenziert strukturieren, das sich zwischen ›Text-Aktor‹-Beziehungen und ›Diskurs-Sozialsystem‹-Beziehungen erstreckt.
An Aufgaben für eine theoretisch kontrollierte Konstruktion von wissenschaftlichen ›Kommunikaten‹ über literarischen ›Kommunikatbasen‹ mangelt es nicht – womit zugleich die Funktion wissenschaftlicher Textanalyse innerhalb einer wissenssoziologisch und historisch dimensionierten ELW mit deren eigener Terminologie umrissen wäre (Schmidt 1991a; 1991b, 14). Mit S.J. Schmidts systemtheoretischer Pionierarbeit zum Literatursy-

stem des 18. Jahrhunderts und seiner systematischen Strukturierung und Re-Interpretation der bisherigen literaturgeschichtlichen Forschung (Schmidt 1989) ist überdies ein ›Basislager‹ erreicht, von dem aus die theoriegeleitete ›Empirisierung‹ sozialsystemischen *und* textbezogenen, literaturgeschichtlichen Forschens neu koordiniert werden könnte. Die ELW sollte den Anfang wagen – und sich dabei von den alten Fallstricken von Hermeneutik *und* Hermeneutikabwehr gleichermaßen befreien.

Anmerkungen

1 Inwieweit dies auch für ›Dekonstruktion‹ und ›Poststrukturalismus‹ gilt, kann hier nicht überprüft werden; es scheint indessen einiges für die polemische Diagnose von Schmidt 1984, 311 zu sprechen, der darin »im wesentlichen nur ein neues Credo im Chor der alten Hermeneutik und Dialektik« und »einen Wechsel der Spekulationsväter« bei gleichzeitigem Rekurs auf Heidegger und Gadamer erblickt.

2 Dies stellt freilich eine klischeehafte Verkürzung dar, da es einen für die Literaturwissenschaft leider folgenreichen Ausschnitt aus der Geschichte der Hermeneutik überakzentuiert, in dem diese zusehends lebens- und existenzphilosophisch überformt und überfordert wurde (Dilthey, Heidegger, Gadamer; im Überblick Rusch 1992, 250-254); die Hermeneutik Schleiermachers ist dagegen vereinzelt von semiotischer als auch von sprachpsychologischer Seite als fruchtbarer Anknüpfungspunkt aufgegriffen worden (z. B. von Holenstein 1976 oder Knobloch 1991); eine rationale Rekonstruktion von Diltheys Hermeneutik (so etwa Pasternack 1992) scheint allerdings zumindest die Entkopplung von ihren lebensphilosophischen Prämissen vorauszusetzen.

3 Windelband kontrastiert formal eine ›nomothetische‹ Naturwissenschaft, die generalisierbare Gesetzesaussagen produziert, und eine ›idiographische‹ Geschichtswissenschaft, die individuelle Ereignisse beschreibt, und Rickert unterscheidet analog ›Kultur-‹ von ›Naturwissenschaft‹ (zum Neukantianismus der Jahrhundertwende siehe resümierend Jaeger und Rüsen 1992, 151-156). Diltheys Entgegensetzung von ›Natur-‹ und ›Geisteswissenschaft‹ beruht demgegenüber stärker auf lebensphilosophischen Prämissen (so etwa Dilthey 1910, 89-100). Wie Frühwald u. a. 1991, 25 und 15-44 pointiert hervorheben, sind diese Dualismen inzwischen längst zu einem ›Zwei-Kulturen-Mythos‹ verkommen, der der Marginalisierung so verstandener ›Geisteswissenschaft‹ Vorschub leistet.

4 Stegmüller 1979, 35-36, unterscheidet »(1) das eigensprachliche Inter-

pretationsdilemma; (II) das fremdsprachliche Interpretationsdilemma; (III) das Problem des theoretischen Zirkels; (IV) das Dilemma der Standortgebundenheit des Betrachters; (V) das Bestätigungsdilemma«; und »(VI) ein Dilemma in der Unterscheidung von Hintergrundwissen und Fakten« und zeigt, wie sehr diese Probleme mit der ›Theoriebeladenheit‹/Theorieabhängigkeit der ›Beobachtung‹/Empirie verknüpft sind (also konstruktivistisch reformuliert werden könnten).

5 Hörisch 1988, 16: Hermes schaffe allererst – wie die Hermeneutik – »durch (hermetisches) Handeln den Bedarf (an Hermeneutik) (...), den er dann befriedigt«; auch »im harmlosesten aller denkbaren Fälle: dem tautologischen«, verdoppele der Auslegende »die ausgelegte Wahrheit« und stifte somit allererst »den Bedarf an ›Verstehen‹ (...), den er dann befriedigen zu können vorgibt« (Hörisch 1988, 17f.).

6 Zu prüfen wäre gelegentlich, inwieweit nicht Luhmanns zusehends binär logifizierte und zugleich mikrologisch ›atomisierte‹ Systemtheorie einige der Aporien der Hermeneutik implizit reproduziert: Wenn sie z. B. Rückkoppelungsprozesse als logische Paradoxien ausgibt, deren Entparadoxierung dann der Systemtheorie obliegt, dann mangelt es dieser offenkundig an einer paradoxievermeidenden Differenz von Meta- und Objektebene; vgl. dazu Esposito 1991 und Hempfer 1990; zur Beziehung von Systemtheorie und Hermeneutik Kneer und Nassehi 1991.

7 »Die paradigmatische Aufgabenstellung der Empirischen Literaturwissenschaft ist nicht die der Interpretation (oder ›Analyse‹) von Texten, sondern die der empirischen Untersuchung eines durch bestimmte Konventionen beherrschten Teilsystems menschlicher Gesellschaften, des Literatursystems« (Finke 1982, 6f.).

8 Kategorien, die bekanntlich schon von Barthes 1960 und Foucault 1969 als illusionäre Diskurskonstruktionen überführt worden sind und die eher selbst Gegenstand denn Instrument der Analyse sein sollten.

9 Wie es z. B. Schmidt 1991a, 344-372 (Abschnitt 5.4.5) oder Hauptmeier und Schmidt 1985, 124 vorschlagen.

10 Ob diese latente Involviertheit der ELW in Probleme einer obsoleten Hermeneutik der Grund für die kontinuierliche Aufmerksamkeit ist, die sie ihr auch noch in der *metatheoretischen* Zurückweisung widmet (vgl. Rusch 1987, 1992), wage ich nicht zu entscheiden. Dies mag immerhin verwundern angesichts der gewundenen und schwachen Rückzugspositionen, die die Hermeneutik inzwischen auch da einnimmt, wo sie sich noch explizit als solche reflektiert; vgl. z. B. Jung 1990, der sie im Anschluß an M. Frank wenn schon nicht als Methode, so doch wenigstens als »das gute oder schlechte Gewissen (...) aller anderen Text- und Kulturwissenschaften« retten möchte, als Instanz also, die das »Bewußtsein von der Subjektivität als Methodenproblem ständig

wachhält und einklagt, wodurch sie sich« – welch frommer Wunsch fürwahr! – »am Ende schließlich noch zur Metatheorie qualifizieren mag« (Jung 1990, 173).

11 So z. B. beiläufig bei Schmidt 1991a, 94 ff., 304 ff.; explizit bei Hauptmeier und Schmidt 1985, 117-123 und Schmidt 1990, 322-325; der bisher einzige Anwendungsversuch von Rusch und Schmidt 1983 ist offenkundig nicht weiterverfolgt worden.

12 Schmidt 1989, 84, 438 und Schmidt 1991a, 389, wobei es sich bei der geforderten »operationalisierbaren Text*hermeneutik* für den literaturwissenschaftlichen Bedarf« (Schmidt 1989, 438; Hervorhebung von CMO) wohl um eine Metapher für ›Textanalyse‹ handeln dürfte.

13 Schmidt 1984 gerät zumindest in die Nähe einer solchen Konfusion, wenn er gegen die Konzeption subjektloser bzw. den Zeichenbenutzern unbewußter ›semiotischer Systeme‹ und ›Strukturen‹ das »›Nadelöhr‹ aktantengebundener Kognition oder Mentation« (Schmidt 1984, 320) anführt: Semiotische Systeme und Strukturen sind Produkte der Kognition und Mentation, aber eben derjenigen von *wissenschaftlichen* Aktanten; vgl. dazu auch Titzmann 1991, 15.2.1, 422-423.

14 Analysen, die denselben wissenschaftstheoretischen Normen verpflichtet sind, also auch empirisch am Text zu ›überprüfen‹ sind, können einander bezüglich einer bestimmten Textstelle nicht widersprechen, sondern entweder erweist sich eine von beiden als falsifizierbar oder beide sind in eine komplexe Strukturbeschreibung integrierbar, wie schon Titzmann 1977a, 24-25 und Titzmann 1977b, 42-43 gezeigt hat.

15 Ähnlich auch Titzmann 1991, 415: »Literaturgeschichte (als) Systemgeschichte«.

16 Zu seinen einzelnen Handlungsebenen und zu den je historisch variablen, systeminternen Unterscheidungkriterien von ›Literatur‹ und ›Nicht-Literatur‹ vgl. jüngst Barsch 1992.

17 Das von T. Parsons ausgehende ›Münchener Modell‹ ist vor allem synchronisch, kaum aber diachronisch ausgearbeitet worden, obwohl es im Gegensatz zur ELW Literatur als Symbolsystem (L-Funktionsbereich bei Parsons) von Anfang an und systematisch vorsah; vgl. Meyer und Ort 1988, zur Diskussion zuletzt Walther 1991. Die erste systemtheoretische Konzeption der Wandelsprozesse im 18. Jahrhundert, die zur Ausdifferenzierung eines autonomen, selbstorganisierenden Sozialsystems ›Literatur‹ geführt haben, hat dagegen Schmidt 1989 vorgelegt.

18 Auf nicht-literarische schriftliche Quellen wird seine Rekonstruktion allerdings nicht auch noch verzichten wollen: Zu deren Auswertung sind jedoch explizierte und kontrollierte Verfahren der Textanalyse nötig, womit sich die Ausblendung literarischer Texte endgültig ad

absurdum führt. – Zu den Problemen eines zu engen Empiriebegriffs der ELW vgl. Ort 1989 im Anschluß an Rusch 1987.

19 Weshalb manche Arbeiten zur ›Kollektivsymbolik‹ aus der Gruppe um J. Link in eine derart erweiterte ›empirische Systemtheorie‹ der Literatur integrierbar scheinen, so z. B. Wülfing, Bruns und Parr 1991.

20 Womit endgültig die Desiderate des soziologisch-systemtheoretischen Umgangs mit kulturellen ›Semantiken‹ und ›Codes‹ virulent werden; vgl. dazu aus literaturwissenschaftlicher Sicht Ort 1992.

Literatur

Barsch, Achim (1992), »Handlungsebenen des Literatursystems«, in: *SPIEL* 11, H. 1, 1-23.

Barthes, Roland (1960), »Literatur oder Geschichte«, in: ders., *Literatur oder Geschichte,* Frankfurt/M.: Suhrkamp 1969, 11-35 (es 303).

Dilthey, Wilhelm (1910), »Der Aufbau der geschichtlichen Welt in den Geisteswissenschaften«, in: ders., *Der Aufbau der geschichtlichen Welt in den Geisteswissenschaften.* Mit einer Einleitung von Manfred Riedel, Frankfurt/M.: Suhrkamp 1981, 87-232 (stw 354).

Esposito, Elena (1991), »Paradoxien als Unterscheidungen von Unterscheidungen«, in: Hans Ulrich Gumbrecht und K. Ludwig Pfeiffer (Hg.), *Paradoxien, Dissonanzen, Zusammenbrüche. Situationen offener Epistemologie,* Frankfurt/M.: Suhrkamp, 35-57 (stw 925).

Finke, Peter (1982), *Konstruktiver Funktionalismus. Die wissenschaftstheoretische Basis einer empirischen Theorie der Literatur,* Braunschweig/Wiesbaden: Vieweg.

Foucault, Michel (1969), »Was ist ein Autor?«, in: ders., *Schriften zur Literatur.* Frankfurt/M.: Ullstein 1979, 7-31 (Ullstein Materialien 35011).

Fricke, Harald (1991), *Literatur und Literaturwissenschaft. Beiträge zu Grundfragen einer verunsicherten Disziplin,* Paderborn: Schöningh.

Frühwald, Wolfgang, Hans Robert Jauß, Reinhart Koselleck, Jürgen Mittelstraß und Burkhart Steinwachs (1991), *Geisteswissenschaften heute. Eine Denkschrift,* Frankfurt/M.: Suhrkamp (stw 973).

Hauptmeier, Helmut und Siegfried J. Schmidt (1985), *Einführung in die Empirische Literaturwissenschaft,* Braunschweig/Wiesbaden: Vieweg.

Hempfer, Klaus (1990), »Schwierigkeiten mit einer ›Supertheorie‹: Bemerkungen zur Systemtheorie Luhmanns und deren Übertragbarkeit auf die Literaturwissenschaft«, in: Friederike Meyer und Claus-Michael Ort (Hg.), *Literatursysteme – Literatur als System,* Frankfurt/M. u. a.: Lang, 15-36 (= *SPIEL* 9, 1990, H. 1).

Holenstein, Elmar (1976), »Die Struktur des Verstehens. Strukturalismus versus Hermeneutik«, in: *Linguistik, Semiotik, Hermeneutik. Plä-*

doyers für eine strukturale Phänomenologie, Frankfurt/M.: Suhrkamp, 176-197.
Hörisch, Jochen (1988), *Die Wut des Verstehens. Zur Kritik der Hermeneutik,* Frankfurt/M.: Suhrkamp (es 1485).
Jaeger, Friedrich und Jörn Rüsen (1992), *Geschichte des Historismus. Eine Einführung,* München: Beck.
Jung, Werner (1990), »Neuere Hermeneutikkonzepte. Methodische Verfahren oder geniale Anschauung?«, in: Klaus-Michael Bogdal (Hg.), *Neue Literaturtheorien. Eine Einführung,* Opladen: Westdeutscher Verlag, 154-175.
Kneer, Georg und Armin Nassehi (1991), »Verstehen des Verstehens. Eine systemtheoretische Revision der Hermeneutik«, in: *Zeitschrift für Soziologie* 20, H. 5, 341-356.
Knobloch, Clemens (1991), »Sprach- und Textverstehen: Über die Aktualität Schleiermachers«, in: *SPIEL* 10, H. 1, 213-231.
Maturana, Humberto R. (1982), *Erkennen: Die Organisation und Verkörperung von Wirklichkeit,* Braunschweig/Wiesbaden: Vieweg.
Meyer, Friederike und Claus-Michael Ort (1988), »Konzept eines struktural-funktionalen Theoriemodells für eine Sozialgeschichte der Literatur«, in: Renate von Heydebrand, Dieter Pfau und Jörg Schönert (Hg.), *Zur theoretischen Grundlegung einer Sozialgeschichte der Literatur. Ein struktural-funktionaler Entwurf,* Tübingen: Niemeyer, 85-171.
Ort, Claus-Michael (1989), »Empirical Literary History? Theoretical Comments on the Concept of Historical Change in Empirical Literary Science«, in: Siegfried J. Schmidt (Hg.), *Aspects of the Empirical Study of Art and Media,* Amsterdam: North-Holland (Elsevier), 73-84 (= *Poetics* 18/1989, H. 1-2).
– (1992), »Vom ›Text‹ zum ›Wissen‹: Die literarische Konstruktion soziokulturellen Wissens als Gegenstand einer nicht-reduktiven Sozialgeschichte der Literatur«, in: Lutz Danneberg und Friedrich Vollhardt in Zusammenarbeit mit Hartmut Böhme und Jörg Schönert (Hg.), *Vom Umgang mit Literatur und Literaturgeschichte. Positionen und Perspektiven nach der ›Theoriedebatte‹,* Stuttgart: Metzler, 409-441.
Pasternack, Gerhard (1992), »Zur Rationalität der Interpretation«, in: Lutz Danneberg und Friedrich Vollhardt in Zusammenarbeit mit Hartmut Böhme und Jörg Schönert (Hg.), *Vom Umgang mit Literatur und Literaturgeschichte. Positionen und Perspektiven nach der ›Theoriedebatte‹,* Stuttgart: Metzler, 149-168.
Rusch, Gebhard und Siegfried J. Schmidt (1983), *Das Voraussetzungssystem Georg Trakls,* Braunschweig/Wiesbaden: Vieweg.
Rusch, Gebhard (1987a), »Autopoiesis, Literatur, Wissenschaft. Was die Kognitionstheorie für die Literaturwissenschaft besagt«, in: Siegfried J. Schmidt (Hg.), *Der Diskurs des Radikalen Konstruktivismus,* Frankfurt/M.: Suhrkamp, 374–400 (stw 636).

– (1987b), *Erkenntnis, Wissenschaft, Geschichte. Von einem konstruktivistischen Standpunkt*, Frankfurt/M.: Suhrkamp.
– (1992), »Auffassen, Begreifen und Verstehen. Neue Überlegungen zu einer konstruktivistischen Theorie des Verstehens«, in: Siegfried J. Schmidt (Hg.), *Kognition und Gesellschaft. Der Diskurs des Radikalen Konstruktivismus 2*, Frankfurt/M.: Suhrkamp, 214-256 (stw 950).
Schmidt, Siegfried J. (1980), *Grundriß der Empirischen Literaturwissenschaft*, Bd. 1: *Der gesellschaftliche Handlungsbereich Literatur*, Braunschweig/Wiesbaden: Vieweg.
– (1982), *Grundriß der Empirischen Literaturwissenschaft*, Bd. 2: *Zur Rekonstruktion literaturwissenschaftlicher Fragestellungen in einer Empirischen Theorie der Literatur*, Braunschweig/Wiesbaden: Vieweg.
– (1984), »Empirische Literaturwissenschaft in der Kritik«, in: *SPIEL* 3/1984, H. 2, 291-332.
– (1985), »On writing Histories of Literature. Some Remarks from a Constructivist Point of View«, in: ders. (Hg.), *On writing Histories of Literature*, Amsterdam: North-Holland (Elsevier), 279-301 (= *Poetics* 14/1985, H. 3-4).
– (1989), *Die Selbstorganisation des Sozialsystems Literatur im 18. Jahrhundert*, Frankfurt/M.: Suhrkamp.
– (1990), »Der beobachtete Beobachter. Zu Text, Kommunikation und Verstehen«, in: Volker Riegas und Christian Vetter (Hg.), *Zur Biologie der Kognition. Ein Gespräch mit Humberto R. Maturana und Beiträge zur Diskussion seines Werkes*, Frankfurt/M.: Suhrkamp, 308-328 (stw 850).
– (1991a), *Grundriß der Empirischen Literaturwissenschaft*. Mit einem Nachwort zur Taschenbuchausgabe, Frankfurt/M.: Suhrkamp (stw 915).
– (1991b), *Sozialsystem – Symbolsystem: Literatur?* (Positionspapier für die Tagung ›Sozialsystem – Symbolsystem: Literatur‹ in Siegen–Freudenberg 26.-29. 6. 1991), masch. Ms.
– (1992), »Medien, Kultur: Medienkultur. Ein konstruktivistisches Gesprächsangebot«, in: ders. (Hg.), *Kognition und Gesellschaft. Der Diskurs des Radikalen Konstruktivismus* 2, Frankfurt/M.: Suhrkamp, 425-450 (stw 950).
Stegmüller, Wolfgang (1975), »Structures and Dynamics of Theories. Some Reflections on J. D. Sneed and T. S. Kuhn«, in: *Erkenntnis* IX, 75-100.
– (1979), »Walther von der Vogelweides Lied von der Traumliebe und Quasar 3 C 273. Betrachtungen zum sogenannten Zirkel des Verstehens und zur sogenannten Theoriebeladenheit der Beobachtungen«, in: ders., *Rationale Rekonstruktion von Wissenschaft und ihrem Wandel*, Stuttgart: Reclam, 27-86 (RUB 9938).
Titzmann, Michael (1977a), *Strukturale Textanalyse. Theorie und Praxis der Interpretation*, München: Fink (UTB 582).

– (1977b), »Aspekte der strukturalen Textanalyse«, in: Wolfgang Klein (Hg.), *Methoden der Textanalyse*, Heidelberg: Quelle und Meyer, 32-44.
– (1991), »Skizze einer integrativen Literaturgeschichte und ihres Ortes in einer Systematik der Literaturwissenschaft«, in: ders. (Hg.), *Modelle des literarischen Strukturwandels*, Tübingen: Niemeyer, 395-438.
Walther, Gerrit (1991), »Das Buch als Tat. Talcott Parsons als Gründervater einer umfassenden Theorie zur ›Sozialgeschichte der deutschen Literatur 1770-1900‹«, in: *Archiv für Sozialgeschichte* 31, 444-456.
Wülfing, Wulf, Karin Bruns und Rolf Parr (1991), *Historische Mythologie der Deutschen 1798-1918*, München: Fink.

Motoki Natori

Das Sozialsystem Literatur und die Handlungsrolle »Verarbeitung«

Skizze des Problems und einige theoretische Überlegungen[1]

I

In der Empirischen Theorie der Literatur (ETL) wird die Struktur des Literatursystems auf abstraktem Niveau theoretisch als eine zeitliche und kausale Beziehung der literarischen Handlungsrollen verstanden und die Bestimmung der »Relation zwischen diesen Rollen sowie zwischen den im Rahmen dieser Rollen historisch manifestierten Handlungen« als eine Aufgabe von »empirischen Detailuntersuchungen« betrachtet.[2] Für »internationale Studien zu Literatursystemen« z. B. stellen gerade diese historisch und sozial kontingenten Aspekte einen relevanten Forschungsgegenstand dar. Soziale Rollen und soziale Handlungen sind gesellschaftliche Produkte: Sie werden in den verschiedenen Gesellschaften durch Erwartungserwartungen ihrer Mitglieder sozial gestaltet und stabilisiert; die gesellschaftliche Dynamik organisiert sich dadurch, daß Individuen solche sozialen Handlungsrollen übernehmen und sich ihre Handlungen wechselseitig bedingen und beeinflussen. Die Bedeutung solcher Forschungen besteht daher nicht nur in der Ermittlung von »Details« der historisch und sozial kontingenten Systemstruktur, sondern indem sie Wirkungszusammenhänge thematisieren, ermöglichen sie überhaupt erst die Erklärung der sozialen »Mechanik« (P. Hejl)[3] des Literatursystems. Aber in dem Moment, wo man die tatsächliche soziale Dynamik des Literatursystems zu erfassen versucht, stellen sich Probleme ein, die aus dem bisherigen System-Konzept der ETL resultieren, das, ohne genauer auf diesen sozialen Aspekt einzugehen, aus einem allgemein kommunikationstheoretischen Blickpunkt als ein System der literarischen Kommunikationen modelliert ist. Dieser Theorieentwurf ist als Grundlegung der Empirischen Literaturwissenschaft zwar sinnvoll, aber er führt dennoch zu dem Problem, daß die ETL keinen zufriedenstellenden soziologischen Theorieapparat anbieten kann, um die sozialen – vor allem organisatorischen – Aspekte des Literatursystems ausreichend zu erfassen, so daß von seinem kommunikationstheoretisch konzipierten Theoriedesign her das Systemkonzept der ETL bei der Erforschung der tatsächlichen Mechanik des Sozialsystems an seine Grenzen stößt. Zu Recht ist daher bereits eine makrosoziologische Ausarbeitung der ETL versucht worden[4], und es gab auch kritische Ansätze, die auf eine grundsätzliche Theorieerweiterung des Systemmodells der ETL zielten.[5] Aber meines Erachtens bleibt das Problem immer noch bestehen. Und zwar zeigt es sich vor allem in denjenigen Theoriebereichen, die einfach als jeweils einheitlicher Handlungstyp modelliert wurden, obgleich sie an sich schon komplex strukturierte Prozesse aufweisen und damit wesentlich zur sozialen Dimension des Literatursystems beitragen, nämlich Literatur-Vermittlung und Literatur-Verarbeitung. Im folgenden soll die Problematik der Handlungsrolle Literatur-Verarbeitung diskutiert werden.

II

Das grundsätzliche Problem des Systemkonzepts der ETL ist, daß sowohl das Literatursystem als auch die Klassifikation der systeminternen Kommunikationshandlungen aus einer kommunikationstheoretischen Perspektive erklärt wird: In der ETL wird das Literatursystem als ein System von Kommunikationshandlungen verstanden, die sich dadurch auszeichnen, daß der Text in einem literaturspezifischen Kommunikationsmodus, d. h. unter Berücksichtigung der Ästhetik-Konvention (ÄLKO) und der Polyvalenz-Konvention (PLKO)[6], literarisch wahrgenommen wird. Damit können systemzugehörige literarische Kommunikationen von anderen Kommunikationen unterschieden werden. Die literarischen Handlungsrollen sind in diesem Rahmen durch die Art der Beziehung zum Text modelliert: Produktion, Vermittlung, Rezeption und Verarbeitung literarischer Texte. Obwohl die beiden Konventionen ohne Zweifel für die Identitätserhaltung des Literatursystems von zentraler Bedeutung sind und obwohl die ETL mit diesem Vier-Handlungsrollen-Modell den Gegenstandsbereich theoretisch umfassend abdecken kann, liegt bei dieser

Modellierung eine deutliche Vereinfachung der Mechanik des Literatursystems vor. Genau darin besteht nun das Problem bei der Vermittlung und Verarbeitung: Beide Handlungsrollen sind unabhängig von der Logik der internen Differenzierung des Literatursystems nur in bezug auf den literarischen Text modelliert.

Während im Bereich Vermittlung nicht nur ein Handlungstyp, sondern ein an sich schon ausdifferenzierter komplexer Prozeß aus verschiedenen kommunikativen und nicht-kommunikativen Handlungen zu analysieren ist[7], zeigt sich beim Handlungsmodell Verarbeitung das Problem in der folgenden Form:

– Per Definition werden verschiedene Handlungen, die in einer »Verarbeitungsrelation zu dem Kommunikat« stehen[8], in den Handlungstyp Verarbeitung klassifiziert. Sie gehören aber, im Gegensatz zur Vermittlung, nicht immer zum gleichen Prozeßbereich. In bezug darauf kann man mindestens zwei völlig verschiedene Gruppen von Handlungen unterscheiden: (1) die Gruppe der Handlungen, die zwischen zwei verschiedenen Medien oder Literatursystemen vermitteln, wobei das Verarbeitungs-Resultat unter den beiden Konventionen literarisch rezipiert wird (Verfilmung, »novelisation«, Übersetzung usw.); und (2) die Gruppe der Handlungen, die sich meta-kommunikativ auf die literarische Kommunikation beziehen und deren Resultat nicht-literarisch rezipiert wird (Literaturkritik, Gespräch über Literatur usw.). Das heißt: Der Begriff »Verarbeitung« bezeichnet zwar einen Typus literarischer Aktivitäten, enthält aber keine Definition der Klasse *sozialer Handlungen*, die darunter zusammengefaßt werden.

– Das Verarbeitungskonzept ist zwar als solch umfassender Begriff theoretisch brauchbar, aber so verstanden kommt es mit den darunter versammelten Handlungen, vor allem der zweiten Gruppe, zu einer Art Diskrepanz. Für die Literaturkritik z. B. ist eine Kernerweiterung der Theorie der Literarischen Verarbeitung bereits als nötig erachtet worden.[9] Von der erwarteten Funktion her fällt die Literaturkritik nicht mehr unter die Kategorie Verarbeitung im engen Sinne. Erwartet werden hier u. a.: Bereitstellen eines informativen Überblicks über die literarischen Neuerscheinungen und deren Autoren, Herstellen einer kritischen Öffentlichkeit für literarische Autoren, Bücher, Meinungen usw., aktives Eingreifen ins »literarische Leben«, ideologiekritische Analyse des »Literaturbetriebs«.[10] Die Literaturkritik erfüllt deswegen nicht zwangsläufig die »Verarbeitungsrelation«. Als soziale Rolle ist die Literaturkritik, im internationalen Vergleich, entsprechend der Entwicklung und Organisationsart des jeweiligen Literatur- und Mediensystems in unterschiedlichem Maße und verschiedenen Formen professionalisiert und institutionalisiert, so daß ihr Rollenprofil vom Literaturkenner über den Polemiker bis zum Textrichter variiert.[11] P. U. Hohendahl meint: »Die im deutschen Sprachbereich eingebürgerte Beschränkung des Begriffs Literaturkritik für die Beurteilung aktueller Literatur in Massenmedien (Zeitung, Zeitschriften, Rundfunk) wird der Sache kaum gerecht, da sie nur einen Teilbereich der Literaturkritik umfaßt«, und er empfiehlt, die Literaturkritik als eine »öffentliche Kommunikation über Literatur« aufzufassen.[12]

– Diese Diskrepanz erscheint nun aber in extremer Form bei denjenigen meta-kommunikativen Handlungen, die keine Verarbeitung mehr voraussetzen, aber von literarischen Aktanten durchgeführt, über Medien vermittelt und von Literatur-Lesern rezipiert werden, z. B. ästhetisches Manifest und Debatte. Weiterhin stellen Autoren-Interviews, Zwiegespräche und Diskussionen von Autoren sowie Kritikern einen problematischen Fall dar.

– Im Gegensatz zur ersten Gruppe der Verarbeitung schließt die zweite nicht direkt an den primären Literaturprozeß an, der aus dem unmittelbaren Umgang mit als literarisch anerkannten Texten (in Form von Literatur-Produktion, Literatur-Vermittlung und Literatur-Rezeption) besteht: Vielmehr bildet sie im Literatur-System eine sekundäre Sphäre der Meta-Kommunikation, die die produktive und rezeptive Teilnahme ermöglicht und die durch Vermittlungsinstanzen in der jeweiligen öffentlichen Form (Feuilleton, Literatur-Rubrik in Zeitschriften, Literaturprogramm in Fernsehen und Rundfunk) institutionalisiert werden kann (Stichwort: »literarische Öffentlichkeit«), so daß sie nicht nur als eine Handlung, sondern selbst schon als komplexer sozialer Prozeß untersucht werden muß.[13]

III

Sowohl in bezug auf die Theorie als auch auf empirische Untersuchungen gibt es bisher keinen umfassenden ›Versuch über die allgemeine Literatur-Verarbeitung‹, was im Hinblick auf die Vielfalt der darunter gebündelten sozialen Handlungen verständlich ist. Mit dem Thema Literaturkritik hat man sich allerdings schon intensiver, auch aus empirisch-literaturwissenschaftlicher Perspektive, beschäftigt.[14] Dabei ist die Rolle, die dem Prozeßbereich Literaturkritik im Literatur-System zukommt, auch theoretisch reflektiert worden. Nach R. Viehoff besteht die Funktion der Literaturkritik vor allem darin, »das öffentliche Gespräch über Literatur zu orientieren« und somit kommunikativ Bedingungen literarischen Handelns zu regulieren.[15] Konkret analysiert er anhand der Ergebnisse bisheriger empirischer Forschung diese regulierende Wirkung des meta-kommunikativen Prozesses und nennt folgende Faktoren: (1) Herstellen eines Konsensus über die Literaturauffassung, (2) Erkennbarmachen der Literatur für die Gesellschaft, was einerseits zur literarischen Traditionsbildung führt und andererseits die Literatur zum allgemeinen Gesprächsstoff macht, (3) Einfluß auf das zeitgenössische Verständnis von literarisch sinnvollen Rezeptionsweisen der jeweiligen Texte, (4) Ausmessung der zeitgenössisch plausiblen Bedeutungszuweisung am Text und (5) Kanonisierung des literarischen Textes sowie Herstellen von Zusammenhängen zwischen aktuellen Texten und geschichtlichen Mustern von Motiven, Themen und Genres usw.[16]

Die Literaturkritik spielt daher für die Gestaltung des literarischen Lebens eine wichtige Rolle: Sie produziert, konserviert und aktualisiert handlungsrelevantes ›Wissen über Literatur‹ unterschiedlicher (informativer, ästhetischer, evaluierender) Art. Kommunikationstheoretisch betrachtet, stellt die Kommunikationssphäre Literaturkritik eine öffentliche Meta-Kommunikationssphäre über Literatur dar, die den daran rezeptiv teilnehmenden und sonst vorwiegend mit ihren beschränkten persönlichen Literatur-Erfahrungen befaßten Individuen (Leser, Autoren, Redakteure, Kritiker usw.) eine soziale Erfahrung mit »Literatur« ermöglicht und für ihr weiteres Handeln dieses kommunikativ erzeugte Literatur-Bild zur Verfügung stellt. Kurz: Die Literaturkritik ist für das soziale Bild der »Literatur« zuständig.

Das gilt aber nicht nur für die Literaturkritik in den Medien, sondern prinzipiell auch für den nicht-öffentlichen Metakommunikationsbereich: berufliche und private Diskussionen von professionellen Aktanten[17] oder Gespräche der Leser in deren Privatsphäre. Solche Kommunikationen sind ebenfalls als Orientierungsfaktor für literarisches Handeln von nicht zu unterschät-

zender Bedeutung[18] und führen gelegentlich auch zur Herausbildung gruppenspezifischer Literatur-Auffassungen.[19]
Ob es sich dabei um »Text«- oder »Autor«-Bilder handelt, ob eine ästhetische Debatte oder eine analytische Darstellung der Literatur-Szene vorliegt, ob es als von den Medien vermittelte oder private Diskussion stattfindet, solange solche Meta-Kommunikationen von Aktanten im Literatursystem durchgeführt werden und ihnen ein soziales Bild von Literatur vermitteln, kann man sie als der gleichen Handlungsklasse des Literatursystems zugehörig betrachten. Und nur dann, wenn man danach fragt, wie und wieweit solche Kommunikationssphären in den Medien, in offiziellen und nicht-offiziellen Bereichen institutionalisiert und standardisiert sind sowie mit welcher Häufigkeit sie auftreten, kann man die Dynamik dieses Prozeßbereiches in den unterschiedlichen Literatursystemen angemessen beschreiben. Aus diesem Grunde scheint es mir sinnvoller zu sein, solche Kommunikationen unabhängig davon, ob tatsächlich eine »Verarbeitungsrelation« beobachtbar ist, der gleichen Klasse sozialer Handlungen zuzuordnen, als klassifikatorisch danach zu unterscheiden, ob damit eine gemäß ETL-Prämissen als literarisch definierte Handlung vorliegt oder nicht. »Text« und »Kommunikat« stellen zwar bei solchen Meta-Kommunikationen den zentralen Thematisierungsgegenstand dar, aber der Anschlußpunkt solcher Kommunikationen an das Literatur-System ist eben nicht direkt der »Text« und ist auch nicht auf das »Kommunikat« beschränkt. D. h.: Die daran beteiligten Individuen werden über das kommunikativ erzeugte Literatur-Bild an den primären literarischen Handlungsbereich gebunden. Der Sachverhalt, daß diese Anschlußmöglichkeit von Aktanten für literarisch relevant gehalten und bewußt in dieser Weise genutzt wird, scheint mir für die Frage der Systemzugehörigkeit der wichtigere zu sein.[20]

IV

Die Dynamik des Literatursystems ist nicht auf das Prozessieren von literarischen Texten beschränkt. Auch der Prozeß und die Organisation meta-kommunikativer Informationen stellen einen unentbehrlichen Bestandteil der Dynamik des Literatursystems dar. Das Literatursystem, wie wir es beobachten, ist, im Vergleich mit anderen sozialen Systemen, durch eine sehr diffuse Konstitution – im Sinne von zugleich massenhafter und zerstreuter Verbreitung – charakterisiert: Seine Struktur (die Institutionalisierung und Professionalisierung der sozialen Rollen und die damit zusammenhängende Stabilisierung der Interaktionsbeziehungen der Systemmitglieder) hat sich, sozialgeschichtlich gesehen, im Prozeß der Modernisierung »praktisch über eine Ausnutzung von Handlungsmöglichkeiten, die die soziale Differenzierung in den anderen gesellschaftlichen Bereichen, in Wirtschaft, Staat und Gesellschaft, Recht, Erziehung und Kultur eröffnet«[21], herausgebildet. Mit der Evolution der Medien einhergehend hat es sich zu einem breit angelegten Massenmedienphänomen entwickelt, derart, daß prinzipiell jedes Gesellschaftsmitglied freiwillig daran teilnehmen kann. Da dessen Kommunikationsmodus (›Literarizität‹) in diesem Entstehungsprozeß nur abstrakt faßbar und als sozial und historisch kontingenter emergiert ist[22], gehört der »Pluralismus« von Meinungen und Möglichkeiten zu den »konstitutiven Merkmalen« des Literatursystems.[23] Für die Erhaltung dieses Systems sind daher neben der Befolgung der beiden Konventionen (ÄLKO und PLKO) gewisse materielle und informationelle Voraussetzungen von enormer Relevanz: Einerseits muß der Vermittlungsprozeß so organisiert sein, daß das materielle Problem der individuellen Versorgung mit literarischen Texten gelöst wird. Andererseits muß auch auf informativer Ebene zwischen Individuen und dem Sozialsystem Literatur vermittelt werden.[24] In diesem massenkommunikativ umfangreich und zugleich pluralistisch entfalteten Literatursystem sollen sowohl die Teilnehmer an aktuelle Entwicklungen des Literatursystems (Neuerscheinungen, neue Autoren und Tendenzen) gekoppelt als auch stets erneut Traditionen hergestellt bzw. vermittelt werden, und zwar geschieht dies nicht nur rein informativ, sondern zugleich auch selektiv, das heißt, es muß in der jeweiligen gesellschaftlichen Handlungssituation durch den Modus von Legitimation und Evaluation geleistet werden. Mit anderen Worten: Individuen brauchen für ihren Umgang mit literarischen Phänomenen eine – ständig veränderten Gegebenheiten angepaßte – soziale »Landkarte« der Literatur.

Nicht nur in makrosoziologischen Zusammenhängen, sondern schon mikrosoziologisch betrachtet ist die Notwendigkeit der Meta-Kommunikation zu beobachten. Prinzipiell fungiert sie als eminent wichtiger Bestandteil bei allen Kommunikationshandlungen. Denn wie S. J. Schmidt und G. Rusch in mehreren Aufsätzen unter Bezug auf das Problem des Verstehens diskutiert haben[25], geht unsere Kommunikation aus kognitiven Aktivitäten hervor und ist damit von unseren kognitiven Bedingungen abhängig. Deshalb kann das Kriterium ihres Gelingens nicht als objektiver Maßstab existieren, sondern nur in Form sozialer Kontrolle. Insofern stellt die meta-kommunikative Kontrolle (Beurteilung des Gelingens von Kommunikation, Herstellen von Konsens darüber usw.) eine allgemeine Angelegenheit dar, die immer das kommunikative Phänomen begleitet. Die meta-kommunikative ›Vermittlung‹ im Literatursystem impliziert auch diesen Aspekt. Denn ein solches Kriterium ist zwar bei der Literatur von ihren subjektiv-sinnproduktiven sowie pluralistischen Kommunikations- und Systemeigenschaften her schwierig, aber gerade weil es schwierig ist, macht dies im Literatursystem eine meta-kommunikative Thematisierung literarischer Kommunikationen notwendig – und dies sogar in Form einer permanent neben dem primären Literaturprozeß ablaufenden Parallel-Kommunikation. Das heißt: Als konstitutiven Bestandteil braucht das Literatur-System eine auf Urteils- und Konsensbildung spezialisierte meta-kommunikative Diskussionssphäre. Die Literaturkritik gehört in diesem Sinne zu den notwendigen Mechanismen des Literatursystems. Für die Modellierung der Mechanik einer solchen Metakommunikation im Literatursystem ist aber der Begriff »Verarbeitung« nicht ausreichend.

V

Die Ausarbeitung des Konzepts der »Verarbeitung« ist also in zweierlei Hinsicht erforderlich. Einerseits muß das, was unter »Verarbeitung« zu verstehen ist, bei der genaueren Erforschung von Literatur-Systemen unter prozeßbezogenen Fragestellungen deutlicher ausdifferenziert untersucht werden; Stichworte wären etwa: Medienverbund (Verfilmung, »novelisation« usw.), internationale Systembeziehungen (Übersetzungen), literarische Öffentlichkeit (Literaturkritik) usw.

Andererseits ist bei dem meta-kommunikativ verlaufenden Handlungstyp eine inhaltliche Theorieerweiterung notwendig, um die

Dynamik, die dieser Handlungstyp in das Literatursystem einbringt, besser erfassen zu können. Zu berücksichtigen sind dabei nicht nur (1) die Organisation dieses sekundären Prozesses, sondern auch (2) seine Wirkungsmechanik. Solange er kommunikativ wirkt, erfolgt seine Wirkung über das sozial durch die Kommunikation erzeugte Bild der Literatur: Aktanten im Literatursystem gestalten damit ihr eigenes soziales Bewußtsein *über* Literatur (etwa in Form von Kenntnissen, Wertorientierungen, Überzeugungen usw.), das als solches auf ihre Teilnahme am primären literarischen Handlungsprozeß durchaus weitreichenden Einfluß haben kann.
Daß Individuen nicht nur primär-literarisch handeln, sondern zusätzlich noch andere Züge ins Spiel bringen können, d. h. durch ihre Teilnahme an sekundären Prozessen (in rezeptiver, produktiver, sowie professionell-literaturkritischer Art) kommunikativ das eigene und auch das Literatur-Bewußtsein von anderen (mit)-gestalten können, geht als wirkmächtige Dimension sozialer Dynamik in das Literatursystem ein. »Ästhetik« ebenso wie literarische Werturteile sind in diesem Sinne durchweg sozialer Natur. »Verarbeitungen« dieser Art sind deswegen – pointiert gesagt – als soziale Handlungen keine reine Beschäftigung mit dem literarischen Text, sondern vielmehr eine Beschäftigung mit dem sozialen Bewußtsein von Literatur.

Anmerkungen

1 Dieser Aufsatz ist eine Ausarbeitung meines Sitzungspapiers im LUMIS-Institut. Für das kritische Durchlesen der ersten Fassung dieses Aufsatzes danke ich Lutz Kramaschki, Gebhard Rusch und Reinhold Viehoff. Ganz besonderen Dank schulde ich Elisabeth Heuel, die mit großer Ausdauer an der deutschen Version dieses Aufsatzes mitgearbeitet hat.

2 Schmidt 1980, 175 sowie Schmidt 1991, 215.

3 Hejl 1992.

4 Schmidt 1989.

5 Barsch 1989, 1991, 1992; Rusch 1991.

6 »Die Ästhetik-Konvention besagt: Wer im Literatur-System bzw. in bezug auf literarische Texte handelt, der soll sprachliche Handlungen mit Behauptungsanspruch in literarischen Texten nicht in erster Linie

danach beurteilen, ob sie in seinem Wirklichkeitsmodell wahr oder falsch sind, sondern literarische Texte und ihre Bestandteile solchen Bedeutungsregeln und Bedeutungskategorien unterziehen, die in seinem Verständnis als poetisch wichtig gelten... Die Polyvalenz-Konvention besagt: Aktanten im Literatur-System haben die Freiheit, als literarisch eingeschätzte Texte so zu behandeln, wie es für ihre Bedürfnisse, Fähigkeiten, Intentionen und Motivationen optimal ist. Sie erwarten, daß sie demselben Text unter wechselnden Bedingungen unterschiedliche, für sie relevante Lesarten und Bewertungen zuordnen können und räumen dies auch anderen Aktanten im Literatur-System ein« (Hauptmeier und Schmidt 1985, 18 f.).

7 Vgl. Rusch 1991.

8 Den wichtigsten theoretischen Gewinn des Verarbeitungs-Konzeptes der ETL sehe ich darin, daß die ETL damit deutlich zwischen Rezeption und Verarbeitung als verschiedenen Handlungen unterschieden hat. Danach bilden, im Gegensatz zur Rezeption, die Ausgangsdaten des Verarbeitungsprozesses nicht direkt der Text, sondern das »Kommunikat«, ein kognitives Konstrukt, das der Rezipient im Rezeptionsprozeß kognitiv erzeugt hat und dem Text zuschreibt. Aber die Überlegungen zur Verarbeitung bleiben in der ETL auf einer eher linguistischen als soziologischen Ebene, und damit ist »Verarbeitung« als ein Konzept für den Prozeß von Operationen modelliert, die nach der Rezeption folgen und von Kommunikat-Daten ausgehend einen neuen Text als Handlungsresultat produzieren. Folglich spielt bei dem Verarbeitungs-Konzept ein Begriff wie »Verarbeitungsrelation« eine zentrale Rolle: »Solche als Text vorliegenden Resultate müssen die Bedingungen erfüllen, in einer ›S-Verarbeitungsrelation‹ zu dem Kommunikat zu stehen. ... Der Ausdruck *in Verarbeitungsrelation stehen* kann strukturell und funktionell wie folgt bestimmt werden: (a) strukturell: S-Verarbeitungsresultat SVRE steht zum S-Kommunikat SK in der Relation des Kommunikatprotokolls, des Kondensats, der metatextuellen Beschreibung, der Bewertung oder Erklärung. (b) funktionell: Ein Resultattext ist ein S-Verarbeitungsresultat, wenn ein Verarbeiter es produziert hat, um ein Kommunikat SK zu protokollieren, zu kondensieren, metatextuell zu beschreiben, zu bewerten oder zu erklären« (Schmidt 1980, 286 sowie ders. 1991, 338).

9 Vgl. Schmidt 1982.

10 Vgl. Schmidt 1982, 164 f.

11 Die Literaturkritik in Japan stellt in dieser Hinsicht ein interessantes Beispiel dar: Wie in Kopper (1974) und May (1979) genau dargestellt, werden in Japan fast alle Texte zuerst in einer Literatur- oder anderen Zeitschrift veröffentlicht. Autoren arbeiten meistens im Auftrag solcher Literaturzeitschriften, die von großen Verlagen herausgegeben werden. Für Newcomer stiften die Verlage in ihrer hauseigenen Lite-

raturzeitschrift Debütanten-Preise. Die Juroren bestehen aus prominenten Autoren und Kritikern, weshalb diese Literaturpreise eine hohe Autorität genießen. Das Ergebnis und die Urteile der Juroren werden in der Literaturzeitschrift veröffentlicht. Obwohl die Literaturpreise für die Verlage eine Art Rekrutierungssystem und einen Teil des Vermittlungsprozesses darstellen, haben sie zugleich einen starken Einfluß auf den Kanonisierungsprozeß; dies nicht nur wegen ihres hohen literarischen Wertes, sondern auch, weil sie in der Literaturszene eines der wichtigsten Jahresereignisse sind und daher von den Medien (Presse, Fernsehen usw.) als bedeutsames Topic behandelt werden. Durch Vorabdrucke in der Zeitschrift geht der literarische Text praktisch schon vor der Buchveröffentlichung in den Kanonisierungsprozeß ein. Eine der üblichen Formen der Literatur-Kritik über den vorabgedruckten Text ist der aktuelle Kommentar zur Literatur (»Bunge'i-Jihyo«), der ebenfalls veröffentlicht wird, wobei ein Literaturkritiker als Kenner der Literaturszene gleichzeitig mehrere Texte kommentiert. Das Feuilleton als Instanz der literarischen Wertung von Neuerscheinungen ist dagegen in Japan vergleichsweise schwach entwickelt. Aber die Literaturzeitschrift bietet dem Kritiker eine andere Möglichkeit der Stellungnahme: er kann nämlich in Fortsetzungsform literaturkritische Texte zu verschiedenen Themenbereichen veröffentlichen, wie etwa eine Analyse der Literaturszene, ästhetische Diskussionsbeiträge, Überlegungen zu einem bestimmten Autor (»Sakka-Ron«) usw. Das heißt: Die soziale Rolle des Literaturkritikers ist in Japan eher in Form des Literatur-Kenners und polemischen Kommentators etabliert denn als Buchkritiker.

12 Hohendahl 1985, 1 f.

13 Vgl. Viehoff 1981, 1989, 9 f. Eine interessante theoretische Überlegung findet sich in Barsch (1992). Barsch unterscheidet mit dem Konzept »Ebenen-Modell« von der primären Handlungsebene der Produktion, Vermittlung und Rezeption literarischer Texte die sekundäre Ebene der meta-literarischen Handlungen wie die Literaturkritik sowie die dritte Ebene der meta-meta-literarischen Handlungen wie die ästhetische Debatte.

14 Vgl. v. Rees 1984, 1989; Rosengren 1981, 1987; Verdaasdonk 1983, 1987; Viehoff 1981, 1988, 1989.

15 Vgl. Viehoff 1988, 80.

16 Vgl. Viehoff 1988, 87.

17 G. Wittmann präsentiert eine umfassende Untersuchung unter Schriftstellern in Berlin. Danach halten 88% der Schriftsteller bei der Arbeit am Manuskript irgendeine Form der Kooperation (Kooperation mit den Lektoren, Diskussionen mit Kollegen und Freunden sowie Gedankenaustausch in Vereinigungen) für sinnvoll, und 83% nehmen sie in Anspruch (Wittmann 1983, 147).

18 Barsch (1989) schlägt vor, dabei literarische Handlungen (Produktion, Rezeption, Vermittlung und Verarbeitung) von Interaktionen zwischen literarischen Aktanten (Gespräch zwischen Autor und Lektor usw.) theoretisch zu unterscheiden.

19 Wie die ausführliche literatursoziologische Untersuchung von Irena Powell (1983) zeigt, entwickelten japanische Schriftsteller auf der inoffiziellen Ebene durch private Beziehungen eine gemeinsame soziale Sphäre: »Bundan« (= »die Welt der Schriftsteller«, genauer; das literarische Establishment von Schriftstellern). In dieser inoffiziellen Sphäre wurden gemeinsame Meinungen über die Literatur-Szene von den Schriftstellern entwickelt, wodurch sie als Steuerungsinstanz der Literatur-Szene funktionierte. Sie gewann beachtliche Autorität für die Bewertung der Newcomer, was in der frühen Phase der Meister-Lehrling-Beziehung deutlich zum Vorschein kam, und obwohl im Laufe der Entwicklung der Medienindustrie diese Sphäre sich allmählich auflöst, hat sie doch in Form der bereits erwähnten Literaturpreise, bei denen im Auftrag von Verlagen prominente Autoren Newcomer bewerten, ihre Spuren hinterlassen. Das Ideal der gehobenen Literatur in Japan, der Begriff der Reinen Literatur, der Literatur als Mittel zur Darstellung der inneren menschlichen Wahrheit betrachtet, ist in diesen Prozeß eingegangen.

20 Aus einer konstruktivistisch-systemtheoretischen Position erklärt Hejl (1992) die Grenzbestimmung theoretisch als eine Entscheidung der Systemmitglieder anhand des Kriteriums der Relevanz für ihre Synreferentialität. Rusch (1991) kritisiert die übliche Systemgrenzdefinition durch den Kommunikationsmodus à la Luhmann und schlägt auch vor, die Grenzdefinition als eine empirische Frage, die Frage der jeweils beobachtbaren Gestaltung der Systemorganisation zu verstehen.

21 Schmidt 1989, 284. Rusch (1991) meint: »Schon der Phänomenbereich allein der ästhetisch-künstlerischen Literatur bildet kein deutlich umgrenztes Gebiet, sondern tritt an vielen unterschiedlichen Positionen oder Stellen innerhalb eines sozialen Gesamtsystems in Erscheinung, im privaten und öffentlichen Sektor, im kommerziellen und nichtkommerziellen Bereich, in Beruf und Freizeit, in Verbindung mit unterschiedlichen Medien (z. B. Buch, Zeitung, Zeitschrift, Hörfunk, Fernsehen, Theater) usw. *Literarische Phänomene* ... sind im Gesamtsystem *distribuiert*« (ebd., 317).

22 Vgl. Schmidt 1989.

23 Vgl. Schmidt 1989, 440.

24 Vgl. dazu eine allgemeine kultur- und medientheoretische Diskussion: Schmidt 1992a. Zwar sind Vermittlung und Verarbeitung nicht auf die Medien beschränkt (z. B. Buchgeschenke, Gespräche über Literatur im Alltag), aber in dieser Hinsicht scheint mir eine Theorieausarbeitung

von Vermittlung und Verarbeitung in medientheoretischer Richtung sinnvoll zu sein. Denn unsere Gesellschaft hat Mediensysteme speziell dafür entwickelt, kommunikative Handlungen von Individuen sowohl materiell als auch (meta-)informativ zu vermitteln. Mit Bezug auf die Verarbeitung ist aber unter diesem Gesichtspunkt notwendig, die Um-Medialisierung (Verfilmung, »novelisation« usw.) von der meta-informativen Literatur-Thematisierung in Medien zu unterscheiden.

25 Rusch 1986, 1992; Schmidt 1990, 1992b.

Literatur

Barsch, Achim (1989), »The Empirical Theory of Literature and Systems Theory«, in: E. Ibsch, D. Schram und G. Steen (Hg.), *Empirical Studies of Literature*, Amsterdam, 355-362.

– (1991), *Vorschläge zur Modellierung des Literatursystems mit Hilfe aktiver und passiver Systeme* (Internes Arbeitspapier für die LUMIS-Diskussion), Siegen.

– (1992), »Handlungsebenen des Literatursystems«, in: *SPIEL* 11, H. 1, 1-23.

Hauptmeier, Helmut und Siegfried J. Schmidt (1985), *Einführung in die Empirische Literaturwissenschaft*, Braunschweig/Wiesbaden.

Hejl, Peter M. (1987), »Konstruktion der sozialen Konstruktion: Grundlinien einer konstruktivistischen Sozialtheorie«, in: S. J. Schmidt (Hg.), *Der Diskurs des Radikalen Konstruktivismus*, Bd. 1, Frankfurt/M., 303-339.

– (1988), *Durkheim und das Thema Selbstorganisation* (LUMIS-Schriften 18/88), Siegen.

– (1992), »Die zwei Seiten der Eigengesetzlichkeit. Zur Konstruktion natürlicher Sozialsysteme und zum Problem ihrer Regelung«, in: S. J. Schmidt (Hg.), *Kognition und Gesellschaft*, Frankfurt/M., 167-213.

Hohendahl, Peter Uwe (Hg.) (1985), *Geschichte der deutschen Literaturkritik (1730-1980)*, Stuttgart.

Kopper, Gerd G. (1974), »Zur Strukturentwicklung der Verlagsmedien in Japan«, in: *Börsenblatt für den Deutschen Buchhandel* 77, 1467-1498.

May, Ekkehard (1979), »Die Literatur in den gedruckten Massenmedien in Japan«, in: K. Knecht (Hg.), *Japan nach 1945*, Wiesbaden, 114-132.

Powell, Irena (1983), *Writers and Society in Modern Japan*, Tokyo/New York/San Francisco.

Rees, C. J. van (1984), »Wie aus einem literarischen Werk ein Meisterwerk wird. Über die dreifache Selektion der Literaturkritik«, in: P. Finke und S. J. Schmidt (Hg.), *Analytische Literaturwissenschaft*, Braunschweig/Wiesbaden, 175-202.

– (1989), »The Institutional Foundation of a Critics Connoisseurship«, in: *Poetics* 18, 179-198.
Rosengren, Karl Erik (1981), »Measurement of Invariance and Change in the Literary Milieu: Sweden in the 1880's and the 1960's«, in: H. Kreuzer und R. Viehoff (Hg.), *Empirische Methoden in der Literaturwissenschaft. Eine Einführung in aktuelle Projekte*, Göttingen, 52-73.
– (1987), »Literary Criticism: Future invented«, in: *Poetics* 16, 295-325.
Rusch, Gebhard (1986), »Verstehen Verstehen. Ein Versuch aus konstruktivistischer Sicht«, in: N. Luhmann und K. E. Schorr (Hg.), *Zwischen Intransparenz und Verstehen*, Frankfurt/M., 40-71.
– (1991), »Zur Systemtheorie und Phänomenologie von Literatur. Eine holistische Perspektive«, in: *SPIEL* 10 (Siegener Periodicum zur Internationalen Empirischen Literaturwissenschaft), 301-335.
– (1992), »Auffassen, Begreifen und Verstehen. Neue Überlegungen zu einer konstruktivistischen Theorie des Verstehens«, in: S. J. Schmidt (Hg.), *Kognition und Gesellschaft*, Frankfurt/M., 214-256.
Schmidt, Siegfried (1980), *Grundriß der Empirischen Literaturwissenschaft*. Bd. 1: *Der gesellschaftliche Handlungsbereich Literatur*, Braunschweig/Wiesbaden.
– (1982), *Grundriß der Empirischen Literaturwissenschaft*. Bd. 2: *Zur Rekonstruktion literaturwissenschaftlicher Fragestellungen in einer Empirischen Theorie der Literatur*, Braunschweig/Wiesbaden.
– (1989), *Die Selbstorganisation des Sozialsystems Literatur im 18. Jahrhundert*, Frankfurt/M.
– (1990), »Der beobachtete Beobachter. Zu Text, Kommunikation und Verstehen«, in: V. Riegas/Chr. Vetter (Hg.), *Zur Biologie der Kognition*, Frankfurt/M., 308-328.
– (1991), *Grundriß der Empirischen Literaturwissenschaft* (Taschenbuchausgabe), Frankfurt/M.
– (1992a), »Medien, Kultur: Medienkultur. Ein konstruktivistisches Gesprächsangebot«, in: ders. (Hg.), *Kognition und Gesellschaft*, Frankfurt/M., 425-450.
– (1992b), »Über die Rolle von Selbstorganisation beim Sprachverhalten«, in: W. Krohn und G. Küppers (Hg.), *Emergenz: Die Entstehung von Ordnung, Organisation und Bedeutung*, Frankfurt/M., 293-333.
Verdaasdonk, Hugo (1983), »Social and economic factors in the attribution of literary quality«, in: *Poetics* 12, 383-395.
– (1987), »Effects of aquired relationship and reviewer's attentions on the sales of new literary works«, in: *Poetics* 16, 237-253.
Viehoff, Reinhold (1981), *Literaturkritik im Rundfunk. Eine empirische Untersuchung des Westdeutschen Rundfunks/Köln 1971-73*, Tübingen.
– (1988), »Literaturkritik als literarisches Handeln und als Gegenstand der Forschung. Hinweise auf Situationsbedingungen und Handlungs-

kontext«, in: *Lili* (Zeitschrift für Literaturwissenschaft und Linguistik), 71, 73-91.
– (1989), *Literaturkritik 1973 und 1988. Aspekte des literaturkritischen Wertwandels* (LUMIS-Schriften 22/89), Siegen; auch in: W. Barner (Hg.), *Literaturkritik – Anspruch und Wirklichkeit*, Stuttgart, 440-459.
Wittmann, Reinhard G. (1983), »Die Schriftsteller und das literarische Kräftefeld«, in: H. Funk und R. G. Wittmann, *Literatur-Hauptstadt. Schriftsteller in Berlin heute*, Berlin.

III. Aspekte empirischer Literaturgeschichtsschreibung

Mit ihrer erfahrungswissenschaftlichen Methodologie stößt eine empirische Literaturwissenschaft zwangsläufig auf Probleme im Bereich der Historiographie. Schließlich ist die Vergangenheit keine Wirklichkeit, mit der Historiker in der Gegenwart irgendwelche Erfahrungen machen könnten. Zwar hat jedermann *in* der Vergangenheit die Erfahrungen gesammelt, über die er in der Gegenwart verfügt; aber er hat diese Erfahrungen eben nicht *mit* der Vergangenheit, sondern mit den Vorgängen und Objekten in seiner jeweiligen Gegenwart gemacht. Dementsprechend können auch Historiker nur aus ihrer Gegenwart heraus – auf der Basis allgemeinen Weltwissens, physikalischen, psychologischen, sozialen etc. Erfahrungswissens sowie auf der Basis jener als Zeugnisse, Quellen oder Spuren vergangenen Geschehens identifizierten Objekte – Vorstellungen von vergangenem Geschehen entwickeln und als *Geschichte(n)* darstellen.

Wenn aber Erfahrungswissen in einem strengeren Sinne (etwa dem der naturwissenschaftlichen Methodologie) über die Vergangenheit nicht gewonnen werden kann, dann stellt sich die Frage, ob Geschichtsschreibung in einer empirischen Konzeption von Literaturwissenschaft überhaupt sinnvoll möglich ist.

Die im zweiten Band des *Grundrisses der Empirischen Literaturwissenschaft* (vgl. Schmidt 1982, Kap. 1) vertretene Position erweitert die synchronische Erforschung von Literatursystemen um eine diachrone Komponente. Dabei soll es um die Erforschung der Veränderungen von Literatursystemen, längerfristiger Literaturprozesse und um die Entdeckung entsprechender diachroner Regelmäßigkeiten oder Gesetze gehen. Dies soll geschehen durch »empirische Fallstudien« zu »Problemkomplexen, die sich im panchronen Rahmen der ETL als relevant erwiesen haben« (ebd., 52f.). Das Ziel »geschichtsbezogener Forschung« (ebd., 52) ist dann eine durch die (möglichst empirisch validierte, synchrone) Objekttheorie geleitete *Beschreibung* und *Erklärung* literarischen

Wandels. Damit werden entscheidende (für die Konzeption wesentliche) wissenschaftstheoretische Standards auch für den Bereich geschichtlicher Forschung reklamiert. Dies bedeutet aber einerseits ein entschiedenes Abrücken von narrativen, annalistischen, historiographischen Formen von Literarhistorie, andererseits die deutliche Hervorhebung der Konstruktivität von Geschichtsforschung und Geschichtsschreibung, die im besten Falle soweit wie möglich explizit und theoriegeleitet (vgl. Fokkema in diesem Band; Rusch und Schmidt 1983; Schmidt 1989), im schlimmsten Falle metatheoretisch naiv oder subjektivistisch ist. Die strikte Anbindung geschichtsorientierter Forschung an die wissensmäßigen Voraussetzungen und Erfahrungsmöglichkeiten der Historiker in der jeweiligen Gegenwart macht Geschichtsforschung in der Empirischen Literaturwissenschaft zu einer zwar in der Erfahrung basierten, von Zeugnissen, Quellen, archäologischen Funden etc. ausgehenden und theoriegeleiteten Tätigkeit, die (Modell-)Vorstellungen von Vergangenheit systematisch konstruiert, diese nicht aber durch Erfahrung (im Umgang oder in Auseinandersetzung) mit der Vergangenheit, d. h. nicht empirisch zu prüfen und zu validieren vermag. Geschichtsorientierte Forschung in der Empirischen Literaturwissenschaft ist daher ein in wesentlichen Hinsichten eingeschränkt »empirisch« zu nennender Bereich. Um den Unterschied zwischen den historiographischen Standardformen der Geschichtsforschung und Geschichtsschreibung einerseits und auf Diachronie orientierter Forschung andererseits im Rahmen der Empirischen Literaturwissenschaft terminologisch und inhaltlich zu präzisieren, hat G. Rusch (1987) das Konzept einer Diachronologie vorgeschlagen.
Wie die Beiträge in diesem Kapitel zeigen, gibt es im weiteren Bereich empirisch orientierter Literaturwissenschaft gegenwärtig recht unterschiedliche Einschätzungen und Bewertungen des Verhältnisses von Empirie und Geschichte. Die Bandbreite ›empirischer‹ literarhistorischer Ansätze reicht von geschichtstheoretisch völlig ungerührten, jedoch sozialwissenschaftlich-systemtheoretisch inspirierten Literaturgeschichten (vgl. Werber 1993), über einen empiristischen Fakten- und Methodenobjektivismus (vgl. Martindale in diesem Band), aus dessen Perspektive die theoretischen und metatheoretischen Klärungsversuche der NIKOL-Konzeption Empirischer Literaturwissenschaft als völlig überflüssig und verfehlt angesehen werden, über moderate Versuche,

einen Mittelweg zwischen naivem Geschichts-Realismus und empirisch basiertem Geschichts-Konstruktivismus zu finden (vgl. die Beiträge von Segers und van Peer in diesem Band), bis hin zu solchen Ansätzen, die die wissenschaftstheoretischen Rahmenbedingungen historischer Forschung reflektieren und (z. B. in Form eines eingeschränkten Empiriebegriffes und einer explizit gemachten Konstruktivität) systematisch berücksichtigen (vgl. Fokkema in diesem Band). Die Versuche, eine mittlere, weniger entschiedene Position in der historiographisch/diachronologischen Grundfrage einzunehmen, verdienen dabei eine besonders kritische Würdigung. Sie setzen sich nämlich (aus Gründen, die hier nicht weiter untersucht werden müssen) nicht nur dem Vorwurf aus, immer ein Stück weit gegen eigene bessere Einsichten zu handeln (aus welchem Blickwinkel man die Sache auch betrachten mag), sondern sie unterlaufen auch durch ihre in hohem Maße sozialverträglichen Angebote alle weiteren Versuche einer scharfen Konturierung und diskursiven Klärung der jeweiligen wissenschafts- und objekttheoretischen Sachlagen. Geschichtsorientierte Arbeiten werden empirisch (im vollen Sinne von »erfahrungswissenschaftlich«) weder durch die Übernahme von Konzepten und Terminologien aus einer empirischen Objekttheorie noch durch Quantifizierung, noch durch Generalisierung über einer gewissen Anzahl vergleichbarer Fälle, noch auch durch all dies zusammen. Zwar verbessert (gemessen an üblichen Rationalitätsstandards) solches Vorgehen die formale Qualität der Argumente, verändert aber deren epistemologischen Status in keiner Weise.

Für die weitere Entwicklung geschichtsorientierter Forschungen in einer Empirischen Literaturwissenschaft kommt es darauf an, sowohl die Qualität empirischer Fundierungen zu verbessern als auch explizite Konstruktionsverfahren (im Sinne von Methoden) für diachrone Literatur-Modelle (auf den verschiedenen Komplexitätsebenen) zu entwickeln.

Douwe Fokkema
Empirie und Geschichte

Nur dann, wenn man empirisch nicht als ein Synonym für experimentell auffaßt, ist es sinnvoll, sich zu fragen, ob und inwieweit unsere *Kenntnis der Geschichte*, einschließlich der Literaturgeschichte, von Erfahrungstatsachen unterstützt wird. Hier wird nicht die Frage diskutiert, ob Literatur*geschichtsschreibung*, die ein hybrides Produkt aus Interpretation, Kritik, Kanonisierungsversuchen und didaktischen Absichten wie auch aus wissenschaftlichen Ansprüchen ist, die Bezeichnung wissenschaftlich verdient. Diese letzte Frage ließe sich meines Erachtens nur bis zu einem gewissen Grade in positivem Sinne beantworten. Die historische Erzählung hat nun einmal nicht denselben Status wie eine wissenschaftliche Aussage; der narrative Diskurs kann sich jedoch auf wissenschaftliche Kenntnisse berufen, worunter empirisch fundierte Kenntnisse fallen. Dem wird man jedoch nur dann zustimmen können, wenn zuerst deutlich gemacht wird, was man unter empirisch zu verstehen hat. Im vorangehenden wurde bereits eine wichtige Differenzierung angebracht: der Unterschied zwischen der Kenntnis der Vergangenheit auf der einen Seite und der erzählenden Darstellung dieser Kenntnis auf der anderen. Beide werden Geschichte genannt; eine konsequente terminologische Unterscheidung würde jedoch den Vorzug verdienen.

1. Unterschätzung und Überschätzung der Empirie bei den Narrativisten

Narrativistische Historiker sind vor allem dadurch bekannt geworden, daß sie der sprachlichen Praxis sowie der narrativen Form besondere Bedeutung beimessen. In dieser Hinsicht kann Foucaults *Folie et déraison* (1961, dt. 1969) als eines der ersten – und teilweise auch überzeugenden – Beispiele betrachtet werden. Foucault zeigt, daß die Geschichte des Wahnsinns sprachlich determiniert ist, wobei Wahnsinn das Resultat eines Urteils bzw. einer Verurteilung ist und nicht als Bezeichnung eines tatsächlichen Zustands aufgefaßt werden kann. Diese vom linguistischen Determinismus geprägte Methode bildete die Richtschnur für seine ambitionierte Geschichte des intellektuellen Lebens nach dem Mittelalter, *Les mots et les choses* (1966, dt. 1971). Foucault unterscheidet drei diskursive und epistemologische Konfigurationen – und eine vierte, die sich abzuzeichnen beginnt –, die er *episteme* nennt. Eine diskursive Praxis lenkt unsere Vorstellung der Dinge und schränkt sie ein und kann uns darüber hinaus den Zugang zu einer anderen Sprech- und Denkweise verstellen.

Die Bedeutung der sprachlichen Praxis wird von Foucault so stark betont und die Bedeutung der nicht-sprachlichen Erfahrung dermaßen unterschätzt, daß sich zwei Fragen aufdrängen. Erstens, wie kann man frühere Episteme behandeln, wenn sie im Prinzip außerhalb des Auffassungsvermögens der heutzutage von uns verwendeten Episteme liegen? Und zweitens, wie kommt der Übergang von einer zur anderen Episteme zustande? Gibt es dann doch Erfahrungstatsachen, welche die Menschen, die eine Episteme aufrechterhalten, zwingen, auf eine andere Episteme umzuschalten? Foucault hat sich dazu nicht deutlich geäußert. Er signalisiert die Veränderung, den Übergang zu einer anderen Episteme, aber er erklärt diesen Übergang nicht (Foucault 1966, 264-265; vgl. Dreyfus und Rabinow 1987, 105-111). Foucault bietet keine Theorie für historische Veränderung an, wie es etwa Thomas Kuhn (1962; 1970) in bezug auf wissenschaftliche Entwicklungen getan hat. Calinescu meint im Hinblick auf Foucault den Schluß ziehen zu können: »Discursive determinism is unable to devise any model of change; it can only deal with synchronic structures or constructs« (Calinescu 1986, 243).

Mit der Betonung der determinierenden Bedeutung linguistischer und narrativer Strukturen bleibt im allgemeinen die argumentative Angabe von Erklärungsmöglichkeiten im Hintergrund. In den vergangenen zwanzig Jahren haben verschiedene Historiker des öfteren Anschluß bei einer narratologisch orientierten Literaturwissenschaft gesucht statt bei den empirisch orientierten Sozialwissenschaften.

Bei der Kodierung der Ereignisse zu einer fortlaufenden Erzählung steht der Historiker, so schreibt Hayden White, vor der Wahl einer bestimmten narrativen Struktur. Die Wahl der Erzählstruktur fügt den Ereignissen eine zusätzliche Bedeutungsebene hinzu und geht nicht ohne weiteres aus dem Gang der Ereignisse hervor,

weil keine einzige Sammlung oder Reihe von Ereignissen intrinsisch tragisch, komisch oder eine Farce ist (»since no given set or sequence of real events is intrinsically ›tragic‹, ›comic‹ or ›farcical‹« – White 1984, 20).
White gibt zu, daß hier ein Prinzip verkündet wird, und daß sich in der Praxis herausstellt, daß manche Ereignisketten eher Anlaß zu, beispielsweise, einer tragischen Darstellung geben als andere. In *Tropics of Discourse* schreibt White: »I do not suppose that anyone would accept the emplotment of the life of President Kennedy as comedy, but whether it ought to be emplotted dramatically, tragically, or satirically is an open question.« (White 1978, 84)
Auch unter Ausschluß der sehr unwahrscheinlichen »plot-structures« ist die Wahl einer Erzählstruktur im Prinzip arbiträr, d. h. unabhängig von den Ereignissen, die erzählt werden (vgl. Rigney 1991). Dabei fragt White sich allerdings nicht, ob die Darstellung eines Historiographen in irgendeiner Beziehung zu frühen Beschreibungen der Ereignisse aus der Sicht kontemporärer Zeugen stehen sollte bzw. ob die Erklärungen des Historikers zur Gänze an den Motiven und Erwartungen der Aktanten – der Personen, die in diesen Ereignissen eine Rolle gespielt haben – vorbeigehen können. Die Freiheit des Historikers/Erzählers, sich für eine im Prinzip willkürliche Erzählstruktur zu entscheiden, führt hier zur *Unter*schätzung auch in der Vergangenheit gültiger Zusammenhänge zwischen Motiven und Erwartungen, einer *Unter*schätzung der empirischen (einschließlich der psychologischen und soziologischen) Kenntnis menschlichen Verhaltens – eine Kenntnis, die in Anbetracht anderer historischer Umstände wenn nötig relativiert oder korrigiert, nicht aber ignoriert werden kann (Eibl 1976).
Andererseits trifft man bei den Narrativisten auch eine Überschätzung der Möglichkeiten der empirischen Kenntnisse auf dem Niveau der historischen Ereignisse an. Die traditionelle Unterscheidung zwischen historischen Ereignissen (*res gestae*) und deren Darstellung (*historia rerum gestarum*), die noch im Werk von Uhlig (1982, 1985) und Moisan (1987) eine prominente Rolle spielt, wird von narrativistisch orientierten Historikern wie White und Ankersmit nicht zurückgewiesen. White bezieht sich auf »real events«, auf denen die historische Erzählung beruht, und unterscheidet sie damit von den »imaginary events« in literarischen Texten. Kenntnisse über das Leben des Präsidenten Ken-

nedy sind für White an sich kaum problematisch; die Ordnung bzw. Strukturierung jener Kenntnisse ist hingegen eine Frage, die sich sehr unterschiedlich beantworten läßt. Ankersmit, der sich mit seiner Studie *Narrative Logic* (1983) auf die Seite der Narrativisten gestellt hatte, formuliert es in einem späteren Buch überdeutlich: »So brauchen wir Backsteine zum Bauen (in Analogie zu den Tatsachen), aber die Backsteine diktieren uns nicht, ob wir damit ein Haus, eine Fabrik oder ein Theater bauen müssen (in Analogie zur historischen Interpretation oder zum historischen Zusammenhang)« (übersetzt nach Ankersmit 1984, 186).

Nach dieser Auffassung sind die historischen Tatsachen aus Quellen überliefert und verfügbar. Die Zuverlässigkeit und Brauchbarkeit dieser Kenntnisse wird nicht in Frage gestellt. Historische Ereignisse werden als solche akzeptiert, als wären die historischen Kenntnisse empirisch validiert. Implizite läßt sich hier jedoch eine *Über*schätzung der empirischen Fundierung der historischen Kenntnisse auf der Ebene der Ereignisse feststellen.

Diese Überschätzung ist eine Folge der Vernachlässigung der Beziehung zwischen Theorie und Erfahrungstatsache. Die Bedeutung, die narrativistisch orientierte Historiker der erzählenden Darstellung beimessen, geht auf Kosten der theoretischen Argumentation. Infolgedessen wurde in der Polarität und gegenseitigen Abhängigkeit von Theorie und Erfahrungstatsache der erste Pol dementiert. Der Begriff Erfahrungstatsache hat damit sein Korrelat wie auch sein Korrektiv verloren. Das Resultat ist eine naive Auffassung des Begriffs Erfahrungstatsache.

Historiker, die unter dem Einfluß des linguistischen Determinismus stehen, haben sich dadurch um Möglichkeiten zur Kritisierung ihrer historiographischen Resultate gebracht, daß sie einerseits die Wahl historiographischer Erzählstrukturen als grundsätzlich frei betrachteten, andererseits naiv auf die Erkennbarkeit und Verfügbarkeit der historischen Tatsachen vertrauten.

2. Das Problem einer Metasprache und die Unizität der geschichtlichen Ereignisse

Die Einschränkung der Möglichkeiten bezüglich einer wissenschaftlichen Kritik forderte eine Reaktion heraus. In seiner Besprechung von Ankersmits *Narrative Logic* hat McCullagh (1984, 400) argumentiert, daß die selektierte Erzählstruktur nicht ohne weiteres, ohne jegliche Argumentation oder Beweisführung, der Vergangenheit auferlegt wird. Ich interpretiere diesen Standpunkt denn auch als eine Forderung, die gewählte Erzählstruktur an unserer Kenntnis der in der Vergangenheit als solche erfahrenen Zusammenhänge und deren späteren Interpretationen zu prüfen. Handelt es sich hier nun um eine empirische Prüfung? Hat unsere Kenntnis der historischen Zusammenhänge zumindest teilweise einen empirischen Gehalt?

An dieser Stelle möchte ich vorschlagen, die Begriffe ›theoretisch‹ und ›empirisch‹ als wechselseitig bedingt zu betrachten. Es ist durchaus denkbar, daß unsere Kenntnis der Vergangenheit zumindest teilweise durch Theorien strukturiert ist, die in empirischen Verfahren validiert wurden. Die Beschreibung historischer Zusammenhänge und die Erklärung historischer Entwicklungen, die mehr oder weniger explizit in der historiographischen Darstellung anwesend sind, überzeugen um so mehr, je stärker sie sich stützen auf Resultate empirischer bzw. sozialwissenschaftlicher Forschung. Ein – impliziter oder expliziter – Appell an wissenschaftliche Erklärungen verdient denn auch den Vorzug gegenüber Argumentationen, die sich auf *Common sense* berufen (vgl. Rusch 1987, 443). Die wissenschaftliche Methode, auf die hier angespielt wird, erfordert eine nähere Behandlung der sprachlichen und terminologischen Möglichkeiten, Kritik an der historiographischen Beschreibung zu üben, wie auch eine nähere Besprechung des komplementären Verhältnisses zwischen Theorie und Empirie. In beiden Fällen handelt es sich um eine konzeptuelle Generalisierung besonderer Ereignisse oder Erfahrungen.

Metasprache und historische Erzählung: Die Möglichkeiten zur Kritik nehmen zu, wenn ein sprachliches Instrument entwickelt wird, das eine kritische Besprechung der historischen Erzählung sowie der Ereignisse, auf die sie sich bezieht, ermöglicht. Reinhart Koselleck hat in bedeutendem Maße dazu beigetragen, das Prinzip der Konstruktion einer Metasprache in die historische Forschung zu integrieren. Sein Plädoyer für eine wissenschaftliche Terminologie – die in der Literaturwissenschaft nahezu immer und in anderen Geisteswissenschaften oftmals die Gestalt einer Metasprache annimmt, weil die untersuchten Objekte vornehmlich in sprachlicher Form überliefert sind – richtet sich im Grunde gegen den linguistischen Determinismus. »Weder Ereignisse noch Erfahrungen erschöpfen sich in ihrer sprachlichen Artikulation«, schreibt Koselleck (1979, 300). Diese These impliziert, daß bei einer Divergenz zwischen historischen Kenntnissen und ihrer sprachlichen Repräsentation letztere an erstere angepaßt werden müssen. Es ist eine definitorische Entscheidung, ob eine derartige Korrektur auf empirischer Grundlage basiert, wenn meine historischen Kenntnisse nur auf Berichten von Erfahrungen anderer beruhen. Wenn ich selber auch über eine direkte Erfahrung bestimmter historischer Ereignisse verfüge, aufgrund derer eine historische Erzählung korrigiert werden muß, kann von einer solchen Korrektur meines Erachtens bedenkenlos behauptet werden, daß sie auf empirischer Grundlage vorgenommen wird. Dies hat jedoch keine weiteren Folgen für unsere weiter unten geäußerten Behauptungen bezüglich der Theorie-Abhängigkeit von Erfahrungstatsachen.

Die kritische Besprechung einer historischen Erzählung erfordert eine Metasprache. Die Bedenken gegen die Entwicklung sowie den Gebrauch einer Metasprache entfallen zu einem großen Teil, wenn man sich klar macht, daß jede Form von Sprache auf Vereinfachung und Generalisierung beruht: Mittels einer endlichen Anzahl von Wörtern und syntaktischen Regeln sprechen wir über eine unendliche Anzahl von Dingen und Gedanken. Selbstverständlich gehen dabei manche Unterschiede und Nuancierungen verloren, wie bereits Henri Bergson (1889, dt. 1924) bemerkte, aber für dieses Problem gibt es einfach keine Lösung. Die Tendenz zur Vereinfachung und Schematisierung wird im literarischen Sprachgebrauch wie auch in sprachphilosophischen Betrachtungen bekämpft, aber wir können nicht umhin, den nivellierenden Effekt von Kommunikation mittels Sprache zu akzeptieren, wenn wir uns verständlich machen wollen. Die schematische Vereinfachung, die jeder Sprache inhärent ist, ist zugleich der Schlüssel zu ihrem effizienten, gesellschaftlichen Gebrauch.

Akzeptiert man diesen Gedanken, dann entfallen die Bedenken gegen die Einführung technischer Termini, die nach demselben

Prinzip der vereinfachenden Schematisierung entwickelt wurden und mit Hilfe derer über das äußerst abwechslungsreiche, in mancherlei Hinsicht einzigartig zu nennende historische Material sowie über dessen Darstellung gesprochen werden kann. Kurz, die Struktur der Sprache selber verschafft uns die Möglichkeit und die Rechtfertigung des Gebrauchs einer Metasprache. Wir brauchen eine Metasprache zur Erörterung von Fragen wie etwa: Was ist eine literarische Tatsache? Was ist ein historisches Ereignis? Was ist Veränderung? Was ist Kontinuität? Eine Metasprache verschafft uns die Möglichkeit, Subjekt und Objekt, Analyse und Interpretation, Beschreibung und Erklärung, hermeneutisches Verstehen und empirische Forschung voneinander zu unterscheiden, wenn auch diese Unterscheidungen kompliziert sind und sich meistens nicht ohne Diskussionen durchführen lassen.

Wird die Möglichkeit einer Metasprache verworfen, wie etwa von Derrida (vgl. Kearney 1984, 125) und, nach seinem Vorbild, von LaCapra (1983, 76), so wird auch die prinzipielle Trennung von Subjekt und Objekt unmöglich, und wird das Streben nach Wissenschaftlichkeit innerhalb der Humaniora als deplaziert verworfen. Für ein gutes Verständnis dieser Problematik ist es nützlich, sich in Erinnerung zu rufen, daß die Bedenken gegen eine Metasprache sich vor allem richten gegen die Ansprüche mancher Entwerfer einer Metasprache, als habe das von ihnen entwickelte sprachliche Instrumentarium universelle Gültigkeit. Dieser universalistische Anspruch mancher »metavocabularies« wurde namentlich von Rorty (1989, xvi; dt. 1989) bestritten. Meiner Meinung nach ist ein solcher universalistischer Anspruch unnötig und wahrscheinlich auch unerreichbar. An dieser Stelle schlage ich lediglich vor, der Metasprache eine instrumentelle Funktion zuzusprechen, die sich auf konzeptuelle Bereicherung und modellhafte Verkürzung richtet sowie auf eine ökonomische Formulierung von Theorien und auf die Lösung bestimmter Probleme.

Die Fragen, die ein Literaturwissenschaftler stellt, machen in den meisten Fällen von metasprachlichen Konzepten Gebrauch. Historische Zusammenhänge zeigen sich nicht wie von selbst aus isolierten, als einzigartig betrachteten Quellen, sondern werden – aufgrund ihrer Kenntnis der Welt und aufgrund früherer Resultate wissenschaftlicher Forschung – als Annahmen oder Hypothesen von Forschern herangetragen. Der nietzscheanische Ursprung dieses Standpunktes ist unverkennbar (vgl. Nietzsche 1980, 1,

885). Koselleck argumentiert, daß »die Geschichtswissenschaft (...) von vornherein genötigt ist, ihre Quellen zu befragen, um auf Ereigniszusammenhänge zu stoßen, die jenseits der Quellen liegen« (Koselleck 1979, 205). Die Erklärung der historischen Veränderung, namentlich die Validierung einer solchen Erklärung, kann nicht den Quellen selbst entlockt werden. Die Konzepte, die wir herantragen – wie etwa Gleichheit, Unterschied, Ereignis, Zufall, Ursache, Struktur, Konvention, System, Theorie und Erfahrung –, sind unentbehrlich im wissenschaftlichen Diskurs, in dem wir uns für Sicherheit oder Unsicherheit, Verneinung oder vorläufige Bestätigung entscheiden. Wie verhalten sich jedoch diese Konzepte, diese mentalen Konstruktionen, zu den einzigartigen Texten und den einzigartigen Ereignissen, zu denen sich der Historiker äußern möchte?

Anerkannt werden muß, daß im Grunde alle Ereignisse – auch die Produktion, Distribution und Rezeption bestimmter Texte – einzigartig sind, insofern sie zu einem bestimmten Zeitpunkt und innerhalb eines bestimmten Raumes stattgefunden haben und als solche nicht wiederholt werden können. Wenn wir von diesen einzigartigen historischen Ereignissen sprechen, so tun wir dies notgedrungen – allein schon durch den abstrahierenden und generalisierenden Effekt der Sprache – in allgemeinen Begriffen, die wir auch für andere, ebenfalls einzigartige Ereignisse verwenden. Bedeutungsvoll ist in diesem Zusammenhang der Gebrauch des Wortes »einzigartig« selbst, das zahllose einmalige Ereignisse charakterisiert.

Es empfiehlt sich, bestimmte historische Ereignisse nicht ohne weiteres als einzigartig zu bezeichnen, sondern anzugeben, in welcher Hinsicht sie einzigartig sind. In anderer Hinsicht könnte man diese Ereignisse dadurch charakterisieren, daß man ihre allgemeinen Merkmale nennt. Das einzigartige Ereignis kann verstanden werden als die spezifische Ausfüllung einer Klasse von möglichen Ereignissen, die innerhalb der Voraussetzungen einer bestimmten Situation hätten stattfinden können. In unserer Verarbeitung eines einzigartigen Ereignisses pflegen wir nicht nur über dessen einzigartigen Charakter, sondern gerade auch über seine allgemeinen Aspekte zu sprechen. Diese allgemeinen Aspekte können bei der historischen Deutung eine Rolle spielen; das Einzigartige entzieht sich einer solchen Deutung. Weil man von den einzigartigen Aspekten eines Ereignisses nichts lernen kann, spielen sie kaum eine Rolle bei der Erfahrung bzw. der Erinnerung an Erfahrungen der betreffenden Personen – außer als Erinnerung an die besondere, nicht näher zu bezeichnende Aura eines bestimmten Moments oder einer bestimmten Situation.

Theorie und Empirie: Weil Theorien sich nicht auf die einzigartigen Aspekte von Ereignissen beziehen und die spezifische Erfahrung durch ihre raum-zeitliche Bestimmung mit der Unizität eines Moments verbunden ist, verhalten sich Theorie und spezifische Erfahrungen zueinander wie Allgemeinwissen und singuläres Wissen. Allgemein wird angenommen, daß unter bestimmten Voraussetzungen das singuläre Wissen das Allgemeinwissen korrigieren kann und auch, daß das Allgemeinwissen die Wahrnehmung des Singulären wie auch die Konstituierung der singulären Kenntnis lenkt. Die Begriffe Theorie und Empirie sind komplementär. Daß in methodologischer Hinsicht der Primat bei der Theorie liegt, wie Koselleck (1979, 26) nach dem Vorbild Poppers argumentiert hat, geht aus der wissenschaftlichen Arbeitsweise hervor: Gezielte und systematische Wahrnehmung ist nur dann möglich, wenn Theorien zur Formulierung von Hypothesen geführt haben, die anschließend die Wahrnehmung lenken.

Theorien werden legitimiert durch ihre erklärende Kraft (ihr Verhältnis zu Erfahrungstatsachen), durch gegenseitige Kohärenz und durch das Ausmaß des Konsenses, mit dem sie in der Gemeinschaft der Forscher verteidigt werden (vgl. Fokkema 1989). Aber wodurch wird ein Ereignis zu einer historischen Tatsache, die als Erfahrungstatsache in theoretisch-erklärenden Diskussionen eine Rolle spielen kann? Eine historische Tatsache ist dasjenige, was nach Ansicht einer bestimmten theoretischen Konzeption eine historische Tatsache sein kann. Am deutlichsten haben wir dann mit einer als Erfahrungstatsache aufzufassenden historischen Tatsache zu tun, wenn ihr genügend Bedeutung beigemessen wird, um die Widerlegung einer Theorie darauf basieren zu können. Die Gemeinschaft von Fachgelehrten wird urteilen müssen, daß die Theorie korrigiert werden muß. In wesentlichen Punkten liegt das Urteil also in Händen der Forscher: Sie selektieren die Theorien, die bestimmen, was eine Tatsache, eine Erfahrungstatsache, sein kann; sie beurteilen, welche anderen Tatsachen oder Erfahrungstatsachen nicht übersehen werden dürfen; sie bestimmen schließlich den Moment, an dem ihrer Meinung nach die Theorie korrekturbedürftig ist.

3. Verschärfung des wissenschaftlichen Empirie-Verständnisses durch Theoriebildung

Was eine relevante Tatsache ist, wird von der Theorie und, in letzter Instanz, von der Gemeinschaft der Forscher bestimmt. Dadurch, daß in der Geschichtswissenschaft Theorien über die historische Veränderung aufgestellt werden, kommt auch ein schärferer Empirie-Begriff in Sicht. Im folgenden gehen wir kurz auf drei Theorien über Veränderung von Konventionen in der literarischen Kommunikation ein.

Die Ablösung von alten Konventionen durch neue im literarischen Verkehr läßt sich im Anschluß an Karl Eibl (1976) mit einer *epistemologischen* Theorie der Veränderung erklären. Die Probleme, die in der Literatur behandelt werden, sind im Grunde Koordinationsprobleme, d. h. Probleme, bei denen Menschen Entscheidungen treffen müssen, die keine wissenschaftlichen oder strikt logische Grundlage haben. Mit anderen Worten, Literatur befaßt sich mit einem Gebiet, das von der Wissenschaft vernachlässigt wird; Literatur ist, wie bereits Musil behauptete, ein »Morallaboratorium« (Musil 1978, VIII, 1351). Literarische Texte, so Eibl, dienen als Bezugspunkt für die Diskussionswürdigkeit menschlichen Verhaltens und tragen darüber hinaus zur Konsensbildung bei; sie führen *Modi vivendi* ein, die zu Konventionen werden können; sie bieten eine Weltanschauung mit dazugehörigen Erklärungen an und helfen so den Lesern, die sogenannte Wirklichkeit unter Kontrolle zu bekommen.

Diese Wirklichkeit unterliegt jedoch ständigen Veränderungen. Die vom Schriftsteller vorgeschlagene und inzwischen von vielen akzeptierte Interpretation der sozialen Wirklichkeit wird auf die Dauer Lügen gestraft. So wurde zu Beginn dieses Jahrhunderts die realistische Weltanschauung mit ihren Vollständigkeits- und Objektivitätsansprüchen abgelehnt und durch die Hypothesen der Modernisten und die Postulate der Avantgarde ersetzt, die in einigen Fällen, wie im Modernismus und Surrealismus, zu neuen, weitverbreiteten Konventionen geführt haben, aber in anderen Fällen (Dada) von marginaler Bedeutung geblieben sind (vgl. Fokkema und Ibsch 1988). Wenn diese Vorstellung der Tatsachen stimmt, dann beinhaltet die epistemologische Theorie in bezug auf die Veränderung von Konventionen, daß ein konventionelles Modell menschlichen Verhaltens unhaltbar wird, wenn es zu sehr mit dem sich verändernden sozialen Kontext oder mit neuen psychologischen Erfahrungen in Konflikt gerät. Die »Denkschemata« (Eibl) eines Schriftstellers oder einer Gruppe von Schriftstellern werden in einer Konfrontation mit neuen Erfahrungen, für die sie keine Erklärung oder Orientierungsmöglichkeit bieten, verworfen (vgl. auch Posner 1991, 63). Im Lichte dieser Theorie und im Hinblick auf die Veränderungen innerhalb der Literatur um 1900 muß das Werk von Nietzsche, Bergson und Freud solche neuen Erfahrungen hervorgebracht haben. Die Erfahrung einer psychischen Zeit, die Anerkennung der Rolle des Bewußtseins und des Unterbewußtseins sowie die Individualisierung des Wahrheitsbegriffs haben auf epistemologischer Ebene neue Konventionen eingeführt, die der Literatur eine neue Wendung gegeben haben.

Seit den russischen Formalisten wird die Ablösung von Konventionssystemen jedoch auch mit Hilfe einer *ästhetischen Theorie* erklärt. Die russischen Formalisten sprechen in bezug auf literaturhistorische Veränderungen von Automatisierung und De-Automatisierung. Erneuerung literarischer Formen wurde ihrer Meinung nach durch literarische Verfahrensweisen zustande gebracht, die eine verfremdende Wirkung erzielen und den Sinn für die Form schärfen. Es ist vor allem die Akzentuierung des »neuen Sehens«, wodurch diese Theorie ästhetisch genannt werden muß. Die Theorie wurde später in verschiedenen Varianten neu formuliert, etwa vom Literaturhistoriker H. R. Jauß und vom Psychologen D. E. Berlyne, und hat eine solide Grundlage in der experimentellen Forschung. Die Hypothese, daß eine ständige Wiederholung derselben Impulse eine abnehmende Wirkung erzielt, hat sich als haltbar erwiesen, nicht nur in der Neurologie, sondern auch in der experimentellen Ästhetik. Jede originelle Metapher läuft auf die Dauer das Risiko, zu einem Klischee zu werden. Nach einiger Zeit werden die vorherrschenden »Dichtschemata« (Eibl) als nicht länger adäquat erfahren und daraufhin ersetzt: Es findet eine Ablösung der Konventionen statt.

Der Appell an die ästhetische Theorie als Erklärungsangebot für die Ablösung der Konventionen öffnet die Augen für andere Erfahrungstatsachen als die epistemologische Theorie. Nun wird die Aufmerksamkeit des Forschers auf neue Versformen und ungewohnte narrative Verfahrensweisen gerichtet werden, auf gewagte Metaphern und die Durchbrechung von Genrekonventionen. Jede Theorie generiert die dazugehörigen Tatsachen.

Schließlich gibt es noch eine dritte Theorie, die zur Erklärung der Ablösung von Konventionen beitragen kann. Nach der Ansicht von Lewis (1969) sind Konventionen im Grunde arbiträr und austauschbar. Die an und für sich nicht näher motivierte Ablösung der Konventionen scheint ein Teilaspekt des Spiels zu sein, das man Kultur zu nennen pflegt. Wenn es stimmt, daß Kultur sich definieren läßt als ein System von Konventionen, die auch als Konventionen erfahren werden, so daß diejenigen, die die Konventionen instand halten, sich ihrer Austauschbarkeit bewußt sind, dann wird es hin und wieder notwendig sein, an diese Austauschbarkeit zu erinnern, indem man tatsächlich zur Ablösung übergeht. Diesem Gedankengang folgend, werden sich Teilnehmer an einer Kultur allein schon um den kulturellen Charakter ihrer Gesellschaft darzulegen – im Gegensatz zur mechanischen Kontinuität –, hin und wieder entschließen, herrschende Konventionen zu erneuern. Das Ergebnis ist die Ablösung von Konventionen als kulturelles Bedürfnis oder als kulturelle Notwendigkeit, als ein primärer Ausdruck des Menschen zur Bestätigung seiner kulturellen Identität. Diese Argumentation bildet die Grundlage für eine *kulturelle* oder *anthropologische* Theorie bezüglich der Ablösung von Konventionssystemen. Diese Theorie generiert Erfahrungstatsachen, die ohne nähere Spezifizierung entweder im Widerspruch zu den herrschenden Konventionen stehen oder nicht. Jede Abweichung von den herrschenden Verhaltensweisen, ungeachtet der ästhetischen Intention oder des epistemologischen Motivs, kann zum Beginn einer neuen Konvention werden. Der Forscher wird versuchen, den Abweichungen von den herrschenden Konventionen auf die Spur zu kommen, und Erscheinungen, die als solche interpretiert werden können, als signifikante Tatsachen betrachten.

4. Methoden der historiographischen Argumentation

Aus dem vorhergehenden läßt sich folgern, daß, um empirische Elemente lokalisieren zu können, es notwendig ist, sich von einer Theorie lenken zu lassen. Deutlich umschriebene Konzepte haben ebenfalls eine hinweisende Funktion und können die Wahrnehmung lenken. Dort, wo wir auf Tatsachen stoßen, die im Widerspruch zu unseren Theorien oder zu unseren Konzeptualisierungen stehen, haben wir es am deutlichsten mit Erfahrungstatsachen zu tun.

Im allgemeinen kommt konzeptuelle Klarheit der historiographischen Argumentation zugute. Wie bereits zu Beginn dieses Aufsatzes angesprochen, ist es unbedingt erforderlich, zwischen wissenschaftlichen historischen Kenntnissen und der Beschreibung dieser Kenntnisse in einer Literaturgeschichte zu differenzieren. Die Auffassung, daß eine Literaturgeschichte eine allgemeinbildende, kulturelle Funktion hat, ist weit verbreitet (beispielsweise Grootes 1989, 241; auch Rusch 1987, 445-447). Die Kombination von didaktischen und wissenschaftlichen Zielsetzungen in der Literaturgeschichtsschreibung hat ein zwiespältiges Produkt zur Folge. Ziel einer empirisch orientierten Literaturwissenschaft sollte es sein, diese Zwiespältigkeit zu explizieren statt zu verschleiern, und die Annahmen und Theorien, die der erzählenden Literaturgeschichtsschreibung zugrunde liegen, ans Licht zu bringen. Ist der Historiker sich der Möglichkeiten wissenschaftlicher Kritik bewußt und gelingt es ihm, auch den Lesern seines historiographischen Werks diese Möglichkeiten bewußt zu machen, wird auch die historische Erzählung an Überzeugungskraft gewinnen.

Geschichtsschreibung kann nur zum Teil der wissenschaftlichen Kritik unterworfen werden, aber wo die Möglichkeit dazu geboten wird, sollte davon Gebrauch gemacht werden. Kritik beginnt mit Fragen wie etwa: Wann und wo hat diese Geschichte stattgefunden? Welchen Effekt hat sie gehabt? Welche Ursachen gibt es? Oder eher zugespitzt auf die Literatur: Wie wurde dieser Roman rezipiert? Gehörte er zum Kanon? Welche Unterschiede gibt es, beispielsweise in bezug auf *A la recherche du temps perdu*, zwischen einer symbolistischen und einer modernistischen Lesart dieses Romans?

Diese Fragen lassen sich auf wissenschaftliche Weise beantworten, vorausgesetzt, daß eine gewisse Anzahl von Bedingungen erfüllt wurde. Man muß über deutliche Konzepte verfügen, wie etwa Symbolismus und Modernismus. Man muß wissen, was es bedeutet, daß ein Roman zum Kanon gehört, und man muß die verwendete Kanon-Definition operationalisieren können. Man muß außerdem über eine Theorie verfügen, die verdeutlicht, weshalb die genannten Fragen von Bedeutung sind, eine Theorie, die den Antworten auf diese Fragen empirischen Gehalt verleiht.

Kurz, um in wissenschaftlichem Sinne fruchtbar sein zu können, bedarf die empirische Erfahrung einer Theorie, die sie ausfindig macht, limitiert, definiert, die eine Diskussion ermöglicht und sie für Kritik zugänglich macht. Obgleich die theoretisch-empirische Arbeitsweise nur einen Bruchteil des Prozesses der Geschichtsschreibung ausmacht, ist sie ein unentbehrlicher Bestandteil, wenn Geschichtsschreibung, sei es auch nur bis zu einem gewissen Grade, wissenschaftliche Ansprüche geltend machen will.

Übersetzt von Andrea Kunne

Literatur

Angenot, Marc, Jean Bessière, Douwe Fokkema und Eva Kushner (Hg.) (1989), *Théorie littéraire. Problèmes et perspectives*, Paris: Presses Universitaires de France.

Ankersmit, F. R. (1983), *Narrative Logic. A Semantic Analysis of the Historian's Language*, Den Haag: Nijhoff.

– (1984), *Denken over Geschiedenis*, Groningen: Wolters-Noordhoff.

Bergson, Henri (1889), *Essai sur les données immédiates de la conscience*, Paris: Felix Alcan; deutsch: *Zeit und Freiheit*, Jena: Diederichs 1924.

Calinescu, Matei (1986), »Postmodernism and Some Paradoxes of Periodization«, in: Fokkema und Bertens (Hg.) (1986), a.a.O., 239-254.

Dreyfus, Hubert L. und Paul Rabinow (1982), *Michel Foucault. Beyond Structuralism and Hermeneutics*, Chicago: University of Chicago Press; dt. *Michel Foucault. Jenseits von Strukturalismus und Hermeneutik*. Mit einem Nachwort von und einem Interview mit Michel Foucault, aus dem Amerikanischen von Claus Rath und Ulrich Raulff, Frankfurt/M: Athenäum 1987.

Eibl, Karl (1976), *Kritisch-rationale Literaturwissenschaft. Grundlagen zur erklärenden Literaturgeschichte*, München: Fink.

Fokkema, Douwe (1989), »Questions épistémologiques«, in: Angenot u. a. (1989), a.a.O., 325–351.

– und Hans Bertens (Hg.) (1986), *Approaching Postmodernism*, Amsterdam und Philadelphia: Benjamins.

– und Elrud Ibsch (1988), *Modernist Conjectures. A Mainstream in European Literature 1910-1940*, London: C. Hurst/New York: St. Martin's Press.

Foucault, Michel (1961), *Folie et déraison. Histoire de la folie à l'âge classique*, Paris: Plon; dt. *Wahnsinn und Gesellschaft. Eine Geschichte des Wahns im Zeitalter der Vernunft*, Frankfurt/M.: Suhrkamp 1969.

Foucault, Michel (1966), *Les mots et les choses*, Paris: Gallimard; dt. *Die Ordnung der Dinge*, Frankfurt/M.: Suhrkamp 1971.

Grootes, E. K. (1989), »De paradoxen van de literatuurgeschiedschrijving«, in: *Spektator* 18, 241-261.
Kearney, Richard (Hg.) (1984), *Dialogues with Contemporary Continental Thinkers. The Phenomenological Heritage: Paul Ricœur, Emmanuel Lévinas, Herbert Marcuse, Stanislas Breton, Jacques Derrida*, Manchester: Manchester University Press.
Koselleck, Reinhart (1979), *Vergangene Zukunft. Zur Semantik geschichtlicher Zeiten*, Frankfurt/M.: Suhrkamp.
Kuhn, Thomas S. (1962), *The Structure of Scientific Revolutions*, 2. Aufl. 1970, Chicago: University of Chicago Press; dt. *Die Struktur wissenschaftlicher Revolutionen*, Frankfurt/M: Suhrkamp 1967.
LaCapra, Dominick (1983), *Rethinking Intellectual History. Texts, Contexts, Language*, Ithaca/London: Cornell University Press.
Lewis, David K. (1969), *Convention. A Philosophical Study*, Cambridge, MA: Harvard UP.
McCullagh, C. Behan (1984), Rezension von »Narrative Logic: A Semantic Analysis of the Historian's Language« von F. R. Ankersmit, in: *History and Theory* 23, 394-403.
Moisan, Clément (1987), *Qu'est-ce que l'histoire littéraire*, Paris: Presses Universitaires de France.
Musil, Robert (1978), *Gesammelte Werke*, hg. von Adolf Frisé, 9 Bde., Reinbek bei Hamburg: Rowohlt.
Nietzsche, Friedrich (1980), *Sämmtliche Werke*. Kritische Studienausgabe in 15 Bänden, hg. von Giorgio Colli und Mazzino Montinari, Berlin und New York: Walter de Gruyter/München: dtv.
Posner, Roland (1991), »Kultur als Zeichensystem. Zur semiotischen Explikation kulturwissenschaftlicher Grundbegriffe«, in: Aleida Assmann und Dietrich Harth (Hg.), *Kultur als Lebenswelt und Monument*, Frankfurt/M.: Fischer Taschenbuch Verlag, 37-74.
Rigney, Ann (1991), »Narrativity and Historical Representation«, in: *Poetics Today* 12, 591-605.
Rorty, Richard (1989), *Contingency, Irony, and Solidarity*, Cambridge: Cambridge University Press; dt. *Kontingenz, Ironie und Solidarität*, Frankfurt/M.: Suhrkamp 1991.
Rusch, Gebhard (1987), *Erkenntnis, Wissenschaft, Geschichte. Von einem konstruktivistischen Standpunkt*, Frankfurt/M.: Suhrkamp.
Uhlig, Claus (1982), *Theorie der Literaturhistorie. Prinzipien und Paradigmen*, Heidelberg: Winter.
– (1985), »Literature as Textual Palingenesis. On Some Principles of Literary History«, in: *New Literary History* 16, 481-513.
White, Hayden V. (1984), »The Question of Narrative in Contemporary Historical Theory«, *History and Theory* 23, 1-33.
– (1978), *Tropics of Discourse: Essays in Cultural Criticism*, Baltimore und London: Johns Hopkins University Press.

Rien T. Segers
Durchbruch und Kanonisierung: Eine neue Provokation für die Literaturgeschichtsschreibung?

»On 25 January 1932, Virginia was fifty years old, she had written six novels, she was famous, and Lytton was dead.«
Quentin Bell 1972/1973, II, 165.

1. Literaturgeschichtsschreibung 25 Jahre nach einer Provokation

Seit Hans Robert Jauß seine bekannte Provokation der Literaturgeschichtsschreibung formulierte, sind fast 25 Jahre vergangen.[1] Während dieser Jahre haben wir eine ganze Reihe von Versuchen erlebt, diese Provokation fruchtbar zu machen. Während Jauß sich hauptsächlich darauf beschränkte, die historische Rezeptionsforschung theoretisch zu entwickeln, haben andere versucht, seine theoretischen Überlegungen in praktische Arbeit umzusetzen.[2]

Auf der Basis all dieser theoretischen und praktischen Arbeiten wurde allmählich klar, daß ein Ansatz, der im wesentlichen auf eine Beschreibung historischer Leserreaktionen zielte, in einer ziemlich engen Konstruktion der historischen Vergangenheit münden würde. Gunter Grimm war einer der ersten, der dies erkannte. Sein Plädoyer für historische literaturwissenschaftliche Forschung auf einer viel breiteren Basis als nur einer Deskription von Leserreaktionen darf auch heute noch einen hohen Grad an Geltung beanspruchen. Nach Grimms Ansicht sollte sich die historiographische Rezeptionsforschung konzentrieren auf den »Aufweis der Mechanismen des Literaturbetriebs, der Literaturvermittlung, der gesellschaftlichen Kommunikation. Sie (d. h. die Rezeptionsgeschichte, RTS) sollte daher, wie betont, interdisziplinär geschrieben werden: von Soziologen, Psychologen und Literaturwissenschaftlern«.[3]

Seit diese Sätze geschrieben wurden, in vielen Fällen jedoch unabhängig von ihnen, hat das Interesse an einer solchen breiteren Konzeption einer Rezeptionsgeschichte auf beiden Seiten des Atlantiks zugenommen. Als Beleg für diese These könnte man eine der frühesten und eine der jüngsten Stellungnahmen zu dieser Frage zitieren. Im Jahre 1980 erklärte Hans Robert Jauß: »Die Rezeptionsästhetik (...) hat sich allmählich seit 1966 zu einer Theorie der literarischen Kommunikation gewandelt.«[4] Und mehr als zehn Jahre später plädierte James Smith-Allen in einer Zusammenfassung seiner Forschungsarbeiten über die Geschichte des Lesens in Frankreich ebenfalls für eine Rezeptionsstudie, die kommunikationsorientiert sein sollte.[5]

An dieser Stelle müßte man eine Unterscheidung treffen, nämlich zwischen demjenigen, was in der Theorie behauptet wird und demjenigen, was in der Praxis tatsächlich realisiert wird. Man könnte dann z. B. fragen, ob das Interesse der Konstanzer Schule wirklich so kommunikationsorientiert war, wie Jauß 1980 behauptete. Generell läßt sich sagen, daß dies nicht der Fall war. Eines der Probleme der Rezeptionsästhetik bestand gerade darin, daß sie kaum über eine Beschreibung der Text-Leser-Beziehung hinausgelangte und daß sogar diese Beschreibung, speziell in der Konstanzer Schule, aus einer ziemlich hypothetischen Perspektive heraus vorgenommen wurde. Bis zu einem gewissen Grad kann dieser Einwand auch gegen den amerikanischen *reader-response criticism* der siebziger und achtziger Jahre vorgebracht werden. Deshalb konnten Carl Kaestle und andere kürzlich anmerken: »(...) reader-response criticism has been justly criticized for ignoring class, gender, race, und other variables that divide society and thus shape readers' interests and predispositions.«[6]

Im Gegensatz zur Rezeptionsästhetik war die empirische Theorie der Literatur von Beginn an als eine breite Disziplin angelegt. Die Untertitel der beiden *Grundriß*bände von Siegfried J. Schmidt deuten den Gegenstandsbereich und die hinter diesem Ansatz stehenden Intentionen an.[7] Im ersten Band des *Grundrisses der Empirischen Literaturwissenschaft* betont Schmidt das Interesse an einem Kommunikationsansatz: ›Der gesellschaftliche Handlungsbereich Literatur‹. Der Untertitel des zweiten Bandes klärt uns über die Intentionen einer empirischen Literaturwissenschaft auf: ›Rekonstruktion literaturwissenschaftlicher Fragestellungen in einer Empirischen Theorie der Literatur‹.

Die Motivation, Literatur in einem kommunikativen Kontext zu untersuchen, ist jüngst durch die Einführung systemtheoretischer Konzepte in die Literaturwissenschaft verstärkt worden. In den letzten zehn Jahren haben Wissenschaftler in drei verschiedenen Ländern eine Menge Arbeit investiert, um die Systemtheorie auf literaturwissenschaftliche Belange zuzuschneiden. An erster Stelle ist die Gruppe am Porter Institute for Poetics and Semiotics der Universität Tel Aviv zu nennen (unter anderen Itamar Even-Zohar, Zohar Shavit, Gideon Toury, Shelly Yahalom). Dann gibt es ein Forschungsteam am Institut für Empirische Literatur- und Medienforschung der Universität Siegen (unter anderen Achim Barsch, Peter Hejl, Gebhard Rusch, Siegfried J. Schmidt, Reinhold Viehoff). Das dritte Land in diesem Kontext ist Kanada, wo zwei Gruppen an zwei verschiedenen Orten mehr oder weniger explizit auf der Basis eines systemtheoretischen Ansatzes arbeiten. In Edmonton an der Universität von Alberta (am Research Institute for Comparative Literature) konzentriert sich eine Forschergruppe auf ein großes Projekt unter dem Titel ›Toward a History of the Literary Institution in Canada‹; diese Gruppe (die ›HOLIC‹) besteht unter anderen aus E. D. Blodgett, Milan V. Dimić, A. G. Purdy und Steven Tötösy de Zepetnek. In Québec, an der Université Laval, existiert die Gruppe CRELIQ im Centre de Recherche en Littérature Québécoise mit den Mitgliedern Maurice Lemire, Joseph Melançon, Clément Moisan, Denis Saint-Jacques und anderen.[8]
Die Tel-Aviv-Gruppe gründet auf »(...) previous work by the Russian Formalists, including Jurij Tynjanov, Boris M. Ejxenbaum und Roman Jakobson. There are also elements of the theory which elaborated upon ideas presented by members of the Prague School of Structuralism, Jan Mukařovský and Felix Vodička, and East European and Soviet comparatists and semioticians, such as Anton Popović, Dioniz Ďurišin, Michail Bachtin, and, even more influentially, Jurij Lotmann. The theory itself and the praxis inspired by it are compatible with, and often parallel to, those contemporary sociological approaches to literature which systematically study ›literary life‹ or ›the field of literature‹ (le champ littéraire) as a partially autonomous institution.«[9]
Die Siegener Gruppe stützt sich im wesentlichen auf Ideen, die von Niklas Luhmann und Humberto Maturana entwickelt wurden. Siegfried J. Schmidt beschreibt die Hauptmerkmale des Sy-

stemkonzeptes folgendermaßen: »A Social system, by definition, is a complex and dynamic system. Social systems are defined as groups of living systems which have established a common model of reality and thereby a domain of meaningful actions and communications. The members of social systems interact in relation to this domain.«[10] Ein literarisches System besteht aus Komponenten, die ›literarische Handlungen‹ genannt werden. Schmidt reserviert diesen Begriff im wesentlichen für das Verarbeiten literarischer Texte; aber dies scheint eine viel zu enge Perspektive zu sein. Ich würde ›literarische Aktivitäten‹ als diejenigen Handlungen beschreiben, die bei allen Teilnehmern literarischer Kommunikation, von Autoren bis zu Kritikern, von Lehrern bis zu Studenten, von Buchverkäufern bis zu Lesern ausgeführt werden. All jene Teilnehmer können Handlungen ausführen (z. B. Romane schreiben, Kritiken schreiben, lehren, lernen, Bücher verkaufen und sie lesen usw.), die für einen systemischen Ansatz in der Literaturwissenschaft relevant sind.[11]

Abgesehen von wichtigen Differenzen zwischen dem israelischen, deutschen und kanadischen Ansatz versuchen doch all diese Gruppen, Literatur als ein dynamisches und funktionales Phänomen zu beschreiben. Von zentralem Interesse ist die Art und Weise, wie Literatur *funktioniert*. Systemtheorie versucht, all die verschiedenen literarischen Aktivitäten zu integrieren, die in der einen oder anderen Weise eine Rolle im Kommunikationsprozeß spielen. Systemtheorie versucht, der Literaturwissenschaft ein Modell anzubieten, das eine Grundlage für die Beschreibung aller einschlägigen Aktivitäten sein kann.

Skeptiker werden möglicherweise fragen, ob dieses Ideal jemals wird erreicht werden können. Vorerst kann ich nur sagen, daß ich der Systemtheorie in dieser Hinsicht ein großes Potential zutraue. Aber natürlich kann auch hier erst die Zukunft zeigen, ob die großen Erwartungen gerechtfertigt sind. Nur wenn es der Systemtheorie gelingt, mit *praktischen* Forschungsergebnissen aufzuwarten, die relevant sind und von der eher traditionellen Literaturwissenschaft nicht erzielt werden können, wird man in der Lage sein, die Vor- und Nachteile dieses Ansatzes auf einer verläßlicheren Grundlage zu beurteilen.

Solange nur wenige praktische Anwendungen der Systemtheorie vorliegen, kann man nicht viel mehr als Erwartungen äußern. Aber es ist meine Überzeugung, daß eine konsequente Anwendung systemtheoretischer Konzepte in aktuellen Forschungsprojekten unseren Einblick in jenen komplexen und vielgestaltigen Gegenstand Literatur vertiefen wird, ein Gegenstand, der nicht auf einen einzigen Aktivitätstyp reduziert werden kann (z. B. nur auf das Interpretieren oder nur auf die Erforschung von Rezeptionen usw.). Darüber hinaus mag Systemtheorie auch zu methodologischen Fortschritten führen. So fragen z. B. Douwe Fokkema und Elrud Ibsch, ob nicht die Systemtheorie und die Zugrundelegung desselben Systemmodells zu einer besseren Vereinheitlichung, Integration und Verbindung all der unterschiedlichen und äußerst spezifischen Forschungsprojekte führen könnten, die an so vielen Universitäten in der ganzen Welt durchgeführt werden.[12]

Systemtheorie ist eine allumfassende Theorie, die darauf zielt, die Forschungen in allen Bereichen der Literaturwissenschaft zu organisieren. Aber welches Angebot hat die Systemtheorie an die Literaturgeschichtsschreibung zu machen? Nun, die Antwort auf diese Frage scheint zu allererst davon abzuhängen, wie man die Aufgaben, den Gegenstandsbereich und die Ziele des Schreibens von Literaturgeschichten auffaßt. Ich sehe als die Aufgabe der Literaturgeschichtsschreibung die Konstruktion des historischen Literatursystems mit besonderer Aufmerksamkeit für dessen soziohistorische Funktionen. Das bedeutet, daß der Gegenstandsbereich der Literaturgeschichte durch die Forschungen und die Analysen der verschiedenen Beziehungen etabliert wird, die zwischen unterschiedlichen literarischen Aktivitäten in diachroner und synchroner Perspektive bestehen. Das Ziel einer solchen Literaturgeschichtsschreibung sollte es sein, Hypothesen über die Gesetze und das Funktionieren solcher historischer literarischen Entwicklung zu entwickeln, die eine übergeordnete Einheit bilden.[13]

Ein systemtheoretischer Ansatz hat zwei wichtige Konsequenzen für die Literaturgeschichtsschreibung. Die erste betrifft das Bewußtsein des Unterschieds zwischen Veränderung und Nicht-Veränderung (Stillstand, Ruhe). Dazu führt Clément Moisan richtig an, daß letzteres in Struktur-Begriffen beschrieben werden kann, die einen *Status quo* charakterisieren. Das Phänomen der Veränderung sollte dann in Funktionsbegriffen beschrieben werden, die eine dynamische Situation charakterisieren.[14] Das Konzept der Funktion ist von besonderem Interesse für die Literaturgeschichtsschreibung, und zwar nicht nur in diachronischer Perspektive, die *per definitionem* Veränderung impliziert (oder ›Evolution‹, um den traditionellen Terminus zu verwenden), sondern auch auf einer synchronischen Ebene. Im Gegensatz zu anderen Ansätzen, wie z. B. zum Strukturalismus und der Frühphase der Rezeptionsästhetik, betrachtet ein systemischer Ansatz Literatur nicht als ein statisches (auch nicht in einem besonderen Zeitpunkt), sondern als ein dynamisches Phänomen. Mit anderen Worten, für jeden einzelnen Zeitpunkt führt der systemische Ansatz zur Konstruktion der *externen* dynamischen Beziehungen des Literatursystems (eines bestimmten Landes) zu anderen Systemen, z. B. dem System der nichtliterarischen Texte, dem sozioökonomischen System, dem System der ausländischen Literatur usw. Aber auch die *internen* dynamischen Beziehungen der verschiedenen Subsysteme werden konstruiert, die sich durch die Wechselbeziehungen verschiedener literarischer Aktivitäten ergeben.

Eine zweite Konsequenz gründet auf dem Unterschied zwischen geschlossenen und offenen Systemen. Traditionelle Literaturgeschichtsschreibung operiert als ein geschlossenes System. Moisan erklärt, daß dies eine Organisation ohne jegliche Komplexität impliziert und auf die Beschreibung einer statischen Situation abzielt: Traditionelle Geschichtsschreibung führt zu einer Mischung allgemeiner Geschichte mit Biographien und Inhaltsangaben literarischer Werke.[15] Das leitende Prinzip dieser Mischung ist in den meisten Fällen die Umgruppierung der Elemente nach dem Prinzip der Kausalität.

Stellt man sich Literaturgeschichtsschreibung aber als ein offenes System vor, dann verändern sich die Konstruktionsprinzipien grundsätzlich. Es sind nicht mehr Kausalität, Fortschritt oder Evolution, sondern es ist die Funktion der verschiedenen literarischen Aktivitäten in Beziehung zueinander, ebenso wie in Relation zu den Elementen anderer Systeme (z. B. der Politik, der Wirtschaft, nichtliterarischer Texte usw.). Diese Funktionen sollten sowohl auf einer diachronischen als auch auf einer synchronischen Achse beschrieben werden. Clément Moisan merkt in diesem Zusammenhang an: »L'analyse systémique permet de tenir compte d'une somme considérable d'éléments et de pouvoir les considérer tous à la fois et séparément. L'analyste n'est plus perdu dans l'amas de détails, ni désorienté dans le traîtement d'une masse énorme d'éléments disparates ou sans paradigme apparent.«[16]

2. Durchbruch und Kanonisierung in der Literaturgeschichtsschreibung

Die Beschreibung, die ich bisher von Systemtheorie in Beziehung zur Literaturwissenschaft im allgemeinen und Literaturgeschichte im besonderen gegeben habe, kann leicht zu dem Eindruck führen, wir hätten es hier mit einem weiteren jener theoretischen Luftschlösser zu tun, mit einem Luftschloß, das so groß ist und sich in so dünner Luft befindet, daß es jeden Kontakt mit Literatur und Geschichte längst verloren hat. Dies wäre eine verständliche Reaktion. Deshalb muß man sich noch einmal klarmachen, daß Systemtheorie praktische Forschungsarbeit benötigt, um Vor- und Nachteile erkennen zu lassen, die möglicherweise grundsätzliche Prinzipien modifizieren können. In diesem Aufsatz will ich diese Prinzipien auf einen zentralen Bereich der Literaturgeschichte anwenden: auf die Kanonisierung. Die Begriffe von ›Kanon‹ und ›Kanonisierung‹ sind im letzten Jahrzehnt sehr intensiv diskutiert worden.[17] Im allgemeinen kann man sagen, daß die Veröffentlichungen auf diesem Gebiet sich in drei Kategorien aufteilen lassen. In der ersten Kategorie besteht das hauptsächliche Interesse am Prozeß der Kanonisierung; in der zweiten Kategorie richtet sich die Aufmerksamkeit auf das Ergebnis dieses Prozesses, den Kanon selbst; und in der dritten Kategorie wird beides miteinander verbunden, Prozeß der Kanonisierung und Kanon.

Eine schöne und zweckmäßige Definition von ›Kanon‹ gibt – der zweiten Kategorie entsprechend – Patrick Parrinder: Ein Kanon ist die Schnittmenge aller Angaben, die wir geben sollten, wenn uns der sprichwörtliche Ethnograph vom Mars fragen würde (nicht: ›Was ist Literatur?‹, sondern:) ›Was ist eure Literatur?‹[18]

Eine Definition, die sowohl den Prozeß als auch das Resultat von Kanonisierung berücksichtigt, hat Even-Zohar auf der Basis der Arbeiten von Viktor Šklovskij vorgelegt: »(...) mit ›kanonisiert‹ bezeichnet man solche literarischen Normen und Werke (sowohl Modelle als auch Texte), die als solche von den dominanten Gruppen innerhalb einer Kultur akzeptiert sind und deren herausragende Werke von der Gesellschaft bewahrt und so Teil des historischen Erbes werden. Auf der anderen Seite bezeichnet ›nicht-kanonisiert‹ solche Normen und Texte, die von diesen gesellschaftlichen Gruppen abgelehnt werden und deren Produkte im Laufe der Zeit von der Gesellschaft völlig vergessen werden (wenn sie nicht ihren Status verändern). Kanonizität ist also keine inhärente Eigenschaft textueller Aktivitäten auf irgendeinem Niveau: es ist kein Euphemismus für ›gute‹ oder ›schlechte‹ Literatur. (...) Offenbar können die in einer Kultur lebenden Menschen solche Unterscheidungen in diesen Begriffen treffen, aber der Historiograph sollte sie nur als Beleg für die Normensets historischer Perioden ansehen.«[19]

Wenn Kanonizität als eine metaphysische Eigenschaft von Texten abgelehnt wird, gelangen die kommunikativen Prozesse in der Umgebung von Texten, die zu Kanonisierungen führen, ins Zentrum der Aufmerksamkeit eines systemischen Ansatzes und also auch des vorliegenden Aufsatzes. Im folgenden will ich ein spezifisches Element von Kanonisierungsprozessen herausgreifen: den literarischen Durchbruch eines speziellen Autors.

In der überwiegenden Zahl der Fälle thematisiert die aktuelle Sekundärliteratur Kanonisierung in Prozeßbegriffen, wobei der Prozeß der Akzeptanz und der Zurückweisung als ein sozial konstituiertes Phänomen hervorgehoben wird. In den meisten Fällen wird dieser Prozeß vorgestellt als eine ungeteilte und ununterbrochene Entwicklung. Erforscht man aber den Kanonisierungsprozeß eines speziellen Autors, so ist eine der ersten Einsichten, die man gewinnt, daß Kanonisierung in den meisten Fällen als ein in Stufen oder Phasen aufzuteilender Prozeß in Erscheinung tritt. Jede Phase ist dabei durch spezifische literarische Handlungen oder durch literarische Aktivitäten charakterisiert, die sich in ihrer Intensität unterscheiden. Deshalb möchte ich hier die Hypothese vorstellen, daß ein Kanonisierungsprozeß im Prinzip aus folgenden vier Phasen konstruiert werden kann: (1) im Heimatland oder in der Sprachgemeinschaft des betreffenden Schriftstellers: die Stufe begrenzter Akzeptanz durch eine geringe Anzahl einflußreicher Leser, die begrenzte literarische Aktivitäten entfalten; (2) im Heimatland oder in der Sprachgemeinschaft des betreffenden Schriftstellers: die Stufe genereller Akzeptanz durch eine große Anzahl einflußreicher Leser und durch eine große Zahl gewöhnlicher Leser, die (fast) alle möglichen literarischen Aktivitäten entwickeln; (3) in zwei oder drei fremden Ländern: die Stufe begrenzter internationaler Anerkennung durch eine Anzahl einflußreicher und gewöhnlicher Leser, die eine begrenzte Anzahl literarischer Aktivitäten entwickeln; (4) in vielen fremden Ländern: die Stufe genereller internationaler Akzeptanz durch eine große Zahl gewöhnlicher Leser, die (fast) alle möglichen literarischen Aktivitäten entfalten. Neue Forschungen haben zu zeigen, in welchem Maße diese vier Phasen eine angemessene Konstruktion darstellen oder ob es besser wäre, drei oder vielleicht sogar fünf verschiedene Phasen zu unterscheiden.

Was sind ›einflußreiche Leser‹? Wie wir oben festgestellt haben, sind literarische Aktivitäten bestimmte Handlungen, die den literarischen Kommunikationsprozeß konstituieren und von den Teilnehmern dieses Prozesses ausgeführt werden. Ich unterscheide zehn Kategorien solcher Teilnehmer, die jeweils spezifische literarische Aktivitäten entfalten: Autoren, Verleger, Leser, Kritiker und Rezensenten, Buchhändler, Lehrer und Schüler (Professoren und Studenten), Bibliothekare, Vertreter spezifischer Organisationen und Vereinigungen (PEN-Clubs, die vielen Vereinigungen von Buchhändlern, Lehrern, Lesern, usw.), Verwaltungspersonal und Beamte, die mit Kultur und Literatur zu tun haben, und als letzte Kategorie die Ausleiher und Käufer von Büchern, die wohl die Mehrheit der Durchschnittsleser ausmachen.[20] Einflußreiche Leser findet man in all diesen Kategorien, außer in der letzten. In diesem Zusammenhang nehme ich an, daß die letzte Kategorie, die Mehrheit der lesenden Öffentlichkeit, nur als ganze Einfluß ausüben kann, und zwar dadurch, daß ein bestimmter Text massenhaft gekauft und gelesen wird (oder eben das Gegenteil der Fall ist).

Die Stufen 1 bis 4 des Kanonisierungsprozesses zeigen: (a) eine zunehmende Zahl literarischer Aktivitäten von Stufe zu Stufe, (b) eine zunehmende Intensität und Ausweitung der literarischen Aktivitäten. So ist z. B. anzunehmen, daß in der ersten Phase, der Phase begrenzter Akzeptanz, keine oder nur sehr wenige Aktivitäten von Lehrern, Schülern, Professoren und Studenten entwikkelt werden. In den anderen drei Stufen wenden sich Schulen und Universitäten dagegen mit größerem und wachsendem Interesse in der Lehre und der Forschung den Texten und den betreffenden Autoren zu. Auf der Basis praktischer Forschungsarbeiten sollte es möglich sein, Standards für die Definition der jeweiligen Phase des Kanonisierungsprozesses zu entwickeln. Dies betrifft Fragen wie die folgenden: Welche spezifischen literarischen Aktivitäten müssen für die einzelnen vier Phasen angenommen werden? Welche Intensität und Verbreitung literarischer Aktivitäten ist für jede einzelne Phase anzusetzen? Wann endet eine dieser Phasen und wann fängt die nächste an?

Der Terminus ›Durchbruch‹ kann nun definiert werden als das Ergebnis der Interaktion aller literarischer Aktivitäten in den einzelnen unterschiedenen Phasen. Das bedeutet, daß man faktisch vier (Teil-)Durchbrüche voneinander unterscheidet. Das Endergebnis des Durchbruchs ist die Kanonisierung des spezifischen Autors oder spezifischer Texte. Damit werden im Prinzip auch vier verschiedene Typen von Kanonisierung angesetzt. Von Durchbruch kann dann gesprochen werden, wenn ein Autor oder ein Text bekannt ist, gelesen, rezensiert, diskutiert, gekauft, verschenkt wird usw.

Kanonisierung ist der nächste Schritt. Dabei wird ein Autor oder ein Text als ein so wichtiges Element der Kultur eines spezifischen Landes betrachtet (oder einer größeren Region, oder gar der ganzen Welt), daß verschiedene und zum Teil sehr spezifische literarische Aktivitäten ausgeführt werden, um sicherzustellen, daß diesem Autor ein fester Platz in der literarischen Welt zukommt, und daß viele Menschen mehr oder weniger gezwungen werden, von diesem Autor und seinen oder ihren Texten Notiz zu nehmen. Literarische Aktivitäten, die speziell dem Prozeß der Kanonisierung dienen, sind zum Beispiel: die Zuschreibung einer bedeutenden Rolle in der Literaturgeschichte eines Landes, die Verleihung prestigeträchtiger Ehrungen (Vergabe von Literaturpreisen, Ehrendoktoraten, Einladungen zu wichtigen Lesungen), die Aufnahme eines Autors in obligatorische Lektürelisten, die Herausgabe von Texten, Veröffentlichung von Texten (oder wichtigen Ausschnitten) in Schulbüchern und Anthologien. Ein Durchbruch ist ein vergleichsweise spontaner Prozeß; Kanonisierung ist demgegenüber viel weniger spontan und schließt gewisse Zwangselemente mit ein.

3. Ein Beispiel aus der Literaturgeschichtsschreibung

An anderer Stelle[21] habe ich auf der Basis einer Fallstudie ein Beispiel für die Konstruktion jenes mühsamen Prozesses des Durchbruchs und der Kanonisierung gegeben, für den Durchbruch einer heute weltberühmten Autorin: Virginia Woolf (1882-1941). Diese Studie hatte zwei Ziele: (1) einen Vorschlag zur Konstruktion von Durchbruch und Kanonisierung Virginia Woolfs zu machen; (2) Implikationen aufzuzeigen, die sich aus der Systemtheorie für die Literaturgeschichtsschreibung ergeben.

Wie schon gesagt, impliziert die Systemtheorie, daß die literarischen Aktivitäten, die zu einem Durchbruch und zur Kanonisierung führen, auf einer interaktiven Basis beschrieben werden sollten. In der besagten Fallstudie habe ich mich deshalb auf jene Aktivitäten konzentriert, die Virginia Woolf als Person und als Autorin entwickelt hat, auf die Aktivitäten der Verlagshäuser, der Buchhändler und der Käufer ihrer Bücher und nicht zuletzt auf diejenigen der Kritiker und Rezensenten der Woolfschen Veröffentlichungen.

Wie ich in dieser Fallstudie gezeigt habe, war der Einfluß des Werkes von Virginia Woolf während ihrer Lebzeiten gering. Ende der dreißiger Jahre waren weder ihre sozialen noch ihre literarischen Ideen zu Allgemeingut geworden. War sie am Ende ihres Lebens in den literarischen Kanon Großbritanniens aufgenommen worden? Die Antwort muß negativ sein. Der Prozeß ihrer Kanonisierung war umständlich und vollzog sich nur in kleinsten Schritten. Andererseits wurde sie zu Lebzeiten durchaus als Teil der englischen Literatur angesehen und für eine wichtige, wenn auch umstrittene Autorin gehalten. Zur ›großen Tradition‹ wurde sie jedoch nicht gerechnet. Viele einflußreiche Kritiker waren sehr skeptisch bzgl. der Frage, ob sie als Autorin ihren persönlichen Tod überleben würde.

Mit Quentin Bell (vgl. das Motto) muß man sich aber klarmachen, daß Virginia Woolf 1932 schon eine Berühmtheit war und dies für den Rest ihres Lebens blieb. Und dies bedeutet, daß Virginia Woolf einen gewissen Ruf in einem größeren Kreis als nur demjenigen ihrer Bewunderer und Feinde hatte. Unsere Forschungen weisen darauf hin, daß sie ihren Namen und ihren Ruhm zu ihren Lebzeiten nicht in erster Linie ihren literarischen und feministischen Arbeiten verdankt, wie oft angenommen wird. Die Zahl der

gedruckten Exemplare ihrer Bücher war einfach zu klein, um zu solcher Berühmtheit zu führen, nicht einmal in den Jahren ihres größten kommerziellen Erfolges 1929-1938.
Virginia Woolf war keine erfolgreiche Autorin, wenn ›Erfolg‹ quantitativ durch die Menge der gedruckten Exemplare oder in Bestseller-Begriffen definiert wird. Unter ihren Zeitgenossen erreichte sie ihren Ruhm in erster Linie aus einer Reihe verschiedener Gründe, von denen ihr literarisches und feministisches Werk nur zwei sind. Andere, ebenso wichtige Faktoren dürften sein: das Prestige ihres Vaters, ihre Mitgliedschaft in der Bloomsbury-Gruppe, ihre exzentrische Persönlichkeit und ihre lebenslange Tätigkeit für die *Times*. Die literarischen Aktivitäten, die sich um die Person und Autorin Virginia Woolf in England zwischen den beiden Weltkriegen formierten, waren unter anderem: die Veröffentlichung ihrer Schriften, die Rezension ihrer Texte, Verkauf und Kauf ihrer Bücher, Einladungen zu Radioauftritten oder Lehraufträgen an größeren Universitäten, Versuche, sie mit zwei Ehrendoktoraten auszuzeichnen und sie zu einem Mitglied der Companion of Honor zu machen, Klatsch und Tratsch über ihre Person und ihre persönlichen Beziehungen. All dies sind Aktivitäten, die für die erste Phase der Kanonisierung typisch sind. Drei andere Aktivitäten aber, die wichtig für den zweiten Durchbruch sind, lassen sich dagegen kaum oder gar nicht beobachten. So wurde ihr Werk kaum an wichtigen Universitäten gelehrt, die Lektüre ihrer Arbeiten gehörte nicht zum Lehrstoff der Schulen oder Universitäten; im Untersuchungszeitraum wurde Viginia Woolf kein Platz in der englischen Literaturgeschichte eingeräumt.
Die vergleichsweise geringe Intensität der beobachtbaren literarischen Aktivitäten und das Fehlen dreier wichtiger Kriterien für die zweite Kanonisierungsphase lassen die Ansicht gerechtfertigt erscheinen, daß Virginia Woolf in der Zeit von 1920 bis 1941 lediglich einen Durchbruch der ersten Phase vollzogen hatte. Der literarische und soziale Erfolg, den sie aus der Kollision ihrer Werke mit den zeitgenössischen viktorianischen ästhetischen und moralischen Standards bezog, war in den zwanziger und dreißiger Jahren minimal. Ab Mitte der dreißiger Jahre gab es einige prestigeträchtige Ehrungen und ein wenig sozialen Ruhm, aber aus einer literarischen und kulturellen Perspektive gesehen, gelangten ihr Einfluß, ihre Wertschätzung und Reputation nicht über die erste Phase des Kanonisierungsprozesses hinaus.[22]

Beobachten wir den Kanonisierungsprozeß jedoch weiter, d. h. für den Zeitraum nach 1941, dann zeigt sich das interessante Phänomen, daß die zweite Kanonisierungsphase vollständig ausfällt und der Prozeß direkt in der dritten und vierten Phase weitergeht. Dieser Aufstieg hat auch damit zu tun, daß ihr Ruhm im Ausland in den fünfziger und sechziger Jahren viel schneller wuchs als in Großbritannien. Die dritte Phase endete etwa Mitte der siebziger Jahre. In der vierten Phase wurde ihr Werk (sowohl das fiktionale wie das nicht-fiktionale) in großem Rahmen akzeptiert und gelesen, im Vereinigten Königreich ebenso wie außerhalb seiner Grenzen.[23] Um ein Beispiel zu geben: Die einflußreiche *Encyclopedia of World Literature in the 20th Century* (1989, 657) stellt fest, daß Ende der achtziger Jahre Virginia Woolfs Reputation als »one of the century's authentic major voices« bestimmt war. Heutzutage, Anfang der neunziger Jahre, stellt ihr literarisches Werk ein modernistisches Denkmal dar, während sie zugleich von vielen als *die* repräsentative Persönlichkeit für den Feminismus des frühen 20. Jahrhunderts angesehen wird. In diesem Kontext wird oft fälschlicherweise angenommen, daß ihr literarischer und feministischer Einfluß schon vor dem Zweiten Weltkrieg deutlich erkennbar gewesen sei. Aber wie wir gesehen haben, wird diese Ansicht durch die vorliegenden Forschungsergebnisse nicht gestützt. Virginia Woolf selbst hat die begrenzte Bedeutung und den geringen Einfluß ihres Werkes durchaus erkannt. Am 22. November 1938 schrieb sie in ihrem Tagebuch: »I'm fundamentally, I think, an outsider. I do my best work and feel most braced with my back to the wall. It's and odd feeling, though, writing against the current: difficult entirely to disregard the current.«

Um an den Anfang unserer Überlegungen zurückzukehren: Quentin Bells Anmerkung, daß Virginia Woolf am 25. Januar 1932 fünfzig Jahre alt war, daß sie sechs Romane geschrieben hatte, daß sie berühmt und Lytton Strachey tot war, ist eine Mischung von Tatsachen und einer Konstruktion (»berühmt«). Und tatsächlich ist dies die Aufgabe der Historiographie im allgemeinen und der Literarhistoriographie im besonderen: die Verknüpfung von Fakten und Konstruktionen zu einer Geschichte. Wir sollten die Idee einer Literaturgeschichte aufgeben, die alles enthält, die sich noch mit den obskursten Werken längst vergessener Autoren beschäftigt. Vertritt man eine moderne Konzeption von Literatur als einem System aus vielen verschiedenen literarischen Aktivitäten, dann sollte man sich von den Vorstellungen des 19. Jahrhunderts befreien und Literaturgeschichte nicht länger als eine Ansammlung von Tatsachenaussagen ansehen. Um die Frage zuzuspitzen: ist es nicht so, daß viele der vorliegenden Literaturgeschichten sich vor allem dadurch auszeichnen, daß sie enzyklopädisch Schriftsteller und Werke anführen, anstatt uns interessante Verbindungen von Tatsachen und Konstruktionen vorzuführen? Weder ein konsequenter Faktenobjektivismus noch ein purer Konstruktivismus wird zu interessanten und verläßlichen Formen von Literaturgeschichte führen. Es ist die Kombination von beiden, die das Schreiben von Literaturgeschichten wertvoll und lohnend macht. All das, was wir jetzt für wichtig halten: Durchbruch, Kanonisierung, literarische Aktivitäten, soziale und künstlerische Einflüsse, nationale und internationale Bedeutung eines Schriftstellers, all dies kann nur auf der Basis der Kombination von Fakten und Konstruktionen untersucht und dargestellt werden. In diesem, Fakten suchenden und Konstruktionen erfindenden, Forschungsdesign, kommt der Analyse von Rezensionen in Zeitungen, Wochenzeitungen und Zeitschriften für die Literaturgeschichte des 18., 19. und 20. Jahrhunderts besondere Bedeutung zu.[24]

Man könnte annehmen, die neue Provokation der Literaturgeschichtsschreibung liege in einer Neufassung des Konzepts der Rezeption. In der ›alten‹ Provokation durch Hans Robert Jauß wurde Rezeption unmittelbar und ausschließlich an Texte gebunden. In dem Ansatz, der hier vertreten wird, ist Rezeption mit jedem Aspekt des literarischen Kommunikationsprozesses in Verbindung gesetzt, mit all jenen literarischen Aktivitäten, die mit einem spezifischen Autor und mit seinem Werk in Verbindung gebracht werden können. Es betrifft also die Rezeption auch der Person hinter dem Autor, des Schriftstellers, der Vermarktungsstrategien der Verlage, des Werkes selbst, der Ansichten von Buchhändlern und Bibliothekaren, der Rezensionen und Kritiken, des Einflusses von Preisen und Auszeichnungen usw.

Ein systemischer Ansatz dieser Art hat den Vorteil, eine ›offenere‹ Konstruktion zu ermöglichen als die enge ›Rekonstruktion‹ auf der Basis eines oder zweier Elemente (etwa nur des Feminismus der Virginia Woolf oder nur ihrer homosexuellen Neigungen oder nur ihres Modernismus usw.). Eine offenere Anlage verringert die Gefahr detailreicher Irrtümer. Aber es versteht sich von selbst, daß eine solche offenere Konstruktion ihre eigenen Risiken mit sich bringt, z. B. zu viel zu wollen und dementsprechend ein zu oberflächliches Bild zu zeichnen. Der systemische Ansatz verlangt breites Interesse, große Anstrengungen und eine angemessene Methodologie. Die Arbeit in Teams würde deshalb die Forschungsergebnisse erheblich verbessern. Zukünftige Projekte zu praktischen Forschungsproblemen werden uns in die Lage versetzen, die in diesem Verfahren implizierten Risiken besser einschätzen zu können. Interessante neue Entdeckungen werden der Lohn dafür sein.[25]

Autorisierte Übersetzung aus dem Englischen von Gebhard Rusch

Anmerkungen

1 Vgl. Jauß 1970.
2 Von den vielen Beispielen für historiographische Arbeiten, die auf den Prinzipien der Rezeptionsästhetik basieren, möchte ich hier nur folgende nennen: Grimm 1977, Weber 1978, Kloek 1985, Flynn und Schweickart 1986 und einige Beiträge in Segers 1993a.
3 Vgl. Grimm 1977, 80.
4 Vgl. Jauß 1980, 15 (übersetzt aus dem Französischen).
5 Vgl. Allen 1991, 312-313.
6 Kaestle 1991, 46.
7 Vgl. Schmidt 1980 bis 1982.
8 Eine der wichtigsten Publikationen der Tel-Aviv-Gruppe ist Even-Zohar 1990; für eine hilfreiche Einführung und eine kurze Zusammenfassung siehe Dimić und Garstin 1988. Zu einführenden Publikationen zur Siegener Gruppe siehe etwa Schmidt 1987 und Rusch 1991. Blodgett und Purdy 1988 vermitteln einen Eindruck von den Arbeiten, die die Edmonton-Gruppe plant. Das LAVAL-Team ist stark soziologisch orientiert; vgl. in dieser Hinsicht Lemire 1986. Clément Moisan 1987 schrieb ein Buch über die Prinzipien des Schreibens von Literaturgeschichte auf der Basis eines systemtheoretischen Ansatzes.
9 Dimić und Garstin 1988, 178.
10 Schmidt 1990, 272; zu einer ausführlicheren Darstellung der Anwendung von Systemtheorie in der Literaturgeschichtsschreibung siehe Schmidt 1989.
11 Einen Überblick über all die Akteure in der literarischen Kommunikation bietet Rusch 1991.
12 Vgl. Fokkema und Ibsch 1992, 101.

13 Diese Formulierung über Aufgabe, Ziel und Gegenstandsbereich der Literaturgeschichtsschreibung ist sehr stark beeinflußt von Moisan 1987, 196.
14 Vgl. ebd., 167.
15 Vgl. ebd., 176.
16 Ebd., 77.
17 Es ist natürlich unmöglich, alle Beiträge zu diesem Thema hier zu zitieren. Ich beschränke mich deshalb auf die folgenden, die ausdrücklich auf den Aspekt der Kanonisierung abstellen: Hallberg 1984, Fokkema 1986, einige Beiträge in Assmann 1987, Felperin 1990, Gorak 1991, D'haen 1992, Mooij 1992, Wilcox 1992. Es versteht sich von selbst, daß in zahlreichen Büchern Aspekte der Kanonisierung am Rande mit behandelt werden.
18 Vgl. Parrinder 1987, 105; wie zitiert bei Wilcox 1992, 259.
19 Even-Zohar 1990, 15 f. (übersetzt aus dem Englischen).
20 Zu einer detaillierten Darstellung zu diesen Kategorien vgl. Rusch 1991.
21 Vgl. Segers 1993b: »Virginia Woolfs Durchbruch und Kanonisierung: Eine Fallstudie zur systemtheoretischen Literaturgeschichtsschreibung«, in: *SPIEL* 12 (1993), H. 1, 1-22.
22 Natürlich sind schon Ansätze zu den drei anderen Phasen erkennbar. In bezug auf die dritte Phase stellt Wilhelm Füger (1980, 104) für die deutsche Frührezeption Woolfs fest, daß ihre Arbeit »eventually convinced a small circle of connoisseurs at least that Virginia Woolf had to be appreciated as a first-rank author, whose literary art demanded and justified the comparison with modern classics like Proust and Joyce. Despite all critical praise, however, she did not become a favourite of the wider reading public.«
23 In dieser Phase zeigt sich auch ein reges Interesse der Literaturwissenschaft. Thomas Jackson Rice (1984, 192-213) gibt eine Liste von 256 (überwiegend) amerikanischen Dissertationen über Virginia Woolf an.
24 Ein reichhaltiges Buch zum Studium literarischer Rezensionen und literarischer Kritik ist Barner 1990, speziell Kap. 4 über Evaluation. Zum Aspekt der Veränderung in literarischen kritischen Bewertungen vgl. Viehoff 1990.
25 Ich danke Gebhard Rusch für seine Kritik einer früheren Version dieses Artikels.

Literatur

Allen, James Smith (1991), *In the Public Eye. A History of Reading in Modern France*, Princeton, N.J.: Princeton University Press.

Assmann, A. und J. (1987), *›Kanon und Zensur‹*, Bd. 2: *Archäologie der literarischen Kommunikation*, München: Fink.

Barner, Wilfried (Hg.) (1990), *Literaturkritik: Anspruch und Wirklichkeit*, Stuttgart: Metzler.

Bell, Quentin (1972/1973), *Virginia Woolf. A Biography*, London: The Hogarth Press.

Blodgett, E. D. und A. G. Purdy (Hg.) (1988), *Problems of Literary Reception/Problèmes de réception littéraire*, Edmonton, Alberta: Research Institute for Comparative Literature.

D'haen, Theo (1992), »Working the American Canon: Reflections of a European Canon-Watcher«, in: Verhoeven (1992), 233-257.

Dimić, Milan V. und Marguerite K. Garstin (1988), »The Polysystem Theory: A Brief Introduction, with Bibliography«, in: Blodgett und Purdy (1988), 177-196.

Even-Zohar, Itamar (1990), »Polysystem Studies«, Sonderheft von *Poetics Today* 11, Heft 1.

Felperin, Howard (1990), *The Uses of the Canon: Elizabethan Literature and Contemporary Theory*, Oxford: Clarendon Press.

Flynn, Elizabeth A. und Patrocinio P. Schweickart (Hg.) (1986), *Gender and Reading. Essays on Readers, Text, and Contexts*, Baltimore und London: Johns Hopkins University Press.

Fokkema, Douwe W. (1986), »The Canon as an Instrument for Problem Solving«, in: Peter Boerner u. a. (Hg.), *Sensus Communis. Contemporary Trends in Comparative Literature*. Festschrift für Henry Remak, Tübingen: Günter Narr, 245–254.

– und Elrud Ibsch (1992), *Literatuurwetenschap en cultuuroverdracht*, Muiderberg: Countinho.

Füger, Wilhelm (1980), *Eine ›Extravagante Engländerin‹. Untersuchungen zur deutschen Frührezeption von Virginia Woolf*, Heidelberg: Carl Winter.

Gorak, Jan (1991), *The Making of the Modern Canon. Genesis and Crisis of a Literary Idea*, London und Atlantic Highland, N.J.: Athlone.

Grimm, Gunter (1977), *Rezeptionsgeschichte. Grundlegung einer Theorie. Mit Analysen und Bibliographie*, München: Fink.

Hallberg, Robert von (Hg.) (1984), *Canons*, Chicago: University of Chicago Press.

Jauß, Hans Robert (1970), *Literaturgeschichte als Provokation*, Frankfurt/M.: Suhrkamp.

– (1980), »Esthétique de la réception et communication littéraire«, in:

ders. und Manfred Naumann (Hg.), *Proceedings of the IXth Congress of the International Comparative Literature Association*, Innsbruck: Institut für Sprachwissenschaft der Universität Innsbruck, Bd. 2, 15-25.

Kaetzle, Carl F. u. a. (1991), *Literacy in the United States. Readers and Readings since 1880*, New Haven, London: Yale University Press.

Kloek, J. J. (1985), *Over Werther geschreven ... Nederlandse reacties op Goethes Werther. Proeve van historisch receptie-onderzoek*, 2 Bde., Utrecht: HES.

Kochan, Detlef C. (Hg.) (1990), *Literaturdidaktik – Lektürekanon – Literaturunterricht*, Amsterdam, Atlanta: Rodopi.

Lemire, Maurice (Hg.) (1986), *L'institution littéraire*, Québéc: Institut Québécois de Recherche sur la Culture/Centre de Recherche en Littérature Québécoise.

Moisan, Clément (1987), *Qu'est-ce que l'histoire littéraire*, Paris: PUF.

Mooij, J. J. A. (1992), »The Canonizers and the Canonized«, in: Verhoeven (1992), 245-257.

Parrinder, Patrick (1987), *The Failure of Theory*, Brighton: Harvester Press.

Rice, Thomas Jackson (1984), *Virginia Woolf. A Research Guide*, New York, London: Garland.

Rusch, Gebhard (1991), »Zur Systemtheorie und Phänomenologie von Literatur. Eine holistische Perspektive«, in: *SPIEL* 10, Nr. 2, 305-339.

Schmidt, Siegfried J. (1980-1982), *Grundriß der Empirischen Literaturwissenschaft*, 2 Bde., Braunschweig: Vieweg.

– (1987), *Der Diskurs des Radikalen Konstruktivismus*, Frankfurt/M.: Suhrkamp.

– (1989), *Die Selbstorganisation des Sozialsystems Literatur im 18. Jahrhundert*, Frankfurt/M.: Suhrkamp.

– (1990), »On the Concept of System and its Use in Literary Studies«, in: Roger Bauer u. a. (Hg.), *Proceedings of the XIIth Congress of the International Comparative Literature Association*, München: Iudicium Verlag, Bd. 5, 272-277.

Segers, Rien T. (Hg.) (1993a), *Etudes des réception/Reception studies*. Proceedings of the XIth Congress of the International Comparative Literature Association, Bd. 8, Bern: Peter Lang.

– (1993b), »Virginia Woolfs Durchbruch und Kanonisierung: Eine Fallstudie zur systemtheoretischen Literaturgeschichtsschreibung«, in: *SPIEL* 12 (1993), H. 1, 1-22.

Verhoeven, W. M. (Hg.) (1992), *Rewriting the Dream. Reflections on the Changing American Literary Canon*, Amsterdam/Atlanta, GA: Rodopi.

Viehoff, Reinhold (1990), »Literaturkritik 1973 und 1988. Aspekte des literaturkritischen Wertewandels«, in: Barner (1990), 440-459.

Weber, Heinz-Dieter (Hg.) (1978), *Rezeptionsgeschichte oder Wirkungs-*

ästhetik. Konstanzer Diskussionsbeiträge zur Praxis der Literaturgeschichtsschreibung, Stuttgart: Klett-Cotta.
Wilcox, Helen (1992), »Toward the ›Endless End‹. The Paradox of Canonization«, in: Verhoeven (1992), 258-263.
Woolf, Virginia (1981), *A Writer's Diary*, hg. von Leonard Woolf, London: The Hogarth Press.

Willie van Peer
Das erste und das zweite Gesetz der Literaturgeschichte

Die Empirische Literaturwissenschaft verfolgt allgemeine Ziele: sie versucht, deskriptive und explanatorische Theorien der Literatur zu entwickeln. Diese Theorien sollten sich idealerweise auf literarische Werke im allgemeinen oder auf bestimmte Typen von literarischen Werken beziehen, jedenfalls nicht bloß auf einzelne Werke. Vielleicht liegt genau hier einer der weitgehendsten Unterschiede zur traditionellen hermeneutischen Literaturwissenschaft und den philologischen Methoden, die gerade und in erster Linie auf die Beschäftigung mit einzigartigen Werken oder Autoren abzielen. Insofern sind sie auch mehr mit der Beschreibung und Erklärung von *Besonderheiten* beschäftigt. Aber weil das Besondere kontingent ist, kann aus einer solchen partikularistischen Beschäftigung auch keine allgemeine Einsicht erwachsen. Daher sind traditionelle literaturwissenschaftliche Studien regelmäßig eingebunden in eine Ideologie des Individuellen. Diese Vorgehensweise wirkt wie ein »schwarzes Loch«: nichts entkommt ihm, nicht einmal der intellektuelle Gedankenblitz, den Literaturwissenschaftler hineinschleudern. Am Ende ist man doch immer wieder zurückgeworfen auf die unerklärbare Einzigartigkeit des Werkes. So etwas kann Vergnügen bereiten oder dazu führen, daß man sich mit anderen Menschen und ihrer Lage verbunden fühlt, was gewiß Gefühle sind, die ihren Wert und ihren Sinn in sich haben, aber auf diese Weise kommt man nicht zu irgendeinem klaren Verständnis oder einer objektiven Einsicht. Man kann kein überindividuelles Wissen erreichen, solange man sich darauf versteift, Besonderes zu finden: *de singularibus non est scientia.*

Was wir also brauchen und wonach wir suchen müssen, das sind allgemeine Gesetze und Prinzipien der literarischen Kommunikation. Während man nun oft die Richtigkeit einer solchen Sicht für die zeitgenössische Literatur akzeptiert, wird dies häufig gleichzeitig für die Literatur*geschichte* angezweifelt. Auf den ersten Blick scheint das auch plausibel zu sein: man kann bekanntlich mit der Historie nicht mehr experimentieren, und man kann genausowenig Leser befragen, die schon lange tot sind. Geschichte, so scheint sich deshalb als Schlußfolgerung aufzudrängen, ist ein Bereich des Besonderen (und nicht des Allgemeinen). Insoweit die Geschichte als eine zeitliche Abfolge von Ereignissen verstanden wird, sind diese Ereignisse wirklich einzigartig. Also, könnte man logisch folgern, kann man über eine solche Geschichte keine allgemeinen Sätze aufstellen. Ich möchte hier zeigen, daß dieser Schluß aber überhaupt nicht logisch zwingend ist. Tatsächlich ist es eher ein Fehlschluß, wie er in literaturwissenschaftlichen Arbeiten regelmäßig auftritt. Traditionelle Literaturwissenschaftler sagen zum Beispiel, daß die Sprache, in der wir literarische Werke beschreiben und auslegen, deshalb irgendwie emotional und irrational sein muß, weil die Literatur selbst irgendwie emotional und irrational ist. Aber wenn das ein allgemeines Gesetz wäre, dann müßte wohl auch die Sprache der Militärhistoriker kriegerisch sein, und über Taubstumme gäbe es nur »stumme« wissenschaftliche Arbeiten. Das Argument, daß die Einzigartigkeit historischer Fakten die Entwicklung allgemeiner Theorien verhindere, ist in sich unlogisch. Wenn ich mir den Arm breche, dann ist das zweifellos ein singuläres Ereignis: nur ich allein leide daran, niemand anderer kann den Schmerz erfahren, den ich dabei fühle. Aber auch wenn dieser Schmerz nur mein Schmerz ist und auch wenn es ein singulärer Fall ist, dann kann dies doch die Medizin nicht davon abhalten, allgemeine Einsichten über (die Heilung von) Armbrüche(n) zu gewinnen. Warum soll nicht genau diese Art des Denkens und Schließens auf das Studium der Literaturgeschichte übertragen werden? Können wir also nicht versuchen, die Besonderheit historischer Fakten zu transzendieren und ein mehr allgemeines Wissen über diese Dinge zu erreichen?

Generell wird anscheinend angenommen, daß dies nicht möglich sei, weil es keine Gesetzmäßigkeiten gebe, auf die man sich stützen könne, um zukünftige Ereignisse vorherzusagen. Aber auch hier gilt wieder, daß das Argument unbegründet ist. Zuerst einmal ist es natürlich sehr wohl möglich, auf der Basis unseres physikalischen Weltwissens zukünftige Ereignisse vorherzusagen. Wir können heute sagen, daß morgen die Sonne aufgehen wird und daß auch nächstes Jahr noch Wasser bei einer Temperatur von 100 Grad Celsius kocht. Wenn ich im Jahr 2014 Gift esse, sterbe ich. Wenn $a>b$ und $b>c$, dann kann man absolut sicher sein, daß in jeder denkbaren Zukunft immer auch gilt $a>c$. Wir können sogar auch zukünftige Ereignisse auf der Basis unseres Wissens über den Menschen, sein Denken, sein soziales Handeln in Gruppen und über seine Kultur vorhersagen; so können wir »prognostizieren«, daß jemand , der verliebt ist, alles tun wird, damit es dem oder der Geliebten gut geht. Oder: Wenn ein Kind nicht vor einem bestimmten Alter mit irgendeiner menschlichen Sprache in Kontakt kommt, dann wird es niemals eine Sprache richtig lernen. Oder: Wenn das Angebot knapp wird, steigen die Preise. Oder schließlich: In Häusern auf der nördlichen Hemisphäre ist es angenehmer zu leben, wenn der Wohnraum nach Süden liegt.

Wie diese Beispiele zeigen, ist es sehr wohl möglich, zukünftige Ereignisse vorherzusagen. Man beachte dabei, daß dieses Vorhersagen auch nicht bloß individuelle Ereignisse betreffen, sondern daß sie von allgemeinen Annahmen abgeleitet sind, die selbst wiederum als »Gesetze« gelten, die empirisch überprüft worden sind (und jederzeit wieder überprüft werden können). Das bedeutet nicht, daß es sicher ist, daß diese Ereignisse auch wirklich so eintreten, sondern nur, daß sie mit einer sehr hohen Wahrscheinlichkeit eintreten. Das gilt allerdings für alle Vorhersagen; selbst die scheinbar gegen jeden Irrtum gefeite Aussage, daß morgen die Sonne wieder aufgehen wird, muß als statistische Aussage betrachtet werden: »In der heutigen Naturwissenschaft hat ›Gesetz‹ allein die Bedeutung des ›Wahrscheinlichkeitsgesetzes‹« (Müller 1973, 582; vgl. auch Schrödinger 1962). Die Frage, die uns hier beschäftigt, ist nicht so sehr, ob wir auch in der Literaturgeschichte zukünftige Ereignisse vorhersagen können. Zweifellos ist das der Fall. Es ist zum Beispiel sehr leicht vorherzusehen, daß auch zukünftige Leser lesen werden. Aber solcher Art Blick in die Zukunft ist uninteressant und nicht informativ. Wonach wir eher suchen müssen, und zwar auf der Grundlage unseres Wissens über die vergangenen Episoden der Literaturgeschichte, ist eine Form allgemeinen Wissens, mit dessen Hilfe wir systematisch den Verlauf zukünftiger Entwicklungen vorhersagen können. Wenn man das vor gut zwei Generationen von Tynjanow (1969) gefällte Urteil akzeptiert, daß man nämlich nur auf der Grundlage evolutionstheoretischer Forschungen das Wesentliche am Literaturprozeß herausarbeiten könne, dann ist es besonders wünschenswert, gerade solche generellen Merkmale der Literatur herauszufinden.

Aber das Wort »Forschung« schließt bestimmte erkenntnistheoretische Bedingungen ein: man kann nicht alles und jedes als ernsthafte Wissenschaft ansehen. Auch wenn ein Pluralismus unterschiedlicher Konzeptionen, Methoden oder Forschungsperspektiven höchstwahrscheinlich unumgänglich oder sogar notwendig ist, wird die Institution »Wissenschaft« – wenn sie dazu gezwungen wird – den Kernbestand ihrer eigenen Aktivitäten doch zu verteidigen wissen. Dabei handelt es sich und muß es sich handeln um Rationalität (oder irgendeinen anderen Begriff, der vernunftgeleitetes Fragen bezeichnet). Und wenn die Erforschung der Literaturhistorie tatsächlich als ein rationales Geschäft betrieben werden soll, dann bedeutet dies zugleich auch: Genauigkeit in der Beschreibung, Wirklichkeitsbezug, Kontrollierbarkeit der Daten, intellektuelle Redlichkeit, Logik und Konsistenz, Verallgemeinerbarkeit und die Fähigkeit zu Erklärungen.

Also: alle wissenschaftlichen und rationalen Handlungen sind im Prinzip darauf gerichtet, die Beschränkungen des Einzelfalles aufzuheben. Wie sehr wir uns auch immer auf das konkrete Hier und Jetzt konzentrieren mögen, oder mit wie peinlicher Akribie wir auch immer die Einzelheiten eines spezifischen Forschungsobjekts beschreiben mögen, ob nun in der Literaturgeschichte oder wo auch sonst, unser Hauptinteresse richtet sich dennoch nicht auf dieses einzelne Moment, denn wenn es das täte, dann würden wir im gleichen Augenblick die kostbare Obhut der Rationalität verlieren. Partikularität ist der Bereich alltäglichen Handelns und subjektiven Bewußtseins. Unser Ziel, solche Besonderheiten aufzuheben, ist auf Distanz angewiesen und auf die Bereitschaft, uns ganz oder zumindest für den Zeitraum der Untersuchung von unseren ideologischen Beziehungen zu den Untersuchungsobjekten freizumachen. Solche Bemühungen schließen unumgänglich den Drang nach Universalität ein. Um universell gültige Sätze aufzustellen, sind jedoch sehr viel Mühe und Geduld und eine gehörige Portion Vorbereitung erforderlich. Solche Mühen und Lasten muß man grundsätzlich auf sich nehmen, wenn man erreichen will, bestimmte beständige Muster, zugrundeliegende Regelmäßigkeiten in einem Meer des Besonderen zu finden. Um genau das zu bezeichnen, nämlich die Einsicht in solche Beständigkeiten und in Regelhaftigkeit, kann man den Begriff »Gesetz« benutzen. Um Popper zu zitieren (1972, 196): »Laws explain regularities or similarities of individual or singular facts or events«, und weiter »our laws must be

universal, i.e. must make assertions about the world – about all spatio-temporal regions of the world« (197).
Im folgenden werden zwei solche Gesetze der literarischen Entwicklung skizziert. Bevor wir dazu übergehen, soll aber noch etwas Grundsätzliches geklärt werden: was nämlich unter »literarisch« verstanden wird. Leider kann hier nicht hinreichend ausführlich dazu argumentiert werden (vgl. aber van Peer 1991). Für den gegenwärtigen Zusammenhang genügt es festzustellen, daß das Konzept »literarisch« hier deskriptiv und nicht normativ benutzt wird, es schließt also auch solche Gattungen wie triviale Liebesromane oder Abenteuergeschichten mit ein. Es gibt aber eine Einschränkung: Die Gesetze, die entwickelt werden sollen, gelten – soweit ich sehen kann – nur für Schriftkulturen. Es ist hier nicht der Platz zu diskutieren, in welchem Sinne diese Gesetze zwischen einer Schriftkultur und einer oralen Kultur differieren, obwohl es – intuitiv – so scheint, daß eine orale Kultur ein anderes Forschungskonzept erfordert; die Geschichte oraler Kulturen scheint sich auf anderen Wegen zu entwickeln als in Schriftkulturen (vgl. Goody 1986, 1987). Was also sind nun die Gesetze, die Schriftkulturen und deren Literaturgeschichte betreffen?
Das erste Gesetz der Literaturgeschichte, das hier vorgeschlagen wird, ist an und für sich sehr klar. Es behauptet nämlich, daß die Zahl der literarischen Werke im Lauf der Zeit konstant anwächst. Es gibt kaum etwas, das diese Entwicklung zu durchkreuzen vermag; im Laufe der Zeit werden ja immer mehr literarische Werke geschrieben und produziert. Mit anderen Worten: Zu jedem Zeitpunkt übertrifft die Menge der literarischen Werke einer Kultur diejenige eines früheren Zeitpunktes, vorausgesetzt, daß der Zeitraum zwischen diesen beiden Punkten nicht allzu eng bemessen ist. Das heißt – umgekehrt –, daß dieses Gesetz eine Vorhersage über langandauernde Entwicklungen ist, und daß es durch gegenläufige Tendenzen in bestimmten kürzeren Zeitabschnitten nicht grundsätzlich tangiert wird. Kriege oder Epidemien, Katastrophen und sozio-historische Umbrüche mögen einen kurzzeitigen Einfluß auf dieses erste Gesetz haben; aber auf lange Sicht werden all diese Effekte ausgeglichen, und das Bild der Literaturgeschichte erscheint dann – wenn man es nur über einen genügend großen Zeitraum hinweg erforscht – von einer bemerkenswerten Homogenität, einer Gleichförmigkeit, in der die Versorgung der Leser mit literarischen Werken beständig anwächst. Man kann

demnach sagen, daß ein Leser in der Renaissance eine größere Auswahl an Lektürestoffen hatte als ein Leser des Mittelalters, aber der Renaissance-Leser wird natürlich wieder ausgestochen von einem Leser des 18. Jahrhunderts usw.

Man könnte sich an dieser Stelle fragen, ob denn dieser konstante Anstieg der Zahl literarischer Werke nicht schlicht die Konsequenz des Bevölkerungswachstums ist. Ist es denn nicht so, daß man klarerweise in einer Buch-Gesellschaft, die nach Marktgesetzen organisiert ist (d. h. Verkaufen und Kaufen von Büchern) und in der die Bevölkerung im Laufe der Zeit wächst, erwarten muß, daß immer mehr Bücher gekauft und verkauft werden? Die Antwort darauf ist natürlich »ja«. Aber das ist es nicht, was das erste Gesetz meint. Man muß hier nämlich eine Unterscheidung machen, die schon Peirce mit dem Begriffspaar *type* und *token* vorgeschlagen hat. Wenn demnach, als ein Resultat des Bevölkerungswachstums, immer mehr Leser *Die Leiden des jungen Werther* lesen wollen und wenn deswegen mehr und mehr Auflagen dieses Buches gedruckt und verkauft werden, dann ist das *nicht* ein Beispiel für die Art von Zusammenhang, den das erste Gesetz erfaßt; denn es sind eben nur mehr *tokens* genau ein und desselben Romans, die produziert und konsumiert werden. Eher zielt das erste Gesetz auf den Zusammenhang, daß über einen bestimmten Zeitraum hinweg mehr *types*, d. h. mehr unterschiedliche neue literarische Werke geschrieben und in der Folge eben auch gelesen werden. Diese Unterscheidung betrifft, mit anderen Worten, die zwischen Ursprungstext und Kopie, oder zwischen einer Reproduktion und dem Original (vgl. Lyons 1977, I, 18). Das erste Gesetz der Literaturgeschichte betrifft also den andauernden Zuwachs der Zahl neuer literarischer Werke: es betrifft jene Bücherliste, die mit jedem neuen literarischem Text (Kurzgeschichte, Gedicht, Roman, Drama, Liebesgeschichte, Satire) weiter fortgeschrieben wird.

Man sollte nun nicht glauben, daß es selbstverständlich und auf den ersten Blick klar ist, warum diese Liste immer länger wird. Schon für einen Leser des 19. Jahrhunderts ist die Liste der angebotenen Bücher – und auch der Bücher, die es wert sind, gelesen zu werden – so lang, daß ein Leben nicht ausreicht, sie alle wirklich zu lesen. Und unter diesen Büchern sind viele, die vielleicht mehrfache Lektüre erfordern, entweder weil sie einfach so umfangreich oder weil sie so komplex sind. Warum aber gibt es denn

diesen Druck, diesen Zwang, immer neue Bücher zu schreiben und die neu geschriebenen Bücher zu lesen, wo es doch die klassischen Meisterwerke gibt, von Dante, Shakespeare, Molière, Sophokles, Chaucer, Cervantes ..., wozu dann immer neue Literatur? Daß wir gezwungen sind, neue Häuser zu bauen, weil die meisten alten nach einigen Jahrzehnten von selbst zusammenbrechen, das ist völlig einsichtig; aber genau dieses Beispiel trifft auf literarische Texte nicht zu: gerade weil eben eine fast unbegrenzte Anzahl von Kopien (*tokens*) von einem Originaltext (*type*) gemacht werden kann, verschleißen literarische Texte nicht einfach. Aber selbst ihre endlose Reproduktion (und Konsumtion) kann offensichtlich die Geltung des ersten Gesetzes der Literaturgeschichte nicht aufheben.
Dies alles hört sich im ersten Augenblick ziemlich plausibel an, dennoch ist es möglich, Gegenbeispiele aufzuzeigen, die die Aussage des Gesetzes widerlegen. Man kann zum Beispiel an den Niedergang der Literatur – an die geringer werdende Anzahl allgemein zugänglicher literarischer Werke – nach dem Zusammenbruch des Römischen Imperiums erinnern. Es scheint intuitiv klar zu sein, daß während der Herrschaft der Merowinger weniger literarische Werke aufbewahrt und/oder konsumiert wurden als in der Zeit des Augustus. Dieses Beispiel würde dann also die universelle Geltung des ersten Gesetzes der Literaturgeschichte aushebeln. Aber das ist nicht der Fall; denn eine etwas genauere Prüfung der Umstände zeigt, daß der Niedergang Roms zugleich den Niedergang der Schriftkultur im vormals römischen Kulturraum mit sich brachte, das frühe Mittelalter also eher als eine vorherrschend orale Kultur charakterisiert werden muß und daß dementsprechend die notwendige Bedingung für die Geltung des ersten Gesetzes der Literaturgeschichte – die Schriftkultur – nicht mehr erfüllt war. Daher kann das Beispiel nicht als eine wirkliche Widerlegung des ersten Gesetzes bewertet werden. Im Gegenteil, wir können nämlich beobachten, daß von dem Zeitpunkt im späteren Mittelalter an, wo sich wieder eine Schriftkultur etabliert und wo sich wieder ein substantieller Rückhalt für sie in der Gesellschaft bietet – zuerst beschränkt auf die oberen Chargen der Kirchenhierarchie, teilweise auch schon auf niedrigere Ränge oder auf die Aristokratie, später dann sogar auf die bürgerliche Oberschicht –, daß also von dem Moment an, in dem wieder die Notwendigkeit einer höheren schriftsprachlichen Bildung in der

Gesellschaft wahrgenommen wird, die Logik des ersten Gesetzes der Literaturgeschichte wieder konsequent einsetzt. Auch wenn dieses Beispiel sich nur auf die westlichen Literaturen bezieht, macht das erste Gesetz der Literaturgeschichte keinen Unterschied zwischen verschiedenen Kulturen: von dem Zeitpunkt an, zu dem in einer Gesellschaft eine Verbreitung der Schriftkultur einsetzt, erleben alle Kulturen das gleiche Schicksal, das heißt, die Zahl produzierter literarischer Werke wächst immer an. Die unilineare Ausbreitung des literarischen Systems bringt auch bestimmte Konsequenzen für die gesamte Kultur einer Gesellschaft mit sich, und einige davon führen zum sogenannten zweiten Gesetz der Literaturgeschichte, mit dem wir uns jetzt beschäftigen wollen. Vorher sollten wir aber noch notwendigerweise einige Beziehungsaspekte dieses Arguments klären.

Wenn vorausgesetzt wird, daß ein wirkliches *Gesetz* auch in seinem propositionalen Gehalt formalisiert werden können muß, dann kann das hier leicht nachgeholt werden. Die formalisierte Schreibweise für das erste Gesetz der Literaturgeschichte lautet wie folgt: S sei die Anzahl aller literarischen Werke einer gegebenen Kultur; und zu einem Zeitpunkt t gibt S_t die Menge der zu diesem Zeitpunkt in dem gegebenen kulturellen Handlungsraum verfügbaren literarischen Werke an. Dann lautet das erste Gesetz der Literaturgeschichte:

$$S_t < S_{t+1} < S_{t+2}$$

oder etwas eleganter:

$$S_t < S_{t+n}.$$

In dieser Form bewahrt das Gesetz seinen ursprünglichen Gehalt und gewinnt zusätzliche Klarheit. Seine Form ist nämlich ganz klar die einer Behauptung mit universeller Gültigkeit, die zugleich jederzeit empirisch überprüft werden kann. Man kann sagen, daß lediglich praktische Probleme einer solchen Überprüfung im Wege stehen (d. h. einer Bestätigung oder Widerlegung). Tatsächlich scheint die empirische Gültigkeit derart unproblematisch zu sein, und die Wiederholbarkeit ad infinitum gesichert, daß wir ohne viel zu zögern diese Aussage wirklich als »Gesetz« im oben beschriebenen Sinne verstehen können. Es betrifft alle Schriftkulturen, zu allen Zeiten, und es gilt unabhängig von irgendwelchen individuellen Eigenheiten einer spezifischen Kultur.

Es könnte nun gegen diese Argumente eingewandt werden, daß wir uns mit einer ziemlich trivialen Sache beschäftigen und daß wir diese Trivialität lediglich durch wissenschaftlichen Jargon und in dem Gestus der Belesenheit des Wissenschaftlers kaschiert haben. Gegen einen solchen Vorwurf läßt sich aber vielerlei einwenden; auf drei mögliche Einwände gehe ich hier explizit ein:
(1) Wenn das Gesetz wirklich nur eine Trivialität ausdrückt, das heißt etwas, was alle schon immer gewußt haben, dann macht das dieses Gesetz weder weniger empirisch noch unwichtiger. Das Schwerkraftgesetz ist (für uns) in diesem Sinne auch trivial. Aber unabhängig und sogar im Gegensatz zu seiner Trivialität hat es doch bindende Wirkung. Und auch wenn es vielleicht für jemanden aus dem 20. Jahrhundert schwer vorzustellen ist, es gab Zeiten (die noch gar nicht so lange vorbei sind), zu denen durchaus nicht alle Menschen sich dieses Schwerkraftgesetzes bewußt waren. Man brauchte erst die einleuchtende Formulierung des Gesetzes und seine konsequente empirische Überprüfung, bevor es tatsächlich zum allgemeinen Bewußtsein gelangte und damit ein Stück trivialen Wissens wurde.
(2) Man kann ruhig auch daran erinnern, daß es der Literaturwissenschaft, die bisher beileibe nicht sehr erfolgreich bei der Formulierung oder Entdeckung allgemeiner Regelmäßigkeiten gewesen ist, nur gut ansteht, wenn sie versucht, auch recht schlichte Beobachtungen in die Form genereller »Gesetze« zu bringen, so daß diese, falls notwendig, (empirisch, modelltheoretisch oder logisch) widerlegt oder reformuliert werden können (vgl. dazu Eibl 1976). Bei solchen Überprüfungen könnte sich zudem auch herausstellen, daß die sogenannte triviale Erkenntnis letztlich doch falsch ist. Das ist ein weiterer wichtiger Unterschied zu traditionellen Forschungsmethoden und Vorgehensweisen der Literaturwissenschaft. Dort galt es als problematisch, wenn nicht geradewegs als ausgeschlossen, daß die Welt einer Einsicht oder einer Theorie widersprechen könne. Das ist, seitdem es die Empirische Literaturwissenschaft gibt, anders geworden: jetzt müssen Literaturwissenschaftler sich darauf einstellen, ihre eigenen Vorurteile und Meinungen fallenzulassen, wenn gesicherte Ergebnisse von Untersuchungen diese Meinungen widerlegen. Eine solche Haltung ist von grundsätzlicher Bedeutung, wenn man versucht, Wissen von einiger Allgemeinheit zu entwickeln. Und solche weiteren Schritte können unsere allgemeine Erkenntnis von der Lite-

ratur fördern, es sei denn, man entschließt sich, die rationale Basis des wissenschaftlichen Vorgehens überhaupt zu verlassen.
(3) Schließlich, und noch wichtiger, kann man auch auf folgendes hinweisen: Die sogenannte Trivialität des beschriebenen Gesetzes kann dramatisch abnehmen, wenn man es nicht – wie bisher in diesem kurzen Beitrag – isoliert betrachtet, sondern im Zusammenhang mit anderen Regelmäßigkeiten, die man entdeckt, das heißt, wenn man es in einen größeren theoretischen Kontext einbettet, in dem auch noch andere »Gesetze« von Bedeutung sind. Das hier aufgestellte Gesetz ist insofern Teil eines umfassenderen Systems von Theorien (vgl. Popper 1972, 197).
Und genau an dieser Stelle wird es nun auch dringend, daß wir uns mit dem zweiten Gesetz der Literaturgeschichte befassen.
Dieses zweite Gesetz der Literaturgeschichte lautet etwa so: Genau weil das erste Gesetz gilt, müssen in Schriftkulturen andauernd Auswahlprozesse vorgenommen werden. Deren Ergebnis ist ein Set von literarischen Werken, das wie die Spitze eines Eisbergs aus der Gesamtmenge der in dieser Kultur produzierten literarischen Werke ragt. Mit anderen Worten: Wegen der immerwährend anwachsenden Menge aller neu produzierten literarischen Werke muß in solchen Kulturen eine Grenze gesetzt und definiert werden, was aufbewahrt und woran festgehalten werden soll. Es mag in dieser Hinsicht Unterschiede zwischen den einzelnen Kulturen geben, aber selbst die reichste und am meisten literarisierte Kultur kann es sich nicht leisten, vollständig und fortwährend aufzubewahren – geschweige denn zu *lesen* –, was alles in literarischer Form geschrieben wird. Daher spielt lediglich eine dünne Schicht literarischer Werke tatsächlich eine langfristig bedeutende Rolle in einer Kultur. Der Grund dafür ist jedoch nicht ausschließlich in der Ökonomie zu suchen, obwohl sicher die von der Wirtschaft jeweils gesetzten Grenzen schon sehr einflußreich sind. Aber daneben bestimmen auch Faktoren eher sozialer Natur den Verlauf des Prozesses, den das zweite Gesetz der Literaturgeschichte beschreibt: Mit dem Anstieg der Zahl literarischer Werke in einer gegebenen Kultur wird sehr rasch eine kritische Schwelle erreicht, hinter der es nicht mehr möglich ist, jedes einzelne Werk mit jedem anderen oder zu Gruppen anderer Werke oder insgesamt zur literarischen Kultur in Beziehung zu setzen. Das heißt aber nichts anderes, als daß das erste Gesetz den andauerden Anstieg von kultureller Komplexität beschreibt, die dann durch die Geltung

des zweiten Gesetzes unterhalb einer bestimmten Schwelle gehalten werden muß. Der Mechanismus, der das bewirkt, kann – mit Luhmann (1987, 46 f.) – »Selektionsdruck« genannt werden.

Auch das zweite Gesetz der Literaturgeschichte gilt wieder in allen (schriftsprachlichen) Kulturen, überall und immer. Und wie beim ersten ist es auch hier jederzeit faktisch möglich, die Gültigkeit des Gesetzes zu prüfen. Im Neo-Konfuzianismus werden zum Beispiel nur vier der insgesamt dreizehn Bücher aus der Tradition des Konfuzius wirklich genutzt (vgl. Assmann und Assmann 1987, 188), was als quantitative Reduktion infolge des zweiten Gesetzes angesehen werden kann. Ähnlich erzeugt auch die große Hochschätzung der Werke Homers von der klassischen Antike bis zu den gegenwärtigen Schulbüchern ein restringiertes Bild – mit der Folge, daß nur wenige Autoren vielen bekannt sind, während nur wenige Leser viele Autoren kennen. Nur Spezialisten kennen zum Beispiel die Namen (und Werke) solcher Autoren wie Achilles Tatius, Chariton oder Heliodor.

Man sollte hier vielleicht noch hinzufügen, daß das zweite Gesetz parallel zu anderen kulturellen Mechanismen verläuft, die zwar schon häufig dokumentiert worden sind, die aber zusätzlich gewiß noch weiterer Forschung bedürfen, wozu etwa Stanislaw Lem (1991) interessante Vorschläge macht. Moles (1968, 27-32) zum Beispiel hat gezeigt, daß es zwar mehrere tausend Komponisten gibt, daß aber lediglich nur von etwa 250 von ihnen Musikstücke regelmäßig aufgeführt werden. Und von diesen 250 wiederum sind es 36 Komponisten, von denen dreiviertel aller Aufführungen stammen, worunter wieder 16 sind, die allein die Hälfte dieser Aufführungen komponiert haben. Schließlich: Vom Spitzentrio (Bach, Beethoven, Mozart) allein werden je rund 6 Prozent, zusammen knapp 20 Prozent aller musikalischen Aufführungen geliefert. Dieser Mechanismus wirkt auch in anderen Bereichen, in denen kreativ gearbeitet wird, etwa im Wissenschaftssystem. Im Hinblick auf die Wissenschaft behauptet Lotkas Gesetz (1926), daß die Zahl der produzierten wissenschaftlichen Arbeiten (n) proportional zur Zahl der Wissenschaftler (c) ist, und zwar im Sinne des Ausdrucks

$$\frac{c}{n^2}$$

Ich vermute, daß es im literarischen Bereich sehr ähnliche Verteilungen und Verhältnisse gibt. Wenn man Lotkas Gesetz in diesem Sinne überträgt, könnte man es wie folgt umformulieren: Die Zahl der Autoren, die *n* literarische Werke schreiben, beträgt

$$\frac{c}{n^2}$$

wobei die proportionale Konstante *c*, d. h. die Zahl der aktiven Schriftsteller, von Kultur zu Kultur verschieden sein mag. Das heißt, wenn es in einer Kultur rund 1000 Autoren gibt, dann sind unter ihnen rund 1000, die mindestens ein literarisches Werk schreiben, rund 250 von ihnen veröffentlichen zwei Werke, 111 Autoren publizieren drei Bücher, und nur etwa einer wird zehn Bücher schreiben. An sich ist Lotkas Gesetz sehr präzise, aber es trifft nicht genau die empirischen Verhältnisse. Price hat deshalb eine Veränderung vorgeschlagen (Price 1963). Man beachte, daß solche Studien aber auf jeden Fall wieder eine Formalisierung des hier gemeinten Gesetzes erlauben. Vielleicht sollten uns hier die mathematischen Details weniger stören angesichts der Feststellung, daß es schon jetzt eine – wie Simonton berichtet (1984) – grobe (interdisziplinäre) empirische Bestätigung für eine angenäherte Genauigkeit dieser Gesetze gibt. Wir können aus alledem jedenfalls die klare Einsicht gewinnen, daß das, was in den Bücherregalen und in den Köpfen der Menschen sich ansammelt, nur ein sehr schmaler Teil der gesamten Anzahl literarischer Werke ist, die im Prinzip innerhalb einer gegebenen Kultur im Umlauf sind.

Man könnte nun einwenden, daß die spezifischen Strategien und Mechanismen in vielen Hinsichten tiefgreifende Unterschiede aufweisen, mit denen Kulturen jene oben beschriebenen rigorosen Auswahlprozesse steuern. Das ist, da bin ich sicher, nicht zu widerlegen. Aber selbst das muß uns nicht wirklich beunruhigen, wenn wir versuchen, allgemeine Gesetze der Literaturgeschichte zu entwickeln und zu bestimmen. Kulturen mögen sich grundsätzlich in vielen Hinsichten unterscheiden. Aber insofern sie sich unter dem Zwang des ersten Gesetzes der Literaturgeschichte befinden, müssen sie auswählen. Das heißt: auf der einen Seite führen Schriftkulturen zu immer mehr Komplexität, auf der anderen Seite müssen sie sinnvolle Instrumente zur Reduzierung dieser

Komplexität entwickeln und sie unterhalb eines bestimmten Maßes halten. Die Zwänge, die dabei eine Rolle spielen, sind normalerweise so stark, daß es zu drastischen Selektionen kommt.
Das kann man sich – jetzt, gerade hier – vor Augen führen: Sogar während Sie diesen Artikel gelesen haben, ist die Zahl der geschriebenen literarischen Werke angewachsen. Und dort draußen in der Welt wird man mehr und mehr von diesen Werken lesen, beurteilen, für schlecht befinden und verwerfen.[1]

1 Ich danke Reinhold Viehoff für nützliche Kritik und Ann Rigney für wichtige Vorschläge zu einer früheren Fassung dieses Beitrages. Überflüssig zu sagen, daß für mögliche Ungenauigkeiten allein ich verantwortlich bin.

Übersetzt von Reinhold Viehoff

Literatur

Assmann, A. und J. Assmann (Hg.) (1987), *Kanon und Zensur. Archäologie der literarischen Kommunikation*, Bd. 2, München: Wilhelm Fink.

Eibl, K. (1976), *Kritisch-rationale Literaturwissenschaft*, München: Fink.

Goody, J. (1986), *The Logic of Writing and the Organization of Society*, Cambridge: Cambridge University Press.

Goody, J. (1987), *The Interface between the Written and the Oral*, Cambridge: Cambridge University Press.

Lem, S. (1991), »Das gesellschaftliche Schicksal oder die Bedeutung des Werkes« [1967], in: R. Viehoff (Hg.), *Alternative Traditionen. Dokumente zur Entwicklung einer empirischen Literaturwissenschaft*, Braunschweig: Vieweg, 179-196.

Lotka, A. J. (1926), »The frequency distribution of scientific productivity«, in: *Journal of the Washington Academy of Sciences* 16, 317-323.

Luhmann, N. (1987), *Soziale Systeme. Grundriß einer allgemeinen Theorie*, Frankfurt/M.: Suhrkamp.

Lyons, J. (1977), *Semantics*, Bd. 1, Cambridge: Cambridge University Press.

Moles, A. (1968), *Information Theory and Esthetic Perception*, Urbana: University of Illinois Press (zuerst 1958).

Müller, E. (1973), »Gesetz«, in: H. Krings, H. M. Baumgartner und C. Wild (Hg.), *Handbuch philosophischer Grundbegriffe*, München: Kösel, Bd. 3, 569-584.

Peer, W. van (1991), »But What Is Literature?«, in: R. Sell (Hg.), *Literary Pragmatics*, London/New York: Routledge, 127-141.

Price, D. (1963), *Little Science, Big Science*, New York: Columbia University Press; dt. *Little Science, Big Science*, Frankfurt/M.: Suhrkamp 1974.
Schrödinger, E. (1962), *Was ist ein Naturgesetz? Beiträge zum wissenschaftlichen Weltbild*, München/Wien.
Simonton, D. K. (1984), *Genius, Creativity, and Leadership. Historiometric Inquiries*, Cambridge, Mass.: Harvard University Press.
Tynjanov, Y. (1969), »Über die literarische Evolution« [1927], in: J. Striedter (Hg.), *Texte der Russischen Formalisten*, München: Fink 1969, 462-481.

Colin Martindale

Die Fakten der Literaturgeschichte

Oder: Was in der Literaturgeschichte wirklich passiert

S. J. Schmidts *Grundriß der Empirischen Literaturwissenschaft* (1980) ist zweifellos ein Meilenstein in der Entwicklung einer *wissenschaftlichen Literaturwissenschaft*. In jeder Wissenschaft bestimmt die Theorie – zusammen mit »Common-sense«-Annahmen –, was eigentlich ein »Faktum« ist und was entsprechend Gegenstand der wissenschaftlichen Untersuchung sein soll und was nicht. Und wenn eine Wissenschaft sich entwickelt, dann heißt das, daß ihre theoretischen Annahmen durch empirische Studien revidiert oder erweitert werden. Man kann deshalb zu Recht davon sprechen, daß die wissenschaftliche Beschäftigung mit einem bestimmten Forschungsgebiet zumindest ein Minimum an »Theorie« immer voraussetzt. Wird allerdings zu früh zu viel Theorie betrieben, besteht die Gefahr, daß »Fakten« behauptet werden, die es nicht gibt, oder daß andere Tatsachen verdeckt werden, die nach den »Common-sense«-Annahmen selbstverständlich erscheinen.

Der *Grundriß* offeriert uns nun nicht nur eine elaborierte Theorie, sondern auch zugleich die epistemologischen und ontologischen Voraussetzungen dieser Theorie. Aus meiner Sicht haben diese philosophischen Grundlegungen der »Empirischen Literaturwissenschaft« Probleme gelöst und zugleich neue geschaffen. Sie haben uns in philosophische Streitigkeiten verwickelt, wo wir wahrscheinlich besser empirische Daten analysiert hätten. Die theoretischen Voraussetzungen haben zudem zu einer Überbetonung rezeptionsorientierter Studien und zu einer zu geringen Beachtung von Forschungen im Bereich der literarischen Produktion geführt. Die subjektivistische oder konstruktivistische Sicht der von S. J. Schmidt vertretenen »Empirischen Literaturwissenschaft« macht zudem das verdächtig, was man »objektive« oder »Common-sense«-Poetik nennen könnte. Ich meine damit, daß es objektiv meßbare Qualitäten und Merkmale von Texten gibt, die zu vorhersagbaren »Leserantworten« führen, und zwar mehr oder weniger gleich bei fast allen Lesern. Wenn das ist so, dann sollte es auch eine Hauptaufgabe der Literaturwissenschaft sein, solche Regelmäßigkeiten von Textmerkmalen (und Rezeptionen) empirisch zu untersuchen.

Schmidts Konzept einer »Empirischen Literaturwissenschaft« führt auch zu einer Problematisierung literaturgeschichtlicher Forschungen. Seine konstruktivistische Philosophie will uns glauben machen, daß wir eine breite Vielfalt von »Vergangenheiten« konstruieren können. Bei der – oben erwähnten – Betonung der rezeptionstheoretischen Seite führt dies zugleich zu der Annahme, daß wir keine dieser unterschiedlichen »Vergangenheiten« einfach oder überhaupt erforschen können, weil die dazu notwendigen Leser alle tot sind. Der »gemeine Menschenverstand« in der Wissenschaft sagt natürlich das genaue Gegenteil: daß wir nämlich nicht die Vergangenheit »konstruieren«, sondern daß wir versuchen herauszufinden, was denn in der Vergangenheit wirklich passiert ist.

Man betrachte einmal für einen Augenblick den Kanon der »großen« Werke der englischen Literatur. Wir können natürlich neu definieren, wer ein großer Dichter war und wer nicht – aber leider nur im Rahmen des *factum brutum*, daß es nicht viele englische Dichter gegeben hat: wir haben eben nur einen Pool von vielleicht ein paar hundert Dichtern, auf den wir zurückgreifen und aus dem wir dabei auswählen können. Zudem: dieser Kanon ist bemerkenswert stabil. So ist die Reputation von John Donne, zum Beispiel, ziemlich wechselhaft gewesen, aber niemand hat irgendwann einmal ernsthaft vorgeschlagen, ihn vollständig aus der Liste bedeutender englischer Dichter zu streichen.

Ich stimme mit Schmidt völlig darin überein, daß eine wissenschaftliche Erforschung der Literaturgeschichte möglich und wünschenswert ist. Aber während Schmidt, wie angedeutet, es für notwendig ansieht, sich dazu bestimmter ontologischer, erkenntnistheoretischer und wissenschaftstheoretischer Positionen zu versichern, sehe ich das nicht in gleichem Maße als notwendig an. Zu einem großen Teil rührt diese unterschiedliche Sichtweise sicher daher, daß wir unterschiedlichen wissenschaftlichen »Geheimbünden« angehören und daß wir uns mit unseren Arbeiten an unterschiedliche Adressatengruppen wenden. Jeder hat schließlich stillschweigende Annahmen in bezug auf ontologische und ähnliche Fragen. Diese Annahmen werden aber offensichtlich mehr oder weniger von allen experimentellen Psychologen geteilt.

Direkt philosophische Fragen werden eigentlich ohnehin nie diskutiert, und die Einstellung der meisten experimentellen Psychologen zur Philosophie schwankt zwischen »überhaupt nicht wahrnehmen«, Geringschätzung und direkter Feindschaft.
Die Situation in der Literaturwissenschaft ist natürlich eine ganz andere. Ich hoffe allerdings, daß mit der Entwicklung der »Empirischen Literaturwissenschaft« auch zunehmend Literaturwissenschaftler eine solche »negative« Haltung gegenüber der Philosophie gewinnen.
Einer der Gründe dafür, daß Psychologen – und empirische Wissenschaftler insgesamt – wenig Interesse an der Philosophie finden können, liegt darin, daß philosophische Spekulationen ziemlich irrelevant werden, sobald man ein Laboratorium betritt oder empirische Daten erhebt. Ob einer ein »Solipsist« oder ein »naiver Realist« ist, ändert nichts daran, daß Wasser bei 100 Grad Celsius kocht. Die beiden können sich über die Frage des ontologischen Status von Wasser streiten oder darüber, wie sie wissen können, daß es einen Siedepunkt gibt, aber solche Streitigkeiten sind für wissenschaftliche Forschung nicht wirklich von Bedeutung.
Was wissenschaftlich wirklich von Interesse ist, ist das *Entdecken von allgemeinen Gesetzmäßigkeiten*. Das gilt auch für die Literaturgeschichte: wenn wir sie wissenschaftlich untersuchen, dann wollen wir eben herausfinden, von welchen universellen oder allgemeinen Gesetzmäßigkeiten sie bestimmt wird. Man könnte jedoch fragen, ob es solche Gesetzmäßigkeiten überhaupt gibt. Natürlich »gibt« es sie. Als Wissenschaftler setze ich nämlich im Prinzip voraus, daß alles »im Universum« durch Gesetzmäßigkeiten bestimmt ist, also auch in dem Gebiet, um das es hier geht, in der Geschichte der Literatur. Bis zum 17. Jahrhundert gab es bekanntlich zwischen Wissenschaftlern eine Debatte um die Frage, wieweit das Universum durch Zufall oder durch Notwendigkeit bestimmt ist. Am Ende des Jahrhunderts war die Frage entschieden, und zwar ganz einfach: man setzte – hypothetisch – voraus, daß alles gesetzmäßig verläuft und nichts rein zufällig ist. Natürlich handelt es sich dabei um eine heuristische Annahme, aber sie hat uns bis heute gute Dienste geleistet. Deshalb macht es auch überhaupt keinen wissenschaftlichen Sinn, darüber zu diskutieren, was nun »wirklich« der Fall ist und was nicht. Solche Dispute kann man getrost den Philosophen überlassen.
Nun ist es allerdings so, daß die meisten Literaturhistoriker ir-

gendwelche universellen Gesetzmäßigkeiten für den Verlauf der Literaturgeschichte verneinen. Dafür gibt es verschiedene Gründe. Historischen Ereignissen und Konstellationen sieht man ihren repetitiven oder periodischen Charakter nicht einfach an. In Wirklichkeit braucht man aber nur den richtigen analytischen Zugang, um – wie ich weiter unten zeige – durchaus ganz regelmäßige und periodische historische Trends z. B. im literarischen Stil aufzudecken. Die »geisteswissenschaftlich« orientierten Literaturhistoriker operieren zumeist auf der falschen Analyseebene. Sie jagen so sehr bestimmten Eigenheiten und Details nach, daß sie vor lauter Bäumen den Wald nicht mehr sehen. Man kann einfach keine Gesetzmäßigkeiten erkennen, wenn man sein ganzes Interesse auf einzelne Autoren konzentriert und darauf, was genau sie geschrieben haben. Wenn man sich aber »zurücklehnt« und zum Beispiel »namenlose Literaturgeschichtsforschung« betreibt, werden solche Gesetzmäßigkeiten ganz klar erkennbar.
Geisteswissenschaftliche Literaturgeschichtsschreiber lieben es, sich bestimmte selbst-widersprüchliche Anfangsvoraussetzungen zu eigen zu machen. Dazu stützen sie sich häufig auf völlig unpassende und »nihilistische« *Grundlagen*, wie sie etwa von Collingwood (1946) aus idealistischer oder von Dilthey (1894) aus hermeneutischer Sicht geschaffen worden sind. Solche Philosophen wollen uns glauben machen, daß wir von der Geschichte so gut wie nichts wirklich verstehen können. Wenn man das glaubt, dann ist es allerdings schleierhaft, warum man sich überhaupt mit Geschichte befassen sollte. Diese Art von idealistischer Perspektive ist schlicht unproduktiv. Wenn man voraussetzt, daß man nichts wissen kann, ist es unwahrscheinlich, sogar das zu erkennen. Man merkt das vermutlich nicht einmal, wenn man andauernd unter dem Druck steht, Bücher und Artikel über die Gründe zu schreiben, warum man nichts wissen kann.
Um die Gesetzmäßigkeiten in der Literaturgeschichte zu erkennen, brauchen wir eine passende Forschungsmethode. Die einzig brauchbare Forschungsmethode, die wir haben, ist die Wissenschaft. Wir brauchen also eine Wissenschaft von der Geschichte der Literatur. Was kann damit gemeint sein? Nun, wie ich schon angedeutet habe, bedeutet dies, daß wir als erstes voraussetzen, auch Literaturgeschichte sei ein deterministischer Prozeß. Entsprechend ist es unsere erste Aufgabe, diese Gesetzmäßigkeiten, die den Verlauf der Literaturgeschichte bestimmen, zu entdecken

und letztlich diese Gesetzmäßigkeiten in mathematischen Gleichungen auszudrücken, die in eine objektive Theorie eingebettet sind. Wissenschaft beschäftigt sich eben nicht mit bloßen Meinungen oder Wesenheiten. Astronomen zum Beispiel vergeuden ihre Zeit nicht damit, sich unbeantwortbare Fragen vorzulegen, etwa der Art: »Was ist der Sinn des Sonnensystems?« Genau damit vergleichbar beschäftigt sich auch eine Wissenschaft von der Geschichte der Literatur nicht mit »Geist« und »Wesen« der Literatur, sondern sie hat ihr Ziel darin, zuverlässige Beziehungen und Regelmäßigkeiten zu beobachten. Als Wissenschaft benötigt sie deshalb auch keinerlei Anleihen bei der Hermeneutik, dem Dekonstruktivismus oder ähnlichen geistigen Strömungen. Diese Denkschulen haben nichts mit Wissenschaft im hier verstandenen Sinne zu tun und sind deshalb per se für eine Erforschung der Literaturgeschichte unwichtig.

Normalerweise verhalten sich Wissenschaftler gegenüber irrelevanten Konzepten sehr ähnlich: sie ignorieren sie einfach. Aus meiner Sicht gibt es deshalb in einer wissenschaftlichen Literaturgeschichtsschreibung auch genau so wenig Bedarf für weitere Diskussionen mit Hermeneutikern wie es etwa in der Paläontologie einen Bedarf für Diskussionen mit Wirtschaftswissenschaftlern gibt. Beide Gruppen beschäftigen sich mit völlig unterschiedlichen Dingen, deshalb gibt es auch nichts, über das zu reden sich lohnt. Wie ich schon angedeutet habe, halte ich Philosophie für eine der *in dieser Hinsicht* völlig überflüssigen Disziplinen, einschließlich einer puren Wissenschaftsphilosophie.

Zahlreiche Geisteswissenschaftler schätzen auch völlig falsch ein, was sie als die von einer nach-positivistischen Wissenschaftsphilosophie ausgelöste Krise der Wissenschaft(en) ansehen. Tatsächlich hat die nach-positivistische Wissenschaftsphilosophie praktisch überhaupt keinen Einfluß auf die wissenschaftliche Forschung. Auch dafür gibt es verschiedene Gründe. Der eine ist eben der, daß Forscher sich wenig um Philosophen kümmern. Der andere ist, daß philosophische Spekulationen wissenschaftliche Forschung in keinem Fall unterminieren können, und zwar aus einem Grund, den Philosophen anscheinend am grundsätzlichsten mißverstehen: der schlichten Realität. »Theoriegeladene Daten« (Lakatos 1972) haben weder Hiroshima zerstört noch Transistoren entwickelt oder Gene gespalten, und sie haben auch nicht die Menschheit auf den Mond geflogen. Es gibt da eine Krise, aber die liegt in dieser Art von Wissenschaftsphilosophie und nicht in der wissenschaftlichen Forschung. Livingston (1988) und Martindale (1988) diskutieren das in aller Ausführlichkeit.

Obwohl die Wissenschaft und die wissenschaftliche Forschung sich von nutzlosen philosophischen Spekulationen emanzipieren können, enthält das Konzept »Wissenschaft« doch einige ernste Einschränkungen. Diese Einschränkungen sind aus pragmatischen Gründen entstanden. Ich habe schon die Anfangsvoraussetzung erwähnt, die Hypothese einer vollständigen Determiniertheit.

Eine weitere Grundvoraussetzung wissenschaftlicher Forschung betrifft die Gleichförmigkeit der Natur. Was das im Fall der Literaturwissenschaft bedeutet, ist eben dies: auch wenn es sehr gute Gründe für das Gegenteil gibt, gilt doch, daß *Menschen immer und überall ungefähr gleich sind*. Wenn jemand das anzweifelt, fällt die Begründungslast ihm zu. Natürlich gibt es kulturelle Differenzen, jedoch sollten wir am Prinzip der Gleichförmigkeit so lange festhalten, bis wir eine historische Person gefunden haben, deren Verhalten und Handeln völlig verwirrend und unverständlich ist. Diese Gleichförmigkeitsannahme für den »Gegenstandsbereich« wird natürlich von denjenigen nicht geteilt, die mit einem hermeneutischen Verständnis an die Geschichte herangehen. Manche davon wenden ein ganzes Forscherleben auf, um sich in die Köpfe anderer Menschen hineinzudenken, die uns wahrscheinlich sehr ähnlich sind.

Das wissenschaftliche Prinzip der Sparsamkeit legt fest, daß die Erklärung akzeptiert wird, die am einfachsten alle Sachverhalte verstehbar macht. Im Falle der Literaturgeschichte legt das Sparsamkeitsprinzip fest, daß wir eine Veränderung im Bereich der Literatur möglichst aus Ursachen erklären, die selbst im Bereich der Literatur verankert sind. Die Begründung dafür ist, daß solche literarischen Ursachen unmittelbarer sind als außerliterarische. Die Sparsamkeitsdoktrin führt dazu, daß sich reflexionstheoretische, also exogene Erklärungen in der Regel als nachteilig herausstellen, wenn sie mit endogenen Erklärungen kritisch verglichen werden, denn sie sind nur selten einfacher. Es gibt Literaturwissenschaftler, die über diesen Aspekt des wissenschaftlichen Vorgehens lamentieren, weil er mit einigen wissenschaftspolitisch populären Richtungen, wie zum Beispiel dem »New Historicism« (Veeser 1989), im Konflikt steht.

Das wichtigste Prinzip des wissenschaftlichen Forschens ist aber überhaupt, daß es empirisch ist. Aussagen, die nicht wenigstens indirekt oder »im Prinzip« überprüft werden können, sind nicht erlaubt. Empirische Überprüfungen sind dabei nicht notwendigerweise quantitativ. Allerdings sind in der Literaturgeschichtsforschung die »Daten« – Texte und Texte über solche Texte – derart mächtig, daß es schwerfällt, sich vorzustellen, es könnte Überprüfungsmethoden für nicht-triviale Hypothesen geben, die nicht zumindest quantitative Verfahren einschließen. Quantifizierungen sind im übrigen auch grundsätzlich wichtig, um die Regel abzusichern, daß wissenschaftliche Beobachtungen eher objektiv als subjektiv sein sollten.

Es gibt nun in allen Wissenschaften eine starke Tendenz, zuerst die einfachen Probleme anzugehen und die komplizierteren auf später zu verschieben. Im Falle der Literarhistorie müssen wir uns deshalb zuerst mit den literarischen Texten selbst befassen: welche Arten von Wörtern enthalten sie, wie lang sind diese Wörter im Durchschnitt usw. Das liefert uns einige sehr einfache Fakten für Erklärungen. Erst wenn wir einigen Fortschritt bei der Erklärung solch einfacher Fakten erzielt haben, werden wir daran denken, auch kompliziertere Fragen zu lösen. Die »Empirische Literaturwissenschaft« in der Konzeption von S. J. Schmidt treibt uns aber mit ihrer Fokussierung von Rezeptionsproblemen dazu, sogleich mit dem Versuch der Beantwortung von Fragen zu beginnen, die viel zu komplex sind, zum Beispiel: was haben bestimmte Texte für Leser in der Vergangenheit bedeutet? Das ist eine so schwere Frage, daß man sie ruhig zurückstellen sollte, bis man erfolgreich viel simplere Fragen beantwortet hat.

Wenn das alles so ist, was kann dann das Ziel der wissenschaftlichen Erforschung der Literaturgeschichte sein?

Grundsätzlich einmal dies: zu beschreiben, was tatsächlich sich in verschiedenen literarischen Traditionen zugetragen hat – wie sich also Inhalt und Form der Texte innerhalb solcher Traditionen im Laufe der Zeit verändert haben –, und schließlich mit der einfachsten und zugleich möglichst allgemeinsten Theorie zu erklären, warum sich gerade dies so zugetragen hat und nicht anders.

Als Beispiel für einen solchen wissenschaftlichen Zugang zur Literaturhistorie möchte ich einige meiner eigenen Arbeiten zur Literaturgeschichte (und zu anderen Kunstgattungen) skizzieren.

Wie die meisten zeitgenössischen Theorien zum sozialen Wandel beginne ich mit einer evolutionstheoretischen Grundannahme (Martindale 1986a, 1986b, 1990). Es ist eine gut gesicherte Annahme, daß mit ästhetischen »Stimuli« als Wirkung oder als Wirkungspotential Vergnügen und Interesse verbunden sind (Berlyne 1971): Überraschung, Neuigkeit, Widerspruch, Komplexität und entsprechende Stimuluszuschreibungen erregen eine kortikale Spannung, die mit Vergnügen und Interesse einhergeht. Es ist nachgewiesen, daß alle Organismen sich an Stimuli gewöhnen, denen sie immer wieder ausgesetzt sind (Thompson und Spencer 1966). Das heißt, mit jeder Wiederholung verliert ein Stimulus etwas von dem Potential, eine solche Spannung zu erzeugen. Gewöhnung ist ein universelles Vermögen von Nervensystemen, und es kann auch gar keinen Zweifel daran geben, daß dieses Vermögen immer schon vorhanden war, bevor noch zum ersten Mal »Literatur« erzählt und gehört, geschrieben und gelesen wurde. Wegen des universellen Gesetzes der »Gewöhnung« oder auch »Anpassung« stehen Künstler und Literaten unter einem andauernden Innovationsdruck. Um sich die Aufmerksamkeit des Publikums zu erhalten, müssen sie beständig das Potential ihrer Arbeiten steigern, das zu solcher Spannungserregung zu führen vermag. Auch wenn sie das anders ausdrückten, haben doch die russischen und tschechischen Strukturalisten (Mukařovský 1940; Tynjanov 1929), Göller (1888) und andere Literatur- und Kunsthistoriker dies schon vor vielen Jahren zum Ausdruck gebracht.
Göller und die Formalisten erklärten, warum sich Kunst und Literatur beständig ändern müssen. Sie konnten jedoch nicht erklären, in welcher Richtung sich dieser Wandel jeweils entwickelt. Wir können aber die Richtung eines solchen Wandels durchaus bestimmen, wenn wir uns genau ansehen, wie Künstler es schaffen, ihre Arbeiten wirkungsmächtig zu halten.
Um etwas Neuartiges, Originelles oder Überraschendes zu schaffen, muß man vom normalen Wachzustand des konzeptuellen Denkens auf eher ursprüngliche Gedankenmuster »regredieren«, wie man sie in Tag- oder Nachtträumen und in Phantasien findet (Kris 1952; Martindale 1989). Die Erklärung dafür ist, daß solch vorbewußtes Denken weniger strukturiert ist und eher wie freies Assoziieren verläuft. Daher führt es mit höherer Wahrscheinlichkeit zur Verbindung von entlegenen Assoziationsmustern, die neuartig und originell sind. Um also eine neuartige Idee zu gewin-

nen, muß man »regredieren«; um etwas noch Neuartigeres zu entdecken, muß man noch weiter »regredieren«. Innerhalb einer gegebenen Stilrichtung müssen sich deshalb die Künstler immer stärker solchen *primären* Denkens bedienen. Schließlich sind aber alle kreativen Möglichkeiten dieser Stilrichtung, die so erreicht werden könnten, ausgeschöpft, und ein Stilwandel findet statt – etwa durch die Einführung neuer Inhalte oder neuer literarischer Kunstgriffe. Dieser »neue« Stil erlaubt es den Autoren mit einem Schlag, das »Erregungspotential« ihrer Texte wieder auf ein hohes Niveau zu heben – ohne verpflichtet zu sein, dazu immer weiter auf »primäre Denkmuster« zu »regredieren«.

Wenn man nun voraussetzt, daß vorbewußtes Denken die literarischen Inhalte prägt (Martindale 1975, 1990), kann man folgende Prognose aufstellen: In jeder zusammenhängenden, literarisch tradierten Stilrichtung müssen die so *primär* geprägten Inhalte im Laufe der Zeit in einem übergreifenden Oszillationsmuster *zunehmen*. Um diese Prognose etwas »literarischer« auszudrücken, kann man sie auch so formulieren: Literatur hat die Tendenz, im Laufe langer Zeitabschnitte immer »romantischer« zu werden; und sie oszilliert – während dies passiert – zwischen »romantischen« und »klassischen« Inhalten. In bezug auf das »Erregungspotential« setzt sich dieser Trend fort, und zwar relativ monoton, solange der gegebene literarische Traditionszusammenhang bestehen bleibt.

Das sind alles nur sehr knappe Hinweise auf einige Kernannahmen einer ziemlich komplexen Theorie, die an anderer Stelle schon ausführlich dargestellt worden ist (Martindale 1986b, 1990).

Anhand einer Textauswahl von 170 englischen Dichtern aus der Zeit von Chaucer bis heute sind die weitestgehenden Überprüfungen dieser Hypothesen durchgeführt worden. Martindale (1990) liefert dazu zahlreiche Details über die Auswahlmethode und die Verfahren, mit denen das »Erregungspotential« und die »primären Inhalte« zu messen sind. Der Index des »Erregungspotentials« (arousal potential = AP), der eine Kombination aus Maßzahlen über die Variabilität der Wortlänge, Satzlänge, der Mehrdeutigkeit usw. darstellt, zeigt einen positiv beschleunigten stetigen Anstieg über den ganzen Zeitraum der Untersuchung hinweg. Die beste Gleichung dafür ist:

$$AP = 1 : [-10{,}23 + 10{,}41e^{-0{,}0036P}],$$

wobei »e« die Basis des natürlichen Logarithmus ist und *P* für »Periode« steht.

Dazu ist anzumerken, daß der gesamte hier untersuchte Zeitraum von 1290 bis 1949 in dreiunddreißig aufeinanderfolgende Zwanzig-Jahres-Abschnitte unterteilt worden ist. Wenn wir die Mittelwerte für poetisches Schreiben während jeder Periode analysieren, dann zeigt sich, daß diese hier aufgestellte Gleichung 76,5% der Unterschiede zwischen den einzelnen Perioden aufklärt. Die Wahrscheinlichkeit, solche stabilen Zusammenhänge rein zufällig zu finden, ist kleiner als 1 zu 10000! Abweichungen von diesem Trend sind zufällig verteilt und zeigen kein klares Muster.

Die »primären Inhalte« wurden durch eine computerunterstützte Inhaltsanalyse bestimmt, wobei als Bezugsgröße ein Wörterbuch von ungefähr 3000 Wörtern benutzt wurde, das sich in zahlreichen anderen Experimenten als valide erwiesen hatte, um vorbewußte (primäre) Denkmuster zu messen. Um also den Anteil »primärer Inhalte« einer bestimmten literarischen Periode (PC_p) zu bestimmen, ist folgende Gleichung die beste Lösung:

$$PC_p = -2{,}56 + 0{,}419\,P + 0{,}365\,PC_{p-2};$$

sie erklärt 83,58% der Unterschiede zwischen den einzelnen Perioden. Die Wahrscheinlichkeit, einen solchen starken Zusammenhang rein zufällig zu finden, ist hier sogar noch weit geringer als 1 zu 10000! Die Gleichung zeigt uns, daß »primäre Inhalte« – genau wie vorhergesagt – im Laufe der zeitlichen Perioden (P) ein Oszillationsmuster bilden. Dabei wird der Einfluß einer vorhergehenden Periode (PC_{p-2}) auf eine nachfolgende (PC_p) als autoregressiver Prozeß zweiter Ordnung (Gottman 1981) bezeichnet. Der Kern der Sache ist, daß genau dieser Einfluß die Oszillationsmuster produziert. Und es ist außerdem wichtig, hier festzustellen, daß die mit diesen Gleichungen ausgedrückten Trends extrem beständig verlaufen: Es gibt also ganz klare und sehr regelmäßige Trends in der Geschichte der Literatur. Es scheint sogar so zu sein, daß die Geschichte der Literatur tatsächlich viel regelmäßiger verläuft als viele andere historische Prozesse. Wir können sagen, daß die oben gegebenen Gleichungen Fakten der Literaturgeschichte beschreiben. Man braucht, um sie zu entdecken und aufzustellen, eine Theorie, aber man muß keine ausführlichen philosophischen oder geisteswissenschaftlichen Grundvoraussetzungen diskutieren. Und natürlich gilt auch, daß noch so viel philosophische oder geisteswissenschaftliche Spekulationen nichts an diesen Fakten ändern können.

Stellen wir nun die systematische Anschlußfrage, wie brauchbar diese Theorie ist, um die Geschichte der englischen Literatur zu erklären. Eine Möglichkeit, diese Frage zu beantworten, liegt darin, daß man überprüft, wie viele Anteile der allgemeinen Variation, z. B. im Wortgebrauch, zwischen unterschiedlichen Autoren durch die beiden Gleichungen aufgeklärt werden. Um diesem Gedanken nachzugehen, habe ich eine Matrix gebildet, in der erfaßt wird, wie ähnlich bzw. unähnlich der Wortgebrauch eines jeden der 170 englischen Dichter gegenüber den anderen 169 ist. Das Ergebnis ist, daß 40% der Unterschiede zwischen den einzelnen Dichtern durch die beiden Gleichungen erklärt werden können. Dabei bleiben also 60% der Variationen ungeklärt, die teilweise durch Faktoren wie »Persönlichkeit«, »Schichtzugehörigkeit«, andere »soziale Einflüsse«, zu einem Teil aber gewiß auch durch Zufallsfehler des Meßverfahrens verursacht sind.

Literaturtheoretiker denken gewöhnlich, daß die Geschichte der englischen Dichtung ein sehr komplizierter Prozeß ist. Ich für mein Teil bin schon ganz zufrieden damit, 40 Prozent des Wandels im Wortgebrauch der beteiligten englischen Poeten mit zwei einfachen Gleichungen exakt beschrieben zu haben.

Das evolutionstheoretische Konzept dieses Ansatzes scheint eine beinahe universelle Geltung zu besitzen. Studien, die die französische Dichtung (Martindale 1975) oder amerikanische Kurzgeschichten (Martindale 1990) untersuchten, haben sehr ähnliche Ergebnisse erbracht. Unter Berücksichtigung anderer Meßverfahren sind die evolutionstheoretischen Hypothesen auch in Studien zur klassischen europäischen Musik, zur italienischen Malerei, zur gotischen Architektur, zur englischen und französischen Malerei, zur Keramikmalerei der Griechen, zur ägyptischen Kunst und schließlich auch zur japanischen Kunstdrucktechnik überprüft und bestätigt worden (Martindale 1990). Man kann deshalb sagen, daß die gleiche Theorie historische Trends in vielen verschiedenen Kunstarten und unterschiedlichen Kulturkreisen erklärt.

Von einem wissenschaftlichen Standpunkt aus betrachtet, erfüllt sie also genau das, was man von einer Theorie der Geschichte verlangen muß.

Übersetzt von Reinhold Viehoff

Literatur

Berlyne, D. E. (1971), *Aesthetics and Psychobiology*, New York: Apeleton – Century – Crofts.

Collingwood, R. G. (1946), *The Idea of History*, Oxford: Oxford University Press.

Dilthey, W. (1894), *Ideen über eine beschreibende und zergliedernde Psychologie*, Leipzig: B. G. Teubner.

Göller, A. (1888), *Entstehung der architektonischen Stilformen*, Stuttgart: K. Wittwer.

Gottman, J. M. (1981), *Time – Series Analysis: A Comprehensive Introduction for Social Scientists*, Cambridge: Cambridge University Press.

Kris, E. (1952), *Psychoanalytic Explorations in Art*, New York: International Universities Press.

Lakatos, I. (1970), »Falsification and the methodology of scientific research programmes«, in: ders. und A. Musgrave (Hg.), *Criticism and the Growth of Knowledge*, Cambridge: Cambridge University Press; deutsch: *Kritik und Erkenntnisfortschritt*, Braunschweig/Wiesbaden: Vieweg 1972.

Livingston, P. (1988), *Literary Knowledge: Humanistic Inquiry and the Philosophy of Science*, Ithaca, NY: Cornell University Press.

Martindale, C. (1975), *Romantic Progression: The Psychology of Literary History*, Washington, D. C.: Hemisphere.

– (1986a), »Aesthetic evolution«, in: *Poetics* 15, 439-473.

– (1986b), »Psychologie der Literaturgeschichte«, in: R. Langner (Hg.), *Psychologie der Literatur: Theorien, Methoden, Ergebnisse*, Weinheim: Beltz Verlag.

– (1988), »Positivism, constructivism, and poetics«, in: *SPIEL (Siegener Periodicum zur internationalen empirischen Literaturwissenschaft)* 7, 209-242.

– (1989), »Personality, situation, and creativity«, in: J. A. Glover, R. R. Ronning und C. R. Reynolds (Hg.), *A Handbook of Creativity: Assessment, Theory, and Research*, New York: Plenum.

– (1990), *The Clockwork Muse: The Predictability of Artistic Change*, New York: Basic Books.

Mukařovský, J. (1940), *On Poetic Language*, Amsterdam: Peter de Ridder, 1976.

Schmidt, S. J. (1980), *Grundriß der Empirischen Literaturwissenschaft*, Bd. 1, Braunschweig/Wiesbaden: Vieweg.

Thompson, R. F. und W. A. Spencer (1966), »Habituation: A model for the study of neuronal substrates of behavior«, in: *Psychological Review* 173, 16-43.

Tynjanov, J. (1929), *Archaisten und Neuerer*, München: Fink 1967.

Veeser, H. A. (Hg.) (1989), *The New Historicism*, New York: Routledge.

IV. Literarisches Handeln

Die Empirische Literaturwissenschaft ist programmatisch unter dem Titel empirisch angetreten, um zu betonen, daß es nach den langen Jahren der Vorherrschaft von Interpretationskünstlern nun darum gehen solle, eine »empirisch gehaltvolle« Literaturwissenschaft zu betreiben. Das zweite, davon nicht zu trennende und ebenso programmatische Anliegen ist von Beginn an jedoch auch gewesen, den Gegenstandsbereich der Disziplin neu zu formulieren: statt »Literatur« im Sinne von literarischen Texten steht jetzt LITERATUR im Sinne von »literarischem Handeln« auf der agenda. »Theoriebautechnisch« sind im »Grundriß« vier unterschiedliche Handlungsbereiche ausgegliedert worden: Produktion und Rezeption als basale, Vermittlung und Verarbeitung als fakultative literarische Handlungen. Die Erforschung dieser Handlungen – in allen ihren Voraussetzungen, Bedingungen und Folgen – ist jetzt das Ziel der Literaturwissenschaft.

Eine solche Veränderung der Literaturwissenschaft hat natürlich weitreichende Folgen für alle forschungsleitenden Fragen: was erforsche ich, warum und mit welchen Methoden? Eine empirisch gehaltvolle handlungsorientierte Literaturwissenschaft stellt die Fragen anders als eine textorientierte Disziplin, und sie hat andere Probleme zu lösen, wenn sie diese Fragen systematisch, explizit, exakt und überprüfbar beantworten will.

Wenn nicht der Text, sondern wenn das Handeln der theoretische Bezugspunkt der Literaturwissenschaft ist, dann muß dieses Handeln so modelliert werden, daß die Unterscheidung »literarisch« vs. »nicht-literarisch« handlungs- und nicht texttheoretisch erfolgt. Es muß – mit anderen Worten – theoretisch klar bestimmt sein, wann eine Handlung innerhalb des Objektbereichs – also des LITERATURsystems – liegt und wann nicht. Im *Grundriß* ist dazu der Weg beschritten worden, spezielle Handlungskonventionen als auszeichnende Qualifikationen zu definieren: ob ein bestimmtes Handeln von Autoren und Lesern, von Schauspielern und Zuschauern, von Händlern und Käufern usw. jeweils »literarisches« Handeln ist, kann danach immer nur im Rückgriff auf die jeweils zugrundeliegende Poetik des einzelnen Handelnden oder

die in seiner sozialen Gruppe geltende Literaturvorstellung bestimmt werden. Damit wird einerseits – im Sinne des soziologischen »Thomas«-Theorems – die Qualität der Handlung(ssituation) abhängig gemacht von der »normativen Lage«, die die Handelnden als historisch jeweils verbindliche gelernt haben und akzeptieren (sozio-historische Einbettung des literarischen Handelns); zum anderen bestimmt sich die literarische Qualität einer einzelnen Handlung (z. B. des Lesens) daran, ob und wie der/die jeweils Handelnde seine/ihre literarische Handlungsintention in erster Linie (dominant) an den literarischen Handlungskonventionen (ästhetisch-literarische Konvention [AELKO] und polyvalent-literarische Konvention [PLKO]) ausrichtet (kognitionspsychologische Einbettung des literarischen Handelns).
Es ist leicht einzusehen, daß unter dieser Forschungsperspektive Themenstellungen zentral werden, die in der traditionellen Literaturwissenschaft ein geduldetes, aber nur als randständig geduldetes Dasein geführt haben. Da die sozio-historischen und kognitionspsychologisch relevanten Aspekte der jeweiligen Handlung erst deren Qualität zu bestimmen erlauben, ist es für die Empirische Literaturwissenschaft eben nicht mehr akzidentiell, alle jene »Kontexte« – von der Handlungsplanung bis zur Handlungsevaluation – genau zu untersuchen, zu beschreiben und zu erklären, in denen literarisch gehandelt wird. Und sie muß entsprechend auch jene Situationen untersuchen, in denen gelernt wird, literarisch zu handeln – im Kindergarten, in der Schule, im Familiengespräch, allein vor dem Buch oder dem Fernsehgerät; denn literarisches Handeln ist aus der Sicht der Empirischen Literaturwissenschaft ein dynamischer Vorgang, der in seinem Ablauf und seinen Funktionen an individuelle Sozialisationsgeschichten (»Voraussetzungssystem«, Bedürfnisentwicklung, Motivation usw.) ebenso gebunden ist wie an normative gesellschaftliche Diskurse in den Sozialisationsinstitutionen (Familie, Schule, Massenmedien), oder – last but not least – an die literar-ästhetischen Angebote der visuellen, auditiven und audio-visuellen Texte. Durch literarische Sozialisationsprozesse erst werden jene Bereiche gesellschaftlicher Kommunikation »hergestellt« und gesichert, die literarisches Handeln zu tragen vermögen.
In den Beiträgen dieses Kapitels werden solche literarischen bzw. proto-literarischen Sozialisationsprozesse untersucht, es werden aber auch Überlegungen zu den handlungs- und kognitionspsy-

chologischen Grundlagen und Kontexten literarischen Handelns diskutiert, die in unserer Gesellschaft als durchaus problematisierte Ergebnisse solcher Sozialisationsprozesse relevant sind.
Zweifellos hat in der Kognitionspsychologie des letzten Jahrzehnts der Schemabegriff eine zentrale Rolle gespielt: als Modell, um Denk- und Gedächtnisleistungen zur Praxis des Verhaltens, Tuns und Handelns zu vermitteln. Es ist deshalb nur konsequent, wenn in Beiträgen des folgenden Kapitels ebenfalls mit diesem Modell gearbeitet wird und zugleich versucht wird, schematheoretische Überlegungen für speziell literaturwissenschaftliche Fragestellungen zu nutzen.
Literaturwissenschaftler, die sich mit theoretisch wohldefinierten »Problemen« auseinandersetzen, die eben nicht einfach an den Grenzen, bei den klassischen Revierzäunen der akademischen Disziplinen aufhören, können in der Anfangsphase ihres »Projektes« Problemlösungen nur mit einem hohen Maß an Kreativität und eigener Lernfähigkeit erreichen. Auch in diesem Sinne können die folgenden Beiträge gelesen werden: als Stimulation, entweder selbst – als Leser/in – reflektierter literarisch zu handeln oder – was dann aber etwas kategorial anderes ist – selbst methodisch kreativ und innovativ literarisches Handeln zu erforschen.

Peter Vorderer
Lesen als Handlung

Vorstrukturierung

Im Rahmen der empirischen Literaturwissenschaft wird das Lesen literarischer Texte (genauer: das *›literarische Lesen‹*) üblicherweise als *Handlung* rekonstruiert. Das heißt: als eine menschliche Aktivität, die mit Hilfe psychologischer oder soziologischer *Handlungstheorien* beschreib- und erklärbar sein sollte. Schmidt (1991) weist diesem – von ihm als ›Handlungsrolle Rezeption‹ bezeichneten – Gegenstandsbereich sogar eine äußerst zentrale Rolle innerhalb seiner Systematisierung der empirischen Literaturwissenschaft zu, indem er ihn gemeinsam mit den Handlungsrollen ›Produktion‹, ›Vermittlung‹ und ›Verarbeitung‹ zu den vier wichtigsten Explananda dieser Disziplin zählt. Was genau ist aber gemeint, wenn man von ›literarischer Rezeption‹ (und nur um diese Form des Lesens soll es hier gehen) spricht, und welche Möglichkeiten gibt es, diese Art von Handlung zu beschreiben und zu erklären?

Die folgenden – notwendigerweise sehr kurzen und deshalb nur skizzenhaften – Ausführungen werden anhand dieser beiden Fragen systematisiert. Das heißt, daß zunächst das Explanandum ›literarisches Lesen‹ und sodann das Explanans *›Lesemotivation‹* umrissen werden sollen. Die Ausdifferenzierung des Explanandums (1) führt dabei auf seiten des Explanans (2) zu dem Vorschlag, dem Konstrukt der ›Lesemotivation‹ künftig noch dasjenige der *›Lesevolition‹* hinzuzufügen. Und die Diskussion des Explanans selbst wird schließlich die Frage aufwerfen, inwiefern die beiden wichtigsten bisher identifizierten *Lesemotive* nicht nur verschiedenartigen Rezeptionsweisen, sondern auch unterschiedlichen Lesergruppen zugeordnet werden können (3).

1. Lesen als Handlung

Wie etwa von Schmidt (1991; vgl. bereits 1980) expliziert, läßt sich das ›literarische Lesen‹ als Handlung bzw. als ›Handlungsrolle‹ verstehen, das heißt als eine menschliche Aktivität, die von einem *Akteur* in einer spezifischen Situation ausgeführt wird. Dabei werden Akteure »als historisch lokalisierbare Instanzen (gesehen), die einen ›Sozialisationsprozeß‹ durchlaufen haben und in einer bestimmten Situation mit bestimmten Absichten ›handeln‹« (Schmidt 1991, 39).

Ein Blick in die literaturwissenschaftliche und -psychologische Forschung zum Thema ›literarisches Lesen‹ zeigt allerdings sehr schnell, daß bei der *Beschreibung* dieser Handlung(sklasse) immer wieder von zwei unterschiedlichen Rezeptions*weisen* die Rede ist: von einer (eher) ›kritisch-distanzierten‹ und den Text ›analysierenden‹ Rezeption einerseits und von einer (eher) ›unkritisch-distanzlosen‹ Leseweise, bei der sich der Rezipient mit den literarischen Figuren identifiziert, andererseits (vgl. etwa Schmidt-Sasse 1976; Jauß 1982; Groeben und Vorderer 1988).

Nicht zu übersehen sind dabei auch entsprechende Zuordnungen dieser verschiedenen ›Rezeptionsmodi‹ zu unterschiedlichen Text(sort)en: Während das ›kritisch-distanzierte‹ Lesen häufig als die (einzig) adäquate Form des Umgangs mit ›literarisch wertvollen‹ Texten betrachtet wird, ist vom ›distanzlosen Konsumieren‹ meist im Zusammenhang mit der sogenannten ›Trivial-‹ oder ›Unterhaltungsliteratur‹ die Rede (vgl. etwa Nusser 1982).

Interessanterweise findet sich diese dichotome Beschreibung auch in angrenzenden Nachbardisziplinen, wie etwa in der (empirischen) Medien- und Kommunikationswissenschaft. Dort wird sie auf unterschiedliche Medienangebote bezogen, wobei unter anderem von einer ›interessierten‹ oder ›analysierenden‹ versus ›involvierten‹ Rezeption die Rede ist (vgl. zum Beispiel McQuail 1985; Liebes und Katz 1986; im Überblick: Vorderer 1992).

Vor dem Hintergrund dieser exemplarisch ausgewählten Beispiele erscheint es sinnvoll, die Handlung ›literarisches Lesen‹ *entweder* als eine

- *›analysierende‹ Rezeption* zu rekonstruieren, bei der die Leser aus einer (dem Textinhalt gegenüber) distanzierten Haltung heraus vor allem an den formalen Strukturen des Textes interessiert sind, *oder* als eine

– *›involvierte‹ Rezeption*, bei der die Leser kognitiv und emotional in die erzählte Handlung involviert sind, so daß sie quasi im Gelesenen ›mitleben‹.

Allerdings ist mit dieser (skizzierten) Beschreibung des Explanandums noch zu wenig darüber ausgesagt, welche spezifischeren Aspekte dieser Handlung(sklasse) man untersuchen, d. h. vor allem erklären möchte. Vor dem Hintergrund der in den vergangenen Jahren erfolgten theoretischen Analysen und empirischen Untersuchungen im Bereich der empirischen Literaturwissenschaft, Leserforschung und -psychologie lassen sich meines Erachtens vier voneinander abgrenzbare Problembereiche benennen, die mit den folgenden Einzelfragen umrissen werden können. Dies ist

– zum einen die generelle Frage, *warum* Personen (›überhaupt‹) literarische Texte lesen (genauer: warum sie Texte literarisch lesen; vgl. etwa Schmidt 1991, 221);
– zum zweiten die Frage, *welche* Texte sie (warum) auswählen (vgl. etwa Groeben und Vorderer 1988, Kapitel 2);
– zum dritten die Frage, *warum* sie eine einmal begonnene Textrezeption vorzeitig (und an welcher Stelle) *abbrechen* (bzw. zu Ende führen; vgl. etwa Vorderer und Groeben 1991); und schließlich
– viertens die Frage, *wie* sie bestimmte Texte lesen (›analysierend‹ versus ›involviert‹; siehe oben).

Mit anderen Worten: An der Handlung(sklasse) ›literarisches Lesen‹ interessiert nicht nur, *warum* sie, sondern auch in bezug auf welche Texte, *wie lange* (bzw. warum sie wie lange) und *wie* sie ausgeführt wird.

2. Motivationspsychologie als Erklärungsrahmen

Ein wesentlicher Vorteil, den das oben skizzierte Verständnis von *Lesen als Handlung* bietet, besteht darin, daß diejenigen sozialwissenschaftlichen Hypothesen, Theorien und Modelle, die üblicherweise zur Erklärung von Handlungen herangezogen werden, damit auch für die Erklärung literarischen Lesens Anwendung finden können. Dabei handelt es sich aus der Sicht der empirischen Literaturwissenschaft zumeist um *motivationspsychologische Ansätze* (vgl. etwa Groeben 1982, 4 ff.; Groeben und

Vorderer 1988, 103 ff.). Diese Ansätze (Theorien, Hypothesen, Modelle etc.) versuchen, unter Rückgriff auf Konstrukte wie *›Motiv‹*, *›Motivation‹* und *›Volition‹* nicht nur das ›Handeln‹ im allgemeinen (hier: das literarische Lesen), sondern auch spezifische *Selektions*handlungen (hier: die Textauswahl) sowie die *(Nicht-) Persistenz* von Handlungen (hier: die Kontinuität bzw. den Abbruch einer literarischen Rezeption) zu erklären. Dabei hat innerhalb der empirischen Literaturwissenschaft bisher vor allem das Konstrukt der ›Motivation‹ Beachtung gefunden: »Unter ›Motivation‹ verstehe ich jene beim Aktanten hypothetisch unterstellten Systemzustände bzw. Vorgänge im psychischen Bereich, durch die eine ›Handlung‹ in Gang gebracht und durchgeführt wird« (Schmidt 1991, 43).

Aus der Sicht der Leserforschung wirft die oben zuerst genannte, situations*un*spezifisch formulierte Frage nach dem Lesen (»Warum lesen Personen Texte literarisch?«) die größten Probleme auf. Zur Beantwortung derart allgemeiner Fragen nach den Gründen und Ursachen einer Handlung ist es zunächst einmal notwendig, auf das Konstrukt des *›Motivs‹* zurückzugreifen. Unter Motiven werden in der Psychologie ›überdauernde und handlungsleitende *Wertungsdispositionen*‹ (vgl. Heckhausen 1989) verstanden, deren interindividuell unterschiedliche Anzahl und Ausprägung für jede Person spezifische Handlungserklärungen abzuleiten erlaubt. Nun wäre es allerdings naiv anzunehmen, daß diese Motive unabhängig von bestimmten situativen Kontexten zu der immer gleichen Art und Weise des Handelns führen. Gerade bei der Frage nach dem literarischen Lesen erscheint die Vermutung plausibel, daß diese Art von Handlung nicht nur *inter*individuell, sondern auch *intra*individuell (d. h. bei derselben Person von Situation zu Situation) unterschiedlich ausfällt und die gestellte Frage auf derart abstrakter Ebene gar nicht mehr beantwortet werden kann. Dies führt dann (zum Beispiel bei Kommunikationswissenschaftlern) nicht selten dazu, daß die Frage nach den Gründen und Ursachen des Lesens *nur noch* situationsspezifisch angegangen wird, so daß sich die Ergebnisse von Untersuchung zu Untersuchung zum Teil erheblich voneinander unterscheiden und kaum noch über die konkrete Situation hinaus generalisiert werden können (vgl. dazu auch die Kontroverse zwischen Spietschka 1991 und Vorderer/Groeben 1991).

Die Motivationspsychologie geht diesbezüglich einen Mittelweg, indem sie der durch eine spezifische Person bedingten Handlungskonstanz mit dem Terminus des ›*Motivs*‹ und der durch die Situation bedingten Art und Weise der Handlung mit dem Terminus der ›*Motivation*‹ Rechnung trägt. Unter ›Motivation‹ wird dabei die ›momentane Gerichtetheit‹ einer Person auf ein bestimmtes Handlungsziel verstanden, die vor allem durch zwei Faktoren bestimmt wird: zum einen durch den Wert dessen, was diese Person aktuell realisieren will, und zum anderen durch die Erwartung bzw. durch die subjektiv empfundene Wahrscheinlichkeit, dieses auch erreichen zu können. Damit wird erkennbar, daß sich die (oben) zuerst formulierte generelle Frage nach den Gründen und Ursachen literarischen Lesens psychologisch betrachtet als eine Frage nach den *Lesemotiven* darstellt, während sich die zweite Frage nach der Textauswahl bzw. Selektion auf die *Lesemotivation* im engeren Sinne bezieht.

2.1 Die Frage nach den Lesemotiven

Was zunächst die Erforschung der *Lesemotive* betrifft, so lassen sich diesbezüglich (idealtypisch) zwei methodische Vorgehensweisen voneinander unterscheiden: Im einen Fall wird ausschließlich *induktiv* vorgegangen, indem eine Stichprobe von Lesern mit Hilfe empirischer Befragungsmethoden um Auskunft über ihr Leseverhalten (bzw. allgemeiner: über ihre Mediennutzung) gebeten wird. Deren Antworten werden dann in der Folge zumeist als Leseinteressen, -bedürfnisse oder eben auch -motive dargestellt, sei es qualitativ oder auch mit Hilfe statistischer Verfahren wie der Clusteranalyse (vgl. beispielsweise die wiederholt durchgeführten empirischen Erhebungen der Bertelsmann-Stiftung zum Lese- und Kommunikationsverhalten in der Bundesrepublik; zuletzt: Fritz 1991). Das Hauptproblem bei dieser – die Konstrukte ›Interessen‹, ›Bedürfnisse‹ und ›Motive‹ zum Teil synonym verwendenden – Vorgehensweise besteht in den (häufig auch inveridikalen) Selbstbeschreibungen der befragten Leser; denn diese werden lediglich interpretierend zusammengefaßt, so daß die Ergebnisse der Untersuchungen nicht selten einen artifiziellen Charakter aufweisen. Dem berechtigten Interesse nach Erklärung der beschriebenen Rezeptionshandlungen (und damit nach Beantwortung der ›Warum-Frage‹) wird schließlich dadurch

Rechnung getragen, daß weitere Handlungsklassen (wie etwa das generelle Freizeitverhalten), aber auch sozio-demographische und Persönlichkeitsvariablen erhoben werden, die mit dem Leseverhalten in Beziehung gesetzt (statistisch: korreliert) werden. Im Endeffekt resultiert daraus eine Zuordnung von Lese- zu allgemeinen Mediennutzungs-, Freizeit- oder Persönlichkeitstypologien. Diese können jedoch auch bei methodisch einwandfreiem Vorgehen allenfalls als Voraussetzung und nicht als Ersatz für motivationspsychologische Erklärungen dienen (vgl. ausführlicher: Groeben und Vorderer 1988, 103).

Demgegenüber vielversprechender erscheint eine gemischt *induktiv-deduktive* Vorgehensweise, bei der vor dem Hintergrund bereits bestehender Rezeptionstheorien unterschiedliche (d.h. in verschiedenen theoretischen Kontexten durchgeführte) Leserbefragungen so ausgewertet werden, daß eine Konstatierung möglichst weniger – voneinander abgrenzbarer – Motive begründet werden kann. Dabei lassen sich beim gegenwärtigen Stand der (Leser-, Medien- und Kommunikations-)Forschung derzeit meines Erachtens zwei Ansatzpunkte zur Identifizierung von Motiv(komplex)en ausmachen.

Es handelt sich

- zum einen um die ursprünglich vor allem von Kommunikations- und Medienwissenschaftlern, aber auch von Literaturdidaktikern vertretene These, die Rezeption fiktionaler Inhalte ermögliche den Rezipienten einen lustvoll erlebten kognitiv-emotionalen ›Ausstieg‹ aus der ›realen‹ und einen komplementären ›Einstieg‹ in eine (medial vermittelte) ›virtuelle‹ Realität und damit eine erhebliche Erweiterung ihrer (›Quasi-‹)Erfahrungsspielräume;
- zum zweiten um die in der Tradition empirischer Ästhetikforschung stehende These, wonach die Verarbeitung spezifischer (vor allem ›ästhetischer‹) Reizqualitäten qua Kognition (bzw. Verstehen) zu einer Reduktion von Komplexität und damit auch von Unsicherheit führt, wobei diese Reduktion lustvoll erlebt wird.

Was zunächst die ursprünglich als ›Eskapismusthese‹ (vgl. Hanna und McAllister 1960) bezeichnete Annahme betrifft, wonach Personen mittels fiktionaler Inhalte einen vorübergehenden kognitiv-emotionalen ›Ausstieg‹ aus der real existierenden Situation suchen, um gleichzeitig virtuelle (›Quasi‹-)Erfahrungen zu machen, so läßt sich heute bereits auf eine lange und bis in die Anfänge der (Massen-)Kommunikationsforschung reichende Tradition zurückblicken. Geändert haben sich im Verlauf der Geschichte dieser Annahme lediglich die spezifischen Begründungen, d. h. die unterstellten Ursachen für diesen Wunsch nach ›Illusionierung‹ bzw. ›Virtualität‹: Während in den fünfziger und sechziger Jahren vor allem Entfremdungserscheinungen und Deprivationen (in der modernen, kapitalistischen Gesellschaft) dafür verantwortlich gemacht wurden, daß Menschen in die reichhaltigere, aber nur scheinbare Welt der Fiktion zu ›flüchten‹ suchen (vgl. zum Beispiel Pearlin 1959; Olson 1960), wurde diese These in den sechziger Jahren beispielsweise von Stephenson (1967) mit der in der Realität allgegenwärtigen sozialen Kontrolle begründet. Dieser den einzelnen immer auch einengenden sozialen Kontrolle steht nach Stephenson im Bereich der fiktionalen Welt (genauer: bei der fiktionalen Rezeption medial vermittelter Inhalte) eine von den Rezipienten positiv erlebte ›existential freedom‹ gegenüber (vgl. im Überblick: Vorderer 1992). Im Streit um die von ideologiekritisch orientierten Autoren oft behauptete Ideologieverhaftetheit dieses Wunsches nach ›Ausbruch‹ markiert der bekannt gewordene Satz von Dahrendorf eine Wende in der Diskussion dieser Annahme. Danach können »wir uns keine – noch so reformierte – Gesellschaft« vorstellen, »in der alles Träumen sich erübrigt, weil alle Konflikte und Widersprüche ein für allemal gelöst sind« (1971, 311). Seither finden sich zur Begründung dieser Annahme – auch interdisziplinär betrachtet – immer häufiger Verweise auf anthropologische Konstanten bzw. auf ›grundlegende Bedürfnisse‹ (nach ›Virtualität‹; vgl. etwa soziologisch: Cohen und Taylor 1977; psychologisch: Singer 1980; biologisch: Köck 1978; kommunikationswissenschaftlich: Rosengren und Windahl 1976; medienhistorisch: Zielinski 1989; medienpsychologisch: Groebel 1989; im Überblick: Vorderer 1991; 1992).

Als eine spezifische Variante dieser These läßt sich zum Beispiel auch die von Schmidt in seinem *Grundriß* (1991, 156ff.) zusammengefaßte Argumentation Enzensbergers (1977) bezeichnen, wonach dieser ›Ausstieg‹ vor allem auf ein Sinndefizit des Menschen zurückzuführen ist, welches zu einem unabweisbaren Bedürfnis nach Sinnkonsistenz führe: »Literatur, so Enzensberger, schafft mit formalen Mitteln (Stil) Strukturen, in denen alles auf alles bezogen erscheint; in denen jedes Detail auf ein Sinnziel geordnet scheint; in denen jedes Detail notwendig erscheint; deren Rezeption emotionale, sinnliche und intellektuelle Befriedigung ermöglicht« (Schmidt 1991, 158).

Es würde hier sicherlich zu weit führen, die spezifischen Begründungen für den konstatierten Wunsch nach ›Virtualität‹ im einzelnen darzustellen und zu diskutieren. Deshalb soll vor dem Hintergrund der auch interdisziplinär aufweisbaren Beschreibungen dieses Wunsches lediglich ein – auch für die literarische Rezeption – relevantes *›Motiv nach Illusionierung‹* (Vorderer 1992) bzw. nach *›Virtualität‹* konstatiert werden.

Den zweiten relevanten Forschungskorpus, aus dessen Ergebnissen sich ein für die Erklärung der literarischen Rezeption relevantes Motiv ableiten läßt, bilden die theoretischen Analysen und empirischen Untersuchungen ästhetischer Präferenzen, die historisch vor allem auf Berlyne (1960; 1974) zurückgehen. Im Kern geht dieser Zweig der neugiermotivationstheoretischen Forschung davon aus, daß Personen die Auseinandersetzung mit ästhetischen Objekten genießen, weil die Wahrnehmung sogenannter ›kollativer Reize‹ (wie Neuheit, Überraschungswert, Ambiguität, allgemein: Komplexität) und deren Exploration zunächst zu einer physiologischen Erregung (›arousal‹) und daran anschließend zu einer lustvoll erlebten Reduktion dieser Erregung führt.

Auch in diesem Forschungsbereich empirischer Ästhetik hat es im Laufe der letzten drei Jahrzehnte durchaus unterschiedliche Begründungen für den genannten Zusammenhang zwischen der Komplexität ästhetischer Objekte und deren ›hedonistischem Wert‹ gegeben. Während zur Spezifizierung dieses Zusammenhangs in den Anfängen (beispielsweise von Berlyne selbst) in erster Linie auf physiologische Prozesse (der Reduktion eines zu hohen Erregungsniveaus) bei den Wahrnehmenden rekurriert wurde, stehen etwa seit Beginn der achtziger Jahre vor allem psychische Prozesse (wie etwa die Reduktion von Unsicherheit) im Mittelpunkt der Überlegungen (im Überblick: Voss und Keller 1981; Groeben und Vorderer 1988, 156ff.), zuletzt auch in Termini des Informationsverarbeitungsansatzes (vgl. zum Beispiel Mandler 1982). Wie schon beim ›Motiv nach Illusionierung‹ bzw. ›Virtualität‹ lassen sich auch in bezug auf dieses Motiv – trotz aller Unterschiedlichkeit im Detail und selbstverständlich auch in der Terminologie – deutliche Übereinstimmungen zwischen den Theoretikern aus unterschiedlichen Disziplinen finden. So rekurriert zum Beispiel Schmidt in seiner komprimierten Zusammenstellung auf Vertreter der Informationsästhetik (z. B. Franke 1969), des New Criticism oder der strukturalistischen Ästhetik (vgl. Schmidt 1991, 147f.).

Motivationspsychologisch läßt sich daraus auf einem höheren Abstraktionsniveau ein Motiv bzw. ein *›Streben nach auflösbarer Unsicherheit‹* (Groeben und Vorderer 1988, 164ff.) konstatieren, welches sich unter anderem auf die ›Erkenntnis der schönen Form‹ (Ransom 1966), die ›Erkenntnis der Gestaltung‹ (Vivas 1966), die ›Empfindung der Neuheit und des Wiedererkennens‹ (Wellek und Warren 1963) bzw. auf das ›Entziffern des zweiten Kodes‹ (Posner 1969; alle zitiert nach Schmidt 1991) bezieht.

Zusammengefaßt ergibt sich somit die folgende Hypothese: Personen lesen literarische Texte (bzw. lesen Texte literarisch), weil sie qua Rezeption vorübergehend aus ihrem Alltag ›aussteigen‹ wollen und können, um virtuelle Erfahrungen (unterschiedlichster Art) zu machen, und/oder weil sie die mit der Rezeption einhergehende Genese/Auflösung von Unsicherheit erleben möchten.

Dabei dürfte schon aufgrund der Alltagserfahrung unmittelbar einleuchten, daß die beiden Motive häufig kombiniert wirksam werden, so daß sie im konkreten Einzelfall einer Rezeptionshandlung unter Umständen schwer voneinander abzugrenzen sind. Dennoch verweist der vorausgegangene Rekurs auf zwei weitgehend unabhängig voneinander entwickelte Forschungsbereiche auch auf einen bedeutsamen Unterschied zwischen den beiden Motiven: Im Zusammenhang mit den vom Motiv nach ›Illusionierung‹ bzw. ›Virtualität‹ bedingten Handlungen ist in der (wissenschaftlichen) Literatur so gut wie nie von ›kritisch-distanzierten‹ bzw. ›analysierenden‹ Rezeptionen (siehe oben, Abschnitt 1) die Rede; demgegenüber sind die in der Tradition Berlynes stehenden Thesen über den hedonistischen Wert ästhetischer Objekte nur selten mit der ›distanzlos-identifikatorischen‹ bzw. ›involvierten‹ Rezeption in Verbindung gebracht worden (vgl. dazu unten, Abschnitt 3).

Die Konstatierung derartiger Lesemotive bleibt allerdings solange unkonkret, wie es nicht gelingt, damit auch die Auswahl spezifischer Texte, Textsorten, -genres usw. durch einzelne Leser zu erklären, d. h. die Frage nach der (situationsspezifischen) Motivation zu beantworten. Dies ist allerdings bis heute nur punktuell und keinesfalls systematisch geschehen und wurde überdies auch nur in den seltensten Fällen empirisch abgesichert (als relativ frühes Beispiel: Groeben und Scheele 1975).
Dennoch lassen sich mittlerweile zwei Forschungsrichtungen benennen, die zumindest unter implizitem Rückgriff auf jeweils eines der beiden genannten Motive zu entsprechenden Spezifizierungen geführt haben. Dabei handelt es sich zum einen um den – in der Tradition ideologiekritischer Text- und Rezeptionsanalysen stehenden – sogenannten *sozialisationstheoretischen Erklärungsansatz* innerhalb der Leserforschung, dessen empirische Untersuchungen die Ausbildung einer bestimmten Lesemotivation aus den spezifischen Sozialisationsbedingungen der Leser heraus erklären (vgl. etwa Gerlach u. a. 1976; Steinborn und Franzmann 1980). Mit Hilfe dieses Ansatzes wurde es zum Beispiel möglich, die empirisch immer wieder nachgewiesene *Schichtspezifität literarischer Leseinteressen* plausibel zu machen (vgl. im Überblick: Groeben und Vorderer 1988, 127 ff.). Und als zweites ist die in Fortführung dieses sozialisationstheoretischen Erklärungsansatzes und vor dem Hintergrund der Neugiertheorie Berlynes elaborierte *›epistemologisch-soziale Neugiertheorie‹* zu nennen, mit deren Hilfe auch konkrete Hypothesen über die situationsabhängige Textauswahl formuliert werden können. Folgt man dieser theoretischen Konzeptualisierung, dann wählen Personen (hier: Leser) genau diejenigen ästhetischen Objekte (hier: Texte) aus, »die für sie (in etwa) ein mittleres Maß an Komplexität bereitstellen, weil sie vornehmlich bei der Rezeption dieser Kunstobjekte die Möglichkeit der Entdeckung und Generierung konzeptueller Strukturen besitzen« (Groeben und Vorderer 1988, 161), wobei »dieses Komplexitätsniveau auch situativ durch die psychische Situation des Lesers beeinflußt wird« (ebd., 163). So ist zum Beispiel zu vermuten, daß Leser »in für sie psychisch schwierigen Lebensabschnitten wie Pubertät oder anderen Lebenskrisen weniger Toleranz gegenüber Unsicherheit zeigen (bzw. sich leisten

können) als sonst und deshalb das unter normalen Umständen von ihnen bevorzugte mittlere Komplexitätsniveau deutlich verringert ist« (ebd.). Freilich wird die von Situation zu Situation variierende Höhe des vom einzelnen Leser präferierten ›mittleren Komplexitätsmaßes‹ auch durch alltägliche Situationskomponenten – wie etwa durch den Leseort (in der U-Bahn, im Bett, vor dem Fernsehgerät usw.) – determiniert.

2.3 Die Frage nach der ›Lesevolition‹

Mit der theoretischen Einbeziehung derart kurzfristiger Veränderungen der Lesemotivation wird der Gegenstand ›literarisches Lesen‹ erstmals auch unter einer Prozeßperspektive thematisiert. Diese Perspektive blieb in der bisherigen Forschung insofern vernachlässigt, als zum Beispiel die Bedingungen für den Abbruch einer Lektüre noch gar nicht systematisch erforscht wurden. Implizit ging die Leserforschung wohl davon aus, daß sich die Leser zu einem konkreten Zeitpunkt für oder gegen die Auswahl eines bestimmten Textes entscheiden, um diesen im Anschluß daran vollständig und ohne Unterbrechung zu Ende zu lesen. Die Realität sieht demgegenüber sicherlich anders aus: Die meisten Texte werden nicht ›in einem Zug‹ gelesen; ihre Rezeption wird an bestimmten Stellen abgebrochen, nicht selten auch für immer. Was aber führt zur Persistenz der Lektüre und was zu deren Abbruch? Sind diejenigen Faktoren, welche die Auswahl des Textes beeinflussen (wie etwa dessen Komplexität) auch für die Persistenz seiner Rezeption verantwortlich? Konkreter: Werden Texte so lange gelesen, wie sie ein Maximum an ›auflösbarer Unsicherheit‹ oder positiv erlebter ›Quasi-Erfahrung‹ vermitteln bzw. ermöglichen? Und wird ihre Rezeption dann abgebrochen, wenn sie dies nicht mehr tun? Wie wäre in diesem Fall aber die alltägliche Erfahrung erklärbar, wonach Texte auch dann noch gelesen werden, wenn sie längst nicht mehr den Erwartungen entsprechen, die von den Lesern vor der Lektüre an sie gestellt wurden?
Für die Motivationspsychologie ist dieses Phänomen potentiell unterschiedlicher Kriterien für die Selektion und die Persistenz einer Handlung in den vergangenen Jahren durch die Beobachtung plausibel geworden, wonach sich Personen vor und nach der Bildung von *Handlungsintentionen* in unterschiedlichen ›Be-

wußtseinslagen‹ befinden. Während sie sich *vor* der Intentionsbildung (in der sogenannten ›Motivationsphase‹) durchaus kritisch mit ihren verschiedenen (miteinander konkurrierenden) Wünschen auseinandersetzen, steht *nach* der Intentionsbildung, d. h. nach der Auswahl einer dieser Wünsche (in der sogenannten ›Volitionsphase‹) die Realisierung eben dieses Wunsches im Vordergrund (vgl. Heckhausen 1989; Gollwitzer 1990). Denn in dieser Phase der Handlungsinitiierung, -ausführung und -kontrolle ist für den Akteur nicht die weitere Evaluation eines bereits ausgewählten Wunsches *funktional*, sondern (nur noch) dessen Umsetzung in der Realität. Und diese Realisierung kann er am besten dadurch voranbringen, daß er sich in gewisser Weise gegenüber Schwierigkeiten oder Ablenkungen (wie sie durch konkurrierende Wünsche gegeben sind) bei der Handlungsausführung ›abschirmt‹.

Aus solchen *volitionspsychologischen* Annahmen läßt sich in bezug auf die Persistenz literarischer Rezeptionen die Hypothese ableiten, daß diejenigen Faktoren, welche die Auswahl eines Textes bestimmen, nicht unbedingt auch diejenigen sein müssen, welche die Persistenz seiner Rezeption fördern. Und umgekehrt: daß der Abbruch einer Rezeption nicht zwangsläufig dann eintritt, wenn jene, die Textauswahl bestimmenden Faktoren (z. B. dessen mittlere Komplexität) plötzlich nicht mehr gegeben sind.

Eine solche Verschiedenartigkeit der Bezüge von Selektion und Persistenz auf bestimmte Text- und Rezeptionsmerkmale wurde bislang allerdings nur für die Rezeption narrativer Fernsehfilme empirisch gesichert (Vorderer 1991; 1992). Dabei hat sich gezeigt, daß die Auswahl von Fernsehfilmen außer auf die Gewohnheit, zu bestimmten Uhrzeiten fernzusehen, vor allem auf das Interesse der Zuschauer an bestimmten Themen, Schauspielern, Regisseuren etc. zurückzuführen ist, während die Persistenz ihrer Rezeption insbesondere von ihrer Involviertheit in die filmische Handlung abhängt. Es erscheint plausibel, daß sich ein solcher Zusammenhang in ähnlicher Weise auch für das literarische Lesen wird nachweisen lassen. In jedem Fall wäre damit dem Konstrukt der *›Lesemotivation‹* (zur Erklärung der Textauswahl) künftig noch dasjenige der *›Lesevolition‹* (zur Erklärung der Bedingungen von Rezeptionspersistenz) hinzuzufügen.

3. Soziale Unterschiede und die ›Aktivitätsflexibilität‹ des Lesers

Fassen wir zusammen: Vor dem Hintergrund der theoretischen Entwicklungen und empirischen Ergebnisse der sich mit dem Lesen im besonderen und der Mediennutzung im allgemeinen beschäftigenden Wissenschaftsdisziplinen lassen sich derzeit sowohl zwei verschiedene Leseweisen (›Rezeptionsmodi‹) als auch zwei voneinander abgrenzbare Motiv(komplex)e ausmachen. Unter Rückgriff auf zumindest eines dieser beiden Motive ist nicht nur die Erklärung literarischer Rezeption im allgemeinen, sondern auch die der Selektion spezifischer Texte durch die Leser sowie der Persistenzbedingungen ihrer Rezeption möglich.

Nun wird in der bisherigen (wissenschaftlichen) Literatur – wie bereits angesprochen – aber zumindest implizit die Annahme vertreten, Rezeptionshandlungen seien *entweder* durch das eine *oder* aber durch das andere Motiv bestimmt, weil der Leser (generell: der Mediennutzer) *entweder* ›virtuelle Erfahrungen‹ *oder* aber diejenigen psychischen und emotionalen Prozesse herbeiführen und erleben möchte, die von ihm als angenehm oder lustvoll erlebt werden. Beide Motive auf ein einziges zu reduzieren, widerspräche dabei eindeutig den bisherigen Konzeptualisierungen, da es im ersten Falle vor allem um ›involvierte‹, im zweiten Fall hingegen insbesondere um ›analysierende‹ Rezeptionen geht.

Die vor allem in den sechziger und siebziger Jahren gängige Zuordnung dieser verschiedenen Rezeptionsweisen und -motive zu bestimmten sozialen (Leser-)Gruppen (wie etwa Unterschichts- versus Mittelschichtsangehörige) wurde in den letzten Jahren noch einmal durch die kultursoziologischen Untersuchungen Bourdieus (1987) bekräftigt. Bourdieu konnte (auf soziologischer Analyseebene) nicht nur einen Zusammenhang zwischen verschiedenen Geschmäckern und den unterschiedlichen sozialen Positionen der Geschmacksträger ausmachen, sondern differenziert entsprechend auch in bezug auf den Umgang von Personen unterschiedlicher sozialer Herkunft mit der (Alltags-)Kunst: Den »Wunsch, einbezogen zu werden, sich mit Freud und Leid der Personen auf der Bühne oder Leinwand zu identifizieren, an deren Schicksal Anteil zu nehmen, deren Hoffnungen und – gute – Sache zu den eigenen zu machen, kurzum, deren Leben zu leben« (ebd., 64 f.) sieht er »in schroffem Gegensatz zum ›Détachement‹

des Ästheten, der, wann immer er sich Objekte und Sujets des ›populären Geschmacks‹ (z. B. Western oder Comic) zuwendet und aneignet, gegenüber der Wahrnehmung ›ersten Grades‹ einen Abstand als Maß seiner Distanz schaffenden Distinktion (...) einführt« (ebd., 68). Dies gelingt ihm nach Bourdieu dadurch, »daß er das Interesse vom ›Inhalt‹, von den Personen und spannenden Momenten der Handlung etc. auf die Form und die spezifischen künstlerischen Effekte verlagert, die sich nur relational, durch den völlig exklusiven Vergleich mit anderen Werken würdigen lassen, den die Versenkung in die Einzigartigkeit des gerade vorliegenden Werkes einschließt« (ebd.).

Indem Bourdieu diese verschiedenartigen Zugangsweisen (in deren Beschreibung sich unschwer die beiden oben genannten ›Rezeptionsmodi‹ wiederfinden lassen) unterschiedlichen sozialen Klassen zuweist, vernachlässigt er die unter (motivations-)psychologischer Perspektive erkennbare und theoretisch auch modellierbare Möglichkeit, daß im Prinzip *alle* Leser sowohl ›involviert‹ als auch ›analysierend‹ lesen können, weil sie »je nach bestimmten Rahmenbedingungen Verarbeitungsprozesse unterschiedlicher Aktivität, Komplexität und Konstruktivität« realisieren (Groeben und Vorderer 1988, 341). Diese – im Gegensatz zu Bourdieus Position stehende – These einer situationsspezifischen Rezeptions- bzw. *›Aktivitätsflexibilität des Lesers‹* (ebd.) erscheint mir auch und gerade im Hinblick auf die weitere Entwicklung der empirischen Literaturwissenschaft konstruktiver, *obgleich* sich immer wieder konkrete Zusammenhänge zwischen bestimmten Leser(gruppe)n, einzelnen Rezeptionsweisen, verschiedenartigen Lesemotiven und unterschiedlichen Text(sort)en nachweisen ließen. Denn obwohl es keinen Zweifel mehr daran gibt, daß Leser – bedingt durch ihre Sozialisation – stärker dieses oder jenes Motiv ausbilden bzw. eher ›involviert‹ oder eher ›analysierend‹ rezipieren, wird künftig erst das systematische In-Beziehung-Setzen von Text-, Person- und Situationsspezifika es ermöglichen, die von Schmidt (1991) skizzierte ›Handlung(srolle) Rezeption‹ auch inhaltlich weiter zu elaborieren.

Berlyne, D. E. (Hg.) (1974), *Studies in the New Experimental Aesthetics*, New York.

Berlyne, D. E. (1960), *Conflict, Arousal and Curiosity*, New York; deutsch: *Konflikt, Erregung, Neugier. Zur Psychologie der kognitiven Motivation*, Stuttgart 1974.

Bourdieu, P. (1987), *Die feinen Unterschiede. Kritik der gesellschaftlichen Urteilskraft*, Frankfurt/M.

Cohen, S. und L. Taylor (1977), *Ausbruchsversuche. Identität und Widerstand in der modernen Lebenswelt*, Frankfurt/M.

Dahrendorf, M. (1971), »Trivialliteratur als Herausforderung für eine literaturdidaktische Konzeption«, in: *Diskussion Deutsch*, 2/6, 302-313.

Enzensberger, C. (1977), *Literatur und Interesse*, Bd. 1: *Theorie*, München.

Franke, H. W. (1969), »Physik und Ästhetik. Kontakte zwischen Naturwissenschaft und bildender Kunst«, in: *Physikalische Blätter*, 1, 16-22.

Fritz, A. (1991), *Lesen im Medienumfeld. Eine Studie zur Entwicklung und zum Verhalten von Lesern in der Mediengesellschaft auf der Basis von Sekundäranalysen zur Studie »Kommunikationsverhalten und Medien« im Auftrag der Bertelsmann Stiftung*, Gütersloh.

Gerlach, D. u. a. (1976), *Lesen und soziale Herkunft. Eine empirische Untersuchung zum Leseverhalten von Jugendlichen*, Weinheim.

Gollwitzer, P. M. (1990), »Action Phase and Mind-Sets«, in: E. T. Higgins und R. M. Sorrentino (Hg.), *Handbook of Motivation and Cognition: Foundation of Social Behavior*, Bd. 2, New York, 53-92.

Groebel, J. (1989), »Erlebnisse durch Medien. Reizsuche in der Realität und in der Fiktion«, in: M. Kaase und W. Schulz (Hg.), *Massenkommunikation. Theorien, Methoden, Befunde* (Sonderheft 30 der *Kölner Zeitschrift für Soziologie und Sozialpsychologie*), Opladen, 351-363.

Groeben, N. (1982), *Leserpsychologie: Textverständnis – Textverständlichkeit*, Münster.

Groeben, N. und B. Scheele (1975), »Zur Psychologie des Nicht-Lesens«, in: H. G. Göpfert u. a. (Hg.), *Lesen und Leben*, Frankfurt/M., 82-114.

Groeben, N. und P. Vorderer (1986), »Empirische Literaturpsychologie«, in: R. Langner (Hg.), *Psychologie der Literatur*, Weinheim, 105-143.

– (1988), *Leserpsychologie: Lesemotivation – Lektürewirkung*, Münster.

Hanna, G. R. und M. K. McAllister (1960), *Books, Young People, and Reading Guidance*, New York.

Heckhausen, H. (1989), *Motivation und Handeln*, Berlin.

Jauß, H. R. (1982), *Ästhetische Erfahrung und literarische Hermeneutik*, Frankfurt/M.

Köck, W. K. (1978), »Experimentelle Ästhetik – Kunst als Experiment: wofür?«, in: S. J. Schmidt (Hg.), *Das Experiment in Literatur und Kunst*, München, 38-61.

Liebes, T. und E. Katz (1986), »Patterns of Involvement in Television Fiction: A Comparative Analysis«, in: *European Journal of Communication*, 1, 151-171.

Mandler, G. (1982), »The Structure of Value: Accounting for Taste«, in: M. S. Clark und S. T. Fiske (Hg.), *Affect and Cognition. The Seventeenth Annual Carnegie Symposium on Cognition*, Hillsdale, 3-36.

McQuail, D. (1985), »With the Benefit of Hindsight. Reflections on Uses and Gratifications Research«, in: M. Gurevitsch und M. R. Levy (Hg.), *Mass Communication Review Yearbook*, 5, 125-141.

Nusser, P. (1982), »Entwurf einer Theorie der Unterhaltungsliteratur«, in: *Sprache im technischen Zeitalter* 81, 28-58.

Olson, I. (1960), »Motion Picture Attendance and Social Isolation«, in: *Sociological Quarterly* 1, 107-116.

Pearlin, L. (1959), »Social and Personal Stress and Escape Television Viewing«, in: *The Public Opinion Quarterly*, 225-259.

Rosengren, K. E. und S. Windahl (1976), »Mass Media Consumption as a Functional Alternative«, in: D. McQuail (Hg.), *Sociology of Mass Communications*, Harmondsworth, 166-194.

Schmidt, S. J. (1991), *Grundriß der Empirischen Literaturwissenschaft*, Frankfurt/M.

Schulte-Sasse, J. (1976), *Literarische Wertung*, Stuttgart.

Singer, J. (1980), »The Power and Limitations of Television: A Cognitive-Affective Analysis«, in: P. H. Tannenbaum (Hg.), *The Entertainment Functions of Television*, Hillsdale, 31-65.

Spietschka, R. (1991), »Lesemotivation und Lektürewirkung. Probleme und Perspektiven einer Leserpsychologie aufgezeigt an einem Rekonstruktionsversuch von Norbert Groeben und Peter Vorderer«, in: *Internationales Archiv für Sozialgeschichte der deutschen Literatur* 16, Heft 2, 104-127.

Steinborn, P. und B. Franzmann (1980), »Kommunikationsverhalten und Buch bei Kindern und Jugendlichen. Ergebnisse einer empirischen Untersuchung«, in: K. E. Maier (Hg.), *Kind und Jugendlicher als Leser*, Bad Heilbrunn, 159-192.

Stephenson, W. (1967), *The Play Theory of Mass Communication*, Chicago.

Vorderer, P. (1991), »Fern-Sehen oder Mit-Leben? Spielfilmrezeption zwischen Interesse und Involvement«, in: *Siegener Periodicum zur Internationalen Empirischen Literaturwissenschaft* 10, Heft 1, 161-189.

– (1992), *Fernsehen als Handlung. Eine motivationspsychologische Analyse der Fernsehfilmrezeption*, Berlin.

Vorderer, P. und N. Groeben (1991), »(Destruktive) Schwierigkeiten und (konstruktive) Möglichkeiten einer interdisziplinären Diskussion im Bereich der Leserforschung«, in: *Internationales Archiv für Sozialgeschichte der deutschen Literatur* 16, Heft 2, 128-142.

Voss, H.-G. und H. Keller (Hg.) (1981), *Neugierforschung*, Weinheim.
Wellek, R. und A. Warren (1963), *Theorie der Literatur*, Berlin.
Zielinski, S. (1989), *Audiovisionen. Kino und Fernsehen als Zwischenspiele in der Geschichte*, Reinbek.

Els Andringa
Literatur als Begriff
Zur Vermittlung von Rezeptionsvoraussetzungen im Unterricht

Mit S.J. Schmidts *Grundriß* liegt ein umfassendes Theoriekonzept zur empirischen Literaturwissenschaft vor. Im Gegensatz zu gängigen literaturwissenschaftlichen Anschauungen wird das Phänomen Literatur nicht mehr als unabhängiger Gegenstand betrachtet, sondern als etwas, das in kommunikativen Handlungsvorgängen realisiert wird und also ständig in bestimmten Prozessen verankert ist. Damit hat sich das Objekt der Forschung, wie auch bereits Groeben (1977) befürwortet hatte, von der Frage nach Beschaffenheit und Bedeutung der Texte auf die nach Zusammenhang und Verlauf der kommunikativen Aktivitäten und deren Voraussetzungen verlagert. Das dynamische Zusammenwirken der unterschiedlichen Handlungen betrachtet Schmidt als ein System, das einerseits durch andere Systeme, zum Beispiel durch das politische, das wirtschaftliche oder das System des Unterrichts mitbedingt[1], andererseits durch bestimmte Spielregeln davon abgegrenzt ist. Als Spielregeln für das literarische System sollen in Schmidts Theorie vor allem zwei Modi des Umgangs mit Sprache entscheidend sein: Erstens soll der Bezug auf die außerprachliche Wirklichkeit, dem die sprachliche Kommunikation »normalerweise« unterliegt, weitgehend aufgehoben sein, und zweitens soll literarische Sprache frei vom Druck der Eindeutigkeit und Einsinnigkeit sein, soll vielmehr zu jeweils individuell und historisch verschiedenen Bedeutungszuordnungen (»Kommunikatrealisierungen«) Anlaß geben. »Fiktionalität« und »Polyvalenz« werden von Schmidt als Konventionen präsentiert, als innerhalb des Systems verfestigte Regulative für den Umgang mit literarischer Sprache. Dem Nicht-Bezug auf die »Wirklichkeit« stellt Schmidt dann die Ästhetik-Konvention gegenüber: der Leser achte statt auf den Wahrheitsgehalt und den Wirklichkeitsbezug auf andere Sprachfunktionen, und zwar auf solche, die für das jeweilige System als ästhetisch relevant gelten.

An diesen Bestimmungen des Literatursystems ist bereits mehrmals Kritik geübt worden.[2] Der Abgrenzung durch die Ästhetik- und Polyvalenzkonvention kann man entgegenhalten, sie eliminiere von vornherein bestimmte Gattungen, Funktionen und Rezeptionsarten und setze dadurch einen exklusiven, auf jeden Fall historisch und kulturell bedingten Literaturbegriff voraus. Dem kann man noch hinzufügen, daß die Phänomene der Fiktionalisierung bzw. Ästhetisierung und Polyvalenz in anderen Diskursarten ausgeschlossen würden, was allenfalls fragwürdig wäre. In seiner Besprechung einiger Kritikpunkte hat Schmidt (1984) sowohl den hypothetischen Charakter seiner Grundannahmen betont als auch hervorgehoben, daß das literarische Handeln unter »jeweils geltenden soziohistorischen Bedingungen« stattfinde. Damit gestand er die synchrone Orientiertheit des *Grundrisses* ein und eröffnete zugleich die Möglichkeit zur Korrektur seines Vorschlags. Es bot sich zum Beispiel die Möglichkeit, das Konzept auf historisch oder sozio-kulturell bestimmte Systeme auszuweiten, in denen andere poetologische und funktionale Zusammenhänge im literarischen Handeln gelten.
Damit war auch eine Handreichung für den zweiten Schwerpunkt in der Kritik gegeben. Umfassende soziale Prozesse, zum Beispiel Prozesse der literarischen Sozialisation, der Herausbildung von Voraussetzungssystemen, des historischen Wandels literarischer Funktionen oder der Kanonisierung literarischer Werke, sind im ursprünglichen *Grundriß* unterbelichtet, obwohl gerade durch sie das Handeln im System bedingt ist und sich umgekehrt die Handlungsweisen in ihnen niederschlagen. Die beschränkte Rücksichtnahme auf »makrosoziologische« Faktoren hat eine Ursache vielleicht darin, daß Schmidt trotz des weiten Rahmens des kommunikativen Handelns, trotz des Blickes für die Dynamik der Systeme und für die Voraussetzungen und Bedingungen, die darin eine Rolle spielen, doch vor allem von den *Texten* aus seine Theorie aufgebaut hat. Die vier dominanten Handlungscluster der Produktion, Vermittlung, Rezeption und Verarbeitung, welche Schmidt in einzelnen Theorieabschnitten erläutert, sind von den Texten aus gedacht. Die Frage scheint immer wieder zu sein, was und wie Aktanten mit den Texten tun. Noch in Schmidt (1984) heißt es selbstreferierend: »Bei der Bestimmung ihres Problembereiches befolgt die Empirische Theorie der Literatur die Strategie, einen Objektbereich auszugrenzen, der umschrieben werden

kann mit ›Bereich derjenigen Handlungen im weitesten Sinne, die Texte thematisieren bzw. fokussieren, die Aktanten für literarisch halten‹« (1984, 325).

Die Verhaftung an den Texten steht fast im Widerspruch zum umfassenden Systemgedanken. Durch sie geraten Erscheinungen und Prozesse aus dem Blickfeld, in denen sich gerade die auch von Schmidt als grundlegend betrachteten Handlungsvoraussetzungen und sozialen Werte konstituieren, manifestieren und überliefern. Einerseits drohen Teile des Gesamtdiskurses wie poetologische Verhandlungen, Diskussionen über Literatur, aber auch zum Beispiel (Auto-)Biographien aus dem Blickfeld zu geraten. Andererseits entsteht die Gefahr, daß der »polysystemische« Charakter mancher Diskurs- und Handlungstypen unberücksichtigt bleibt. Vergleicht man zum Beispiel eine Rezension und eine Interpretation, so kann man feststellen, daß sich in beiden Diskursformen Kommunikate zu einem Text in verbalisierter Form niederschlagen. Die Einbettung in die kommunikativen und medialen Bedingungen ist jedoch so verschieden, daß die Eigenart der Diskurse und ihre Bedeutung für das literarische System stark reduziert würden, wenn man die Verarbeitungsaktivitäten – Schmidt erwähnt beide Formen als Beispiele für Verarbeitungen – von den kommunikativen und anderen Aktivitäten abstrahierte. Die kommunikative Funktion einer Kritik ist eine mehrfache, indem Kritiker sowohl Feedback an den Autor und Verlag geben, als auch einem möglichst breiten Lesepublikum Information zu Werk, Autor und Kontext, nebst einer Probe seiner Expertenwertung, vermitteln soll. Medium und Form einer Kritik sind – eingebunden im System der Presse – durch eine spezifische, institutionalisierte Zielsetzung bedingt, die für die Anfangsphase im Weg eines Werkes vom Autor zu den sozial und historisch verschiedenen Publikumsgruppen charakteristisch ist.[3] Professionelle Interpretationen sind an den fachlichen, durch eigene sprachliche und strukturelle Konventionen gekennzeichneten Diskurs gebunden, werden in anderen Medien veröffentlicht, zielen auf ein engeres Publikum ab, und werden in anderer Weise benutzt und wieder weitervermittelt als Rezensionen.[4] Im Gegensatz zu Rezensionen sind sie nicht auf eine gewisse Phase des Rezeptionsweges beschränkt, sondern können immer wieder produziert werden. Dies ermöglicht ihnen, mit der Herstellung von Kommunikaten auch historische Kontexte unter sich wandelnden Bedingungen zu konstruieren und zu vermitteln. Die Eigenart solcher Diskurse ist nicht nur durch die textbezogenen Verarbeitungsaktivitäten und -resultate bestimmt, sondern vor allem durch das Ineinandergreifen verschiedener Aktivitäten und durch ihre kommunikative Stellung und Leistung im Gesamtsystem. Wenn man den Blick auf die Verarbeitungsaktivitäten einengt, entgleiten einem mit dem kommunikativen Zusammenhang die Mehrschichtigkeit und Polyfunktionalität der Diskurse.

In seiner Replik (1984) hat sich Schmidt bereits mit dem Gedanken, den *Grundriß* um eine »makrosoziologische« Komponente zu erweitern, auseinandergesetzt. Dazu zitiert er einen seiner Kritiker (Schönert 1983), der Anweisungen für konkrete Forschungsaufgaben gibt. Unter anderem plädiert Schönert für die Erforschung der »Werte und Normen in ihren Vermittlungen mit anderen gesellschaftlichen Wert- und Normbereichen, der Rollenbilder und Handlungsmuster, der Institutionalisierung und Institutionen« (zitiert nach Schmidt 1984, 324). Damit ist ein Hinweis auf Bereiche der Sozialwissenschaften gegeben, die Ende der siebziger und Anfang der achtziger Jahre in der Entwicklung begriffen waren. Qualitative Handlungsforschung, Soziolinguistik, Interaktionsanalyse, Ethnomethodologie und Diskurs- oder Konversationsanalyse entwarfen detaillierte Methoden, um die Strukturen und Voraussetzungen kommunikativen Handelns in ihren jeweiligen institutionellen und situativen Einbettungen sichtbar zu machen. Anregende Vorbilduntersuchungen liegen vor; man denke an die Arbeiten von Labov (1972), Brice Heath (1984) und Tannen (1989) auf dem Gebiet der sprachlichen Sozialisationsforschung, oder an Ehlich und Rehbein (1986) für die Erforschung institutioneller Diskurse. Es bot sich der empirischen Literaturwissenschaft also die Chance – ihrem interdisziplinären Streben entsprechend –, solche Verfahren aufzugreifen und für den eigenen Bereich fruchtbar zu machen. Wenn man jedoch den Bestand der letzten Jahre durchforstet, so sind es nur wenige Literaturwissenschaftler, die sich in dieser Richtung vorgewagt haben. Von ihnen sind es vor allem die Literaturdidaktiker, die Analysen »natürlicher« Diskurse versucht haben (Beiträge in Willenberg 1987, Wieler 1989). Insgesamt wird jedoch noch selten einschlägiges, empirisches Material zur Überprüfung, Ausdifferenzierung und Erweiterung von Grundannahmen der »empirischen Theorie« zu Rate gezogen.

Damit die empirische Forschung nicht zu sehr durch theoretische Vorannahmen eingeengt wird, und vor allem auch, bevor die empirische Literaturwissenschaft in einem theoretischen *Spiel* auf der Metaebene steckenbleibt, sollte einmal versucht werden, ein Basisinventar von Voraussetzungen, Normen und Werten *auf empirischer Basis* zusammenzustellen, und zwar unter Berücksichtigung von natürlichen Diskursen in ihrer vollen Komplexität. Ausgangspunkt sei – und das ist charakteristisch für eine qualitativ-explorative Studie – eine offene Frage: Was für Voraussetzungen und Spielregeln werden für den Umgang mit Literatur in welchen Teilbereichen des literarischen Systems zur Geltung gebracht, und wie geht das vor sich? Als illustratives Beispiel möge der Diskurs des Literaturunterrichts dienen, in dem, so ist anzunehmen, überlieferte Modi des Umgehens mit Literatur in einer Weise weitervermittelt werden, die durch das Unterrichtssystem als Ganzes mitgeprägt ist. Die komplizierte Verschachtelung der Systeme kann hier natürlich nicht erschöpfend behandelt werden.[5] Auch genaue Überlegungen zur Methode müssen unterbleiben.[6] Aber ein kurzer Ausschnitt sei hier exemplarisch auf die allgemeine Frage hin überprüft.
Der Ausschnitt entstammt der Videoaufnahme einer Unterrichtsstunde in einer 10. Gymnasialklasse.[7] Der Lehrer hat vor, einen historischen Überblick zum Entstehen von Literatur zu geben. Im folgenden Abschnitt stellt er die Frage: Was ist denn eigentlich Literatur? Damit leitet er ein Klassengespräch ein.

1. *L:* Wir haben mit Literatur gearbeitet, aber was ist denn Literatur? Wer kann darauf eine Antwort geben? Es ist so einfach.
2. *S2:* Geschichten, wo man selbst nachdenken muß, selbst ausfüllen, sind halt schwieriger.
3. *L:* ... also, Literatur läßt der Kreativität des Lesers Raum, er muß ausfüllen, außerdem ist die Sprache schwieriger. Seid ihr damit einverstanden? ... Ist das Literatur, glaubst du?
4. *S2:* Ich denke, es sind Bücher, aus denen man was lernen kann, kein Unsinn.
5. *L:* Kein Unsinn, nicht oberflächlich, es steckt etwas Lehrreiches drin ... Stimmt das? Du, du liest ja ein Buch von Bob den Uyl ...
6. *S5:* Habe schon aufgehört.
7. *Klasse:* (lacht)
8. *L:* Gab es denn viel Unsinn in dem Buch?
9. *S5:* Nö, es waren kurze Geschichten.

10. *L:* Wer kann denn noch etwas dazu sagen?
11. *S2:* Ich denke, daß das mit dem Unsinn nicht soviel ausmacht, man kann halt was daraus lernen, es hat ein Thema.
12. *L:* Also bis jetzt höre ich als Kriterium, man soll etwas daraus lernen können, es ist nicht nur so, es enthält etwas Lehrreiches, das muß nicht dick aufgetragen sein, sondern, wenn man es ausgelesen hat, soll man das Gefühl haben, daß das Leben sozusagen bereichert wird. Stimmt denn das? Das würde also bedeuten, daß man viel liest, was keine Literatur ist, ne, denn ihr behauptet doch wohl nicht, daß alles, was ihr lest, das Leben bereichert, oder?
13. *Klasse:* (lacht)
14. *S5:* Ich habe ein Buch von Wolkers gelesen, aber ich finde nicht, daß ich davon viel lerne.
15. *L:* Du lernst bestimmt *etwas* daraus. Man kann sich fragen, ob denn das ein Kriterium ist, ein Buch muß einen nicht unbedingt ansprechen.
16. *S1:* Muß nicht unbedingt ansprechen?
17. *L:* Was ich aus diesem Gespräch ableite, ist, daß Literatur mit Qualität zu tun hat, etwas, das unter einem gewissen Niveau bleibt, nennen wir nicht Literatur.
18. *S5: Bleekers zomer* finde ich nicht Qualität, und meiner Ansicht nach enthält's auch keine Botschaft; jeder, der so denkt, so ein bißchen sinister, kann das schreiben.
19. *L:* Ist es nicht so, daß dir in dem Buch die Atmosphäre nicht zusagt? Du mußt aufpassen, daß du die Qualität nicht an der Atmosphäre mißt, die dir zuwider ist. Ein Buch wie *De avonden* von Gerard Reve, siehste, wer hat denn das schon mal in den Händen gehabt? Wer dachte denn, das soll ... Hat wohl enttäuscht, wie? [...] Und doch ist dieses Buch, kann man wohl sagen, in den Kanon der Literatur aufgenommen worden, das heißt, in die geweihte Liste, ne, ziemlich hoch oben, sogar. Also, das was *S5* sagt, da sollen wir aufpassen, ne, die Atmosphäre gefällt mir nicht oder die Person ist ein Ekel oder dergleichen. Das ist, denke ich, kein gutes Kriterium. [...] Meine Frage war, das ging um Qualität, ist nun, das was ihr vorher gelesen habt, Kinderbücher, da gibt's auch große Unterschiede, ehm, Bouquet-Reihe[8] und dergleichen, ist denn das keine Literatur? Wie?
20. *S1:* Das hängt davon ab, was man unter Literatur versteht.
21. *L:* Jaha, natürlich, aber das frage ich gerade dich.
22. *S1:* Ich denke nicht, denn ich sehe, ich betrachte Literatur also als etwas, aus dem man was lernen kann. Ich denke nicht, daß man aus der Bouquet-Reihe viel lernen kann. Oder ... vielleicht doch ...
23. *Klasse:* (lacht)
24. *L:* Erfahrungen kann man immer machen, natürlich.
25. *S2:* Vielleicht ... man kann schon was lernen und daß es so unwirklich ist, das kann man schon daraus lernen. Aber ich denke, daß einfach die

Kunst des Schreibens in der Literatur halt besser ist ... daß es mehr Phantasie gibt, denke ich ...

26. *L:* Hm.

27. *S2:* ... und daß bei solchen Büchern, Taschenbüchern (Heftchen), das ist fast alles dasselbe.

28. *L:* Genau, das beruht auf Klischees, sozusagen. Verstehst du, ne. Ja? Versteht ihr das alle? Das beruht auf Klischees, ne.

Charakteristisch für diese Art des Unterrichtsdiskurses ist von seiten des Lehrers der Druck, das Gespräch in Gang zu halten, mehrere Schüler ins Gespräch zu ziehen, und dabei einerseits das aufzunehmen, was die Schüler vorbringen, und andererseits doch zu dem zu gelangen, was er vermitteln will. Ein Standardmittel ist die Lehrerfrage, mit der der Lehrer Antworten provozieren will, die das, was er vermitteln möchte, vorbereiten. Sie ist zugleich auch das Symptom einer kommunikativen Fassade, hinter der sich die Dominanz des Lehrers verbirgt und in der sich die Problematik eines interaktiven Scheins manifestiert. Die Simultaneität von kommunikativer und lehrinhaltlicher Zielsetzung ist nicht immer einzuhalten. Manchmal spinnt sich die Gesprächsfolge weiter, und man schweift vom Thema ab, manchmal aber dominiert die thematische Linie, und es findet ein Bruch in der interaktiven Folge statt. Das geschieht zum Beispiel, wenn ein Gesprächsbeitrag – meistens vom Lehrer – ignoriert, uminterpretiert oder modifiziert wird auf das hin, was er selbst zur Sprache bringen will.

Auch im vorliegenden Ausschnitt spielt unterschwellig die konkurrierende Vermischung von Gesprächsführung auf der einen und Wissensvermittlung auf der anderen Seite mit. Auffällig ist zum Beispiel die Lehrerstrategie des Paraphrasierens der Schülerbeiträge. Der Lehrer nimmt die Reaktion eines Schülers auf, formuliert sie aber so um, daß sich der ursprüngliche Inhalt verschiebt. Wenn S2 in (2) antwortet, daß der Leser selbst nachdenken muß, verwendet der Lehrer den feierlichen Ausdruck »Literatur läßt der Kreativität des Lesers Raum«. Spricht ein Schüler von »etwas lernen« (11), so modifiziert der Lehrer das, indem er hinzufügt »man soll das Gefühl haben, daß das Leben sozusagen bereichert wird«. An einem Punkt wird deutlich sichtbar, daß der Lehrer etwas durchsetzen will, was eigentlich nicht an das Gespräch anschließt. In (17) leitet er eine Themaänderung ein mit den Worten: »Was ich aus diesem Gespräch ableite, ist, daß Literatur mit Qualität zu tun hat«. Es ist ein Versuch, den kommunikativen Faden formal festzuhalten und zugleich ein neues Thema einzubringen. Doch der halsstarrige Schüler S5 führt eine Trennung der Aspekte durch, indem er in (18) Qualität und das Enthalten einer Botschaft nebeneinander erwähnt. Wie schwierig die Schüler sich vom Thema abbringen lassen, zeigt sich auch in (22), wenn S1, nach der ausführlichen Darlegung des Lehrers in (21) einfach das wiederholt, was von S2 in (11) vorgebracht wurde. Erst in (27) erfolgt die Reaktion, die der Lehrer hören will und die er begeistert aufnimmt. Bereits ab (12) hat er versucht, die Dichotomie von Literatur und Nicht-Literatur einzubringen, dann erst gelingt es ihm, die Schüler in diese Richtung zu lenken.

Was wird nun in diesem Gesamtprozeß des Aushandelns von Wissen und Intuitionen über »das Literarische« vorgebracht, verfestigt, verneint und vermittelt? Anschließend an die anfängliche Frage finden sich in den verschiedenen Gesprächsphasen vier Schwerpunkte, die man wie folgt resümieren kann: 1. Literatur ist komplex und erfordert Anstrengung vom Leser (1-3); 2. Aus Literatur kann man etwas lernen (4-5, 11-15, 18, 22-25); 3. Literatur hat Qualität (wird nachher eingeengt zu: ist nicht klischeehaft) (17-19, 25-28); 4. Literatur ist nicht zu beurteilen auf Grund persönlicher Sympathie oder Antipathie für die fiktive Welt (15-16, 19). Diese Aspekte des Literarischen sind nicht alle von der gleichen Art. Sie beziehen sich teilweise auf Eigenschaften von Werken (schwierig, nicht klischeehaft), teilweise auf Konsequenzen für die Leser (man kann etwas lernen) oder auf Verhaltensnormen für die Leser (er muß nachdenken, da sollen wir aufpassen). Die Modalverben indizieren hier die implizierten Ansprüche sowohl an die Werke als auch an die Leser. Besonders stark kommt dies in (19) zum Ausdruck, wo der Lehrer in seiner Weise erläutert, daß ein Buch nicht unbedingt ansprechen *muß*. Das direkte Ansprechen wird als Kriterium ausdrücklich abgelehnt, obwohl dies für die Schüler wohl nicht selbstverständlich ist, wie aus der erstaunten Frage (16) hervorgeht. Überhaupt ist der Übergang von (14) zu (15) merkwürdig. Wenn der Lehrer sagt »Man kann sich fragen, ob denn *das* ein Kriterium ist«, so ist nicht klar, worauf sich das anaphorische »das« bezieht. Der Lehrer macht eine ganze Reihe von Inferenzen über die Art und Weise, wie der Schüler seiner Vermutung nach über das erwähnte Buch denkt. Er nimmt diese Inferenzen also als Anlaß für die Kritisierung eines Kriteriums, das er dem Schüler unterstellt. Auch hier forciert er eine

Änderung des Themas, während er scheinbar die Kohärenz des Gesprächs bewahrt. Das könnte ein Hinweis darauf sein, daß ihm dieses Thema so wichtig ist, daß er es unbedingt zur Sprache bringen will. Implizit steuert er auf eine Dichotomie zwischen literarischem und nicht-literarischem Lesen hin, an die er später mit der Unterscheidung zwischen literarischen und trivialen Texten anzuschließen versucht.

Die Dichotomisierung kommt auch darin zum Ausdruck, daß in zwei Fällen eine Negation verwendet wird: Literatur sei *nicht* danach zu beurteilen, ob man Charaktere oder Atmosphäre möge oder nicht, und Literatur sei durch das *Nicht*-Klischeehafte von Nicht-Literatur zu unterscheiden. Im ersteren Fall versucht der Lehrer dem »Normalfall« des Nicht-Mögens entgegenzusteuern, indem er ein Qualitätsurteil vom direkten Inhalt ablösen will. Der Ansatz wird jedoch nicht zu Ende geführt: die Frage (16) des Schülers bleibt unbeantwortet, der Lehrer wechselt das Thema. Im zweiten Fall sucht er durch den Vergleich mit Trivialliteratur ein Bild von Qualität hervorzurufen.

Im Gespräch wird deutlich, daß sich das Wissen der Schüler über Literatur auf deren Funktion konzentriert, nämlich auf die Möglichkeit, etwas aus ihr und durch sie zu lernen. Dieser Aspekt dominiert im Gespräch und kehrt mehrere Male wieder. Er wird vom Schüler S2 eingebracht, vom Lehrer modifizierend bestätigt, dann vom Lehrer dem protestierenden Schüler S5 entgegengehalten (14/15) und schließlich von einem anderen Schüler (22) wiederholt. Gerade hinsichtlich des Lernaspekts scheint der größte Konsensus zu bestehen, obwohl weitgehend unklar bleibt, in welcher Hinsicht Leser etwas lernen könnten oder wie ihr Leben bereichert werden sollte. Ein Moment der Unsicherheit gerade darüber tritt in (22) auf, wenn ein Schüler behauptet, man könne aus den Trivialromanen nichts lernen, und dann sich selbst zögernd widerruft: »oder ... vielleicht doch«, worauf der Lehrer bestätigt: »Erfahrungen kann man immer machen«, und der nächste Schüler hinzufügt: »man kann lernen, wie unwirklich es ist«. Damit wird der Punkt des Lernens gewissermaßen in der Schwebe gehalten, und es ist nicht klar, inwiefern er nur für »Literatur« zutreffen würde. Trotzdem scheint über diesen Punkt von Anfang an ein Konsensus zu bestehen, wobei »lernen«, »lehrreich«, »Botschaft«, »nicht oberflächlich«, »bereichernd« auf verwandte Funktionen von Literatur hinweisen.

Die vier literarischen Werte lassen sich global unter dem Gesichtspunkt einordnen, von wem sie hervorgebracht, von wem sie aufgenommen oder modifiziert werden und inwiefern ein Konsensus besteht oder erreicht wird. Im folgenden Diagramm sind diese interaktiven Vorgänge schematisch wiedergegeben.

turn	*Charakteristik von Literatur*		
	Vom Schüler vorgebracht	Allgemeiner Konsens	Vom Lehrer vorgebracht / modifiziert
2-3	Schwierig // anstrengend	→ Komplexität // Appell an den Leser	Phantasie anregend
4-5, 11-15, 18, 22	Man lernt etwas; enthält »Thema«, »Botschaft«	→ Fügt dem Leben etwas hinzu	bereichernd, nicht oberflächlich
14-17,	Beispiel persönlichen Mißfallens	← →	Qualität: sei nicht zu beurteilen auf Grund persönlicher Anti-/Sympathie für die fiktive Welt
24-28	Kunst des Schreibens, Phantasie, nicht alles dasselbe	← → Gegensatz zur Trivialliteratur: nicht klischeehaft (→ originell / innovativ)	Qualität: Keine Klischees

Folgendes wird hier noch einmal sichtbar: Der Aspekt der Komplexität und des Anspruchs an den Leser wird zuerst von einem Schüler vorgebracht, vom Lehrer akzeptiert, aber dann nicht weiter vertieft. Der Aspekt des Lernens durchzieht das ganze Gespräch; er wird von den Schülern wiederholt aufgenommen und wird auch vom Lehrer bestätigt. Das Bemühen des Lehrers, hier seine Ansicht durchzusetzen, hat keinen sichtbaren Erfolg. Daß Literatur nicht »ansprechen« sollte, bleibt in einem erstaunten Ausruf hängen. Hier, so könnte man vermuten, scheitert – vorläufig – der Versuch, Literatur vom Erleben abzutrennen. Gegen das Bemühen um eine Sozialisationsstufe, die einer »sophisticated« Norm entspricht, scheint sich ein junger Leser zu sträuben. Der Lernaspekt ist den Schülern selbstverständlicher als der distanzierte Blick für die formalen Qualitäten, er scheint entscheidend für das Bild, das man von »Literatur« hat.

Wenn man nun versucht, die Normen und Werte, die in diesem Fragment als Voraussetzungen für den Umgang mit Literatur zur Sprache kommen, in die Abgrenzungsvorschläge im *Grundriß* einzuordnen, so scheinen sie sich dem vorgegebenen Rahmen teilweise zu widersetzen. Das, was der Lehrer neu zu vermitteln sucht, ließe sich wohl in das, was Schmidt als Ästhetikkonvention bezeichnet, unterbringen. Einerseits betrifft es eine Steigerung des Bewußtseins dafür, daß man dem Fiktiven keine Wirklichkeitsmaßstäbe auferlegen dürfe, andererseits arbeitet der Lehrer auf eine Ausfüllung des »Ästhetischen« als »nicht-klischeehaft« hin.

Disqualifizieren sich diese Schüler, indem sie großen Wert auf diese sozusagen »pragmatische« Funktion von Literatur legen, und disqualifiziert sich auch der Lehrer, insofern er die Funktion des Lernens bejaht, als »literarische« Leser? Wenn man die Anschauungen heranzieht, welche die Literaturdidaktik motivieren, so ist zu sehen, daß gerade die Funktion des Lernens eine wichtige Rolle spielt. Einmal ist es die moralische Bildung, die hervorsticht, ein andermal das Vorbildliche der Sprache und des Stils, dann wieder gilt es, den Blick für die Gesellschaft zu schärfen[9], dann wieder ist es die Anregung zum Nachdenken oder zur Selbstreflexion. Wenn nun solche Funktionen, auch wenn sie sich zeitweise verschieben, im Bereich der literarischen Sozialisation eine so ausgeprägte Rolle spielen und zur Legitimierung des Literaturunterrichts herangezogen werden, sollten sie dann nicht auch in die Abgrenzungsversuche des Systems einbezogen werden? Weder mit der Ästhetikkonvention noch mit der Polyvalenzkonvention sind sie *unmittelbar* zu vereinbaren, höchstens ließen sie sich über Umwege hineinargumentieren. Wo jedoch die von Schmidt postulierten Konventionen vor allem an eine Kunstauffassung anzulehnen scheinen, die Kunst und Welt zu trennen beabsichtigt, wäre der Lernaspekt gerade eine, wenn auch mittelbare, Brücke zwischen Kunst und Welt, durch die die Literatur letztlich auch für ein größere Leserschaft einen Sinn erhielte.

Anmerkungen

1 Siehe hierzu auch Hauptmeier und Schmidt 1985.
2 Neuerdings hat sich Kramaschki (1991) noch einmal kritisch mit der Polyvalenz- und der Ästhetikkonvention auseinandergesetzt.
3 In einer Verhandlung zur literarischen Kritik hat Slawinsky (1975) analysiert, wie sich in ihr verschiedene thematische und funktionale Schichten überlagern, die mit den spezifischen kommunikativen Zielsetzungen zusammenhängen.
4 Trotz der Unterschiede gibt es auch Zusammenhänge zwischen Kritiken und literaturwissenschaftlichen Verarbeitungen. Siehe dazu Rosengren 1989.
5 Für eine Analyse des Unterrichtsdiskurses müßten sowohl Schulbücher, Leselisten, Examensrichtlinien, als auch Unterrichtsprotokolle in ihrem Zusammenhang analysiert werden. Auch die Verbindungen zur außerschulischen Sozialisation und zum wissenschaftlichen Diskurs sollten überprüft werden.
6 Siehe für einen Entwurf zur genaueren Analyse Andringa 1991.
7 Es handelt sich hier um eine 4 VWO-Klasse einer niederländischen Schule. Ich danke Willie van Peer und Fred Marschall für ihre Bereitschaft, mir das Material zur Verfügung zu stellen.
8 Triviale Liebesromane, die monatlich erscheinen.
9 Der Erziehungsaspekt des kritischen Blickes spielt ja auch in manchen Poetiken mit, man denke zum Beispiel an die Ästhetiktheorien Brechts.

Literatur

Andringa, Els (1991), »Talking about Literature in an Institutional Context. An Empirical Approach«, in: *Poetics* 20, 157-172.

Brice Heath, Shirley (1983), *Ways with Words, Language, Life, and Work in Communities and Classrooms*, Cambridge: Cambridge University Press.

Ehlich, Konrad und Jochen Rehbein (1986), *Muster und Institution. Untersuchungen zur schulischen Kommunikation*, Tübingen: Narr.

Groeben, Norbert (1977), *Rezeptionsforschung als empirische Literaturwissenschaft. Paradigma- durch Methodendiskussion an Untersuchungsbeispielen*, Kronberg/Ts.: Athenäum.

Hauptmeier, Helmut und Siegfried J. Schmidt (1985), *Einführung in die empirische Literaturwissenschaft*, Braunschweig: Vieweg.

Kramaschki, Lutz (1991), »Anmerkungen zur Ästhetik- und Polyvalenzkonvention der empirischen Theorie der Literatur. Ein Beitrag zur Konventionalismus-Debatte in der Literaturwissenschaft«, in: *SPIEL* 10, 2, 207-233.

Labov, William (1972), *Language of the Inner City. Studies in the Black English Vernacular*, Philadelphia: University of Pennsylvania Press.

Rosengren, Karl Erik (1989), *Who Carries the Field? Communication Between Literary Scholars and Critics*, Lund Research Papers in the Sociology of Communication.

Schmidt, Siegfried J. (1991), *Grundriß der Empirischen Literaturwissenschaft. Mit einem Nachwort zur Taschenbuchausgabe*, Frankfurt/M.: Suhrkamp ([1]1980).

– (1984), »Empirische Literaturwissenschaft in der Kritik«, in: *SPIEL* 3, 2, 291-332.

Slawinski, J. (1975), »Funktionen der Literaturkritik«, in: *Literatur als System und Prozeß*, München: Nymphenburger.

Tannen, Deborah (1989), *Talking Voices: Repetition, Dialogue, and Imagery in Conversational Discourse*, Cambridge: Cambridge University Press.

Wieler, Petra (1989), *Sprachliches Handeln im Literaturunterricht als didaktisches Problem*, Bern/Frankfurt/New York/Paris: Lang.

Willenberg, Heiner u. a. (Hg.) (1987), *Zur Psychologie des Literaturunterrichts*, Frankfurt/M.: Moritz Diesterweg.

Sara Davis
Ibsens *Nora* gemeinsam lesen: Reden über Literatur im Unterricht

Die verschiedenen Stile und Arten des Lesens sind nichts, auf das wir ganz von alleine gekommen sind. Wir machen Erfahrungen mit Literatur zu Hause, durch die Massenmedien, in sozialen Gruppen und – was vielleicht am wichtigsten ist – in der Schule. Während ihrer gesamten Schullaufbahn müssen Schülerinnen sich mit literarischen Texten beschäftigen und damit, wie sie mit ihnen umzugehen haben. Was sie dabei – »im Klassenzimmer« – lernen, entwickelt sich zu einem ursprünglichen Lesemodell darüber, was sie von Literatur erwarten, wie sie auf Literatur reagieren und wie sie über Literatur reden.

Das traditionelle Erziehungsmodell stellt die Lehrerin in den Mittelpunkt. Jedwede Erfahrung wird danach als etwas angesehen, das von der Lehrerin ausgeht: die Lehrerin dirigiert die Klasse wie ein Orchester, sie vermittelt den Schülerinnen, was sie schon weiß. Dieses Modell führt zu einer Dichotomie zwischen der »allwissenden« Lehrerin, die wie ein Stimulus wirkt, und den Schülerinnen, die nur reagieren können, indem sie alle neuen Informationen ihrem bisherigen Wissen hinzufügen. Tatsächlich haben viele Forscher, die die Situation des Literaturunterrichts analysiert haben, diese Dichotomie in ihren Arbeiten beschrieben. Dennoch ist es typisch für solche Untersuchungen (für Beispiele vgl. Andringa 1991), daß *entweder* die Lehrerin *oder* die Schülerinnen als Untersuchungsgegenstand gewählt werden.

Meine eigenen Untersuchungen, etwa Interviews mit Lehrerinnen und Analysen des Handlungsablaufs im Unterricht, machen jedoch deutlich, daß am besten im Rahmen eines kooperativen, *interaktiven* und nicht eines dichotomen *Modells* verstanden werden kann, wie der Umgang mit Literatur in der Situation des Schulunterrichts erlernt wird. In Gesprächen mit Lehrerinnen darüber, wie sie einen bestimmten literarischen Text im Unterricht zu behandeln planen, zeigt sich ganz deutlich, daß diese Überlegungen nicht zu trennen sind von den Erwartungen darüber, was die Schülerinnen wohl zu dem Text sagen werden. Wenn die Lehrerinnen nach ihrer Beurteilung des Textes gefragt werden, dann beschreiben sie meistens, wie der Text die Diskussion im Unterricht übersteht: welche zusätzlichen Informationen die Schülerinnen brauchen werden, was das Hauptinteresse der Schülerinnen finden wird und wie sie mit ihm im Unterrichtsgespräch umgehen werden. Das folgende Beispiel ist dem Interview mit einer Lehrerin entnommen, die eine Unterrichtsreihe über William Faulkners *A Rose for Emily* vorbereitet.

Interviewerin: Was halten Sie für das Wichtigste in dieser Geschichte?
Lehrerin: Als Lehrer oder als Leser?
Interviewerin: Na ja, beides.
Lehrerin: Ich denke, daß es aus der Sicht des Lehrers eine Geschichte über Nekrophilie ist und daß dies die Studenten auch am meisten beschäftigen wird.

Der springende Punkt ist, daß für solche Lehrerinnen dem literarischen Text hinter seiner »ursprünglichen« Bedeutung noch weitere Bedeutungen zuwachsen. Ihre eigene, persönliche Sicht auf einen literarischen Text ist im Laufe der Zeit immer mehr durch ihre Kenntnis beeinflußt worden, wie die Schülerinnen auf den Text reagieren. Mit anderen Worten: Der Text und seine Bedeutung sind Teil eines interaktiven Prozesses geworden, an dem Lehrerin und Schülerinnen beteiligt sind. Es liegt daher nahe, den produktivsten Gesichtspunkt einer Unterrichtsanalyse darin zu sehen, die ablaufenden Gespräche zu beobachten, festzustellen, wie sie miteinander in Beziehung stehen und wie sie sich aus den Bemerkungen der Schülerinnen wie der Lehrerin entwickeln.

Ein Modell für die Unterrichtsanalyse

Psychologen, die in der Tradition Wygotskijs stehen, haben nachdrücklich betont, daß »Lernen als kognitiver Wandel ebensosehr ein sozialer wie ein individueller Vorgang ist« (Newman, Griffin und Cole 1989, 1). Entsprechend konzentrieren sich Forscher wie Newman u. a. oder Rogoff (1990) lieber auf die wechselseitigen Interaktionen im Unterricht als auf die individuellen oder kontextuellen Komponenten. Deshalb wird von ihnen kognitive Entwicklung auch nicht als ein »unabhängiges« Ereignis verstanden, sondern viel eher als eines, das notwendigerweise auf der psychologischen Ebene der sozialen Interaktion entsteht und erst später internalisiert wird. Dieser ganze Prozeß wird als Untersuchungsgegenstand und Analysebereich bestimmt. Mit Beziehung zur Erziehung und zum Unterricht beschreiben Newman u. a. (1989) eine Mathematikstunde mit dem Thema »Dividieren«, in der die Lehrerin zu Beginn einen Lösungsweg präsentiert, der den Schülerinnen als Medium der Interaktion dient – ein Lösungsvorschlag, der letzten Endes aber von den Schülerinnen modifiziert wird.

Dieser Prozeß der Interaktion führt zu einem Lernen der Schülerinnen, bei dem sich – abweichend von der Lösung, die die Lehrerin ursprünglich vorgeführt hatte – die Art des Lösungsweges verändert; und zwar verschiebt er sich zu alternativen, aber ebenfalls gültigen Lösungen. Diese Veränderungen führen schließlich zu Lösungen, die von Schülerin zu Schülerin verschieden sind (Newman, Griffin und Cole 1989, 92).

Newman u. a. (1989) und Rogoff (1990) haben Unterrichtsstunden untersucht, die – wie die oben erwähnte Stunde zum Thema »Dividieren« – ein bestimmtes Ziel haben. Davon unterscheidet sich nun Literaturunterricht insofern, als hier das »Ziel« potentiell eher fließend und offen für Veränderungen ist. Auch wenn die Lehrerin in der Regel bestimmte Vorstellungen davon hat, worüber sie im Unterricht sprechen möchte, wird der tatsächliche Inhalt der Unterrichtsstunde doch eher zwischen Lehrerin und Schülerinnen ausgehandelt. Vermutlich gibt es im Literaturunterricht eine viel höhere Akzeptanz für Abweichungen als anderswo.

Zum Beispiel: ein Unterrichtsgespräch über Literatur

Ich möchte im folgenden von einer Untersuchung der Interaktionen zwischen Lehrerin und Schülerinnen in einer Unterrichtsstunde berichten, in der es um die Besprechung von Henrik Ibsens *Nora (Ein Puppenheim)* ging. Es handelt sich um eine Oberstufenklasse der Highschool, die Schülerinnen sind 17 bis 18 Jahre alt. Die Unterrichtsreihe, in der sie Ibsens Drama besprachen, lief über ca. sechs Einzelstunden, ich berichte hier über die zweite Stunde dieser Reihe.

Im »Puppenheim« wird Nora, der Hauptperson, klar, daß sie die Beziehung zu ihrem Mann und die Rolle, die sie für ihn spielen muß, nicht länger ertragen kann. Ein Angelpunkt für ihren Wandel ist die Tatsache, daß sie – ohne daß ihr Mann davon wußte – vor Jahren Geld geliehen hat, um eine Reise zu finanzieren, die für seine Gesundheit zwingend geboten war. Außerdem hat sie, um den dazu notwendigen Wechsel zu sichern, die Unterschrift ihres Vaters gefälscht. Im Laufe der Jahre hatte sie dann eine ganze Bandbreite unterschiedlichster Methoden entwickelt, um den Wechsel abzuzahlen, ohne aber jemals ihrem Mann gegenüber die Geschichte aufzudecken. Durch bestimmte Ereignisse im Drama wird sie jedoch zu der Entscheidung gezwungen, entweder den ganzen Wechsel zurückzuzahlen oder ihrem Mann davon zu erzählen.

Die Entwicklung der Ereignisse im Text und ihr zunehmend verwobener Zusammenhang spiegeln sich im Unterrichtsverlauf. Das Drama wurde von der Klasse nicht gleich bis zum Ende, sondern in einzelnen Akten gelesen. Das gab den Schülerinnen die Chance, über den jeweiligen Verlauf der Geschichte zu spekulieren und sich den weiteren Fortgang vorzustellen. Das unterrichtliche Geschehen in der Klasse bei der Diskussion des »Puppenheimes« entwickelte sich entlang der folgenden Aktivitäten:

1. Zuerst erarbeiteten die Schülerinnen nach der Methode der Satzvervollständigung eine Reihe zentraler Leitsätze, die noch vor der Lektüre des Dramas in der Klasse besprochen wurden;
2. dann wurde das Stück aktweise gelesen, aber noch vor Besprechung des jeweiligen Aktes schrieben die Schülerinnen ihre persönlichen Eindrücke in Hefte, die dann der Lehrerin gezeigt, aber nicht direkt in der Klasse diskutiert wurden;
3. Unterrichtsgespräch über das Drama;
4. die Lehrerin gab dann für verschiedene Kleingruppen unterschiedliche Perspektiven zur Interpretation vor (psychoanalytisch, feministisch, marxistisch, biographisch/historisch usw.). Jede Gruppe berichtete anschließend mündlich vor der gesamten Klasse über ihre Ergebnisse;
5. eine abschließende Überprüfung, bei der die Schülerinnen gebeten wurden, für die Besprechung des Stückes eine bestimmte Betrachtungsweise auszuwählen.

Die vorbereitende Aktivität der Satzergänzung zeigte sehr individuelle Schülerinnen-Antworten, in denen sich die jeweiligen Einstellungen zu Themen wie Heirat oder Beziehungen in der Ehe ausdrückten. Der Einführungssatz »Heiraten bedeutet ...« führte zu eher schlichten und idealistischen Antworten. Zum Beispiel:

»... zwei Leute, die sich lieben und die füreinander sorgen, um eins zu sein«;
»... eine Institution der Liebe und des gegenseitigen Respektes«;
»... verpflichtende Bindung«;
»... eine Verbindung zwischen einem Mann und einer Frau, die sich lieben«.

Die nächsten Fragen erzeugten etwas komplexere Antworten. Zum Beispiel führte die Frage »Wenn ich heiraten würde, wollte ich nicht, daß ...« zu Antworten, die zuerst all die negativen Seiten der Ehe beschrieben und dann den Wunsch deutlich machten, genau diese zu vermeiden. Viele Schülerinnen antworten hier etwa:
»... wir wieder geschieden würden oder ich meinen Ehepartner betrügen würde«;
»... wir es zu leicht nehmen würden«;
»... ich meinen Mann betrügen oder eine ungerechte Mutter sein würde«;
»... ich einen Seitensprung machte oder andauernd Streit hätte«.

Im Grunde wurden die meisten Antworten auf diese Leitfrage durch den Bezug zu einer bestimmten Idee von Loyalität geprägt. So zeigt die Antwort einer Schülerin ziemlich genau den Bezug, der hier ins Spiel kam: »Wenn ich heiraten würde, würde ich nicht untreu sein wollen, unehrenhaft, oder irgend etwas vor meinem Ehepartner verbergen wollen«. Durch alle Antworten zieht sich wie ein roter Faden die Ansicht, daß ein ehrenhaftes Verhalten auf allen Ebenen der Beziehung in einer Ehe notwendig ist. Genau dieser Glaube wird natürlich sehr bald durch Ereignisse im Text auf die Probe gestellt. Das wird übrigens in keiner Weise durch die Lehrerin provoziert. Sie versucht weder, ihren eigenen Standpunkt in Kontrast zu dem der Schülerinnen darzustellen, noch so etwas wie eine Zusammenfassung der Schülerinnen-Antworten zu geben. Bis zu diesem Zeitpunkt haben die Schülerinnen ausschließlich versucht, ihre eigenen Ideen zum Ausdruck zu bringen, indem sie sich mit den Gedanken der anderen Schülerinnen auseinandersetzten.

Die eigentliche Besprechung des Dramas führte die Lehrerin mit der Frage ein, was denn die Schülerinnen über die Hauptfiguren denken würden. Die Schülerinnen entschieden sich, zuerst einmal über Nora zu sprechen, wobei dann die unterschiedlichsten Reaktionen auftraten. In dieser Phase förderte die Lehrerin fast ausschließlich die Diskussion unter den Schülerinnen. Nachdem jede

Schülerin ihre Einschätzung gegeben hatte, fragte sie lediglich noch einmal nach, was genau gesagt worden war, oder bat um Erläuterungen zu bestimmten Schlußfolgerungen der Schülerinnen. Ein Beispiel:

Barbara: »Ich finde, Nora ist sehr tricky und nicht geradeheraus. Sie steckt echt bis zum Hals in Problemen ... Sie kann zum Beispiel ihrem Mann nicht sagen, daß sie ihm das Leben gerettet hat ... Ich versteh' wirklich nicht, warum sie das nicht sagt.«
Marty: »Naja, ich find' sie gut, weil ich nicht denke, daß sie heimtückisch oder betrügerisch ist. Ich denke, wenn sie ihrem Mann alles sagen würde – daß sie das alles getan hat, um das Geld zu kriegen, weil es keine Chance gab, daß ihr Vater die Italien-Reise für ihn bezahlte – daß er vielleicht einen Rückfall kriegen würde, weil, es könnte ja sein, daß so'ne Art Streß zuerst seine Gesundheitsprobleme ausgelöst hat, und daß – wenn sie das ihm nun alles erzählen würde – denke ich, er so einen Rückfall haben könnte.«
Lehrerin: »Hmm ..., Becky, was denkst du darüber?«
Becky: »Sie denkt zu viel über das Geld nach. Sie und ihr Mann lieben sich doch wirklich gegenseitig, aber irgendwie scheint sie zwei Gesichter zu haben, und sie selbst hat ja schließlich die Unterschrift gefälscht. Und er war ja ganz gegen ihre Idee, Geld zu leihen, sie hat es hinter seinem Rükken getan.«
Lehrerin: »Und deshalb magst du sie nicht?!«

Die Antworten der Schülerinnen zeigen ein breites Spektrum von Reaktionen auf Nora. Sie reichen von der Beurteilung Noras als eines total altruistischen Charakters bis zur Darstellung Noras als einer Betrügerin. In diesen ursprünglichen Reaktionen sind die Schülerinnen ziemlich einseitig – sie stellen Nora entweder auf die eine Seite oder auf die andere.

Nachdem diese möglichen Einschätzungen nun offengelegt waren, sah sich die Klasse vor ein Dilemma gestellt. Entweder mußten sie zeigen, daß nur eine dieser Einschätzungen berechtigt war, oder sie mußten einen »Meta-Standpunkt« entwickeln, der in der Lage wäre, all diese extremen Positionen unter einen Hut zu bringen. Ein solcher, eher umfassender Standpunkt könnte auch leichte Veränderungen in Noras Charakter erlauben, um sich so ihre Absichten und ihre Beziehungen, in denen sie lebt, zu erklären. Die sehr unterschiedlichen Betrachtungsweisen in der Klasse führten die Schülerinnen zuerst einmal dazu, das klare kognitive Dilemma zu lösen, die unterschiedlichen Aspekte dieser einen Person miteinander zu vereinbaren. Man muß in diesem Zusam-

menhang auch daran erinnern, daß Schülerinnen dieser Altersklasse Probleme haben, einen solchen vereinheitlichenden Gesichtspunkt zu finden (vgl. dazu die unveröffentlichten Interviews: Davis 1991). Für sich alleine ist jede Schülerin wahrscheinlich mit ihrer privaten Auffassung über Nora zufrieden. Nur im Rahmen der Perspektive einer Gruppe kann das hier interessierende Material überhaupt zur Geltung kommen. Normalerweise wird sich eine Lehrerin in dieser Situation verpflichtet fühlen, die Unterschiede aufzulösen und sie schließlich selbst auszudeuten. Das wäre jedoch voreilig, es würde das Bedürfnis jeder Einzelnen nach Klärung eines so offensichtlichen Widerspruchs zu kurz kommen lassen. Die Strategie dieser Lehrerin scheint vielmehr darauf hinauszulaufen, die unterschiedlichen Meinungen offenzulegen, sie so zu einem Moment eines fortschreitenden Gesprächs zu machen und damit jede Art von Lösung als Ergebnis der folgenden Diskussion für möglich zu halten.
Das Verhalten der Lehrerin hat einen enormen Einfluß auf das Klima in der Klasse. Er ermutigt die Schülerinnen, sich frei zu ihren Gedanken zu äußern, und in keinem Fall wird die Bemerkung einer Schülerin als unsinnig angesehen. Die Lehrerin antwortet auf alle Äußerungen ermutigend, in erster Linie wiederholt sie, was die Schülerinnen schon gesagt haben. Das verstärkt das Gewicht der Verantwortung für die eigene Aussage und die Bedeutung des genauen Zuhörens bei dem, was die anderen sagen.
Nachdem die Schülerinnen sehr frei über Nora gesprochen hatten, entwickelte die Lehrerin diese erste Annäherung, indem sie mehrmals und wiederholt auf die unterschiedlichen Erfahrungen Noras verweist. Während die Schülerinnen bisher fast nur darauf geachtet hatten, wie Nora sich verhielt, werden die Schülerinnen nun zunehmend zu einer anderen Perspektive aufgefordert: sich nämlich anzuschauen, welche Rolle Nora in den ehelichen Beziehungen einnimmt. Die Lehrerin benutzte diesen Perspektivwechsel, um den Kontext bewußter zu machen. Implizit forderte sie die Schülerinnen auf, sich genau anzusehen, in welchen Verhältnissen Nora lebt, und genau zu überlegen, wer und was alles Einfluß auf sie nimmt. Von sich aus waren die Schülerinnen nicht darauf gekommen, auch die Beziehungsebene mit betrachten zu müssen. Die Lehrerin bat sie deshalb, sich doch einmal gedanklich in Noras Rolle zu versetzen.

Lehrerin: Wie findet ihr wie ... würdet ihr gerne so behandelt werden, wie er sie behandelt? Guckt euch doch einmal an, wie er zu ihr spricht ... Welche Wörter er benutzt, wenn er von ihr spricht? Meine kleine ...
Schülerin: Verschwenderin.
Lehrerin: Ja, genau – meine kleine Verschwenderin, mein kleines Eichhörnchen, mein kleiner Spaßvogel da draußen. Und wie spricht er zu ihr?
Schülerin: Wie zu einem Schoßtierchen.
Lehrerin: ... als ob sie ein kleines Kind wäre, als ob sie ...
Schülerin: ... eine Puppe wäre.
Lehrerin: Genau, er behandelt sie, als ob sie eine kleine Puppe wäre.

In dem oben berichteten Zwiegespräch versucht die Lehrerin, die Schülerinnen zu Phantasie und Einfühlung zu ermuntern, um die mangelnde eigene Erfahrung der Schülerinnen auszugleichen. Sie bringt sie dazu, von ihren eigenen Erfahrungen auszugehen und sich in die Beziehungen hineinzudenken, die der Text beschreibt, um sich so mit Nora in gewisser Weise zu identifizieren. Aber dennoch wurde – wie der Dialog oben zeigt – vorausgesetzt, daß die Schülerinnen über Erfahrungen verfügen, die es ihnen ermöglichen, sich in Noras »Puppenrolle« einzufühlen. Auch wenn sie keine vergleichbaren Lebenserfahrungen haben, gibt es doch einzelne Momente in ihrem Leben, die an Noras Lage anklingen.
Gleichzeitig forderte die Lehrerin die Schülerinnen in dieser Situation auf, den Text ganz genau zu beachten und herauszufinden, wie sehr kunstvolle Anordnungen des Textes ihre eigene Reaktion auf ihn beeinflussen. Die Lehrerin stieß diese Diskussion an, aber sie ließ das Thema sich so entwickeln, wie die Schülerinnen selbst es ausleuchten wollten. Dadurch erreichte sie zum einen, daß die Schülerinnen sehr viel zu dem Text sagten, und zum anderen, daß sie lernten, ihre persönlichen Gedanken mit ins Spiel zu bringen und zugleich nach Worten zu suchen, die den anderen diese Ideen am besten erklärten. Fortwährend wies sie die Schülerinnen auf den Text hin und forderte sie auf, nach anderen, zusätzlichen Aspekten der Beziehung zu suchen, wie sie sich in den subtilen Strukturen der Dialoge ausdrücken. Zusätzlich führte die Lehrerin nun einen weiteren, neuen Interpretationsaspekt ein: man sollte nun Noras Erfahrungen mit berücksichtigen, wenn man sich ein Bild von ihr machte. Indem die Lehrerin also die Schülerinnen dazu brachte, Noras Verhalten nicht losgelöst, sondern in Zusammenhang mit ihren persönlichen Erfahrungen in der Ehe zu sehen, versuchte sie klarzumachen, daß man eine größere

Komplexität des Verständnisses erreichen könnte, wenn man bei der Beurteilung ihres Charakters beide Seiten berücksichtigte.
Nachdem die paternalistische Haltung des Ehemannes gegenüber Nora klar herausgestellt worden war, ging die Lehrerin dazu über, genauer auf Noras Antworten hinzuweisen, und fragte, was zum Beispiel es bedeute, daß sie andauernd heimlich Makronenplätzchen esse.

Schülerin: ... sie hat Lust darauf.
Lehrerin: ... sie hat Lust darauf, gut, das ist schon mal wichtig. Aber worüber sagt das etwas ...
Schülerin: Sie kann sich sehr gut verstellen.
Lehrerin: Sie kann sich sehr gut verstellen. Sie verheimlicht bestimmte Sachen vor ihm.

Hier berührt die Lehrerin ein Thema, das schon von den Schülerinnen selbst angesprochen worden war: Noras Fähigkeit, sich zu verstellen. Die Lehrerin fordert die Schülerinnen auf, ihre ersten Eindrücke anhand des Textes noch weiter und genauer zu belegen.
Am Ende dieser Unterrichtsstunde wurden die verschiedenen Dimensionen und Verwicklungen von Noras Leben zusammengetragen, und die Lehrerin bat dann die Schülerinnen, nun einmal insgesamt ihr Verhalten zu beurteilen. Spätestens an dieser Stelle waren die Schülerinnen nun gezwungen, ihre Beurteilungen mit den vorher definierten moralischen Kernsätzen zu konfrontieren.

Schülerin 1: Sie lügt, sie lügt die ganzen Jahre über.
Lehrerin: Gibt es Gründe dafür, kann man das akzeptieren?
Schülerin 2: Nein.
Schülerin 3: Doch, kann man.
Schülerin 2: Nein, nicht wenn man verheiratet ist, dann sollte man offen sein, dann sollte man in der Lage sein, über ...
Schülerin 3: So'ne Ehe kann auch auseinandergehen, es gäb' überhaupt keine Ehe, wenn sie das nicht getan hätte.
Schülerin 2: Jedenfalls kann er stolz darauf sein, daß seine Frau so was getan hat.
Schülerin 4: Niemals würde er das, nicht um 1870 herum, er würde niemals stolz auf so etwas sein.
Schülerin 5: Also, wahre Liebe könnte damit fertig werden.
– offene Diskussion, alle reden durcheinander und miteinander –

Man kann an diesem kleinen Ausschnitt erkennen, wie sehr die Schülerinnen nun von der Sache persönlich betroffen sind. Sie

halten sich noch nicht einmal mehr an die üblichen Diskussionsregeln, weil sie unbedingt ihre persönliche Meinung loswerden wollen.
Bis zu diesem Zeitpunkt haben die Schülerinnen aus sehr unterschiedlichen Perspektiven über Nora gesprochen: wie sie sich verhält; über den sozialen Zusammenhang, in dem sie lebt; wie es wäre, wenn man sich in ihre Lage versetzte; über die Differenz zwischen ihrem Verhalten und ihren Erfahrungen. Dies alles vorausgesetzt, ist die ursprüngliche Frage immer noch ungeklärt, wie man es denn verstehen solle, daß sie eine bestimmte Sache vor ihrem Ehemann verheimlicht? Genau auf diesen zentralen Punkt richtet nun die Lehrerin die Aufmerksamkeit der Schülerinnen, indem sie fragt: »Kann man Lügen rechtfertigen?«
Darauf antwortet nicht jeder gleich, und deshalb gibt es fast so viele Ansichten zu diesem Drama, wie es Schülerinnen gibt. Die Situation des Unterrichtsgesprächs in der Klasse hat die Schülerinnen dazu gebracht, das moralische Problem des Lügens umfassender zu bedenken als vorher. Dieses Problem des Dramas wurde nicht leichthin gelöst, es tauchte während der nachfolgenden Stunden immer wieder in den Diskussionen auf und trug viel dazu bei, das Reden über Ibsens »Nora« zu einem gemeinschaftlichen Gespräch zu machen.

Diskussion

Die Beschreibung dieser Unterrichtsstunde diente dazu, das Konzept des »Lernraumes« zu illustrieren, in dem die wechselseitigen Bestimmungen kritischer Verständnisweisen durch die Beteiligung der Lehrerin und der Schülerinnen den Weg dafür bereiten, weitere Gespräche zu führen.
Zu Beginn des Unterrichtsgesprächs über das »Puppenheim« gab es zwei Haupthindernisse für die Schülerinnen, die erst überwunden werden mußten, bevor sie sich erfolgreich auf das Drama einlassen konnten.
1. Die Schülerinnen verfügten über keine entsprechende Lebenserfahrung. Sie hatten selbst weder direkte Erfahrungen mit einer Ehe noch mit der Art von Beziehungen, wie sie in dem Drama vorgeführt werden. Deshalb haben sie – unter anderem – auch sehr idealistische Vorstellungen von der Ehe. Sie waren jedenfalls

nicht in der Lage, direkt aufgrund eigener Erfahrungen dem Spiel auf der Bühne einen Sinn zu geben. Sie mußten deshalb ermuntert werden, wichtige Anknüpfungspunkte an ihre eigenen Erfahrungen zu suchen.

2. Gedanklich hatten die Schülerinnen erhebliche Probleme damit, voneinander abweichende oder widersprüchliche Perspektiven auf einzelne Charaktere oder Situationen durchzuhalten. Das zeigte sich besonders deutlich in den unterschiedlichen Betrachtungsweisen der Hauptfigur Nora. Auch wenn es so schien, als habe jede Schülerin eine ganz endgültige Auffassung von Nora, machte jede im Unterrichtsgespräch doch die Erfahrung, daß es bei anderen Meinungen dazu gab, die völlig gegensätzlich zu der je eigenen waren. Insgesamt wurde es schwierig, Noras Verhalten und ihre persönlichen Absichten in einen stimmigen Zusammenhang zu bringen. So waren einige Schülerinnen auf die Tatsache fixiert, daß Nora gelogen hatte – ohne die Gründe zu berücksichtigen, die sie dazu gebracht hatten, und ohne zu berücksichtigen, zu wessen Vorteil Nora gelogen hatte.

Andere sahen dagegen vor allem ihren Altruismus, ließen dafür aber ihre Heimlichtuerei und die Gründe dafür unberücksichtigt. Solche Differenzen spiegeln nicht nur unterschiedliche Betrachtungsweisen der Figur Noras, sondern auch der Gesamtsituation; sie spiegeln die Schwierigkeiten, alle Folgen und Absichten einer menschlichen Handlung zu gewichten, und schließlich auch die Schwierigkeiten, den sozialen Druck richtig einzuschätzen, den bestimmte Situationen erzeugen.

Offensichtlich zeigt diese Unterrichtsstunde ein Bild, das von dem, was man aufgrund traditioneller Unterrichtsweisen erwartet hätte, abweicht. Allgemein gesagt: diese Unterrichtsstunde schließt mehr ein als daß Schülerinnen sich nur die bloße Interpretation eines bestimmten Stückes durch die Lehrerin aneignen. Eigentlich wird hier nämlich ein »Lernraum« (oder – wie Newman u. a. 1989 sagen – ein »konstruktiver Bereich«) etabliert, in dem die Art und Weise und der Verlauf des Gesprächs sowohl von der Lehrerin wie von den Schülerinnen und ihren Interessen bestimmt werden und wo die wichtigsten Punkte sich erst dadurch ergeben, daß sich alle gemeinsam um ein Verständnis von dem, was sie da eigentlich vor sich haben, bemühen. Die Schülerinnen gehen dabei gleichzeitig rekonstruktiv mit dem Stück um und thematisieren es konstruktiv auf verschiedenen Ebenen. Sie fühlen, daß sie die Chance und die Möglichkeit haben, ihre eigenen und ganz persönlichen Ansichten und Erfahrungen vorzubringen und zur Diskussion zu stellen, sich umgekehrt auch die Meinung der anderen anzuhören, den Text ruhig und genau zu lesen und herauszuarbeiten, wie der Text ihre Auffassungen in gewisser Weise steuert.

Einige der wichtigsten unterrichtlichen Aspekte werden im folgenden noch einmal genannt:

1. Es gibt unterschiedliche Arten des Gesprächsverlaufs im Rahmen dieser ganzen Unterrichtssequenz. Solche Unterrichtsformen geben Hinweise darauf, wie man das Reden über Literatur im Unterricht betreiben kann: (a) die Lehrerin schlägt den Schülerinnen modellhafte Lesarten vor und versucht, offen und direkt ihre Aufmerksamkeit darauf zu richten, daß eine genaue Lektüre des Textes notwendig ist; (b) von Zeit zu Zeit beginnt sie einen Dialog mit einer Schülerin oder einigen Schülerinnen, wobei sie das Gespräch steuert. Das kann man sich so vorstellen, daß die Lehrerin Fragen stellt, um die Schülerinnen zu bestimmten Sachen aufzufordern oder zu ermuntern; (c) am Ende der Unterrichtsstunde bringen die Schülerinnen dann deutlich ihre jeweiligen gegenseitigen Auffassungen vor.

2. Es war eine implizite »Botschaft« dieser Unterrichtsstunde, auf die eigenen Erfahrungen zu vertrauen und eigene Wahrnehmungen kritisch zu bewerten, wenn man versucht, die Perspektiven der anderen besser zu verstehen. Die Schülerinnen wurden nach ihren persönlichen Meinungen gefragt, sie wurden aufgefordert, sich das Leben aus der Perspektive der im Stück handelnden Figuren vorzustellen, und sie wurden ermuntert, alle sozialen Bezüge mit zu berücksichtigen. Mit dieser Art des Vorgehens erhielt jede einzelne Stellungnahme ihren Platz und ihre Funktion für das umfassende Gespräch. Die Einwürfe der anderen machten jeder Schülerin klar, daß sie ein Recht darauf hat, in ihren Interpretationen von denen der anderen abzuweichen, daß man aber dennoch aus den Interpretationen der anderen etwas lernen kann.

3. Viel Zeit des Unterrichts wurde darauf verwandt, die vielfältigen Aspekte im Charakter eines Menschen besser zu verstehen und in einen sinnvollen Zusammenhang zu bringen. Das wurde erreicht, indem soziale und geschichtliche Zusammenhänge aufgerufen wurden, indem die psychologischen Merkmale der Hauptpersonen gesammelt wurden und indem schließlich die

Schülerinnen mit Situationen konfrontiert wurden, die diese Charaktermerkmale offenlegten.

Schlußfolgerungen

Man gewinnt einen Zugang zu einer Reihe komplexer Interaktionen, wenn man nicht in erster Linie den Einfluß der Lehrerin auf die Klasse analysiert, sondern den Unterricht insgesamt zum Gegenstand der Untersuchung macht. In einer Klasse, im Literaturunterricht, wird der literarische Text von Ibsen so gelesen, wie es für einen allein nicht möglich wäre. Die Weite der unterschiedlichen Lesarten, die sich im sozialen Zusammenhang in der Klasse zeigen, wird für jeden einzelnen direkt greifbar und erfahrbar. Am Anfang des Unterrichts teilten die Schülerinnen mehr oder weniger, mit geringen Ausnahmen und Abweichungen, gemeinsame Vorstellungen über Beziehungen und Ehe. Das Stück aber hat bei den Schülerinnen sehr unterschiedliche Wahrnehmungen evoziert. Diese High-School-Schülerinnen haben in der Regel klare Vorstellungen, die von keinem Zweifel getrübt sind. Das konnte man genau an ihnen ursprünglichen Bemerkungen zu Beziehungsproblemen sehen, auch wieder in der Diskussion über Nora und schließlich auch, als sie sich direkt mit dem moralischen Dilemma beschäftigten, ob es nun eine Rechtfertigung für das Lügen geben könne. Indem sie sich auf die anderen Sichtweisen des Stückes eingelassen haben, wurde es für einige Schülerinnen möglich, einseitige Betrachtungsweisen zu vermeiden und sich wirklich mit den Schwierigkeiten in Noras Situation zu beschäftigen. Die Reaktionen der Schülerinnen machen auch deutlich, daß es nicht besonders sinnvoll wäre, den Schülerinnen einfach eine kanonisierte Interpretation vorzulegen, weil sie sich mit zentralen, sie betreffenden Themen auseinandersetzen müssen, die – wenn sie einmal auf dem Tisch liegen – die Diskussion in ihrem Verlauf bestimmen.

Diese Sicht des Interpretationsprozesses verlangt nach einem dynamischen Begriff des Wissens. Was in der Klasse im Unterricht passiert, kann nicht vollständig vorbestimmt sein, wie es im Falle einer statischen Information der Fall wäre. Die Arbeit am Text in der Klasse entwickelt sich im Sinne einer Aushandlung der literarischen Bedürfnisse von allen, die am Gespräch beteiligt sind.

Genau diese Idee brachten ja jene Lehrerinnen verstärkt zum Ausdruck, die in Interviews zeigten, wie sehr sie sich der dialogischen Natur des unterrichtlichen Geschehens – des Wissens in der Klasse – bewußt waren. Das genau war auch der Grund, warum sie – wenn sie den Text beurteilen sollten – im Grunde nur beschrieben, wie die Reaktionen der Schülerinnen ihre eigenen Auffassungen transformiert hatten.

Diese besondere unterrichtliche Fähigkeit der Lehrerin war offensichtlich in allem, was sie tat, um neue Perspektiven zu eröffnen, um die Energie der Schülerinnen in bestimmte Richtungen zu bündeln wie auch ihre Ideen auszubreiten, und in ihrer Fähigkeit, Überlegungen der Schüler zum Text zu stimulieren, herauszufordern. Ginny Seabrock hat einmal, als sie ihre Erfahrungen mit einem innovativen Unterrichtsexperiment beschrieb, gesagt:

»Ich nahm mir mehr Zeit, den Schülerinnen zuzuhören, und es waren ihre Worte, ihre Ideen, über die wir sprachen und schrieben. Ich hatte zwar nicht die Verantwortung für den Unterricht abgegeben, aber ich erlaubte den Schülerinnen, einfach selbst mehr Verantwortung dafür zu übernehmen, was im Unterricht passierte ... Als ich alles hinter mir hatte, hatten die Schülerinnen so viel sie konnten und so zügig gelernt, wie sie wollten, aber ohne daß sie durch mein Wissen und meine Interessen eingeschränkt worden wären« (Seabrock 1991, 481).

Übersetzt von Reinhold Viehoff

Literatur

Andringa, Els (1991), »Talking about literature in an institutional context. An empirical approach«, in: *Poetics* 20, 157-172.

Davis, S. N. (1991) *Think-aloud interviews of high-school students reading »A Rose for Emily« by William Faulkner*, unveröffentlicht.

Newman, D. und Griffin, P. und Cole, M. (1989), *The Construction Zone. Working for Cognitive Change in School*, New York: Cambridge University Press.

Seabrock, G. (1991), »Teachers and Teaching. A Teacher learns in the context of a social studies workshop«, in: *Harvard Educational Review* 61, 4, 475-485.

Petra Wieler

Kommunikation über Kinderliteratur im sozialen Kontext der Familie

Wie Mütter ihren Kindern ein Bilderbuch vorlesen

1. Vorlesesituationen und ihre Indexikalität in der sprachlich-kulturellen Sozialisation von Kindern im Vorschulalter

Der vorliegende Beitrag präsentiert Zwischenergebnisse einer pragmatisch orientierten Studie zu Vorlesesituationen in der Familie.[1] Das Erkenntnisinteresse dieser Untersuchung gilt den Anfängen *literarischer* Rezeption, eingebettet in den Kontext sprachlicher Interaktion zwischen Eltern und ihren vierjährigen Kindern. Untersucht wird die je spezifische Handlungsorganisation des literaturorientierten Gesprächs bei der gemeinschaftlichen Rezeption eines fiktionalen kinderliterarischen Textes (und seiner Illustrationen). Vorlesesituationen gelten der vorgestellten Untersuchung jedoch nicht allein als Handlungs*rahmen* des kommunikativen Austauschs im Prozeß der gemeinschaftlichen Literaturrezeption. Ihr Stellenwert im Alltag und im pädagogischen Konzept der Erziehenden wird auch als Indiz für die kulturelle Praxis gewertet, in die das Kind hineinwächst. Entsprechend intendiert das Projekt eine rekonstruktive Deutung von Vorlesesituationen im Horizont der sprach- und literaturpädagogischen Vorstellungen, die die Erziehenden in begleitend abgenommenen Interviews entfalten.

Der Gedanke, einem bestimmten Situationstyp eine Schlüsselfunktion in bezug auf konstitutive Bedingungen der sprachlich-kulturellen Sozialisation von jüngeren Kindern zuzuweisen, ist nicht neu. Er ist vielmehr gemeinsamer Bezugspunkt pragmatisch orientierter Studien zum primären Spracherwerb (Ninio und Bruner 1978; Bruner 1983; Snow und Goldfield 1983; Snow und Ninio 1986) und zahlreicher, dem Thema ›emergent literacy‹ gewidmeter Forschungsarbeiten (unter anderem Cochran-Smith

1984; Taylor 1986; Teale 1984, 1986). Alle diese Untersuchungen beschäftigen sich mit der Situation des »joint picture-book reading« (Heath 1982, 51), ein Ausdruck, der in den genannten Arbeiten allerdings vorrangig zur Umschreibung der gemeinschaftlichen Rezeption eines Bilderbuchs *ohne Text* dient; auf die Unterschiede zwischen dieser Rezeptionssituation und der des Vorlesens einer längeren fiktionalen Erzählung werde ich später noch eingehen. Anknüpfungspunkte für das hier vorgestellte Projekt bieten die genannten Studien vor allem wegen ihrer theoretischen Prämissen bezüglich der zu untersuchenden Rezeptionssituation als eines im kommunikativen Austausch zwischen Erziehendem und Kind hergestellten Handlungszusammenhangs.

Ein Beispiel dafür, daß die Konstitutionsmechanismen dieses Handlungszusammenhangs weit über den je spezifischen Situationsrahmen hinausweisen, ist die von Heath (1982, 53) festgestellte Identität der Dialogstruktur des »picture-book reading« mit der Gesprächsorganisation in ganz anderen Alltagssituationen:

»When preschoolers are ›captive audiences‹ (e.g., waiting in a doctor's office, putting a toy together, or preparing for bed), adults reach for books. If there are no books present, they talk about other objects as though they were pictures in books. For example, adults point to items, and ask children to name, describe, and compare them to familiar objects in their environment. Adults often ask children to state their likes or dislikes, their view of events, and so forth, at the end of the captive audience period« (ebd.).

Ein weiteres Beispiel für die Schlüsselfunktion von Vorlesesituationen bietet Bruners (1983) Charakterisierung des »book reading« als »format«, als »standardisiertes Interaktionsmuster« im Prozeß des primären Spracherwerbs; aus der zugrundeliegenden Langzeitstudie (Ninio und Bruner 1978) geht hervor, wie bereits das noch nicht zweijährige Kind beim gemeinsamen Betrachten einer Bilderbuch-Illustration mit spezifischen Dialogzyklen vertraut gemacht wird, die jeweils durch eine konstant bleibende Aufeinanderfolge alternierender »turns« (»attentional vocative – query – label – feedback utterance« (ebd., 6)) gekennzeichnet sind.

Die skizzierten Untersuchungsergebnisse zur Handlungsorganisation des »picture-book reading« verweisen auf eine frappante Übereinstimmung mit der sequentiellen Strukturierung von Un-

terrichtsgesprächen, eine Parallele, deren Brisanz angesichts der sozialen Schichtzugehörigkeit der Versuchspersonen (»mainstream«/»middle-class«) und des Lebensalters der Kinder erkennbar wird.
Vorlesesituationen sind nun allerdings nicht allein aufgrund ihrer gesprächsstrukturellen Merkmale aufschlußreich. Das Verdienst der angeführten Studien liegt ja gerade in dem Nachweis begründet, daß die sich entfaltende Fähigkeit des Kindes zur ›In-Gebrauchnahme‹ gesprochener und dekontextualisierter Sprache eingebunden ist in den Prozeß der Vermittlung und des Erwerbs von Kultur in ihrer je spezifischen Ausprägung und von entsprechenden »symbolischen Verfahren, Begriffen und Unterscheidungen« (Bruner 1987, 116). Nur konsequent ist es von daher, wenn »emergent literacy«-Studien bereits bei einem Stadium in der Entwicklung des Kindes ansetzen, das dem Erwerb der Kulturtechniken des Lesens und Schreibens weit vorausliegt; in diesem Sinne sei auf den provokanten Untertitel einer entsprechenden Fallstudie (Baghban 1984) verwiesen: »Our daughter learns to read and write. A case study from birth to three«. Die genannte Untersuchung macht besonders anschaulich, wie Lese- und Alltagskultur im sozialen Kontext der Familie ineinandergreifen:

»We read to her whenever she wanted; took her to the library, restaurants, and stores; talked to her; asked her questions; answered her questions; pointed out and named objects; and praised her« (Baghban 1984, 25).
»Giti kept her early reading as social and functional as her speaking. She sat on our laps or next to us while we read to her and talked about the stories and pictures. The success of our reading to her surely derived from the extra opportunity the experience provided for body contact along with the conversation. The pleasure she found in the cosiness of our reading to her has transferred to the comfort she herself now finds in the act of reading. Moreover, she has always made us aware that she considered dialogue a necessary characteristic for reading. When she was a toddler, if we were reading newspapers or magazines, she took the event as an act of withdrawal and slapped down our reading material. At five years, she still felt we were ignoring her if we read silently. She, on the other hand always read to us while traveling in the car. If alone in her room, she read to her parakeets or her dolls« (Baghban 1984, 94).

Das genannte Beispiel verweist – über den Einzelfall hinaus – auf ein zentrales Antriebsmoment in der frühen literarischen Sozialisation von Kindern: die Motivation der Erziehenden, dem Kind die eigene Wertschätzung für das Lesen zu vermitteln, um ihm so den Weg zur Teilhabe an der bereits etablierten Alltags- und Gesprächskultur der Familie zu eröffnen. »Learning to love books«, »learning what books can do for you«, »learning to entertain yourself and to work independently« – so erläutern Mittelschichtmütter in der Fallstudie von Heath (1982, 53) ihre pädagogischen Absichten, befragt nach ihren Beweggründen für den Ankauf von Kinderbüchern. Die Absicht, einem in der Wahrnehmung der Kinder offenbar dominanten Moment des Lesens entgegenzuwirken, nämlich dem der sozialen Ausgrenzung – auf die eigene Person bezogen: dem als Einsamkeit mißverstandenen ›Für-sich-Sein‹ – bietet die schlüssigste Erklärung für die forcierten Anstrengungen der Erziehenden, Vorlesesituationen als Gelegenheit besonders intensiver kommunikativer und emotionaler Zuwendung erfahren zu lassen.

Das Ausmaß der Integration von (Vor-)Lesesituationen in den familiären Alltag bietet ein wichtiges Indiz für die kulturelle Praxis, die Kinder im Vorschulalter erfahren. Durch die Konfrontation mit vielfältigen Formen sprachlicher Dekontextualisierung wird das Kind dafür sensibilisiert, Sprache in ihrer symbolischen Bedeutung und als Medium der Strukturierung eigenen Handelns und eigener Wahrnehmung zu verstehen. Genauere Einsichten darüber, welche Rolle Vorlesesituationen in diesem Zusammenhang genau spielen, verspricht die rekonstruktive Analyse der für diesen Situationstyp konstitutiven sprachlichen Interaktion zwischen Eltern und Kind.

Das hier vorgestellte Projekt untersucht die gemeinschaftliche Rezeption eines fiktionalen kinderliterarischen Erzähltextes und seiner Illustrationen; es setzt damit beim Kind ein Verständnis von dekontextualisierter Sprache voraus, das sich im Hinblick auf notwendige Abstraktionsleistungen deutlich von dem der »emergent literacy«-Studien unterscheidet. Zugleich aber haben diese Untersuchungen eine vorbildhafte Funktion, indem sie aufzeigen, wie die für die Literaturrezeption von Vierjährigen als ›gegeben‹ unterstellte Fähigkeit, »to comprehend realities that depend for their existence entirely on language« (Snow und Ninio 1986, 136) in vorausgehenden Entwicklungsstufen schrittweise aufgebaut wird. Ein in diesem Sinne anschauliches Beispiel bietet die Studie ›The contracts of literacy‹ (ebd.), die das Spektrum vorgängiger Einsichten des Kindes illustriert: angefangen bei der deutlich erzieherisch geprägten (sprichwörtlich: »manipulierten«) Erfahrung »books are for reading, not for eating, throwing (...) building towers« (ebd., 122) im Alter von 11 Monaten bis hin zu der gleichfalls pädagogisch inspirierten Erkenntnis »books constitute an autonomous fictional world« (Snow und Ninio 1986, 135) im Alter von 3; 4 Jahren.

Wie die Einsicht in den Symbolcharakter einer einzelnen Bilderbuchillustration setzt auch der verstehende Nachvollzug literarischer Bedeutungskonstitution den Rückgriff auf eigene lebensweltliche Erfahrungen voraus. Diese Art von Bezugnahme ergibt sich bei der primären Literaturrezeption von Kindern keineswegs ›naturwüchsig‹, sie ist vielmehr eingebettet in kommunikative Lernprozesse und somit abhängig von den im jeweiligen soziokulturellen Kontext gebräuchlichen Handlungsmustern. »What is given is no more than a way of taking: Life-to-text interaction« – mit dieser Anspielung auf ein Zitat aus dem Vorwort der englischsprachigen Ausgabe von R. Barthes' *S/Z* (1974) überschreibt Cochran-Smith ein Kapitel ihrer Fallstudie zur Lese-Sozialisation von drei- bis fünfjährigen Kindern in einer amerikanischen ›nursany-school‹ (Cochran-Smith 1984, 174). In einer entsprechenden Erläuterung heißt es:

»It is assumed that readers will take the knowledge they have gained from primary or secondary experiences outside of texts and use this knowledge in particular ways to make sense inside texts. Children however, are not born knowing how to connect their knowledge and experience in ›literate‹ ways to printed and pictorial texts. Rather they must learn strategies for understanding texts just as they must learn the ways of eating and talking that are appropriate to their cultures or social groups« (Cochran-Smith 1986, 36).

Die Ergebnisse der rekonstruktiven Analyse von Vorlesesituationen im institutionellen Kontext der nursery-school berechtigen zu der Annahme, daß die dort vermittelten Strategien zur ›Aktualisierung von Wissensbeständen‹ im Zuge literarischer Rezeption an kommunikative Erfahrungen anknüpfen, über die vorzugsweise das in der Mittelschichtfamilie sozialisierte Kind verfügt:

»(...) these storyreadings were scaffolded by both the children's prior achievement of the norms of conversation *and* by the design and language style of picture books themselves. (...) storyreadings were joint ventures in which the meanings of storybooks were cooperatively negotiated. (...) the storyreader served as mediator between children and text by providing frameworks within which the texts could be read. In this way the storyreader gave the decontextualized language of essayist literacy a *context* and effectively transformed storyread-events so that they allowed for joint construction or negotiation of meaning« (ebd., 37).

(Zur Notwendigkeit der ›Vermittler-Rolle‹ der Vorlesenden angesichts der entwicklungspsychologisch nicht zu erklärenden Einsicht in die ›Fiktionalitäts-Konvention‹ bei Kindern im Vorschulalter vgl. auch Viehoff 1982, 363 f.)
Erste Anhaltspunkte für die oben formulierte Vermutung bietet die vergleichende Analyse von ›narrative skills‹ in verschiedenen sozialen Milieus durch Heath (1982). Ähnlich wie Cochran-Smith (1986) wählt die Autorin das Konzept der Bedeutungskonstitution im Kontext des book-reading als Ausgangspunkt ihrer Argumentation. Den Beobachtungen aus der entsprechenden Fallstudie zufolge lernen Mittelschichtskinder im Rahmen der für dieses soziale Milieu charakteristischen Situation des »bedtime storyreading« nicht allein »how to take meaning from books« (Heath 1982, 56), sie werden gleichzeitig angeleitet, *über* ein Buch bzw. *über* spezifische Aspekte eines Textes zu reden. Sie lernen in diesem Zusammenhang, ihre Aufmerksamkeit selektiv auszurichten und das neu Wahrgenommene im Rückgriff auf bereits vorhandene Wissensbestände zu benennen, zu beschreiben und zu erklären. Sie lernen aber auch, Fragen zu stellen, Fragen zu beantworten und zuzuhören, d. h. im Rahmen eines standardisierten Interaktionsmusters auf ein Signal zu warten, welches sie zur Artikulation von Einsichten auffordert. Der genannten Studie zufolge entspricht die Eltern-Kind-Interaktion im Rahmen des »bedtime story-reading« exakt dem »turn-taking«-Schema, das den primären Spracherwerb von Kindern im sozialen Milieu der Mittelschicht charakterisiert. Sie ist darüber hinaus durch ein spezifisches Zusammenspiel bestimmter Äußerungstypen, »what-explanations«, »reason-explanations« und »affective commentaries« gekennzeichnet (vgl. ebd., 54), die in Form einer hierarchischen Aufeinanderfolge auch die textorientierte Auseinandersetzung im institutionellen Kontext der Schule prägen.
Als »recounts« bzw. »accounts« konstituieren die genannten Äußerungstypen über die Vorlesesituation hinaus je spezifische Handlungsfigurationen des »Erzählens« (»recounts«: reagierende Äußerungen, Berichte, deren propositionaler Gehalt dem Fragenden bekannt ist; »accounts«: initiierende Äußerungen, die eine

imaginativ oder wertend gefärbte Schilderung eines Sachverhalts einleiten). Diese »narratives« werden den Fallbeispielen von Heath zufolge in verschiedenen sozialen Milieus durchaus unterschiedlich bewertet: auffällig sei die Toleranz, mit der man in der Mittelschichtsfamilie der jeweiligen Wahl einer Erzählform durch das Kind begegne; reagiert das Kind z. B. auf die Aufforderung, über ein gemeinsames Erlebnis zu berichten (»recount«), mit einer phantasievoll gestalteten Schilderung eines einzelnen Aspekts (»account«), werde die entsprechende Erzählung grundsätzlich akzeptiert; das Kind wird aber zur Beantwortung (zwischengeschalteter) verständnissichernder Nachfragen angehalten. Diese Art von Toleranz steht in enger Beziehung zu der besonderen Wertschätzung, die der Studie zufolge alle »literacy«-orientierten Aktivitäten im entsprechenden sozialen Kontext erfahren. Jede entsprechende Initiative des Kindes, auch in Form eines durchsichtigen Ablenkungsmanövers angesichts einer Unwahrheit, eines unordentlichen Zimmers, eines nicht leergegessenen Tellers etc. treffe bei den Erziehenden auf Akzeptanz: »Adults jump at openings their children give them for pursuing talk about books and reading« (ebd., 53).

Im kontrastiv untersuchten sozialen Milieu der »white workingclass community« insistieren die Erziehenden in Lese-/Erzählsituationen hingegen auf den eingeforderten »recounts«, führen notfalls eine angefangene Erzählung des Kindes, den eigenen Strukturierungsprinzipien folgend, selbst zu Ende. In seiner durch »accounts« angekündigten Schilderung eines Ereignisses erfährt das Kind keinerlei strukturierende Unterstützung. Die Beschäftigung mit (Kinder-)Büchern bleibt in bezug auf die Alltagskommunikation ein ausgegrenztes Ereignis. Auch in dieser Trennung dokumentieren sich Wertmaßstäbe: »Any fictionalized account of a real event is viewed as a *lie*; reality is better than fiction« (ebd., 63).

Die zuletzt genannten Beispiele sind in besonderer Weise geeignet, die »ethnographische« Forschungsperspektive als gemeinsamen Bezugspunkt der skizzierten Untersuchungen und gleichzeitig in ihrer vorbildhaften Funktion für das hier vorgestellte Projekt zu veranschaulichen. So definiert Schieffelin (1986):

»By ethnographic we mean descriptions that take into account the perspective of members of a social group, including the beliefs and values that underlie and organize their activities and utterances. An ethnographic perspective allows the researcher to find out the meaning of events for those who are involved in them. This entails investigating the context of the uses of literacy, the meanings of literacy, and the forms of literate communication as it is organized in and plays a role in organizing particular social interactions« (ebd., VIII).

Die hier vorgestellte Untersuchung macht sich diese Forschungsperspektive zu eigen, indem sie sich nicht allein auf die rekonstruktive Analyse von Vorlesesituationen beschränkt, sondern darüber hinaus die in Interviews dokumentierten sprach- und literaturpädagogischen *Absichten* der Erziehenden in die Untersuchung mit einbezieht.
Im Unterschied zu den bislang angeführten Studien konzentriert sich das vorliegende Projekt auf die gemeinschaftliche Rezeption von Text und Illustration eines vorgegebenen Kinderbuchs; es schreibt damit der Vorlesesituation einen spezifischeren Status zu als den des »literacy event – (...) ›any occasion in which a piece of writing is integral to the nature of the participants‹ interactions and their interpretive processes‹« (ebd.). Untersucht wird, wie sich in der sprachlichen Interaktion zwischen Erwachsenem und Kind ein Prozeß literarischer »Sinnkonstitution« dokumentiert, angefangen bei Modifikationen des Textes im Zuge des Vorlesens, über Fragen, Erläuterungen, Assoziationen, Wertungen zu Text und Illustration bis hin zur Auseinandersetzung über die »Angemessenheit« divergierender literarischer Deutungsversuche. Leitidee ist dabei, daß sich in diesem Kommunikationsprozeß analog zu gesprächsstrukturellen Merkmalen der Handlungsorganisation auch Grundstrukturen der Bedeutungskonstitution widerspiegeln, die die kulturelle Alltagspraxis von Eltern und Kindern prägen.
In diesem Sinne versteht sich auch die eingangs formulierte Hypothese bezüglich der Indexikalität von Vorlesesituationen. Ihre Beziehung zur kommunikativ strukturierten Alltagskultur, in die das Kind hineinwächst, ist in ähnlicher Weise »reflexiv« wie das von der ethnomethodologischen Konversationsanalyse unterstellte Verhältnis zwischen Äußerung und Kontext:

»Durch den Gebrauch indexikalischer Äußerungen zeigen sich die Teilnehmer von Interaktionsprozessen (...) den Kontext ihrer Interaktion als sinnhaften und geordneten auf. Ein indexikalischer Ausdruck verlangt für seine Interpretation eine Konsultation des Kontextes; dieser Kontext existiert jedoch nicht unabhängig von der betreffenden Äußerung, sondern wird von ihr erst hervorgebracht« (Streeck 1983, 16).

In Vorlesesituationen, so ließe sich analog formulieren, vergewissern sich die Beteiligten ihrer Alltagskultur und bereichern diese zugleich mit einer neuen Erfahrung.

2. Fiktionalität und Argumentation als Entwurf einer alternativen Wirklichkeit. Überlegungen zur Auswahl eines Kinderbuchs

Wie ein Kinderbuch in der Familie rezipiert wird, hängt in entscheidender Weise davon ab, über welche (Vor-)Leseerfahrungen und Literaturkenntnisse die Beteiligten bereits verfügen. Für die vorliegende Untersuchung wurde ein in der BRD (1979) preisgekröntes, auch in der niederländischen Übersetzung viel gerühmtes Bilderbuch ausgewählt, Janoschs *Oh, wie schön ist Panama*; aufgrund seines Renommees zählt dieses Buch zum Bestand von »Basisschool«-Bibliotheken, es wird gleichfalls für den Anfangsunterricht an deutschen Grundschulen empfohlen (vgl. *Praxis Deutsch* 1987). Mit der Wahl eines zumindest zeitweise klassikerverdächtigen Kinderbuchs setzt die Untersuchung schon durch die Lektüre-Vorgabe ein bestimmtes Anspruchsniveau; entsprechend bieten die jeweiligen Reaktionen von Eltern und Kindern (natürlich auch die begründete Ablehnung) erste Aufschlüsse über ihre Vertrautheit mit dieser Art von Kinderliteratur.
Das Buch erzählt – mit Anklängen an die Märchen- und Fabeltradition – die Geschichte zweier Freunde, Tiger und Bär, die sich zu einer Reise in ihr »Traumland Panama« aufmachen. Am Ziel ihrer Reise wähnen sich die beiden, als sie nach einer Reihe von Abenteuern wieder bei ihrem eigenen Zuhause angelangen, das ihnen angesichts des gemeinsamen Erlebten in einem neuen Licht erscheint.
Textumfang (48 illustrierte Buchseiten), Sprachgebung und Vokabular sowie zahlreiche ironische Anspielungen/Details in Text und Illustration stellen hohe Anforderungen an die Konzentrations- und Abstraktionsfähigkeit von Vierjährigen und sind somit auch eine Herausforderung für die Vorlesenden, den Rezeptionsprozeß zu steuern. Ein besonderes Merkmal des Textes in diesem

Bilderbuch ist dessen Argumentationsdichte, die zugleich allen Regeln der »Erwachsenen-Logik« zuwiderläuft. In immer wieder neu ansetzenden argumentativen Winkelzügen behandelt der Text sein zentrales Thema, das der Perspektive, deren ständiger Wechsel die Handlung vorantreibt und die subjektive »Befindlichkeit« der beiden Protagonisten in entscheidender Weise prägt. Auslöser für Reiselust und Wunschprojektion ist der Fund einer Kiste mit dem Geruch von Bananen und der Aufschrift »Panama«; dieser Fund führt prompt zu einer charakteristischen Schlußfolgerung: »›Wenn man den Weg nicht weiß‹, sagte der kleine Bär, ›braucht man zuerst einen Wegweiser‹. Deshalb baute er aus der Kiste einen Wegweiser«.

Die besondere Brisanz einer solchen Textstelle mit entsprechender Illustration erwächst aus der Tatsache, daß Vierjährigen der Begriff »Wegweiser« keineswegs durchgängig vertraut ist und daß der spezifische Handlungsrahmen dementsprechend ein Konzept von Bedeutung provozieren muß, das mit den Konventionen der Alltagskommunikation nur bedingt kompatibel ist.

Eine in je spezifischer Weise restringierte Perspektive charakterisiert auch die vielen Hinweise und Ratschläge, die die beiden »Reisenden« bei ihrer Suche nach dem »Land ihrer Träume«, wo »alles ganz anders, viel größer und schöner ist«, erhalten.

»›Größer als unser Mauseloch?‹ fragte die Maus, ›das kann nicht sein‹«;

»›Wir waren noch nie weiter als bis zum anderen Ende unseres Feldes‹, sagte der Hase. ›Unser Feld war bis heute auch immer unser Traumland, weil dort das Getreide wächst, von dem wir leben‹«; »›Nach links‹«, weist die Kuh den Weg, »›denn rechts wohnt der Bauer, und wo der Bauer wohnt, kann Panama nicht sein‹«.

In mehr als einer Hinsicht aufschlußreich ist der sich an die zuletzt genannte Textstelle unmittelbar anschließende Kommentar des Erzählers:

»Das war wieder falsch; denn wenn man immer nach links geht, wo kommt man dann hin? – Richtig! Nämlich dort, wo man hergekommen ist«.

Diese Art von Erzähler-Kommentar bietet ein anschauliches Beispiel für spezifische Parallelen zwischen dem Sprachstil von Kinderbüchern und der für die Mittelschichtsfamilie charakteristischen Musterhaftigkeit der Eltern-Kind-Interaktion (vgl. Coch-

ran-Smith 1984, 37). Da Vier-, auch Fünfjährige die gestellte Frage nicht beantworten können, dient die (vorwegnehmende) Realisierung eines spezifischen kommunikativen Handlungsmusters als Rahmen für die Vermittlung einer für das Textverständnis notwendigen Einsicht. Demselben Muster folgen auch die weiteren expliziten Verweise auf die Zirkularität der Erzählstruktur. Wenn Tiger und Bär gegen Ende ihrer Reise ein im Gras liegendes Schild mit der Aufschrift ›Panama‹ finden und einen Freudentanz aufführen, lautet der Erzähler-Kommentar: »Aber du weißt schon, was das für ein Wegweiser war. Na? Genau.« Selbst die mögliche Bewertung der Geschichte durch die kindlichen »Leser« wird durch den Erzähltext vorstrukturiert; so heißt es abschließend:
»Du meinst, dann hätten sie doch gleich zu Hause bleiben können? Du meinst, dann hätten sie sich den weiten Weg gespart? O nein, denn sie hätten den Fuchs nicht getroffen, und die Krähe nicht. (...) und sie hätten nie erfahren ...«
»Sinnverstehen« meint demzufolge offenbar mehr als das Verfolgen einer Reiseroute; es erschließt sich erst durch Aufmerksamkeit auch für jedes einzelne Erlebnis und dessen Darstellung in Text und Illustration.
»›Heb du das Brett von unten, und ich heb das Brett von oben‹«, rät der kleine Tiger beim Bau einer Brücke – konform der für die Mittelschichtssprache typischen Konvention der Zergliederung einer Handlungsabfolge in pädagogischer Absicht (vgl. Heath 1982, 62) – und er hat »gut reden«, zumal er der Illustration zufolge *auf* dem Brett steht. »Besser nicht nach dem Weg fragen sollen« hätten Tiger und Bär den Fuchs, zumal dieser »gerade mit einer Gans seinen Geburtstag feiern wollte«; die – der Illustration zufolge – »schlafende« Gans und das bereitliegende Eßbesteck verweisen auf die Vieldeutigkeit einer Formulierung wie der des »gemeinsamen Feierns«. Dergleichen »subversives« Zusammenspiel von Text und Illustration kennzeichnet das ausgewählte Bilderbuch, bietet auch Kindern die Möglichkeit, zu eigenen »Einsichten« zu gelangen, subjektive Alltagserfahrungen, Gefühle und Ängste wiederzuerkennen. Die konkrete Mutter-Kind-Interaktion im Kontext der Vorlesesituation bietet Aufschluß darüber, in welcher Weise diese Möglichkeit aufgegriffen und genutzt wird.

3. Das literaturorientierte Gespräch und seine »Brückenfunktion« in der Wahrnehmung fiktionaler und alltagsweltlicher Realität

Im folgenden soll der Versuch der rekonstruktiven Analyse ausgewählter Gesprächsdokumente unternommen werden, in denen sich über den je spezifischen Einzelfall hinaus charakteristische Grundzüge der beobachteten Vorlesesituationen widerspiegeln. Die Beispiele stammen aus einer Materialsammlung, die bislang 26 Verbalprotokolle aus 13 Familien (jeweils die erste und zweite Lektüre des vorgestellten Bilderbuchs) sowie zusätzlich durchgeführte Interviews mit den Müttern umfaßt. Bei den Familien, die sich zur Mitwirkung an dem Vorleseprojekt bereitgefunden haben, handelt es sich überwiegend um Angehörige der Mittelschicht. Der Versuch, die Studie milieuvergleichend auszurichten, läßt sich aufgrund einer deutlichen Abwehrhaltung der Erziehenden im sozialen Milieu der Unterschicht nur ansatzweise realisieren. In 4 Familien wurde auf die Rolle der Väter als Vorlesende hingewiesen, 2 Väter lasen das vorgelegte Bilderbuch einmal selbst vor; während der mehrmaligen Besuche bei den Familien wurde ebenfalls in nur 2 Fällen auch der Vater angetroffen.

Die vorgestellten Dialogauszüge (vgl. S. 269 ff.) beziehen sich auf:

- die Eröffnung der Vorlesesituation,
- die Kommentierung einer einzelnen Illustration, angeregt durch das Kind,
- die Erläuterung der »Wegweiser«-/Zirkularitätsthematik durch die Mutter,
- die abschließende Diskussion über das erreichte Ziel der »Panama-Reise«.

3.1 Die Gesprächsbeispiele zur Eröffnung der Vorlesesituation veranschaulichen, daß die gemeinsame Rezeption des Kinderbuchs von den vorlesenden Müttern schon mit dem Einstieg in die Lektüre als dialogische Situation angelegt wird. In jedem der drei Fälle wird dem Kind unmittelbar die Rolle eines aktiven Rezeptionsteilnehmers zugewiesen.

Im Fall von Freek sind die entsprechenden kommunikativen Anstrengungen der Mutter besonders aufwendig, zumal sich das Kind – der Beobachtung zufolge – anfänglich gegen die Vorlesesi-

tuation sträubt. Noch bevor der Titel des Buches genannt ist, wird das Kind zum »Mitlesen« der Illustration aufgefordert. Die von der Mutter angewandte Strategie, die Titelillustration durch den Rückgriff auf die gemeinsame Erfahrung des Zoobesuchs in den Erlebnishorizont des Kindes einzurücken, erweist sich noch innerhalb der dokumentierten Gesprächssequenz als erfolgreich. Denn es gelingt nicht nur, Freeks Aufmerksamkeit für die Lektüre zu gewinnen, das Kind wird darüber hinaus durch die Aktualisierung eigener Kenntnisse zur Hypothesenbildung in bezug auf den Fiktionalitätscharakter des Bilderbuchs angeregt. Bär und Tiger sehen aus wie »Spielzeugtiere«, entsprechend zeigt Freeks Äußerung (»Aber das is kein echter«) deutlich an, daß das Kind keine »naturalistische« Tiergeschichte erwartet.
Eine ganz ähnliche Strategie der Anbindung des Fremden an das Vertraute dokumentiert sich in dem Gesprächsbeispiel mit Wouter. »Ganz weit weg, ein Land«, das ist Panama, während »Boote« dem Kind aufgrund eines entsprechenden Hobbys der Familie durchaus »ein Begriff« sind. Auch hier wird eine einzelne Symbolisierung zum Anlaß literaturbezogener Hypothesenbildung: Das »Boot«, einmal angekündigt durch Text *und* Illustration, verspricht eine thematisch verwandte und damit für das Kind reizvolle Erzählung (»Das kommt bestimmt noch, meinst du nicht?«).
Sehr viel indirekter sind die pädagogischen Bemühungen der Mutter in dem Gesprächsbeispiel mit Tinka. Eher beiläufig wird die Aufforderung, Text und Illustration miteinander in Beziehung zu setzen (»gucken, wo der Rauch aufsteigt«) in den Vorlesevortrag integriert. Die im Zuge des eigenen, vorausgreifenden und noch nicht verbalisierten Lesens formulierte Frage der Mutter »Wo ist das Boot jetzt?« bringt das Kind in eine schwierige Position; bei der wettbewerbsartigen Suche nach dem korrespondierenden Bild-Symbol »verliert« Tinka. Wie selbstverständlich wird dem Kind in dieser Gesprächssequenz die Illustration als Rezeptionsterrain zugewiesen, und auf diesem Terrain muß Tinka sich wie ein mindestens in gleicher Weise kompetenter Rezeptionspartner behaupten. Diese Art von Anspruchsniveau setzt nicht nur ein erhebliches Maß an bereits vorhandener »Lese«-Motivation, sondern auch entsprechende Kommunikationserfahrungen des Kindes voraus – ist somit ein Indiz für eine sehr stabile gemeinsame Lektürepraxis von Mutter und Tochter.

3.2 Die Dialogbeispiele, in denen eine einzelne Illustration des Bilderbuchs kommentiert wird, sind durchaus repräsentativ für die bislang beobachteten Vorlesesituationen. Auffällig ist nämlich die Vielzahl problemorientierter Kinder-Kommentare zu einer Abbildung, die aus der Erwachsenen-Perspektive tatsächlich »rein« illustrativer Art ist; in der begleitenden Textsequenz werden die kulinarischen Genüsse und die insgesamt »perfekte Idylle« des Lebens von Tiger und Bär in »ihrem kleinen Haus am Fluß« geschildert. In ihrer Harmonisierungstendenz, die selbst noch den Fisch in der Bratpfanne als lebensecht friedlich schlafend darstellt, geht die Illustration in der Perspektive der Kinder offenbar einen Schritt zu weit. In den Äußerungen dokumentiert sich die Erkenntnis einer immanenten Widersprüchlichkeit des Dargestellten, kommen Ängste zur Sprache angesichts eines bedrohlich wirkenden Realitätsgehalts der Fiktion. Auffällig ist, wie unterschiedlich die Mütter auf die entsprechende Gesprächsinitiative ihrer Kinder reagieren. Was Chantal als »Einwand« vorbringt, wird von der Mutter lediglich im Sinne einer sachlich zutreffenden Feststellung bestätigt; das Kind erhält somit keinerlei Gelegenheit, seine Befürchtungen auszuformulieren. In den beiden anderen Gesprächsdokumenten hingegen wird die jeweilige Initiative des Kindes zum Anlaß eines argumentativen Redewechsels. Mit der Einbindung ihrer affektiven Reaktionen in einen Argumentationszusammenhang werden den Kindern Wege zur Rationalisierung ihrer Ängste geboten (»Aber wir essen doch auch Fisch, weil wir gesund bleiben müssen«). Im Kontext der argumentativen Auseinandersetzung über fiktionale und reale Wirklichkeit können sie aber auch selbst darüber entscheiden, inwieweit sie sich dem als bedrohlich Erkannten überhaupt stellen wollen (»Mach weiter«; »Aber das ist doch kein echter (...) den du (...) brätst«).
Aufschlußreich in bezug auf die zuletzt skizzierten Dialogbeispiele ist ein kurzer Exkurs zu den mit den Müttern durchgeführten Interviews. Bei der Frage, für wie wichtig sie das Gespräch mit dem Kind in der Vorlesesituation halten, unterscheiden sich z. B. die Reaktionen der Mütter von Freek und Chantal in bezeichnender Weise. Freeks Mutter begründet ihre besondere Wertschätzung gerade *mit* dem häufigen Abschweifen des Kindes von der je spezifischen Lektüre; dies biete ihr eine Gelegenheit, seine »Sicht der Dinge« in Erfahrung zu bringen, festzustellen, womit Freek

gerade »beschäftigt« sei, was »in ihm vorgehe«. Im Fortgang des Interviews begründet die Mutter ihren prinzipiellen Verzicht auf negative Bewertungshandlungen im Kontext der Vorlesesituation damit, daß sie die Phantasietätigkeit des Kindes stimulieren wolle; »in den Himmel gelobt« werde Freek hingegen, wenn er etwas »besonders gut« verstanden hätte.

Chantals Mutter sieht das literaturorientierte Gespräch mit dem Kind eher im Sinne einer an den spezifischen Situationstypus gebundenen »Notwendigkeit«: »erklären, was man liest, natürlich«. Die Funktion ihrer eigenen kommentierenden Gesprächsbeiträge sieht die Mutter vor allem darin, die Aufmerksamkeit des (jüngeren), nicht sonderlich vorleseinteressierten Kindes zu sichern. Sie lobe nie (»Da wird so manches geplappert«), korrigiere hingegen häufig (»Geschichte ist schließlich Geschichte und muß richtig verstanden werden«). Wegen der besonderen Sensibilität der Töchter sei sie allerdings auch häufig gezwungen, das Angstpotential von Geschichten durch entsprechende Textmanipulationen im Zuge des Vorlesens abzumildern. Den jeweiligen Äußerungen der Kinder im Kontext der Vorlesesituation mißt die Mutter keine besondere Bedeutung bei. Vor diesem Hintergrund ist auch das wiedergegebene Dialogbeispiel mit Chantal zu sehen; es dokumentiert die einzige Gesprächsinitiative des Kindes während der zweimaligen Rezeption des gesamten Janosch-Bilderbuchs.

3.3 Auffälligstes Merkmal der Dialogsequenzen, in denen der Begriff des »Wegweisers« thematisiert wird, ist die stereotype Wiederkehr eines bestimmten Handlungsmusters des »Erläuterns«. Der in den Vorlesevortrag integrierte Begriff – offenbar ein Verstehenshindernis für die Vierjährigen – wirkt wie ein »Reizwort«, das die Aktualisierung eines allen Beteiligten wohlvertrauten Interaktionsrituals provoziert: Begriffsnennung – Frage – Begriffserläuterung. Dabei handelt es sich zweifellos um eine elaborierte Form des standardisierten Interaktionsmusters, welches schon den primären Spracherwerb charakterisiert (»attentional vocative« – »query« – »label«; Bruner 1983). Nur in einem Fall ist es das Kind (Nikkie), das nach der Bedeutung des Begriffs »Wegweiser« fragt. Alle anderen Dialogbeispiele demonstrieren, wie die Vierjährigen mit dieser Strategie des »selbständigen Fragenstellens« vertraut gemacht werden: durch die direkte Ansprache der Mutter (»Weißt du, was ein Wegweiser ist?«) oder durch deren Hinweis

auf die Illustration (»Siehst du das?«); damit wird der nachfolgenden Begriffserläuterung jeweils der Status einer »Antwort« verliehen.
Betrachtet man nun die Erläuterungen zum Begriff »Wegweiser« aus einer inhaltlichen Perspektive, so fällt auf, daß die Vorlesenden das »naive« Bedeutungskonzept des Erzähltextes ungebrochen übernehmen. Auch der Verweis auf die entsprechende Illustration richtet sich in erster Linie auf das »Ergebnis« der Bautätigkeit von Tiger und Bär, nicht auf den Bauprozeß selbst: »Hat er ein Schild ›Panama‹ gemacht. Wissen sie, wo sie hinlaufen müssen« (Gerben). Indem sich die Erwachsenen so selbstverständlich auf die Fiktionalität der Erzählung einlassen, offerieren sie den Kindern ein Bedeutungskonzept in elementarisierter Form, das die Vierjährigen im Prozeß der Lektüre, aber auch durch aufmerksames Betrachten der Illustrationen schrittweise elaborieren können.
Auffällig schnellen Erfolg zeigt diese Strategie bei Nienke, die die ironische Verkehrung von Bedeutungen im Kontext der fiktiven Wirklichkeit des Textes unmittelbar durchschaut (»Aber der weiß auch nicht, in welche Richtung sie müssen«). Bemerkenswert ist, daß insbesondere der Mutter von Nienke daran gelegen ist, dem Kind die Zirkularität der geschilderten Reise von Tiger und Bär durch den Rekurs auf gemeinsame Alltagserfahrungen stets wieder anschaulich zu machen. Die besondere Qualität des von der Mutter herangezogenen »Schulhof«-Beispiels liegt nicht allein in der anschaulichen Präzision seiner Beschreibung begründet, sondern auch in der unvoreingenommenen Parallelisierung von realer und fiktiver Wirklichkeit. Denn zugleich mit der Erkenntnis, daß eine Rundfahrt wie die um die Schule nicht nach Panama, sondern eben zurück auf den Schulhof führt, wird Nienke auch die Vorstellung vermittelt, daß selbst dieses Terrain die Chance zu vergleichbaren Abenteuern bietet. Beim Betrachten einer Bilderbuch-Seite, die den kleinen Tiger beim »Pilze suchen« darstellt, sagt die Mutter zu Nienkes zweijähriger Schwester: »Siehst du, genau wie bei dir«. Sie erläutert für Nienke: »Ja tatsächlich, Jooske hat vorhin einen Pilz im Garten gefunden, zeig ich dir nachher«.
Es ist diese Art exemplarischer Anschaulichkeit, die den Kindern bei der Auseinandersetzung mit der fiktiven Wirklichkeit des Bilderbuchs die »Gleichwertigkeit« und »Bedeutsamkeit« ihrer eigenen Erfahrungen vor Augen führt. »Wenn wir zu Oma M. fahren,

was steht dann auf dem Wegweiser?« wird Freek in Anspielung auf die in Belgien lebenden Großeltern gefragt. Panama sei ein »Land«, »genau wie Belgien oder Holland«, erläutert die Mutter zu Anfang der Lektüre. Mit der Einbindung der Terminologie des literarischen Textes in den Kontext geteilter Alltagserfahrung bietet sie dem Kind das ›Rüstzeug‹ für die Konstitution eines eigenen Bedeutungskonzepts: Durch die Konfrontation mit dem »Wegweiser« zum »fremden Land Panama« erhält das subjektive Erleben des Kindes begriffliche Konturen, werden bekannte Begriffsschablonen mit Bedeutung gefüllt.

3.4 Zur Veranschaulichung der abschließenden Mutter-Kind-Diskussion über das erreichte Ziel der geschilderten »Panama-Reise« werden zwei Dialogauszüge vorgestellt, die dokumentieren, auf wie unterschiedliche Weise den Kindern der Weg zu einem für sie selbst relevanten literarischen Verstehen gebahnt wird. Das Gesprächsbeispiel mit Tinka formuliert gewissermaßen das Ergebnis einer Vorlesestrategie, die die fiktive Wirklichkeit des Textes durch ständige Bezugnahme auf die Alltagserfahrungen des Kindes in dessen Verstehenshorizont einbettet. Tinkas Bezugspunkt ist eine gemeinsam mit dem Vater unternommene Ferienreise nach Schweden. Die Parallele zu diesem Ferienerlebnis mit all seinen Attributen des »Abenteuers«, »zelten«, »Fische fangen«, »Feuer machen«, ist in der Vorlesesituation für Mutter und Tochter so überdeutlich, daß sie keiner expliziten Erwähnung mehr bedarf. »Sich selbst versorgen«, »autark sein«, das – so die Mutter im Interview – sei ein Teil der »Lebensphilosophie«, die der Vater dem Kind bei dieser Reise habe vermitteln wollen. Tinka dokumentiert mit ihrem Kommentar zur »Panama-Geschichte«, wie sie sich etwas von diesem »Lebensideal« zu eigen macht, und sie kann sich sicher sein, daß dies auch in der Wertschätzung der Mutter weit höher rangiert als das detaillierte Verständnis der zirkulären Struktur einer einzelnen Erzählung.
»Geteilte Erfahrung« ganz anderer Art stellt sich her in dem Dialog zwischen Nikkie und ihrer Mutter. Das durch Text und Illustration nahegelegte Wiedererkennen des »Wegweisers« wird zum Anlaß einer argumentativen Auseinandersetzung, in der sich insbesondere das Kind mit großem Engagement bemüht, dem Verwirrspiel der Erzählung auf die Spur zu kommen. Die Mutter bietet dabei (unbewußt) wichtige Verstehenshilfen: Ihre einzige

(zudem rhetorische) Frage (»Haben sie den (Wegweiser) selbst gemacht, oder nicht?«) bezieht sich auf eine Ebene konkreter Anschaulichkeit; den sehr viel komplizierteren Zusammenhang zwischen angestrebtem und tatsächlich erreichtem Ziel formuliert sie selbst (»Haben sie da selbst hingestellt (...). Jetzt denken sie, daß sie in Panama sind«). Es ist diese Feststellung, die für das Kind zum Antriebsmoment wird, sich das zugrundeliegende Bedeutungskonzept schrittweise – und zwar im Zuge der Hypothesenbildung – anzueignen. »Die denken einfach: mal ein bißchen spazierengehen« lautet bezeichnenderweise die erste, und zwar durch den »Wegweiser« provozierte Assoziation; »die gingen wie in Ferien« heißt es im letzten Schritt der sukzessiven Assimilation der im Begriff »Panama« symbolisierten Bedeutung. Geebnet wird dieser sich gewissermaßen in Kreisen mit stets größer werdendem Radius vollziehende Prozeß der Bedeutungskonstitution durch die Orientierungshilfe, die das Kind der Illustration abgewinnt: Es ist das »dicke *Haus*«, an das sich Nikkie erinnert (»hab ich innen auch gesehen«) und das ihr zu einer ähnlich vergnüglichen Einsicht wie zuvor der Mutter verhilft: »Die sind überhaupt nicht *bei* Panama«; es ist der »*Wald*« (»das is ihr eigener Wald, Panama«), den das Kind im Gestrüpp der Illustration wiedererkennt und der ihm einen weiteren Schritt in der Dekontextualisierung von Bedeutung möglich macht.
Aufgrund ihrer Scharfsichtigkeit für illustrative Details und einer außerordentlichen Gedächtnisleistung übernimmt Nikkie im Fortgang des Dialogs die »federführende« Rolle. Ihre sachkundige Suche nach dem Regenschirm (Textzitat: »Hängt zu Haus an der Tür. Ja, ja!«) weist sie offenbar auch in der Perspektive der Mutter als kompetente Rezeptionspartnerin aus. Im geschäftigen Vergleich der verschiedenen Illustrationen durch Mutter und Tochter dokumentiert sich die gleichberechtigte Position des Kindes (»Ham wir grad schon gelesen«). Nikkies Hinweis auf ein wichtiges Moment der Verfremdung einer einzelnen Illustration, das sie begrifflich zu konkretisieren weiß (»aber das Heu, das Heu ist runtergefallen«), besiegelt ihre Akzeptanz (M: »Ja (lacht), ja tatsächlich. Du hast recht. Das Heu ist runtergefallen«). Es sind die rasche Aufeinanderfolge von Rede und Gegenrede, der zwanglose Austausch von sich wechselseitig ergänzenden Beobachtungen und nicht zuletzt das offensichtliche Vergnügen am gemeinsamen Entdecken, die dieses Rezeptionsdokument kenn-

zeichnen. Bedeutungskonstitution und Textverstehen vollziehen sich in einem Prozeß des ›Probehandelns‹, in der tentativen Annäherung der Perspektiven von Mutter und Kind.
Überblickt man die in Einzelanalysen vorgestellten Rezeptionsbeispiele in einem abschließenden Vergleich, so tritt als gemeinsamer Grundzug die Anbindung der fiktiven Elemente des literarischen Textes an das geteilte Alltagswissen von Müttern und Kindern hervor. In dem Maße, wie die Vorlesenden diese Art von Bezugnahme stimulieren – z. B. durch die Antizipation und sprachliche (Er-)Klärung potentieller Verstehensprobleme der Vierjährigen – eröffnen sie den Kindern die Chance zur kommunikativen Entfaltung ihrer subjektiven Wahrnehmung fiktiver und realer Wirklichkeit. Zu vermuten ist, daß sich in der jeweiligen Vorlese- und Gesprächsstrategie der Erziehenden ein die sprachlich-kulturelle Sozialisation der Kinder in grundlegender Weise prägendes Handlungsmuster offenbart. Ein Indiz für diese Annahme bieten die so grundsätzlich divergierenden und zugleich das je eigene Handeln so getreu widerspigelnden pädagogischen Konzepte der Mütter von Freek und Chantal. Abhängig davon, welche ›Trennschärfe‹ die Erziehenden für die Beziehung von Fiktion und Realität vorgeben, erfährt im Kontext der Vorlesesituation auch die Alltagspraxis der Kinder eine gewisse Symbolisierung. Die vielen Anspielungen auf parallele Erlebnisse der Kinder – die Schwedenreise, gemeinsame Bootsfahrten, der Schulhof – verweisen auf eine Vorlese- und Gesprächskultur, in der Kinder dazu angeleitet werden, literarische Bedeutungskonstitution und alltägliche Wahrnehmung wechselseitig aufeinander zu beziehen; sie lernen in diesem Prozeß, Wirklichkeit im Sinne tentativer Annäherung und Deutung wahrzunehmen. Sie lernen vor allem, symbolische Handlungen – hier: die gemeinschaftliche Rezeption einer fiktionalen Erzählung – durch den Rückgriff auf eigene Erfahrungen nicht nur zu deuten, sondern auch in anschauliche Sinnzusammenhänge einzuordnen. Diese Überlegungen führen zu einem Konzept der kulturellen Sozialisation, in dem sich die deutende Wahrnehmung der Wirklichkeit und die realitätsbezogene Veranschaulichung symbolischer Handlungen wechselseitig vorantreiben.

Anhang

Gesprächsdokumente zum Projekt ›Wie Mütter ihren Kindern ein Bilderbuch vorlesen‹

Die beteiligten Kinder

Wouter 4; 6 Jahre, älterer Bruder Eelke 8; 8 Jahre
Vater: Architekt; Mutter: Hausfrau, bis zur Geburt des ersten Kindes als Gesprächs-/Beschäftigungstherapeutin im Krankenhaus tätig

Freek 4; 11 Jahre
Vater: PR-Fachmann bei Verkehrsunternehmen; Mutter: Anästhesie-Assistentin

Tinka 4; 4 Jahre, jüngerer Bruder Jelle 2; 0 Jahre
Vater: Realschullehrer; Mutter: Bibliothekarin (Germanistik-Studium)

Gerben 4; 8 Jahre, jüngere Schwester Meike 2; 2 Jahre
Vater: Graphiker; Mutter: Hausfrau, ausgebildet als Handarbeitslehrerin

Nikkie 4; 4 Jahre
Vater: Erzieher in einem Jugendheim; Mutter: Puppenspielerin; ausgebildet als Grundschullehrerin

Chantal 4; 1 Jahr, ältere Schwester Miranda 7; 2 Jahre
Vater: LKW-Fahrer; Mutter: Hausfrau, frühere Tätigkeit als Putzangestellte

Nienke 4; 9 Jahre, jüngere Schwester Jooske 2; 5 Jahre
Vater: Busfahrer; Mutter: Hausfrau (Biologie-Studium)

(a) *Die Eröffnung der Vorlesesituation*

Wouter

M: »Oh, wie schön ist Panama«, so heißt das Buch. »Die Geschichte, wie der kleine Tiger und der kleine Bär nach Panama reisen.« Weißt du, was Panama ist? *(3 Sek.)* Ganz weit weg, ein Land. »Es waren einmal ... sie hatten auch ein Boot.« Siehst du das Boot hier? *(3 Sek.)* Das kommt bestimmt noch, meinst du nicht? *(3 Sek.)* »Sie wohnten ...«

Freek

M: Hier mal gucken, hier mal gucken, was da drauf steht. Siehst du, was da drauf steht? Was steht da auf dem Buch?

K: Nee.

M: Die ham wir schon mal im Zoo gesehen.

K: *(quengelt)*

M: Weißt du, wie das Buch heißt? »Oh, wie schön ist Panama. Die Geschichte, wie der kleine Tiger und der kleine Bär nach Panama reisen.« Weißt du, was Panama ist? Das ist ein Land, genau wie Belgien oder Holland. »Es waren einmal ... sie hatten auch ein Boot.« Siehst du den Rauch auf dem Bild? Und das Boot. Guck mal, der kleine Tiger!

K: Der is doch viel größer.
M: Ja, der Bär is en bißchen größer, ja.
K: Bären sind auch größer.
M: Bären sind auch größer, ja.
K: Aber das is kein echter.
M: Is das kein echter? Oh. *(2. Sek.)* »Sie wohnten ...«

Tinka

M: Es heißt, es heißt »Oh, wie schön ist Panama. Die Geschichte, wie der kleine Tiger und der kleine Bär nach Panama reisen. Es war einmal ... wo der Rauch aufsteigt« (*unverständlich*) gucken, wo der Rauch aufsteigt, neben dem großen Baum. Wo ist das Boot jetzt?
K: Da!
M: Hier!
K: Oh!
M: Da is der Rauch, siehst du, vom Feuer. »Und sie hatten auch ein Boot. Sie wohnten ...«

(b) *Kommentare zu einer einzelnen Illustration*

Chantal

M: »... dem kleinen gemütlichen Haus am Fluß«. Hier Fisch braten (*unverständlich*). Siehst du's?
K: Ja. Aber es is doch en echter Fisch.
M: Ja. Da liegt der gefangen. (*Unterbrechung*) »Aber eines Tages schwamm auf dem Fluß ...«

Nikkie

M: Alles zusammen, sagte der kleine Tiger,
K: Fisch
M: und zwar die größte Portion.
K: Lebt der noch?
M: Ich glaub' nicht.
K: Ich glaub' wohl.
M: Ja? Daß der noch lebt? + Er liegt hier in der Pfanne. Aber Fische können doch nicht leben ohne Wasser.
K: (*leise*) Mach weiter
M: Eh, eben gucken.
K: Hier warst du.
M: »›Alles zusammen‹, sagte der kleine Tiger ...«

Freek

M: »... dem kleinen gemütlichen Haus am Fluß.«
K: Eh, wie traurig
M: Was is traurig? *(3 Sek.)* Daß der Fisch in der Pfanne liegt?
K: Er muß eigentlich im Wasser bleiben.

M: Eigentlich schon. Aber wir essen doch auch Fisch, weil wir gesund bleiben müssen.
K: Aber einige, aber das ist doch kein echter, den du, du brätst.

(c) *Erläuterungen zum Begriff (Thema) ›Wegweiser‹ durch die Mutter*

Text: »›Wenn man den Weg nicht weiß‹, sagte der kleine Bär, ›braucht man zuerst einen Wegweiser‹. Deshalb baute er aus der Kiste einen Wegweiser«.

Tinka
M: »... einen Wegweiser.« Weißt du, was ein Wegweiser ist?
K: Nee.
M: Ein Wegweiser ist ein Schild, wo drauf steht, wie man laufen muß oder fahren. Hier guck, das ist ein Schild, und das zeigt in *die* Richtung, so.

Nikkie
M: »... einen Wegweiser.«
K: Was ist das?
M: Das ist + *das*. Siehst du, da wissen sie, in welche Richtung sie müssen, nach Panama. Hier steht drauf *Panama*, und das (Schild) zeigt in *die* Richtung. Das ist ein Wegweiser. »Und wir müssen meine Angel mitnehmen ...«

Gerben
M: »... einen Wegweiser«. Guck, von der Holzkiste, die er (*Telefon, 3 Minuten Unterbrechung*). Weiter geht's. Hat er ein Schild ›Panama‹ gemacht. Wissen sie, wo sie hinlaufen müssen. »Und wir müssen ...«

Freek
M: »... einen Wegweiser.« Weißt du, was ein Wegweiser ist?
K: Nee.
M: Das ist ein Schild, und da steht drauf, wo du hin mußt, um zu 'ner bestimmten Stadt + oder zu 'nem bestimmten Land zu kommen. Wenn wir zu Oma M. fahren, was steht dann auf dem Wegweiser?

Wouter
M: »... und dann gingen sie los. Dem Wegweiser nach. Am Fluß entlang in die eine Richtung.« Siehst du, hier ist der Wegweiser, siehst du, Pa / mit / ein Schild mit Buchstaben, und die Buchstaben sind Panama.

Nienke
M: »... in die eine Richtung«. Siehst du das? Hier haben sie den Wegweiser gemacht. Ein Schild mit ›Panama‹ drauf. In *die* Richtung müssen sie.
K: Aber der weiß auch nicht, in welche Richtung sie müssen.

Nienke
M: »denn wenn man immer nach links geht, wo kommt man dann hin?«
K: Dreht man immer Runden.

M: Ja, richtig. »Richtig! Nämlich dort, wo man hergekommen ist«. Hier is man dann im Kreis gelaufen, ne.

K: Ja.

M: Genauso wie du, wenn du mit dem Fahrrad vom Schulhof fährst, dann fährst du nach rechts, und noch mal nach rechts und noch mal nach rechts, und dann stehst du vor der Schule. Und wenn du dann noch mal nach rechts fahren würdest, dann führst du durch die Schule zum Schulhof, und dann bist du wieder auf derselben Stelle.

K: Ja. Also is das ganz falsch. Das is nicht nach Panama.

M: Nee. »Bald fing es auch noch an ...«

(d) *Diskussionsbeispiele zum erreichten Ziel der ›Panama-Reise‹*

Tinka

M: Und dann is es zu Ende

K: Und da sind se.

M: Und was ist jetzt Panama?

K: (zeigt auf etwas)

M: Ja, da *steht* Panama. Aber was *ist* Panama?

K: Weiß ich nicht.

M: Ja, das is ein Land, ein Land, wo man von träumt.

K: Ja, aber das is auch en bißchen von unserm Traum.

M: Ja.

K: Aber das Haus is von uns, von unserm Traum.

M: *Das* Haus?

K: Ja.

M: (*überrascht*) He.

K: Panama is auch von unserm Traum.

M: Ja, Panama is auch von unserm Traum.

K: Und Papa *weiß* auch den Weg nach Panama.

M: So?

K: Ja.

M: (*lacht*) Und du, weißt du den Weg nach Panama?

K: Nee.

M: (*lacht*) Nee.

Nikkie

M: »Auf der anderen Seite ... fanden sie einen Wegweiser ... ›Tiger, wir sind im Land unserer Träume‹ ... Aber du weißt schon, was das für ein Wegweiser war«. *Weißt* du das?

K: Das is ein Wegweiser von + von ihrem Haus.

M: Haben sie den selbst gemacht, oder nicht?

K: Ja.

M: Mhm + Haben sie da selbst hingestellt, die Blödmänner (lacht). Jetzt denken sie, daß sie in Panama sind.

K: Ja. (...)
K: Die denken einfach: mal en bißchen spazierengehen.
M: Ja. + »Und als sie noch ein kleines Stück weitergingen, kamen sie zu einem verfallenen Haus mit Schornstein«.
K: Das is ihr eigenes Haus.
(...)
K: Das is ihr eigenes Haus.
M: (*lacht*) Ja, glaub' ich auch.
K: Ja, das glaub' ich ganz bestimmt, denn der hat so'n dickes Haus, hab' ich innen auch gesehen, also glaub' ich, daß das doch ihr Haus ist.
M: Mhm. »›Wie still und gemütlich es hier ist‹ ... Sie fingen an«/
K: (*jauchzend*) Die sind überhaupt nicht bei Panama.
M: (*lacht*)
K: Das is ihr eigener Wald, Panama.
M: Fanden sie wohl en sehr schönes Land.
K: Nee, die gingen wie in Ferien.
M: »Sie fingen an, das Haus zu reparieren ... Und er baute einen Schaukelstuhl«.
K: Es is ihr *eigenes* Haus +++ Oder nicht? ++ Hey, oder nicht?
M: Ich glaub' schon. Aber sie haben neue Sachen da rein getan.
K: Aber ich seh', ich seh' überhaupt keinen, keinen, keinen Regenschirm.
M: Nee. Mal sehn, was die hier ++ eben mal auf dem Bild gucken.
K: Eben mal gucken, ob (*zurückblättern*) ob das, ob das dasselbe ist +++ Ja, es ist das*selbe*, du, guck!
M: Ja, guck hier, da!
K: Ham wir grad schon gelesen.
M: Und das.
K: Ich seh' jetzt doch, daß es dasselbe ist, eben gucken? Nee, das is dassel/das is *überhaupt nicht* dasselbe Haus!
M: Nee?
K: Nee, denn hier ist doch kein Gras drauf.
M: Ja, aber das war doch alles en bißchen gewachsen +, weil es geregnet hat. Das stimmt schon.
K: Das stimmt schon, aber das Heu, das Heu ist runtergefallen.
M: Ja (*lacht*), ja tatsächlich. Du hast recht. Das Heu ist runtergefallen.
K: Das Heu ist runtergefallen.
M: Ja.
K: Deshalb ist es en bißchen anders.
M: Ja + jetzt noch eben weiter, ja?

(Die Untersuchung wurde mit Familien in den Niederlanden durchgeführt.)

Literatur

Baghban, M. (1984), *Our Daughter Learns to Read and Write. A case study from birth to three*, Newark, Delaware.
Barthes, R. (1974), *S/Z*; engl. New York.
Bruner, J. S. (1983), *Child's Talk: Learning to use Language*, New York/London (dt. *Wie das Kind sprechen lernt*, Bern 1987).
Cochran-Smith, M. (1984), *The Making of a Reader*, Norwood/New Jersey.
– (1986), »Reading to Children: A Model for Understanding Texts«, in: Schieffelin, B. B. und P. Gilmore (Hg.), *The Acquisition of Literacy: Ethnographic Perspectives*, Norwood/New Jersey.
Heath, S. B. (1982), »What no bedtime story means: narrative skills at home and school«, in: *Language in Society* 11, 49-76.
– (1983), *Ways with Words. Language, Life and Work in Communities and Classrooms*, Cambridge.
– (1986), »Separating ›things of the imagination‹ from life: learning to read and write«, in: Teale, W. H. und E. Sulzby (Hg.), *Emergent Literacy: Writing and Reading*, Norwood, 156-172.
Kokemohr, R. und W. Marotzki (Hg.) (1985), *Interaktionsanalysen in pädagogischer Absicht*, Frankfurt/M.
Ninio, A. und J. S. Bruner (1978), »The achievements and antecedents of labelling«, in: *Journal of Child Language* 5 (1978), 5-15.
Praxis Deutsch (1987), *Bestseller*, H. 86, 24–26.
Schieffelin, B. B. (1986), Introduction, in: Schieffelin, B. B. und P. Gilmore (Hg.), *The Acquisition of Literacy: Ethnographic Perspectives*, Norwood/New Jersey.
Snow, C. E. und B. A. Goldfield (1983), »Turn the page please: situation-specific language acquisition«, in: *Journal of Child Language* 10, 551-569.
– und A. Ninio (1986), »The contracts of literacy: What children learn from learning to read books«, in: Teale, W. H. und E. Sulzby (Hg.), *Emergent literacy: Writing and Reading*, Norwood, 116–138.
Streeck, J. (1983), *Kommunikation in einer kindlichen Sozialwelt*, Tübingen.
Taylor, D. (1986), »Creating family story: ›Matthew! We're going to have a ride!‹«, in: W. H. Teale und E. Sulzby (Hg.), *Emergent Literacy: Writing and Reading*, Norwood, 139-155.
Teale, W. H. (1984), »Reading to young children: its significance for literary development«, in: Goelman, H., A. A. Oberg und F. Smith (Hg.), *Awakening to Literacy*, Exeter, 110-121.
Teale, W. H. (1986), »Home background and young children's literacy development«, in: W. H. Teale und E. Sulzby (Hg.), *Emergent Literacy: Writing and Reading*, Norwood, 173-206.
Viehoff, R. (1982), »Aspects of literary socialisation in children: can children really receive and understand texts as literary texts?«, in: *Poetics* 11, 345-369.

v. Ansätze zur Methodeninnovation

Die Empirische Literaturwissenschaft muß, um den Übergang aus ihrem vorparadigmatischen Status zu einer »normal science« im Sinne Kuhns zu vollziehen, auch auf der Ebene der Methoden exemplarische Lösungen und Lösungswege entwickeln. Dieses Vorhaben ist – im Gegensatz zu entsprechenden Ausarbeitungen auf der Ebene der Theorie oder des Objektbereichs – für die empirischen Literaturwissenschaftler objektiv schwieriger, weil Literaturwissenschaftler (und Linguisten) zwar allemal Erfahrungen in Theoriearbeit und in der Objektbeschreibung und -definition haben, aber eben nicht im gleichen Sinne auch über Erfahrungen mit Methoden verfügen, die nach den Standards der etablierten Sozialwissenschaften anhand exakter Meßtechniken und situationsabstrahierender Überprüfungsverfahren zu einem subjektunabhängigen und insofern eindeutigen (objektiven), weil intersubjektiv wiederholbaren Ergebnis führen, das eine zuvor klar formulierte Hypothese zu prüfen erlaubt.

Dabei kann nicht unerwähnt bleiben, daß die Entwicklungsgeschichte der Empirischen Literaturwissenschaft von einem wissenschaftspolitischen »Strategie«-Streit um die Bedeutung der »Methoden« beeinflußt war. Kern dieses »Strategie«-Streites war, daß Uneinigkeit darüber bestand, ob man eine Paradigmenentwicklung durch Methodendiskussion und -entwicklung vorantreiben solle, wobei dann eher am Ende einer solchen method(olog)ischen Erneuerung der Literaturwissenschaft eine (womöglich wohlformulierte) Theorie der Empirischen Literaturwissenschaft gestanden hätte, oder ob zu Beginn ein möglichst umfassendes Theoriekonzept zur »Empirischen Literaturwissenschaft« vorgestellt werden solle, das geeignet sei, durch die Generierung neuer Probleme und entsprechend neuer methodischer Verfahren eine veränderte Forschungspraxis der Literaturwissenschaft insgesamt zu begründen.

Die entscheidenden Beiträge zur Methodendiskussion und -entwicklung sind entsprechend dieser Ausgangslage von denjenigen gekommen, die eher der ersten Strategielinie zuneigten. Für diejenigen, die die »Theorie«-Strategie für insgesamt plausibler und sinnvoller hielten, stellte sich nämlich das zusätzliche Problem, daß die Formulierungen des Theorieentwurfs in der Fassung des *Grundrisses* in der Regel auf so hohem Abstraktions- bzw. Allgemeinheitsgrad lagen, daß die Ableitung überprüfbarer Hypothesen und die »Operationalisierung« der entsprechenden Prüffelder kaum mit der geforderten Explizitheit zu leisten war.

Unabhängig von diesen eher unter »genetischen« Aspekten wichtigen und nicht unbedingt erwünschten Kontexten der Methodendiskussion in der Empirischen Literaturwissenschaft, die man noch um die belastende Konfliktstellung zur hermeneutischen Literaturwissenschaft (Stichworte: Werk, Interpretation) erweitern kann, hat die Festlegung auf das Attribut »empirisch« aber auch zahlreiche theoretische und systematische Probleme bewußt zur Diskussion gestellt:

– zwar hatte die Empirische Literaturwissenschaft als ihren Gegenstand »literarisches Handeln« definiert und nicht mehr den »Text«, aber damit war sie keineswegs das Problem des »Sinnverstehens« losgeworden;

– zwar hatte die Empirische Literaturwissenschaft ihre wissenschaftstheoretische Rückversicherung bei der analytischen Philosophie gesucht, aber damit war durchaus nicht geklärt, was »Empirie« denn nun bedeuten solle;

– zwar hatte die Empirische Literaturwissenschaft von handlungspsychologischen Ansätzen den methodologischen Individualismus übernommen und hat entsprechend eine Präferenz für subjektzentrierte Verfahren entwickelt, aber damit war nicht geklärt, wie denn »überindividuelle« Problemzusammenhänge des literarischen Handelns methodisch sicher erforscht werden könnten.

Es ist hier nicht der Ort, auch noch all jene Perspektivenerweiterungen zu skizzieren, die immer dann notwendig werden, wenn man sich mit guter Kritik von einem bestimmten traditionellen Forschungszusammenhang löst und auf einen anderen, dazu gemeinhin als konträr eingeschätzten, zurückgreifen will: dann stellt sich nämlich sehr schnell heraus, daß die vorher vielleicht als methodisch einheitlich und methodologisch gut begründete Forschungspraxis der empirischen Sozialwissenschaften weder einheitlich noch immer gut begründet ist.

Methodenentwicklung in der Empirischen Literaturwissenschaft bedeutet nach alledem gegenwärtig immer noch und fast ausschließlich den Versuch, kritische Anleihen bei den eingeführten Sozialwissenschaften – vor allem der Psychologie und Soziologie – zu machen, um dem Forschungsgegenstand – dem literarischen Handeln – langsam, aber methodisch »näher« zu kommen.

Brigitte Scheele und Margrit Schreier
Dialog-Konsens-Methoden in der Empirischen Literaturwissenschaft

1. Der handlungstheoretische Rahmen der Dialog-Konsens-Methodik

Die Dialog-Konsens-Verfahren (vgl. Scheele und Groeben 1988; Scheele 1992) sind in erster Linie innerhalb des sogenannten »Forschungsprogramms Subjektive Theorien« (FST: Groeben u. a. 1988) entwickelt worden. Dieses Forschungsprogramm geht dezidiert von menschlichen Handlungen als der zentralen Gegenstandseinheit aus, auf die es seinen Geltungsanspruch konzentriert. Dabei werden als ›Handlungen‹ solche Verhaltensweisen verstanden, die sich als intentional beschreiben lassen, d. h. als sinnhaft, beabsichtigt, geplant, ziel- und normenorientiert, situations- und kontextbezogen usw. (vgl. Groeben 1986, 71 ff.). Dem liegt ein Subjektmodell zugrunde, das dem Menschen zumindest prinzipiell Sprach- und Kommunikationskompetenz, Reflexivität und potentielle Rationalität sowie Handlungsfähigkeit zuspricht (ebd., 63 ff.). Entsprechend wird unterstellt, daß es sich bei Handlungen um eine Gegenstandseinheit handelt, für die hoch bis höchst komplexe Bedeutungsaspekte konstitutiv sind. Diese (potentielle) Komplexität der reflexiven Intentionalität des Handelnden manifestiert sich z. B. darin, daß der ›Sinn‹ der konkreten Handlung (den der jeweilige Akteur mit ihr verbindet), (idealtypisch) nicht direkt von außen beobachtbar ist, sondern so individuell sein kann, daß er nur noch durch Kommunikation mit dem Handelnden eruierbar ist. Das gilt z. B. für alle nach ›reiflicher Überlegung‹ zustande gekommenen (Handlungs-)Entschlüsse, in die eine Vielzahl von (zum Teil miteinander vernetzten) Begründungen, Wirkungserwartungen etc. eingegangen ist. Solche hochkomplexen Reflexionen in bezug auf Gründe und Wirkungen von Handlungen lassen sich in Parallelität zu (den in der Regel mindestens so komplexen) wissenschaftlichen Kognitionsstrukturen ›Subjektive Theorien‹ nennen (wobei zugleich unterstellt ist, daß die angesprochene Vernetzung zumindest implizit eine argumentative Struktur aufweist; vgl. Groeben in: Groeben u.a. 1988, Kapitel 2.2). Und solche Subjektiven Theorien (als höchst komplexe Kognitionsaggregate mit zumindest impliziter Argumentationsstruktur) sind dann ganz eindeutig nicht mehr lediglich aus dem »äußeren Aspekt« (Wright 1974) von Verhaltensweisen zu erschließen, sondern erfordern eine (wenn es geht: sprachliche) Kommunikation mit dem Handelnden. Dialog-Konsens-Verfahren stellen die methodische Systematisierung dieser Kommunikation zur verstehenden Beschreibung von (hoch) komplexen Bedeutungsstrukturen (beim handelnden Gegenüber qua ›Erkenntnisobjekt‹) dar.

Unter dialogischer Hermeneutik ist dann die systematische Herstellung eines Konsenses zwischen Erkenntnissubjekt und -objekt zu verstehen, der sichern soll, daß das Erkenntnissubjekt die Aussagen des Gegenübers adäquat verstanden hat; die Entscheidung über diese Adäquanz liegt (sinnvollerweise) bei eben diesem Gegenüber. In Abgrenzung davon werden Verfahren, die lediglich eine Übereinstimmung zwischen Forschern/-innen vorsehen, also innerhalb der Klasse der Erkenntnissubjekte verbleiben, als monolog-hermeneutisch bezeichnet; prototypisches Beispiel ist hier die klassische Inhaltsanalyse (vgl. Lisch und Kriz 1978; Merten 1983; Rustemeyer 1992). Der Konsens zwischen einzelnen Erkenntnissubjekten dürfte zur Beschreibung von Bedeutungsstrukturen bei universellen bzw. universalisierbaren Bedeutungsaspekten (vgl. Groeben 1986, 146ff.) ausreichen, nicht jedoch bei individuellen Sinnstrukturen; der hier nötige Dialog-Konsens (zwischen Forscher oder Forscherin und Forschungs›gegenstand‹) soll daher idealerweise das Erreichen einer zweifachen Zielsetzung sichern (helfen): zum einen, daß das Erkenntnisobjekt vollständig, adäquat usw. über seine Intentionalität (Überzeugungen, Reflexionen, aber auch Gefühle, Wünsche etc.) berichtet, zum anderen, daß das Erkenntnissubjekt dieses Berichten adäquat (so wie es gemeint ist) versteht und beschreibt. Beide Zielsetzungen werden vom dialog-konsenstheoretischen Wahrheitskriterium (in der Explikation der Frankfurter Schule: vgl. Apel 1965; Habermas 1968) abgedeckt, und zwar durch das Konzept der (kontrafaktischen) »idealen Sprechsituation«, die zum einen dem Gegenüber zur »Wahrhaftigkeit« im Selbstbericht und zum anderen Erkenntnissubjekt und -objekt zu einer nicht-verzerrten Übereinstimmung (in bezug auf die Verstehensdiagnose) verhilft bzw. verhelfen soll. Dialog-Konsens-Verfahren stellen daher (ganz generell formuliert) systematische Verfahrensweisen dar, die sowohl die Erhebung hochkomplexer Wissens- und Intentionsstrukturen als auch deren adäquate Beschreibung durch das verstehende Erkenntnis-Subjekt über die Approximation der idealen Sprechsituation realisieren sollen.

Dieser methodologische Zugang ist sicherlich prinzipiell zu einem nicht geringen Teil auch für die Empirische Literaturwissenschaft (ELW) geeignet. Denn zunächst einmal spielt die Gegenstandseinheit ›Handeln‹ auch hier eine zentrale Rolle, hat Schmidt (1980, Kapitel 5) doch z. B. den Gegenstandsbereich der ELW über die Handlungsrollen der Produktion, Rezeption, Verarbeitung und Vermittlung (von Texten) definiert und innerhalb einer generellen Theorie (Ästhetischen) Kommunikativen Handelns verortet. Außerdem dürften die dabei relevanten intentionalen Prozesse ebenfalls idealtypisch durch eine große Komplexität gekennzeichnet sein; bezieht man die Ästhetik- und Polyvalenz-Konvention als für das Literatur-System charakteristische Merkmale mit ein (vgl. Schmidt 1980, 89 ff., 106 ff.; Hintzenberg u. a. 1980; Groeben und Schreier 1992), dann stellen die subjektive Individualität und Komplexität dieser Prozesse sogar einen impliziten Zielpunkt von Literarizität dar (für eine explizit normative Sichtweise in Richtung auf die Komplexität literarischer Rezeptionsprozesse im Sinne von ›Polyvalenz‹ siehe Schmidt 1972, 68). Und was die ›Abbildung‹ dieser potentiell höchst individuellen, komplexen Intentionalität angeht, so wird von literaturwissenschaftlicher Seite nicht selten an empirischen Erhebungs- und Überprüfungsverfahren kritisiert, daß sie die Aspektvielfalt und Spontaneität literarischer Produktions-, Rezeptions- etc. Prozesse durch zu starke methodische Vorgaben destruktiv einschränken (vgl. zum Problem der Lenkung z. B. Link 1976, 105; zum Problem des Ausklammerns von Emotionalität z. B. Wienold 1972, 104 ff.; zur Kritik an den Gegenargumenten Groeben 1980, 119 ff.). Dieser Kritik kann gerade durch den dialog-hermeneutischen Grundansatz begegnet werden, da hier von der spontanen, freien Verbalisierung der Untersuchungspartner/-innen ausgegangen wird. Und daß die Bedeutung dieser Verbalisierung(en) dann in einer fragespezifischen Struktur ›abgebildet‹ und die Adäquanz dieser Abbildung kommunikativ validiert werden (wie Lechler (1982) als *terminus technicus* dafür vorgeschlagen hat), all das entspricht unseres Erachtens geradezu optimal sowohl der Komplexität als auch der kommunikativen Grundstruktur des literaturwissenschaftlichen Gegenstandes, die durch Dialog-Konsens-Verfahren auf wissenschaftlich-methodischer Ebene konstruktiv reproduziert werden (siehe unten, Abschnitt 3; vgl. auch Groeben 1980, 122 ff.; 1991, 14 ff.).

2. Konstruktive Funktionen für die Methodologieentwicklung (der ELW)

2.1 Die ›qualitative‹ Erweiterung der Datenerhebung

Dialog-Konsens-Verfahren sollen also über die methodisch-systematische (Annäherung an die) Realisierung der idealen Sprechsituation zunächst einmal optimale Bedingungen für einen möglichst vollständigen, adäquaten Selbstbericht der jeweiligen Untersuchungspartner/-innen (über ihre ›internale‹ Intentionalität) schaffen (vgl. ausführlich Scheele in: Groeben u. a. 1988, 146 ff.). Ein erstes (Ziel-)Kriterium ex negativo besteht dann darin, daß die Untersuchungssituation für die Teilnehmer/-innen nicht überfordernd sein darf (und zwar weder kognitiv noch emotional). Zur Vermeidung solcher Überforderung hat bereits die Heidelberger Struktur-Lege-Technik (SLT: Scheele und Groeben 1979; 1984) als dasjenige Verfahren, in dem das dialog-konsenstheoretische Wahrheitskriterium historisch erstmals explizit realisiert ist, eine Trennung von inhaltlicher Erhebung der Reflexionen und mehr formaler Rekonstruktion der Struktur der Subjektiven Theorien (einschließlich Konsensherstellung) eingeführt; und diese Trennung in die beiden Teilschritte der Inhaltserhebung und Strukturrekonstruktion ist praktisch von allen im folgenden entwickelten Dialog-Konsens-Verfahren übernommen und durchgehalten worden, so daß man darin heute ein konstantes ›Dialog-Konsens-Prinzip‹ sehen kann (Groeben 1992). Dabei sind für den ersten Teilschritt (der inhaltlichen Erhebung der Reflexionen) prinzipiell alle Verfahren einsetzbar, die im Rahmen der sogenannten qualitativen Methoden erarbeitet worden sind: von freiem Assoziieren über lautes Denken alle Interviewformen, Tagebuchaufzeichnungen bis zu spezifischen Verfahrenskombinationen wie dem ›strukturierten Dialog‹ (Wahl u. a. 1983, 41 ff.) oder auch einfachen Paraphrasen (vgl. als Überblick zu den qualitativen Verfahren: Flick u.a. 1991; Huber und Mandl 1982; Lamneck 1989; speziell für die ELW siehe Groeben 1980, Kapitel III). Alle diese Verfahren stellen die oben angesprochene offene, spontane und möglichst freie Verbalisierung (der Untersuchungsteilnehmer/-innen) in den Mittelpunkt ihres methodischen Bemühens. Dabei ist das Entscheidende, daß die jeweilige Erhebungsmethode hinsichtlich der konkreten Fragestellung möglichst optimale Bedingungen für den Zugang des Erkenntnisobjekts zu den eigenen Reflexionen bzw. Intentionen eröffnet (eine generelle Hierarchie von dafür zu realisierenden sprechakttheoretischen Zielen und Voraussetzungen expliziert ausführlich Scheele in Groeben u.a. 1988, 144 ff.). Die SLT setzt unter dieser Zielperspektive z.B. ein halbstandardisiertes Interview mit einer Kombination von völlig offenen, gerichteten und sogenannten Störfragen ein (vgl. Scheele und Groeben 1984). Dadurch werden Anregungsbedingungen sowohl für den Zugang des Erkenntnis-objekts zu seiner ›Internalität‹ als auch zur möglichst präzisen Verbalisierung dieser Reflexionen bzw. Intentionen gegeben. Diese unter der generellen Zielperspektive der idealen Sprechsituation entwickelten methodischen Ansätze zur Erreichung eines möglichst vollständigen und präzisen Selbstberichts der Untersuchungsteilnehmer/-innen sind sicherlich auch in der ELW konstruktiv einsetzbar.

2.2 Die abbildungstechnische Funktion der Visualisierung

Für den zweiten Teilschritt der Rekonstruktion der (subjektiven) Theorie-Struktur sehen Dialog-Konsens-Verfahren (ebenfalls seit der Heidelberger SLT) jeweils ein spezifisches Regelsystem vor, das die Relationen zur Verknüpfung von Konzepten expliziert (zumeist in Form eines den Untersuchungsteilnehmer/-innen ausgehändigten Regelleitfadens); ein Überblick über die mittlerweile innerhalb der Dialog-Konsens-Methodik entwickelten verschiedenen Regelsysteme findet sich bei Dann (1992). Praktisch alle diese Systeme arbeiten mit einer Visualisierung der Reflexionsstrukturen, die für die Untersuchungsteilnehmer/-innen eine kognitive wie motivationale Erleichterung und Anregung bietet (s. u.a. Abbildung 1, S. 284 ff.). Außerdem liegt damit (jeweils) eine komprimierende und zugleich präzise Darstellungsform vor, die auch außerhalb des dialog-hermeneutischen Ansatzes bei der Erforschung von Wissensstrukturen angewendet werden kann (vgl. etwa zur ›monolog-hermeneutischen‹ Verwendung des SLT-Repräsentationssystems Ballstaedt und Mandl 1985; Scheele und Groeben 1986, siehe auch unten). Diese (abbildungstechnische) Visualisierungsfunktion des innerhalb der Dialog-Hermeneutik entwickelten Repräsentationssysteme wird daher auch von der Forschung außerhalb des FST als konstruktiv bewertet (vgl. unter anderen Tergan 1986; Bonato 1990), wobei besonders herausgestellt wird, daß damit flexible ›pragmatische Hilfen zur Externalisierung von Wissensstrukturen‹ vorliegen (Ballstaedt und Mandl 1985, 28). Als Beispiel sei hier das in der SLT vorgesehene Relationensystem (im Ausschnitt) angeführt, bei dem allerdings zu bedenken ist, daß es sich um ein Regelsystem zur Abbildung vor allem von Subjektiven Berufstheorien (z. B. von Lehrern) handelt und das deshalb vergleichsweise komplex ist (zu Vereinfachungsmöglichkeiten vgl. Burgert 1992; s. Abbildung 1, S. 284 f.).

Wie eine Anwendung dieses Relationensystems im Bereich der ELW aussehen kann, haben Scheele und Groeben (1986) gezeigt; in ihrer Untersuchung wurde das Verfahren so eingesetzt, daß die Teilnehmer/-innen an einem Seminar zu modernen literarischen Utopien ihre Reflexion über ein utopisches Menschenbild vor und nach der Lektüre und Besprechung der (literarischen) Texte unter Rückgriff auf das SLT-Regelsystem in ein Strukturbild brachten. Die Abbildungen 2 und 3 zeigen die beiden von Scheele und Groeben (1986, 550 f.) mitgeteilten Beispiele.

Dabei bietet diese Art des methodischen Vorgehens auf jeden Fall den Vorteil, daß die im Strukturbild auftauchenden *Konzepte* vom Erkenntnisobjekt selbst (im Optimalfall) frei und spontan eingebracht werden; und auch in bezug auf die *Relationen* liegt eine relative Selbständigkeit vor. Das jeweilige Relationensystem wird den Untersuchungsteilnehmer/-innen zwar zunächst vollständig in Form eines Lege-Leitfadens vorgelegt, sie können und sollen daraus dann jedoch nur diejenigen Relationen auswählen, die ihrem Reflexionssystem entsprechen (und selbstverständlich auch neue Relationen einführen, wie es der Versuchsteilnehmer in Abbildung 3 mit der Relation ›polare Integration‹ getan hat[1]). In jedem Fall ist damit eine größere Aktivität und Selbstbestimmt-

═══

steht für: definitorisch identisch mit »...«. Einzusetzen vor allem, wenn z.B. ein Fachbegriff in unmittelbar verständlicher Sprache/ Wortwahl verdeutlicht wird.

/ \

steht für: Unterkategorien zu einem Begriff, der in bezug auf diese Kategorien Oberbegriff ist.

Nebeneinander-Stellen von Begriffen/Konzepten (-Kärtchen) steht für: Und-Verbindungen

Untereinander-Stellen von Begriffen/Konzepten (-Kärtchen) steht für: Oder-Verbindungen; zwei Möglichkeiten:
(a) ›oder‹ im Sinne von ›oder auch‹;
(b) ›oder‹ im Sinne von ›entweder oder‹

Manif.
———

steht für: Manifestation(en) für den jeweiligen Begriff/das Konzept; dabei handelt es sich vor allem um Objekte, Ereignisse, Phänomene etc., die als Beispiele für das jeweilige Konzept in der Realität angesehen werden können.

Ind.
———

steht für: Indikator für die mit einem jeweiligen Begriff/Konzept gemeinten Objekte, Ereignisse, Phänomene etc.; signalisiert (z.B. wie ein Symptom die Krankheit) das vorliegende gemeinte Objekt, ohne dies selbst zu sein.

Absicht
———

steht für: Absicht, Intention einer Handlung = Ziel/Zweck, um dessentwillen eine Handlung ausgeführt wird (nicht eine Wirkung, die eintreten kann oder nicht, sondern das notwendig mit der Handlung Angezielte, ohne das man nicht von einer bzw. dieser bestimmten Handlung sprechen würde).

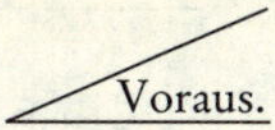

steht für: Voraussetzungen, die bei der Rede von einer bestimmten Handlung notwendig mitbehauptet werden bzw. die eine Person bei einer Handlung notwendig impliziert/unterstellt (also nicht Voraussetzungen, von denen das Eintreten einer Handlung, eines Ereignisses etc. abhängt, sondern notwendig Vorausgesetztes).

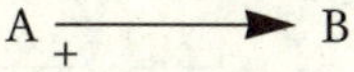

steht für: A bewirkt B bzw. B hängt von A ab, und die Richtung ist positiv (gleichsinnig; d.h. je größer A, desto größer B und umgekehrt). ›Bewirken‹ bedeutet nicht nur, daß A zeitlich vorausgeht, sondern auch, daß es B verursacht.

steht für: A bewirkt B bzw. B hängt von A ab, und die Richtung ist negativ (gegenläufig).

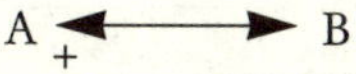

steht für: Gegenseitige Abhängigkeit von A und B, und die Richtung ist positiv (gleichsinnig).

Abbildung 1: Ausschnitt aus den Struktur-Lege-Leitfaden der Heidelberger SLT (Scheele und Groeben 1988, 53–62).

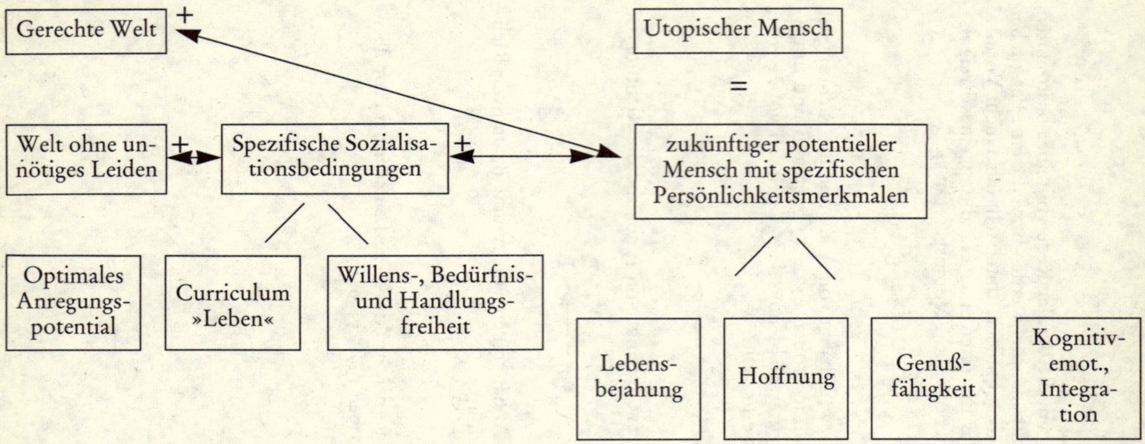

Abbildung 2: SLT-Bild (Upt 1) zum Thema »utopisches Menschenbild« *vor* der Rezeption moderner literarischer Utopien (nach Scheele und Groeben 1986, 550); zur Erläuterung der Relationen siehe Abbildung 1.

heit des Erkenntnisobjekts erreicht, als das für klassische Rating- oder Skalierungsverfahren gilt, in denen die entsprechenden Relationen ausschließlich über komplizierte mathematische Auswertungsmodelle (des Erkenntnissubjekts) festgelegt werden (vgl. so auch Bonato 1990, 33). Unabhängig davon bieten Dialog-Konsens-Verfahren aber auch für den ›monologischen‹ Einsatz eine Vielzahl von Modellen der pragmatischen Reflexionsrepräsentation an, auf die eine ELW mit Gewinn zurückgreifen kann und sollte.

2.3 Die Rekonstruktionsdynamik der kommunikativen Validierung

Nur der Vollständigkeit halber sei noch erwähnt, daß mit den skizzierten zwei Teilschritten in der Regel auch eine explizierende, präzisierende Rekonstruktion der Reflexionen auf seiten der Untersuchungsteilnehmer/-innen verbunden sein dürfte – ein Aspekt, der innerhalb der traditionellen empirischen Methodenlehre als problematisch gilt, weil hier die metatheoretische Maxime vertreten wird, daß der sozialwissenschaftliche ›Gegenstand‹ möglichst ohne (verzerrende) Beeinflussung erforscht werden soll. Aus der Sicht des FST ist diese Maxime allerdings als unrealistisch zu kritisieren (vgl. Groeben 1986, 257ff.); eine Beeinflussung ist bei einem reflexiven Subjekt wie dem Menschen fast immer unvermeidlich, so daß eigentlich nur die Richtung dieser Beeinflussung wählbar ist. Und dann scheint die Beeinflussung in Richtung auf umfassendere, differenziertere, sensiblere Reflexivität sinnvoller zu sein als die Reduktion des Erkenntnisobjekts um gerade die selbstbestimmten Reflexivitätsdimensionen (zur generellen anthropologischen Begründung vgl. Groeben in: Groeben u.a. 1988, Kapitel 5). Dies gilt unseres Erachtens auch für den Gegenstandsbereich der ELW, weil hier ein möglichst expliziter, reflexiver Selbstbericht über die (eingangs angeführten) Handlungsrollen und -prozesse den ästhetischen Merkmalen, Dimensionen und Dynamiken des ›literarischen Gegenstands‹ relativ gut entspricht (man denke nur an die literaturdidaktische Dimension). Von daher erscheint uns auch im Hinblick auf diese Rekonstruktionsfunktion die dialog-hermeneutische Methodik für den Einsatz im Bereich der ELW besonders geeignet zu sein; doch

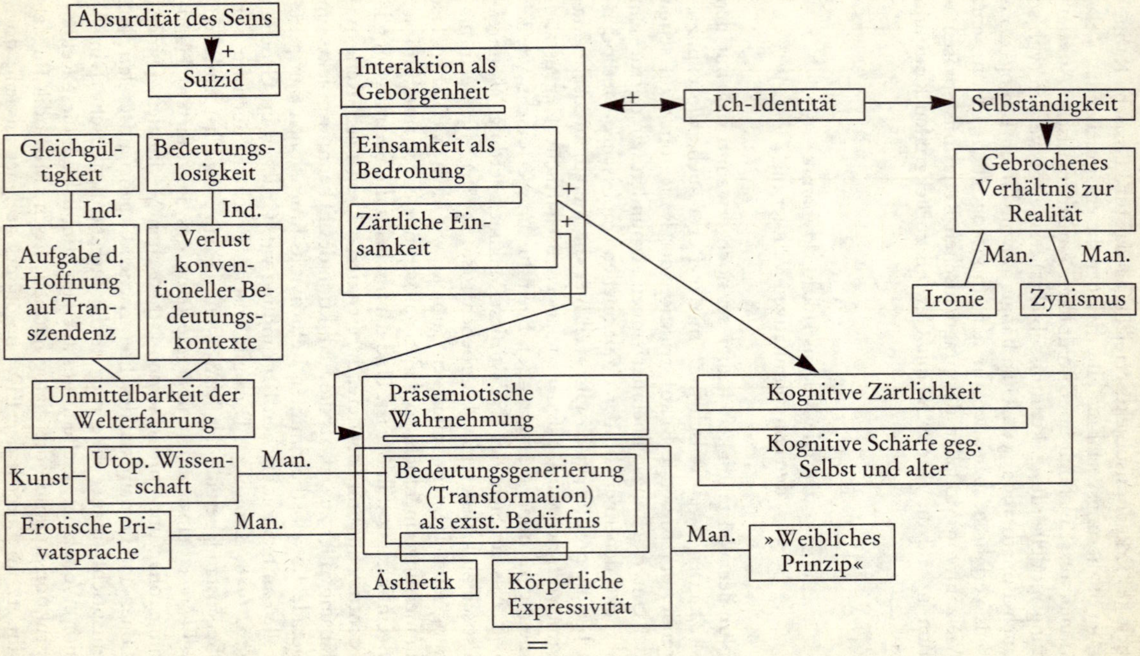
Absurdität des Seins
+
Suizid
Gleichgültigkeit
Ind.
Aufgabe d. Hoffnung auf Transzendenz
Bedeutungslosigkeit
Ind.
Verlust konventioneller Bedeutungskontexte
Unmittelbarkeit der Welterfahrung
Kunst
Utop. Wissenschaft
Man.
Erotische Privatsprache
Man.
Interaktion als Geborgenheit
Einsamkeit als Bedrohung
Zärtliche Einsamkeit
+
+
+
Ich-Identität
Selbständigkeit
Gebrochenes Verhältnis zur Realität
Man.
Man.
Ironie
Zynismus
Präsemiotische Wahrnehmung
Bedeutungsgenerierung (Transformation) als exist. Bedürfnis
Ästhetik
Körperliche Expressivität
=
Man.
»Weibliches Prinzip«
Kognitive Zärtlichkeit
Kognitive Schärfe geg. Selbst und alter

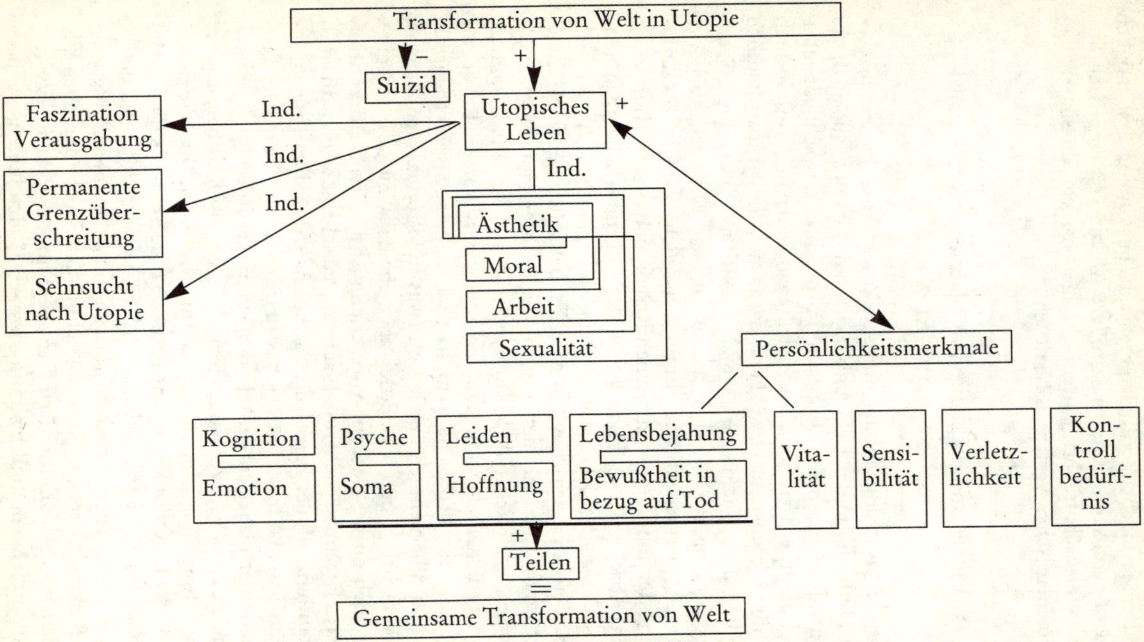

Abbildung 3: SLT-Bild (Upt 1) zum Thema »utopisches Menschenbild« *nach* der Rezeption moderner literarischer Utopien (nach Scheele und Groeben 1986, 551); zur Erläuterung der Relationen siehe Abbildung 1 und Anm. 1.

wird eine eingehendere entsprechende Diskussion erst möglich und sinnvoll sein, wenn eine größere Anzahl von empirisch-literaturwissenschaftlichen Untersuchungen vorliegt, die sich dialoghermeneutischer Verfahren bedienen.

3. Einsatzmöglichkeiten der Dialog-Hermeneutik in der ELW

Eine ›echte‹ dialog-hermeneutische Anwendung der beschriebenen Methodik in der ELW impliziert natürlich den Rückgriff auf vorhandene Personen als Erkenntnisobjekte; das schließt allerdings die Interpretation der so erhaltenen Daten in Richtung auch auf den Gegenstand ›Text‹ keineswegs aus, indem man nämlich den Personen-Daten eine ›mediale Funktion‹ zuweist (vgl. Groeben 1980, 66 ff.). Darüber hinaus ist, wie skizziert, auch der ›monolog-hermeneutische‹ Einsatz möglich, z. B. in Akzentuierung der abbildungstechnischen Repräsentationsfunktion (siehe oben, Abschnitt 2.2). Hinsichtlich der eingangs (siehe oben, Abschnitt 1) angesprochenen Handlungsrollen können Dialog-Konsens-Methoden prinzipiell in allen Teilbereichen der ELW eingesetzt werden, ja, sie eignen sich wegen ihrer (approximativen) Symmetrie zwischen Erkenntnissubjekt und -objekt besonders gut für eine Untersuchung auch komplexerer Prozesse bei Personen, die die klassische (empiristische) Versuchspersonenrolle kaum zu übernehmen bereit sind (was für Produzenten allemal, für Verarbeiter und Vermittler aber ebenfalls nicht selten gilt). Und auch für die Rezeptionsforschung ist die Symmetrierelation unseres Erachtens nicht von Nachteil – vor allem, wenn man sie in Verbindung mit der Berücksichtigung und ›Abbildung‹ hochkomplexer Wissens- bzw. Reflexionsstrukturen sieht. Wegen der Provenienz der bisher entwickelten Verfahren aus dem (im weiteren Sinne kognitionspsychologischen) FST ist als Kernbereich der Anwendungsmöglichkeiten daher zunächst einmal die »kognitivreflexive Funktion« der ästhetischen Kommunikation (vgl. Schmidt 1980, 120 ff.; Scheele und Groeben 1986) anzusetzen. Das Schwergewicht auf der Erfassung hochkomplexer Wissens- und Reflexionsstrukturen ermöglicht es dabei nicht nur, auch differenzierte und sophistizierte Textrezeptionen (in Schmidts Terminologie: Kommunikatbildungsprozesse) abzubilden, sondern

ebenso Antezedens- wie Sukzedensbedingungen der Textrezeption einzubeziehen. Bei den Antezedensbedingungen ist z. B. an die Wissensvoraussetzungen, Werteinstellungen und Erwartungshorizonte von Rezipienten/-innen zu denken, bei den Sukzedensbedingungen insbesondere an die (kognitiven) Wirkungen der Textrezeption. Für letztere stellt die oben angeführte Untersuchung von Scheele und Groeben (1986) in bezug auf die Wirkung der Lektüre und Interpretation von literarischen Utopien ein Beispiel dar; so konnte mittels Verwendung der SLT unter anderem die zunehmende Differenzierung der Subjektiven Theorien der Untersuchungspartner/-innen zum utopischen Menschenbild sowohl in bezug auf die Anzahl der verwendeten inhaltlichen Konzepte als auch deren formal-strukturelle Differenzierung erfaßt werden.
Die Einbeziehung der Antezedensseite ist etwa durch die Untersuchung von Burgert u. a. (1989) demonstriert worden, in der die Wissensvoraussetzungen von Leser/-innen hinsichtlich der Textsorten ›Märchen‹ und ›Krimi‹ Dialog-hermeneutisch (mit einem komprimierten SLT-Verfahren) erhoben wurden. Hier ergaben sich relativ homogene Kognitionsstrukturen in bezug auf das Märchen (vgl. Beispiel in Abbildung 4), während das deklarative Wissen über die Textsorte ›Krimi‹ deutlich mehr variierte.
Dabei wird es auf die Dauer auch darum gehen, über diese dialoghermeneutische Deskription hinaus die abgebildeten Bedingungen und Prozesse explanativ zu verbinden (und so z. B. den Einfluß von Wissensstrukturen, Voreinstellungen usw. auf die Textrezeption, deren Wirkung auf Überzeugungssysteme usw. aufzuklären; zur grundsätzlichen methodologischen Relation von kommunikativer und explanativer Validierung vgl. Groeben 1986, 322 ff.; Wahl in: Groeben u. a. 1988, 180 ff.). Und diese Einsatzmöglichkeiten der Dialog-Konsens-Methodik, für die es mit den angeführten Studien zumindest schon erste Beispiele aus dem Bereich der Rezeptionsforschung gibt, sind dann selbstverständlich auch auf die Handlungsrollen der Literaturproduktion, -verarbeitung und -vermittlung auszuweiten; darin liegt unseres Erachtens ein fruchtbares Methodikpotential, das die Entwicklung und weitere Ausarbeitung der ELW konstruktiv beeinflussen kann.

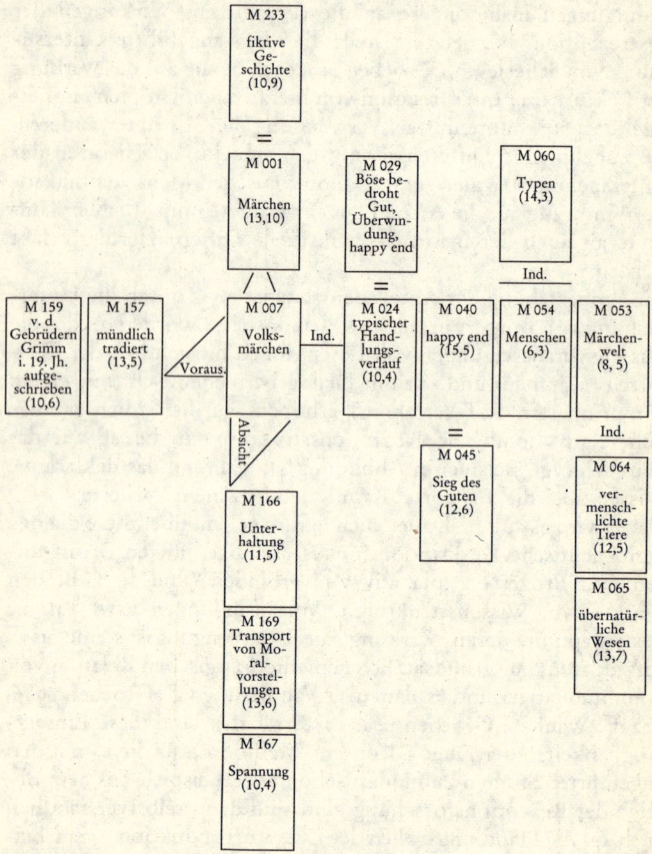
M 233
fiktive Geschichte
(10,9)
=
M 001
Märchen
(13,10)
M 029
Böse bedroht Gut, Überwindung, happy end
=
M 060
Typen
(14,3)
Ind.
M 159
v. d. Gebrüdern Grimm i. 19. Jh. aufgeschrieben
(10,6)
M 157
mündlich tradiert
(13,5)
Voraus.
M 007
Volksmärchen
Ind.
M 024
typischer Handlungsverlauf
(10,4)
M 040
happy end
(15,5)
M 054
Menschen
(6,3)
M 053
Märchenwelt
(8, 5)
Absicht
=
Ind.
M 045
Sieg des Guten
(12,6)
M 064
vermenschlichte Tiere
(12,5)
M 065
übernatürliche Wesen
(13,7)
M 166
Unterhaltung
(11,5)
M 169
Transport von Moralvorstellungen
(13,6)
M 167
Spannung
(10,4)

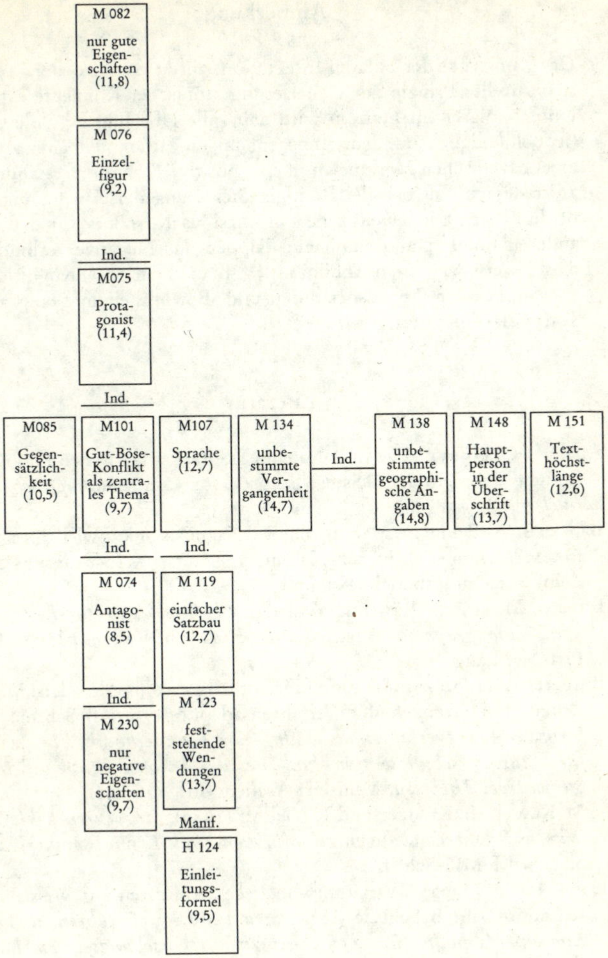

Abbildung 4: Subjektive Theorie über die literarische Form ›Märchen‹ der Gruppe A1 (nach Burgert u. a. 1989, 78); zur Erläuterung der Relationen siehe Abbildung 1.

Anmerkung

1 Das Konstrukt der polaren Integration wurde von Groeben (1981) als strukturelles Prinzip zur Generierung utopischer Konzepte expliziert. Unter ›polarer Integration‹ wird dabei die Überführung eines aktuell (jedoch lediglich akzidentell) gegenläufigen Zusammenhangs zwischen zwei psychischen Merkmalen in eine positive Relation verstanden, und zwar derart, daß bei gleichzeitiger Steigerung der Ausprägungen auf beiden Polen der jeweils eine Pol quasi als Korrektiv für den jeweils anderen fungiert und somit ein ›Kippen‹ ins Negative verhindert. In dieser Weise werden in Abbildung 3 z. B. die Konzepte ›Kognition‹ und ›Emotion‹ oder ›Lebensbejahung‹ und ›Bewußtheit in bezug auf den Tod‹ polar integriert.

Literatur

Apel, K.-O. (1965), »Die Entfaltung der ›Sprachanalytischen Philosophie‹ und das Problem der Geisteswissenschaften«, in: *Philosophisches Jahrbuch* 72, 239-285.

Ballstaedt, S.-P. und H. Mandl (1985), »Diagnosis of knowledge structures in text learning«, Universität Tübingen, Deutsches Institut für Fernstudien, Forschungsbericht Nr. 37.

Bonato, M. (1990), *Wissensstrukturierung mittels Struktur-Lege-Techniken. Eine graphentheoretische Analyse von Wissensnetzen*, Frankfurt/M.: Lang.

Burgert, M. (1992), »Indikation hinsichtlich Personmerkmalen: Möglichkeiten und Grenzen der Verfahrensadaption«, in: B. Scheele (Hg.), *Struktur-Lege-Verfahren als Dialog-Konsens-Methodik. Ein Zwischenfazit zur Forschungsentwicklung bei der rekonstruktiven Erhebung Subjektiver Theorien*, Münster: Aschendorff, 128-196.

–, M. Kavsek, B. Kreuzer und R. Viehoff (1989), *Strukturen deklarativen Wissens – Untersuchungen zu ›Märchen‹ und ›Krimi‹*, Universität-GH Siegen, LUMIS-Schrift 23.

Dann, H.-D. (1992), »Variation von Lege-Strukturen zur Wissensrepräsentation«, in: B. Scheele (Hg.), *Struktur-Lege-Verfahren als Dialog-Konsens-Methodik. Ein Zwischenfazit zur Forschungsentwicklung bei der rekonstruktiven Erhebung Subjektiver Theorien*, Münster: Aschendorff, 3-41.

Flick, U. u. a. (Hg.) (1991), *Handbuch Qualitative Sozialforschung*, München: Psychologie Verlags Union.

Groeben, N. (1980), *Rezeptionsforschung als empirische Literaturwissenschaft. Paradigma- durch Methodendiskussion an Untersuchungsbeispielen*, Tübingen: Narr.

– (1981), »Zielideen einer utopisch-moralischen Psychologie«, in: *Zeitschrift für Sozialpsychologie* 12, 104-133.
– (1986), *Handeln, Tun, Verhalten als Einheiten einer verstehend-erklärenden Psychologie*, Tübingen: Francke.
– (1988a), »Explikation des Konstrukts ›Subjektive Theorie‹«, in: ders. u. a., *Forschungsprogramm Subjektive Theorien. Eine Einführung in die Psychologie des reflexiven Subjekts*, Tübingen: Francke, 17-23.
– (1988b), »Fragen, Einwände, Antworten«, in: ders. u. a., *Forschungsprogramm Subjektive Theorien. Eine Einführung in die Psychologie des reflexiven Subjekts*, Tübingen: Francke, 206-253.
– (1991), »Veränderungsdimensionen, -notwendigkeiten und -grenzen einer Literaturwissenschaft in der ›Informationsgesellschaft‹ – in Richtung auf eine empirisch-interdisziplinäre Kulturwissenschaft«, Vortrag auf dem Symposium »Germanistik: Forschungsperspektiven 2000«, RWTH Aachen, Mai 1991.
– (1992), »Die Inhalts-Struktur-Trennung als konstantes Dialog-Konsens-Prinzip?!«, in: B. Scheele (Hg.), *Struktur-Lege-Verfahren als Dialog-Konsens-Methodik. Ein Zwischenfazit zur Forschungsentwicklung bei der rekonstruktiven Erhebung Subjektiver Theorien*, Münster: Aschendorff, 42-91.
– und M. Schreier (1992), »The hypothesis of the polyvalence convention: a systematic survey from a historical perspective«, in: *Poetics* 21, 5-32.
–, D. Wahl, J. Schlee und B. Scheele (1988), *Forschungsprogramm Subjektive Theorien. Eine Einführung in die Psychologie des reflexiven Subjekts*, Tübingen: Francke.
Habermas, J. (1968), *Erkenntnis und Interesse*, Frankfurt/M.: Suhrkamp.
Hintzenberg, D., S. J. Schmidt und R. Zobel (1980), *Zum Literaturbegriff in der Bundesrepublik Deutschland*, Braunschweig/Wiesbaden: Vieweg.
Huber, G. L. und H. Mandl (Hg.) (1982), *Verbale Daten*, Weinheim: Beltz.
Lamneck, S. (1989), *Qualitative Sozialforschung*, Bd. 2: *Methoden und Techniken*, München: Psychologie Verlags Union.
Lechler, P. (1982), »Kommunikative Validierung«, in: G. L. Huber und H. Mandl (Hg.), *Verbale Daten*, Weinheim: Beltz, 243-258.
Link, H. (1976), *Rezeptionsforschung. Eine Einführung in Methoden und Probleme*, Stuttgart: Kohlhammer.
Lisch, R. und J. Kriz (1978), *Grundlagen und Modelle der Inhaltsanalyse*, Reinbek: Rowohlt.
Merten, K. (1983), *Inhaltsanalyse. Einführung in Theorie, Methode und Praxis*, Opladen: Westdeutscher Verlag.
Rustemeyer, R. (1992), *Praktisch-methodische Einführung in die Inhaltsanalyse*, Münster: Aschendorff.
Scheele, B. (1988), »Rekonstruktionsadäquanz: Dialog-Hermeneutik«, in: N. Groeben u. a., *Forschungsprogramm Subjektive Theorien, Tübingen: Francke, 126-179.*

– *(Hg.) (1992), Struktur-Lege-Verfahren als Dialog-Konsens-Methodik. Ein Zwischenfazit zur Forschungsentwicklung bei der rekonstruktiven Erhebung Subjektiver Theorien*, Münster: Aschendorff.
– und N. Groeben (1979), »Zur Rekonstruktion von Subjektiven Theorien mittlerer Reichweite«, Bericht aus dem Psychologischen Institut, Universität Heidelberg, Diskussionspapier Nr. 18.
–/– (1984), *Die Heidelberger Struktur-Lege-Technik (SLT). Eine Dialog-Konsens-Methode zur Erhebung Subjektiver Theorien mittlerer Reichweite*, Weinheim: Beltz.
–/– (1986), »Methodological aspects of illustrating the cognitive-reflective function of aesthetic communication«, in: *Poetics* 15, 527-554.
–/– (1988), *Dialog-Konsens-Methoden zur Rekonstruktion Subjektiver Theorien*, Tübingen: Francke.
Schmidt, S. J. (1972), »Ist ›Fiktionalität‹ eine linguistische oder eine texttheoretische Kategorie?«, in: E. Gülich und W. Raible (Hg.), *Textsorten. Differenzierungskriterien aus linguistischer Sicht*, Frankfurt/M.: Athenäum, 59-71.
– (1980), *Grundriß der Empirischen Literaturwissenschaft*, Bd. 1: *Der gesellschaftliche Handlungsbereich Literatur*, Braunschweig/Wiesbaden: Vieweg.
Tergan, S. O. (1986), *Modelle der Wissensrepräsentation als Grundlage qualitativer Wissensdiagnostik*, Opladen: Westdeutscher Verlag.
Wahl, D. (1988), »Realitätsadäquanz. Falsifikationskriterium«, in: N. Groeben u. a., *Forschungsprogramm Subjektive Theorien. Eine Einführung in die Psychologie des reflexiven Subjekts*, Tübingen: Francke, 180-205.
–, J. S. Schlee, J. Krauth und J. Mureck (1983), »Naive Verhaltenstheorie von Lehrern. Abschlußbericht eines Forschungsvorhabens zur Rekonstruktion und Validierung subjektiver psychologischer Theorien«, Universität Oldenburg, Zentrum für pädagogische Berufspraxis.
Wienold, G. (1972), *Semiotik der Literatur*, Frankfurt/M.: Athenäum.
Wright, G. H. v. (1974), *Erklären und Verstehen*, Frankfurt/M.: Athenäum.

Gerard J. Steen
Lautes Denken zwischen Validität und Reliabilität

1. Lautes Denken als literaturwissenschaftliche Methode

Wenn man mit Schmidt (1980) den menschlichen Umgang mit literarischen Texten als Gegenstand der Literaturwissenschaft auffaßt, dann ist es eine zentrale Aufgabe, Untersuchungsmethoden zu entwickeln, die Zugang zu den mentalen Prozessen bieten, die diesem Umgang mit Texten zugrunde liegen. Die vier typischen Handlungsrollen, die Schmidt dabei unterscheidet – Produktion, Distribution, Rezeption und Verarbeitung –, beruhen alle auf mentalen Aktivitäten von Menschen innerhalb des Handlungssystems Literatur. Eine der Methoden, die häufig verwandt wird, gerade um Prozesse literarischer Rezeption und Verarbeitung zu untersuchen, ist die des lauten Denkens. Obwohl diese Methode nicht notwendigerweise auf die Leseforschung beschränkt zu werden braucht, werde ich in diesem Beitrag nur auf die Anwendung des lauten Denkens bei der Untersuchung der literarischen Rezeption eingehen. Ich werde mich dabei auf Fragen der Reliabilität und Validität beschränken.

Weil die Daten, die mittels lauten Denkens erhoben werden, relativ spontane und persönliche Daten sind, erwecken sie den Eindruck, eine hohe Validität zu fördern. Obwohl Validität ein Begriff aus der Testtheorie ist und lautes Denken strikt genommen kein Test, sondern eine Methode ist, kann man den Begriff ›Validität‹ dennoch benutzen, um deutlich zu machen, daß die mit dieser Methode gewonnenen Daten in enger Beziehung zu den Prozessen stehen, die gemessen werden sollen. Aber gerade aufgrund der spontanen und persönlichen Art dieser Daten ist es oft schwierig, sie ohne weiteres kontrolliert hervorzurufen und zuverlässig zu analysieren. Der Begriff der Reliabilität bezieht sich daher in diesem Zusammenhang vor allem auf die erreichbare Übereinstimmung zwischen Wissenschaftlern, die unabhängig voneinander dieselben mittels lautem Denken erhobenen Daten analysieren. Der empirische Literaturwissenschaftler muß daher zwischen den methodologischen Forderungen der Validität und der Reliabilität abwägen, wenn er oder sie beabsichtigt, die Methode des lauten Denkens für die Rezeptionsforschung einzusetzen.

Welches Niveau von Validität und Reliabilität angestrebt wird, ist stark davon abhängig, in welchem Maße die Theorie expliziert und auf welche Weise die Fragestellung operationalisiert ist: Schmidts (1980) soziologische Definition von Literatur als ästhetischem und polyvalentem Handeln mag einen Rahmen für die Rezeptionsforschung liefern, eine ausgearbeitete psychologische Theorie über das Lesen literarischer Texte ist daraus noch nicht eindeutig abzuleiten. Meutschs Versuch (1987) kann als erstes Beispiel sowohl einer kognitiven Theorie als auch einer Operationalisierung von Schmidts Vorschlag gelten; andere Möglichkeiten sind damit jedoch nicht ausgeschlossen. Ich habe selbst einen Ansatz entwickelt, der von Meutschs Theorie angeregt ist, aber schließlich ein ziemlich anderes Gesicht bekommen hat (Steen 1994). Innerhalb dieses Ansatzes war es möglich, eine Vielzahl von Prozessen des Metaphernverstehens voneinander abzugrenzen und zu untersuchen (vgl. Steen 1990). Zugleich wird an einem Analysemodell gearbeitet, mit dem Aussagen von Lesern über ihre sprachlichen Repräsentationen, ihr Text-, Situations- und Kontextmodell sowie ihre persönliche Reaktion klassifiziert werden können (vgl. Van Dijk und Kintsch 1983; Meutsch 1986). Damit sei nur gesagt, daß mit lautem Denken ermittelte Daten einen großen Reichtum an Informationen über den Leseprozeß beinhalten.

Ein anderer positiver Aspekt der Methode des lauten Denkens liegt in ihrer flexiblen Anwendbarkeit mit Blick auf die möglichen Ziele einer Untersuchung, die mit dieser Methode arbeitet. Für eine ausführliche Diskussion dieser Fragen verweise ich auf Steen (in Vorbereitung); einige Aspekte sollen hier jedoch kurz genannt werden. Einer dieser Aspekte bezieht sich auf die Tatsache, daß mittels lauten Denkens Daten erhoben werden können, um sowohl ein Gesamtbild des Rezeptionsprozesses zu erhalten als auch um ein einzelnes Element dieses Prozesses zu untersuchen. Es versteht sich von selbst, daß eine zuverlässige Analyse des Gesamtbildes viel komplexer ist als eine genaue Analyse einer ausgewählten Komponente des Leseprozesses. Ob es die Validität der

Analyse erhöht, wenn man das Gesamtbild der Rezeption in die Betrachtung einbezieht, ist daher fraglich (vgl. Steen 1991).

Ein anderer wichtiger Punkt ist das Ziel, mit der Methode des lauten Denkens Daten über die Informationen zu ermitteln, die vom Leser tatsächlich aktiviert werden, im Gegensatz zu einer Datensammlung über Informationen, die dem Rezipienten prinzipiell zugänglich sind. Im ersten Fall muß man bei der Durchführung darauf achten, daß der Rezipient nicht zuviel Freiheit hat, darauflos zu assoziieren, während man im anderen Fall den Rezipienten gerade stimulieren sollte, möglichst viele Elaborationen zu verbalisieren. Solche unterschiedlichen Zielsetzungen bestimmen, welche Protokolle, die mit der Methode des lauten Denkens ermittelt wurden, valide und zuverlässige Aussagen über den Leseprozeß stützen können.

Das führt uns zum Aspekt des Verfahrens. Die Abnahme eines Tests mit der Methode des lauten Denkens kann auf unterschiedliche Weisen kontrolliert werden. Man kann Versuchspersonen während oder gerade nach Beendigung des Leseprozesses laut denken lassen. Um einigermaßen konkrete Leseprozesse verfolgen zu können, empfiehlt es sich, das erste und nicht das zweite Verfahren anzuwenden (vgl. Meutsch und Schmidt 1985). Des weiteren kann man die lineare Seite des Leseprozesses kontrollieren, indem man den Text in Einheiten aus Sätzen oder Absätzen anbietet; man kann diesen Aspekt jedoch auch unberücksichtigt lassen, indem man dem Leser gleich den gesamten Text vorlegt. Es versteht sich, daß auch hier die erste Verfahrensweise mehr Einblick in Mikroaspekte des Leseprozesses bietet, während die zweite Verfahrensweise Daten zu Makroprozessen erbringt. Drittens kann man die Aufmerksamkeit des Lesers auf eine Reihe ausgewählter Aspekte des Textes lenken und ihn nur darüber verbalisieren lassen. Nach jeder gelesenen Einheit könnte man dem Leser zum Beispiel eine Reihe von Fragen zur Beantwortung vorlegen (vgl. Graesser 1981). Eine solche fokussierte Weise des lauten Denkens kann auch mit dem bereits genannten retrospektiven Ansatz kombiniert werden, indem man den Leser relevante Textstellen markieren und ihn später über diese Stellen laut denken läßt (Larssen und Seilman 1988). Diese Verfahrensweise kann auch mit einer Anbietung per Textsegment kombiniert werden, wobei der Forscher zunächst relevante Textsegmente auswählt, die als Stimuli für die Versuchspersonen fungieren sollen.

Diese Bemerkungen illustrieren die methodologische Vielseitigkeit des lauten Denkens. Die Spontaneität und der persönliche Charakter des lauten Denkens erweisen sich also in unterschiedlicher Weise als manipulier- und steuerbar. Damit liefert diese Methode ein flexibles Instrument, mit dem man Zugang zu bestimmten mentalen Prozessen erhalten kann, ohne den Leser allzusehr einzuengen. So hat man einen Zugang zu den verschiedenen mentalen Repräsentationen, die während des *On-line*-Leseprozesses realisiert werden. Wenden wir uns nun den Aspekten zu, die hinsichtlich Validität und Reliabilität problematischer sind.

2. Validität

In diesem Absatz will ich auf einige Probleme hinweisen, die bei künftigen Untersuchungen mit der Methode des lauten Denkens näher betrachtet werden müssen. Dabei geht es um das Verhältnis zwischen lautem Denken und drei hervorstechenden Aspekten jeglicher Leseforschung, nämlich dem Text, dem Leser und dem Lesekontext. Zu jedem dieser Aspekte sind Fragen zu stellen, die sich auf die Validität der Methode des lauten Denkens beziehen.

Welches Verhältnis besteht zwischen lautem Denken einerseits und dem Text andererseits? Bisher hat man dieser Frage wenig Aufmerksamkeit geschenkt. Die Validität des lauten Denkens als Methode kann jedoch sinnvoll zur Art des Textes in Beziehung gesetzt werden. Ich nenne ein paar Beispiele: Die Annahme, daß beim Anbieten von Texten in Satzsegmenten längere Sätze mehr mentale Prozesse erfordern als kürzere Sätze, ist eine sehr naheliegende Erwartung. Damit entsteht ein quantitativer Zusammenhang zwischen der Zahl der Worte im Stimulus und der Zahl der Worte im Respons, weil sich mehr Prozesse auch in einer größeren Zahl von Daten niederschlagen müssen. In meiner eigenen Untersuchung hat sich diese Erwartung bestätigt (Steen, in Vorbereitung). Das ist ein einfaches Beispiel für die Möglichkeit, das Verhalten der Versuchspersonen beim lauten Denken auf seine Validität zu beurteilen. Ähnliche Maßstäbe könnten entwickelt werden, indem man andere Texteigenschaften in Bezug zu erwartbaren Leseprozessen setzt. Dabei läßt sich an den Schwierigkeitsgrad von Sätzen, Passagen und Texten denken, an die Normalität der im Text abgebildeten Situation, an die Akzeptabilität der im Text ausgesprochenen Botschaft usw. Indem man die Daten, die mittels lauten Denkens erhoben wurden, mit den auf einer Textanalyse beruhenden Erwartungen vergleicht, kann eine Validierung nach verschiedenen Seiten hin vorgenommen werden.

Wenden wir uns der Rolle des Lesers zu. Obwohl die individuellen Unterschiede zwischen Lesern bei der Beurteilung von Protokollen lauten Denkens von großer Wichtigkeit sind, will ich hier ein anderes Problem in den Vordergrund stellen. Bei meiner eigenen Untersuchung ist es mir aufgefallen, daß Frauen mehr verbalisierten als Männer; eine systematische Untersuchung dieser Frage steht noch aus. Wenn diese Vermutung bestätigt werden kann, ergibt sich eine Reihe interessanter Fragen. Wenn Frauen mehr verbalisieren, ist das dann eine Reflexion einer größeren Zahl oder vielleicht sogar anderer Leseprozesse als bei Männern? Oder ist es eine Reflexion anderer Sprechstile, mit denen dieselben Leseprozesse wie bei Männern auf eine andere Weise in Worte gefaßt werden? Wie auch immer, in beiden Fällen müßte die Validierung des lauten Denkens für Männer und Frauen auf je unterschiedliche Weise geschehen. Andere Unterschiede zwischen Lesern, die sich auf Sprechstile beziehen und für die diese Überlegungen auch gelten könnten, sind Eloquenz, professionelle Vertrautheit mit lautem Formulieren usw.

Ein dritter Blickwinkel auf die Validitätsproblematik des lauten Denkens eröffnet sich durch den sozialen Kontext des Leseprozesses. Das Lesen literarischer Texte muß als solches schon als Aktivierung bestimmter Lesestrategien aufgefaßt werden, die insofern mit einem sozialen Kontext assoziiert werden, als das Wissen, daß man einen literarischen Text liest, zum Beispiel ›ästhetische‹ und ›polyvalente‹ Lesestrategien stimulieren kann. Wenn ein Forscher dann beispielsweise denselben Text als literarischen und als nicht-literarischen Text lesen läßt, um herauszufinden, ob die Metaphern in diesem Text unter den beiden Untersuchungsbedingungen von den Lesern anders behandelt werden, dann empfiehlt es sich, die durch unterschiedliche Leseinstruktionen vorgenommene Operationalisierung (des literarischen versus nicht-literarischen Lesens) folgendermaßen zu validieren. Unter der ersten Untersuchungsbedingung müßte man in den Daten des lauten Denkens viel mehr ›ästhetische‹ bzw. ›polyvalente‹ Leseprozesse reflektiert finden als unter der zweiten Lesebedingung.

Auf diese Weise könnte man durch die Analyse der Daten des lauten Denkens zeigen, daß die eine Lesebedingung tatsächlich zu einer literarischen Textverarbeitung geführt hat, die andere hingegen nicht, um damit den Hauptschlußfolgerungen der Untersuchung zum Metaphernverstehen in der Literatur mehr Validität zu geben.
Dies sind drei Ansätze für weitere Validierung der Methode des lauten Denkens in der empirischen Literaturwissenschaft. Viele Fragen, die auch in dieser Betrachtungsweise untergebracht werden können, sind hier nicht behandelt worden. So rufen zum Beispiel einfache Texte mit der Methode des lauten Denkens weniger Daten hervor als schwierige Texte, während sehr komplexe Texte wiederum andere Komplikationen wie Irritation, Verwirrung oder Scham verursachen können. Müssen diese Texttypen deswegen für die Methode des lauten Denkens abgeschrieben werden, oder können auch hier entsprechende Anpassungen im Untersuchungsverfahren vorgenommen werden? Ich meine, daß mit entsprechendem Einfallsreichtum viel erreicht werden kann, daß jedoch vergleichende Kontrollstudien mit anderen Methoden den Wert des lauten Denkens über Literatur erhellen müssen.

3. Reliabilität

Auch in bezug auf die Reliabilität möchte ich anhand der Beziehung zwischen lautem Denken, Text und Lesekontext eine Reihe von Aspekten besprechen – den Leser lasse ich hier aus Platzgründen unberücksichtigt. Zunächst der Text: Hier ergibt sich im Rahmen der Theorie Schmidts sofort ein Problem, weil innerhalb dieser Theorie von einer ambivalenten Haltung dem Text gegenüber ausgegangen wird. Meutsch (1989, 51) formuliert diese Auffassung besonders prägnant: »reading does not imply a material processing of text, it does not imply the perception of text«. Bei diesem Ansatz kommt der Text ziemlich schlecht davon, was in der experimentellen Psychologie bei sorgfältiger Betrachtung des experimentellen Materials nicht zu geschehen braucht.
Meiner Auffassung nach muß der Text gerade als eine Art Maßstab für die Inhaltsanalyse der mit lautem Denken ermittelten Daten fungieren. Wenn man wissen will, ob Leser einen Text richtig gelesen haben, dann wird man beispielsweise die während des

lauten Denkens vorgelesenen Sätze mit dem Text vergleichen müssen. Dieser Punkt spielt eine Rolle, wenn man die sprachlichen Repräsentationen erforschen will, die Leser während des Lesens schwieriger Texte konstruieren. Dies gilt jedoch auch für andere mentale Modelle innerhalb des Leseprozesses: Eine Inhaltsanalyse des Stimulustextes wird zeigen müssen, welche Situations- und Kontextmodelle aus den mittels lautem Denken erhobenen Daten mit dem gelesenen Text kompatibel sind, damit die Unterschiede zwischen Versuchspersonen in diesem Punkt eines Textes festgestellt werden können. Damit wird der Text zu einer Norm für die Analyse der Protokolle. Je größere analytische Klarheit man in dieser Hinsicht über das Verhältnis zwischen dem Text und den Daten des lauten Denkens hat, desto zuverlässiger ist die Analyse dieser Daten.

Wenden wir uns dem Verhältnis zwischen Lesekontext und lautem Denken unter dem Aspekt der Reliabilität zu. Wenn Protokolle lauten Denkens auf ihren literarischen Gehalt analysiert werden sollen, kann man dafür verschiedene Kriterien entwickeln. In meiner eigenen Untersuchung schlage ich vor, die Daten lauten Denkens als subjektiv bzw. nicht-subjektiv und als polyvalent bzw. nicht-polyvalent zu kodieren (Steen 1994).

Beide Kriterien können aus den Konventionen Schmidts (1980) als Signale literarischen Lesens abgeleitet werden. Auch hierbei wird jedoch der Text als Maßstab fungieren müssen, um feststellen zu können, welche Leserreaktionen als subjektiv und welche als intersubjektiv, welche als polyvalent und welche als monovalent kodiert werden müssen. Bei meiner Untersuchung hat sich gezeigt, daß es sehr schwierig ist, beim Kodieren der Daten anhand dieser beiden Kriterien eine ausreichende Reliabilität zu erreichen.[1] Es scheint jedoch keine andere Möglichkeit als die eines inhaltsanalytischen Vergleichs zwischen dem Text und dem Protokoll des lauten Denkens zu geben, wenn man den Reichtum der mühsam erhobenen Daten des lauten Denkens nicht vernachlässigen will. In dieser Hinsicht betrachte ich die Entscheidung Meutschs (1989) als eine weniger gute Alternative: Er analysiert die Protokolle nach den ihnen eigenen grammatischen Merkmalen, um daraus eine Klassifiktion zu erstellen, die vom Stimulustext unabhängig ist, da er den Stimulustext nicht als Norm benutzen will. Erstens erscheint das als eine methodologische Inkonsistenz, weil eine Inhaltsanalyse der verbalen Protokolle nichts wesentlich anderes ist als eine Inhaltsanalyse des experimentellen Stimulustexts. Warum sollte man diese Protokolle dann nicht mit dem Text vergleichen? Zweitens beruht der Zweck dieser Analyse notgedrungen auf einer sehr komplexen, meines Erachtens nicht völlig begründbaren Theorie zum Wesen der Protokolle lauten Denkens im Rahmen literarischen Lesens, weil man davon absehen muß, dem Text in diesem Ganzen eine wichtige Rolle zu geben. Dies scheint kontraintuitiv und kontraproduktiv zu sein. Obwohl Meutsch auf einen hohen Reliabilitätskoeffizienten kommt, scheint die Validität seiner Untersuchung hierdurch verringert zu sein.

4. Schlußfolgerung

Lautes Denken ist eine interessante Methode, die auf unterschiedliche Weise eingesetzt werden kann, um eine Vielzahl von Problemen, die mit dem Prozeß des Lesens zusammenhängen, zu untersuchen. In Zukunft wird man der Validierung bestimmter Aspekte bei der Anwendung dieser Methode mehr Aufmerksamkeit schenken müssen. Was die Reliabilität der Analyse von Daten lauten Denkens betrifft, ergeben sich dieselben Probleme wie bei jeder anderen Inhaltsanalyse. Wenn die Methode des lauten Denkens häufiger benutzt wird, können hoffentlich auch zuverlässige Analysemodelle entwickelt werden.

Übersetzt von Bärbel Dorweiler

Anmerkung

1 Diese Untersuchung wird gemeinsam mit Dick Schram ausgeführt; vgl. Schram und Steen (1992).

Literatur

Graesser, Arthur C. (1981), *Prose Comprehension Beyond the Word*, New York: Springer Verlag.

Larsen, Steen F. und Uffe Seilman (1988), »Personal Remindings while Reading Literature«, in: *Text* 8, 411-429.

Meutsch, Dietrich (1986), »Mental Models in Literary Discourse«, in: *Poetics* 15, 307-331.
– (1987), *Literatur Verstehen. Eine empirische Studie*, Braunschweig/Wiesbaden: Vieweg.
– (1989), »How To Do Thoughts With Words II: Degrees of Explicitness in Think-aloud during the Comprehension of Literary and Expository Texts with Different Types of Readers«, in: *Poetics* 18, 45-71.
– und Siegfried J. Schmidt (1985), »On the Role of Conventions in Understanding Literary Texts«, in: *Poetics* 14, 551-574.
Schmidt, Siegfried J. (1980), *Grundriß der Empirischen Literaturwissenschaft*, Bd. 1: *Der gesellschaftliche Handlungsbereich Literatur*, Braunschweig/Wiesbaden: Vieweg.
Schram, Dick H. und Gerard J. Steen (1992), »Conventions and Reading«, Vortrag, gehalten auf der Dritten IGEL-Konferenz, Memphis, USA.
Steen, Gerard J. (1990), »Thinking Aloud About Metaphor in Literature: Considerations of Method«, in: SPIEL 9, 295-322.
– (1991), »The Empirical Study of Literary Reading: Methods of Data Collection«, in: *Poetics* 20, 559-575.
– (1994), *Understanding Metaphor in Literature*, London: Longman.
Van Dijk, Teun A. und Walter Kintsch (1983), *Strategies of Discourse Comprehension*, New York: Academic Press.

Robert Hogenraad

Über den Versuch, das Leben der Wörter zu messen

Inhaltsanalytische Verfahren und Literatur

1. Die Wirklichkeit und ihre Literatur

In einem bestimmten Sinn kann man sagen, daß Weltpolitik und Literatur etwas gemeinsam haben. Seit langem schon versuchen nämlich Politik und die Medien uns klarzumachen, daß die Welt in zwei unterschiedliche, gegensätzliche Blöcke eingeteilt ist: Während es von dem einen heißt, daß man ganz gut in ihm leben könne, heißt es von dem anderen, es sei in ihm weniger komfortabel. Wenn man länger als ein halbes Jahrhundert mit einer solchen Vorstellung durchs Leben gelaufen ist, kann einen so etwas dazu bringen, wirklich daran zu glauben – als an eine Realität. Einen solchen Vorgang nennt man »Reifikation«. Durch ihn wird einer abstrakten Idee Substanz gegeben, indem man so tut, als ob es eine intellektuelle Bewegung von einer Beobachtung von Fakten zu einer Theorie über diese Fakten gäbe. Das Resultat solcher Prozesse ist, daß jeder einzelne eine Art Scheuklappensicht von der Welt hat. Wenn das stimmt, dann ist es auch wahrscheinlich, daß jedes wiederholte »Lesen« der Welt immer die gleiche Wirkung hat: nämlich das vorhergehende »Lesen« zu bestätigen.

Eine solche *zentristische* Konzeption hat Forschung und Lehre der Literaturwissenschaft geprägt. Tatsächlich bringt man uns da bei, die Bedeutung von Texten so zu entfalten, als ob es nur eine einzige richtige geben würde, alles andere sei als Geschrei und Lappalie zu vergessen. Diese zentristische Konzeption der Literaturwissenschaft geht allerdings mit dem permanenten, geradezu paranoiden Verdacht zusammen, daß es vielleicht doch noch andere Textbedeutungen geben könnte.

An sich ist ein solcher Zentrismus (als eine Kraft, die Dinge konsistent zusammenführt) der natürliche Grund und Boden des wissenschaftlichen Betriebs, in den Geisteswissenschaften wie sonst auch. Es ist jedoch bekanntlich so, daß die Welt, in der wir leben, sich andauernd verändert. Solche Veränderungen haben uns vor Augen geführt, wie kompliziert alle »Fakten« sind, wie vielschichtig, fremdartig, und wie schwer in einem zusammenhängenden Bild zu fassen sie sind, wenn man sich erst einmal außerhalb des Gebietes des »Wissens an sich«, der »reinen Wissenschaft« befindet. Wenn die Geistes- und Sozialwissenschaften mit ihrem Verständnis diesen Veränderungen nicht dauernd hinterherlaufen wollen, die sie beschreiben, wenn nicht erklären müssen, dann besteht das Problem darin, Theorien und Methoden zu finden, die mit solchen heterogenen dynamischen Zusammenhängen fertig werden (können).

Die Parallele zwischen dem Wissen über die große weite Welt und über die Literatur könnte bis in die kleinsten Details verfolgt werden. Was zählt und was man dabei auf keinen Fall übersehen darf, ist aber die Beobachtung, daß das Wissen über die Welt und die Literatur uns nur im gleichen Medium zugänglich ist. Deshalb kann man, um zum entscheidenden Punkt zu kommen, die Differenz zwischen Wirklichkeit und Literatur nach all dem nur darin finden, daß der letzteren – nämlich der Literatur – die wirklichen »Referenten« abhanden gekommen sind (Jucquois 1986).

Und zu guter Letzt noch etwas: die Parallele betont natürlich zugleich die grundlegende Natur beider Bereiche – Welt und Literatur –, d. h. daß sie von einer nicht-reduzierbaren Komplexität sind.

Um auf das Eingangsbeispiel zurückzukommen: Was die westliche Welt gerade jetzt braucht, sind Theorien und Modelle, die aller Voraussicht nach dichte Beschreibungen schwieriger, sich verändernder Datenzusammenhänge liefern, ohne zugleich deren grundlegende Komplexität aufzulösen und ohne zugleich deren Weltbezug zum Verschwinden zu bringen. Allerdings, bis jetzt haben die Geistes- und Sozialwissenschaften vor allem ihre intellektuelle Unfähigkeit inszeniert, mit komplexen Zusammenhängen umzugehen, literarischen oder anderen, ohne sie aufzuheben, einmal abgesehen davon, daß sie sich auch nur widerstrebend mit solchen Dingen befassen (Deese 1985). Man muß eigentlich eingestehen, daß die systematische Kontrolle komplexer verbaler Daten – literarischer, aber auch politischer oder wirtschaftlicher – nie richtig auf der Agenda der Sozialwissenschaften gestanden hat.

Im besten Fall kann man sagen, daß einiges von dem hier Gemeinten von den sogenannten Geisteswissenschaften aufgegriffen worden ist. Bevor das aber geschehen ist, wurde Literaturwissenschaft selten um ihrer selbst willen betrieben, sondern eher etwa als Anhängsel der Pädagogik. Was wichtig genug ist, und es gibt Belege dafür – auf die wir etwas später noch eingehen –, inhaltsbezogene Verfahren können komplexe literarische Daten so zusammenfügen, daß Leser bessere Leser werden. Aber dann werden solche Verfahren wie zum Beispiel das der kategoriengestützten Inhaltsanalyse (die wir später beschreiben werden) desavouiert durch das mißverständliche Argument, daß es »so viele natürliche Ordnungen gibt wie es Dinge gibt, über die man reden kann« (Levelt 1981, 93). Mit einem Schlag wäre dann die Inhaltsanalyse insgesamt abserviert und in den Sumpf zurückgestoßen, aus dem sie – wie dieser Hinweis nahezulegen scheint – auch gekommen ist. Aber das Argument platzt wie eine Seifenblase, wenn man bloß einwirft, daß man eben nicht über alle (Dinge und) Ordnungen gleich gut reden kann. Aber alle Ordnungen, natürliche und andere, können in hierarchische Strukturen überführt und dann in inhaltsanalytische Wörterbücher übertragen werden, die darauf abgestellt sind, riesige Mengen von Informationen zu bewegen und zusammenzufügen.

2. Inhaltsanalyse als Hilfsmittel der Sprache

Es gibt im Grunde nur wenige Schwierigkeiten bei der Inhaltsanalyse, und die sind, manchmal mit mehr oder weniger neuen Details, seit langem bekannt. Das gilt aber nur unter dem Vorbehalt einer Ergänzung zu diesem *state of the art*: man könnte auch sagen, daß Inhaltsanalyse an sich in vergangenen oder gegenwärtigen soziologischen wie psychologischen Theorien keinen festen oder nur einen sehr geringen Platz einnimmt (vgl. Viehoff 1983).
In diesem Abschnitt kommt in aller Kürze Bachtins (1981) dialogische Theorie der Literatur zu Wort, jedenfalls im Hinblick auf die Aspekte, die helfen können, eine Modellbildung für die Inhaltsanalyse, die im nächsten Abschnitt dargestellt wird, voranzutreiben. Ebenso wie dieses Modell der Inhaltsanalyse rührt Bachtins dialogische Theorie typischerweise von einem literarischen Konzept her, das so gut wie keine Verbindung zu den Sozialwissenschaften hat. Bachtin ist der Theoretiker, der vorgeschlagen hat, als Kriterium der Differenz unterschiedlichster Ar-

ten von Literatur – und zwar von der Antike bis zur Gegenwart – die Anzahl der Veränderungen zu bestimmen, die zwischen dem Anfang einer Erzählung und ihrem Ende stattfinden.
Das wirklich Interessante an diesem Vorschlag ist, welche Folgen er praktisch hat, und wie erfolgreich Bachtin selbst dabei gewesen ist, seinen Vorschlag in einem konsequenten Sinne zu etablieren und wirklich durchzusetzen. Immerhin, bisher hatte noch niemand versucht, einen Roman nach den Veränderungen zu charakterisieren, die sich zwischen Anfang und Ende ereignen. In der Tat ist es ja so, daß – wie Bachtin uns in Erinnerung ruft – im griechischen Drama der Held das einzige Ziel hat, seine Identität als rein private Person zu finden und zu bewahren, ein Unterfangen, das seiner Natur nach schon keine großen Entwicklungen zuläßt. Im Gegensatz dazu zeigen moderne Romane einen viel größeren Anteil von Veränderungen – so etwas wie eine Verwandlung, die teilweise von einer Art Verbindungsagenten hergestellt wird (dem »Charakter«), der jederzeit den Helden sowohl in seinem privaten Bereich als auch als öffentliche Figur repräsentiert.
Diese Beobachtung führt auf kurzem Weg zu der weiteren Einsicht, daß es Repräsentation nur geben kann, wenn es einen Unterschied gibt zwischen individueller und geschichtlicher Zeit. Autobiographien oder Lebensbeschreibungen zum Beispiel, durch die private Ereignisse einem allgemeinen Publikum bekannt gemacht werden, sind nicht begreifbar ohne eine gemeinsame Ebene, auf der sie repräsentiert werden können; das muß auch so sein, denn sein eigenes Leben zu beschreiben schließt ja notwendig ein, sich selbst von außen zu betrachten.[1] Seit Jahrhunderten sind individuelle Ereignisse durch solche Übertragungen öffentlich repräsentierbar gemacht worden, und zwar von einer Vielzahl unterschiedlicher Menschen: Dienern[2], Prostituierten, Romanciers und Biographen[3], Kriminellen – die irgendwie auch einen privaten Akt öffentlich machen –, Ärzten und Psychologen.
Unterschiedliche Sprachspiele, um damit wieder den Faden vom Beginn dieses Abschnittes aufzunehmen, beziehen sich hier auf die unterschiedlichen Stile, die gemeinsam in ein und derselben Erzählung vorkommen und sich gegenseitig interpretieren. Eine solche Ungleichartigkeit ist verursacht durch notwendige, wenn auch häufig nur implizit anwesende Charaktere oder Figuren, die sich die Verantwortung für die Entwicklungen in modernen Erzählungen teilen. Als eine Folge dieser hier knapp angedeuteten

literarischen Entwicklung geht der Trend in modernen Erzählungen dahin, immer mehr Ungleichartigkeiten zu erzeugen. Also: die Haupttendenz geht in alle möglichen unterschiedlichen Richtungen, nur nicht in Richtung einer stärkeren Linearität der Erzählungen. Für unsere Zwecke hier muß man sagen, daß dieser Trend – und die eingeschlossenen Variationen – mit so vielen interessanten Details versehen ist, daß es keine Frage ist, wo wir Prioritäten auf unserer Forschungslandkarte einzutragen haben.
Inhaltsbezogene Verfahren, meistens bekannt als »Inhaltsanalyse«, machen es möglich, die in vielschichtigen Daten enthaltenen Informationen zu extrahieren, zu analysieren und zu synthetisieren. In erster Linie hat Inhaltsanalyse das Ziel, solche vielschichtigen Daten quasi zusammenzupressen; ein solches »Verdichten« wird erreicht durch Verfahrensschritte wie Lemmatisierung, Bildung von Wörterbüchern und statistische Reduktion lemmatisierter Wörterbuchverarbeitungen. In diesem Sinne kann die Inhaltsanalyse die gesamte vielstimmige Bandbreite literarischer Erzählungen bearbeiten. Tatsächlich haben inhaltsanalytische Verfahren dazu die Möglichkeit, und noch einige andere, um in solchen Erzählungen die verschiedenartigsten Spuren bestimmter Bedeutungen oder Themen aufzudecken, die selbst von den penibelsten Literaturkritikern nur mit äußerster Mühe einzugrenzen wären. Das ist deshalb so, weil die Inhaltsanalyse als eine Technik des »Verdichtens« aus der Vielschichtigkeit verschiedener Sprachspiele »einsinnige« Informationen herausziehen kann (zum Nutzen des potentiellen Lesers).[4] Darüber jetzt im folgenden mehr.

3. Inhaltsanalyse zwischen Mythen und Meistern

Wie weit auch immer wir, wenn wir einen Text vor uns haben, in seine Rezeptionsgeschichte zurückschauen, immer wieder stellen wir fest, daß zwei mögliche Einstellungen zu finden sind. Entweder wird der Text akzeptiert und kommentiert, so wie er ist, ohne irgendwelche Veränderungen, oder man bringt dem Text eine Art Mißtrauen entgegen und begegnet ihm mit dem Verdacht, er *meine* etwas anderes als er *sage* (Norris 1987; Hogenraad 1990).
Die christliche Tradition der Texthermeneutik, im besonderen die Begegnung mit der »Heiligen Schrift«, ist geradezu gekennzeich-

net durch eine solche Tradition des Mißtrauens und des Verdächtigens. Diese Verdächtigungen drücken sich – zum Beispiel – aus in Fragen, die den Wahrheitsgehalt eines Textes betreffen, wie etwa: »Was garantiert uns, daß dieser Text die Wahrheit sagt?« Im Gegensatz dazu haben wir eine jüdische Tradition, die darin besteht, den Text immer wieder zu kommentieren, im besonderen die heiligen Texte, aber ohne sie irgendwie zu verändern. Ein solcher Kommentar hat häufig sogar einen Wert an sich, etwa wenn er sich auf den Talmud bezieht.

Der christlichen Tradition, der Wahrheit eines Textes zu mißtrauen, entspricht, wenn auch nicht völlig, eine inhaltsanalytische Strategie, die folgendermaßen vorgeht: Mit Hilfe eines »Wörterbuches« will man den Text dazu zwingen, seine »Geheimnisse« zu verraten, wobei das Wörterbuch als ein Instrument angesehen wird, das irgendwo zwischen dem Text und dem Leser bzw. Analysator anzusiedeln ist. Zu dieser Art Strategie gehören solche Programme wie der »General Inquirer« (Stone/Dunphy/Smith/Ogilvie 1966), Martindales COUNT (1975, 1990), das Inhaltsanalyseprogramm TEXTPACK V von ZUMA (Mohler/Zuell 1990), INTEXT von Klein (Klein 1991) oder PROTAN (Hogenraad, Daubies und Bestgen 1991): All diese genannten Systeme und Programme plazieren zwischen Text und Analysator ein Wörterbuch.

Zur jüdischen Tradition des Textkommentierens passen eher, aber natürlich nicht hundertprozentig, solche inhaltsanalytischen Strategien, die darauf zielen, die Bedeutung zu entschleiern, die in den Text eingehüllt ist, ohne dabei seine Oberflächenstruktur zu verletzen: das soll erreicht werden, indem nach empirischen Zusammenhängen zwischen den Wörtern des Textes gesucht wird. Jede Textanalyse, so muß man im Prinzip sagen, die die Berührungspunkte der Wörter eines Textes herauszufinden sucht, ist eine inhaltsanalytische empirische Strategie. Der Prototyp für diese Art von Inhaltsanalyse ist ohne Zweifel Ikers WORDS-System (Iker und Klein 1974); aber zumindest eine Strategie zur Analyse solcher Berührungspunkte zwischen den Wörtern eines Textes gibt es auch im PROTAN-Programm (vgl. Hogenraad, Daubies und Bestgen 1991).

Diese beiden unterschiedlichen inhaltsanalytischen Modelle sind praktisch auf den Punkt gebracht im Titel von Derridas Essay »Kraft und Bedeutung« (Derrida 1972): Wörterbücher, die ja immer Regeln über den Einschluß und Ausschluß von Wörtern enthalten müssen, kommen nicht ohne ein bestimmtes Maß an Vergewaltigung der Wörter aus, wie schon Foucault (1972) in seiner *Ordnung des Diskurses* gezeigt hat (vgl. auch Reiss 1971). Zusammengenommen bilden aber die beiden inhaltsanalytischen Strategien eine Art »Doppelpack«-Programm, das durchaus genügend Freiräume bietet, um die assoziativen Strukturen jeder Art literarischer Kommunikation zu rekonstruieren und die jeweiligen Erzählstrategien aufzudecken. Diese beiden Strategien machen den Kern der Inhaltsanalyse aus; sie korrespondieren zudem der Thema/Bedeutungs-Unterscheidung in der Sprachphilosophie, einer Unterscheidung, nach der die linguistische Signifikanz (im Sinne von Vološinov 1929/1973) nach einem vergänglichen (Thema-) und einem feststehenden (Bedeutungs-)Anteil aufgegliedert wird.

4. Sprachspiel und Inhaltsanalyse

Bevor wir uns den Besonderheiten jeder der beiden Strategien noch näher zuwenden, sind ein paar Worte zu den allgemeinen Verfahrensschritten der Inhaltsanalyse sinnvoll. Ein Text soll, das ist das letzte und eigentliche Ziel jeder quantitativen Untersuchung, in eine Matrix von Variablen und Beobachtungen überführt werden können. Variablen bestehen aus Wörtern oder Kategorien (für Wörter), und mit Beobachtungen meint man jedes Auftreten einer Variable in einer Zelle der Matrix (in der Häufigkeit oder auch bloß im Hinblick auf »kommt vor/kommt nicht vor«). – Unter diesem Blickwinkel unterscheiden sich die beiden Strategien der Inhaltsanalyse übrigens lediglich durch das, was sie jeweils als Variable definieren.

Bevor man das alles zuordnen und abzählen kann, muß man den Text jedoch »verdichten« oder kondensieren. Es gibt die unterschiedlichsten Datenkomprimierungsverfahren, um die Daten zu vereinfachen, aber normalerweise muß man diese Techniken nicht alle bei einer bestimmten Datenlage einsetzen. »Stripping«, das Lemmatisieren und Ersetzen funktionaler Wörter, ist eine dieser Arten der Datenkomprimierung. Üblicherweise kann man journalistische Daten – also Daten aus Zeitungen, Radio, Fernsehen – durch diese Technik um 20 Prozent ihres ursprünglichen Umfangs reduzieren (was bedeutet, daß von 2000 unterschiedlichen Wörtern nach dem »stripping« 1600 übrigbleiben). Wörterbücher haben einen weiteren Komprimierungseffekt. Bei ihnen werden nur solche Wörter weiterhin bearbeitet, die in irgendeine definierte Kategorie des Wörterbuches fallen. Und schließlich überführt die statistische Manipulation der Daten, d. h. hier der Wortvariablen oder der Kategorien, die Matritzen aus Variablen und Beobachtungen in Mittelwerte, Prognosewerte oder Faktoren.

Natürlich ist es so, daß – selbst wenn die Inhaltsanalyse ohne Rücksicht auf die jeweilige »Natur« des Textes angewendet wird – die Ergebnisse einer jeweils angewandten inhaltsanalytischen Strategie den Analysator nachdrücklicher verblüffen können, als wenn er keine Analyse vorgenommen hätte. Mit anderen Worten: Die blinde Anwendung solcher Techniken und Verfahren führt in Sackgassen, was vielleicht hauptsächlich der Grund dafür ist, daß die Inhaltsanalyse in der Vergangenheit einen eher schlechten Ruf hatte. Wörterbuchgestützte Kategorien leisten nichts anderes als das, was eine natürliche Logik auch kann: sie schließen ein oder schließen aus (Axelos 1977). In der kategorialen Inhaltsanalyse ist eine Kategorie eben nicht mehr und nicht weniger als eine Anordnung von Zeichen zur Ordnung und Klassifikation von Wörtern eines Textes. Ein solches Wörterbuch soll im folgenden Abschnitt kurz vorgestellt werden. Im Gegensatz dazu bestehen jedoch die »Seele« und das eigentliche Wesen der empirischen Inhaltsanalyse nicht aus solchen Mißgriffen, sondern daraus, einen Text mit seinen eigenen Begriffen zu analysieren, und zwar zu dem einzigen Zweck, jene Struktur von Zusammenhangsereignissen aufzugreifen und zu *begreifen*, in denen die *Themen* eines Textes sich ja voraussetzungsgemäß »eingenistet« haben.

Der Einsatz jeder inhaltsanalytischen Strategie muß jedoch das grundsätzliche Ungleichgewicht zwischen Text (bzw. Autor) und Inhaltsanalyse (bzw. Leser) in Rechnung stellen. Jedes vernünftige Verständnis wird letzten Endes verhindert, wenn der Analysator (bzw. der Leser) den Kontext des in Frage stehenden Textes wenig oder überhaupt nicht kontrolliert. Wenn das passiert, dann hat der Analysator keine Ahnung davon, wie weit er von den Standards des Autors jeweils entfernt ist. Wörterbücher können in einem solchen Fall lediglich die Aufgabe erfüllen, den Text zu lesen und daraus dann alle wofür auch immer nützlichen Informationen herauszufiltern. Wenn man schließlich ein bißchen mehr verallgemeinert, um eine grundsätzliche Regel für die Durchführung einer Inhaltsanalyse – oder einer psychoanalytischen Sitzung (Spence 1982, 99) – aufzustellen, dann lautet die heuristische Formel: die Analyse muß um so stärker strukturiert sein, je weniger Struktur der Text aufweist.

5. Die vielen Stimmen in Claude Simons *La Route des Flandres*[5]

Die eingangs erwähnte Entwicklung der modernen Erzählung kann anhand einleuchtender und passender Exempel aus dem *nouveau roman* illustriert werden. Ein Roman des französischen Autors Claude Simon, *La Route des Flandres*, wurde im Sinne der beiden oben beschriebenen inhaltsanalytischen Strategien analysiert. Der Roman entwickelt sich in der Art eines berichteten Monologs, der zugleich die Geschichte einer Obsession erzählt. Der Monolog ist an einen Erzähler gebunden, dessen Identität unklar bleibt und der sich die Ereignisse vergegenwärtigt, die ihm und seinen Kameraden, einer Gruppe von französischen Soldaten, zu Beginn des Zweiten Weltkriegs widerfahren sind.

Was diese Gruppe zusammenhält und verbindet – und was zu immer wieder neuen Beschreibungsversuchen führt –, ist der Tod ihres Hauptmanns, ist die Frage nach dem Grund seines Verhaltens, und ist schließlich die Art seines Todes. Jeder aus der Gruppe liefert einige Erklärungen aus seiner Sicht, sagt, was er weiß oder was er zu wissen glaubt oder was er zu wissen sich nur einbildet. Insgesamt kommt einem der Roman deshalb vor wie eine Choreographie von Worten, in der die Erzählung ein und desselben Sachverhalts unablässig zurechtgerückt und immer wieder neu entworfen wird, ähnlich einem »work in progress«, so wie wir über Tage hinweg immer wieder bestimmte Dinge in einer Art Selbstgespräch im Kopf hin- und herschieben und neu ordnen können: jeder Versuch, sie ein für allemal zu lösen, ist zum Scheitern verurteilt.

Das Textkorpus des Romans besteht aus 89990 Wörtern (oder 11545 verschiedenen Wörtern)[6]; es ist in drei Abschnitte von jeweils 27816, 44460 und 17714 Wörtern aufgeteilt. Der erste notwendige Arbeitsschritt ist nun, dieses Textkorpus sozusagen

gewaltsam in das Korsett eines »Wörterbuchs« zu stecken, und zwar hier in die französische Version (Hogenraad und Orianne 1986) von Martindales »Regressive Imagery Dictionary« (Martindale 1975).[7]
Dieses Wörterbuch ist entwickelt worden, um die traumähnlichen Komponenten eines Textes, aber auch um dessen symbolische, abstrakte und logische Dimension zu bestimmen. Es scheint ja in der Tat eine grundlegende Unterscheidung notwendig zu sein, um menschliche Handlungen in zwei Sphären einzuteilen: die eine ist durch semantisch aufgeladene Handlungen bestimmt, die andere durch Handlungen, die das nicht sind. Sex, Selbsterhaltung, Essen, das Standhalten in der Welt mit ihren Elementen (Feuer, Wasser usw.) muß man im Grunde kaum erlernen; aber andere, mehr symbolische Handlungen, zum Beispiel das Einhalten der Straßenverkehrsregeln, erfordern (mehr) soziales Lernen. Konzepte, die sich auf Handlungen dieser ersten »primären« oder »konkreten« Handlungssphäre beziehen, werden bei diesem Wörterbuch in 29 Kategorien erfaßt und als »primordial thinking« bezeichnet (sie betreffen 2019 Wörter und Wortstämme in der französischen Version); Konzepte, die sich auf die zweite, semantisch vermittelte und eher »abstrakte« Handlungssphäre beziehen und auf deren symbolische Qualität, gliedern sich in 7 Kategorien des sogenannten »conceptual thinking« (das sind 745 Wörter und Wortstämme in der französischen Version). In jeder dieser Dimensionen sind die Kategorien noch hierarchisch geordnet. Soviel in aller Kürze zu den theoretischen Hintergrundannahmen dieses Wörterbuchs von Martindale (vgl. auch Martindale, in diesem Band).
In *La Route des Flandres* können mit dem »Regressive Imagery Dictionary« auf der »konkreten« Handlungsebene 9360 und auf der »abstrakten« 5528 Wörter identifiziert und sortiert werden, das ist immerhin fast ein Sechstel des Gesamtkorpus. Dieses Ergebnis ist in Schaubild 1 dargestellt, wobei die vertikalen Linien die Dreiteilung des Gesamtkorpus anzeigen.
Der korrelative Zusammenhang zwischen den erhobenen und den wahrscheinlichkeitstheoretisch vorhersagbaren Werten des »vorbewußten« und des »abstrakten« Denkens im Text beträgt .53[8], was einer hohen Signifikanz bei N = 452 Beobachtungseinheiten entspricht. (Eine Beobachtungseinheit entspricht einem Segment von 200 Wörtern, das Textkorpus ist also insgesamt in 452 solcher Segmente unterteilt.)

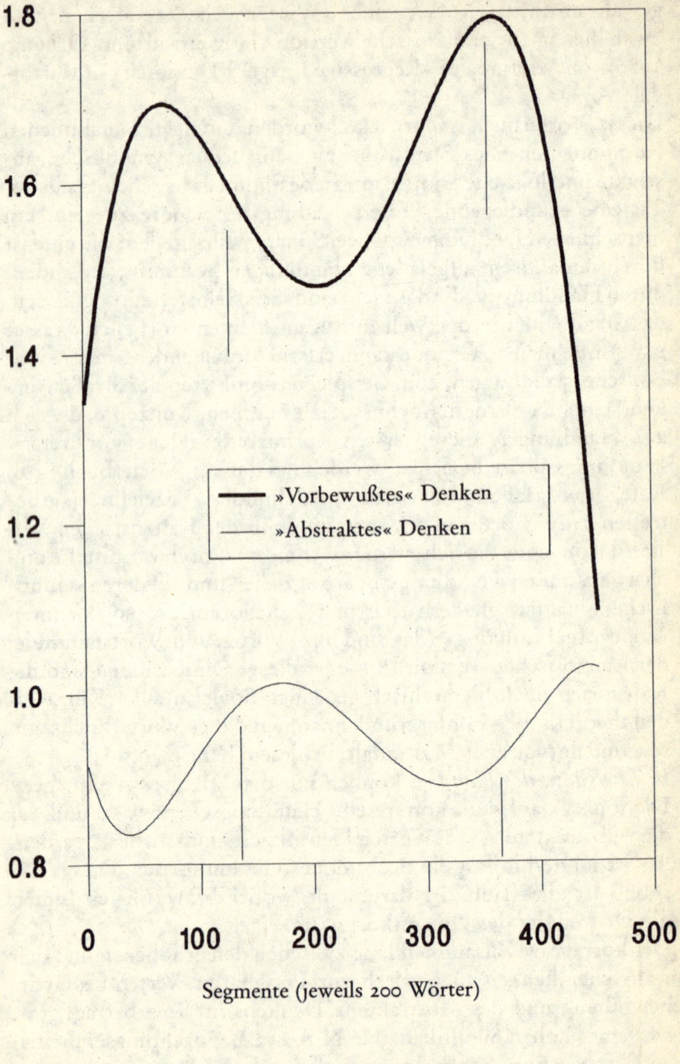

Schaubild 1: La Route des Flandres: »Vorbewußtes« und »abstraktes« Denken (vorhergesagte Werte)

Ein geübtes Auge erkennt bei Betrachtung des Schaubildes natürlich sofort, daß hier eine typische »Night-journey«-Erzählung vorliegt, d.h. eine invertierte U-Kurve[9] beim »konkreten« Denken, die man so auch in Dantes *Göttlicher Komödie*, im sechsten Buch von Vergils *Aeneis* und übrigens auch in Protokollen von längeren inneren Monologen und Selbstgesprächen findet (vgl. Hogenraad und Orianne 1986). Solche psychologischen Prozesse bezeichnet Kris (1952, 177) als »Regression im Dienste des Ich«. Mit ihrer Hilfe versuchen wir oft Situationen durch den Rückzug auf grundlegende Aspekte des Lebens und des Menschseins zu bewältigen; Aspekte, die wir durch die andauernde Überfütterung mit symbolischen und kulturellen Angeboten aus den »alltäglichen« Augen verloren haben.

In diesem Sinne erzählt der Roman von Claude Simon, wie vier vergeblich sich mühende Soldaten die Frage nach dem Sinn stellen und versuchen, dabei alle lästigen Hindernisse aus dem Weg zu räumen, wodurch diese Sinnfrage selbst als Moment ihres Bewußtseins dargestellt wird.

Literaturkritiker mögen nun einwerfen, warum denn wohl der Roman ausdrücklich in Form eines »wirklichen« inneren Monologs geschrieben ist, durch den die Vergangenheit aufgearbeitet werden soll (vgl. Roubichou 1976, 35), aber damit müssen wir uns nicht unbedingt beschäftigen. Wir können nämlich ganz sicher sein, daß – wenn es sich um einen »wirklichen« inneren Monolog handeln würde – eine Inhaltsanalyse auf der Basis einer Wort-zu-Wort-Korrelation blanken Blödsinn erbracht hätte. Das ist aber nicht der Fall.

In einem zweiten systematischen Arbeitsschritt ist das Textkorpus des Romans in 90 Segmente mit jeweils 1000 Wörtern eingeteilt worden. Auf dieser Basis konnten insgesamt 90 assoziationsreiche Wörter für Korrelations- und Faktoranalysen herausgefiltert werden, wobei das letztere Verfahren zur Extraktion von drei sinnvollen Faktoren mit bemerkenswert hoher Ladung führte (7,2, 6,8 und 6,5 Prozent der Varianz).[10] Wenn wir nicht einen erzählten inneren Monolog, sondern einen wirklichen, im Laboratorium aufgezeichneten Monolog vor uns gehabt hätten (vgl. Hogenraad und Orianne 1986), dann hätten die herausgefundenen Faktoren völlig unzusammenhängend gewirkt, und die Textanalyse wäre völlig kontraproduktiv gewesen (aber das sind Details, die wir hier nicht vertiefen wollen). Es handelt sich hier eben um einen

erzählten Monolog. Und das reicht aus für die Feststellung nicht nur statistisch, sondern auch semantisch bedeutungsvoller Faktoren.
Solche Möglichkeiten der Technik der Inhaltsanalyse kann man operativ als Instrument einsetzen, um Neues zu entdecken, wie die beiden folgenden Darstellungen (Tabelle 1 und Schaubild 2) zeigen. Faktor 2 bezeichnet in bezug auf *La Route des Flandres* eine regressive Bewegung des unbekannten Helden der Erzählung vom »Licht« zum »Dunkel« und wieder zurück. Selbst wenn man das gesamte breite Spektrum hermeneutischer Methoden benutzte, dann könnten die wenigsten Literaturkritiker, wenn überhaupt irgendeiner, solche Zusammenhänge aufdecken, wie diese Information sie enthält.

Licht / Dunkel (6,8 Prozent)			
Blau	.82	Dunkel	.59
Rot	.81	Unten	.48
Grün	.81	Oben	.47
Mauer	.76	Sonne	.45
Gelb	.67	Blätter	.41
Schwarz	.65		

Tabelle 1: Ladungen auf dem 2. Faktor in *La Route des Flandres*

Bevor wir hier mit Claude Simons Roman zu Ende kommen, gilt es doch noch auf einen wichtigen Unterschied zwischen den beiden Ergebnissen hinzuweisen. Schaubild 1 zeigt mit der inversen U-Kurve, die auf eine ich-bezogene Regression hindeutet, einen Zusammenhang auf, den *La Route des Flandres* mit vielen anderen Romanen und Erzählungen teilt, die menschliches Schicksal darstellen. Im Gegensatz dazu weist Schaubild 2 (und die anderen, hier nicht alle präsentierten Faktoren) auf eine Datenkonstellation hin, die man – mit einigem Glück – vielleicht auch in anderen Werken Claude Simons finden könnte, aber niemals so in den Schriften anderer Autoren; denn eine solche Faktorenstruktur ist immer einmalig, man kennt sie vorher nicht, und man kann sie später auch nicht erneut finden. Das ist – wenn man so will – zugleich der Vorteil und der Nachteil der inhaltsanalytischen Strategien: daß nämlich die »Wörterbuch«-Strategie nomothetisch ist und daß die Wort-zu-Wort-Zusammenhangsanalyse idiographisch

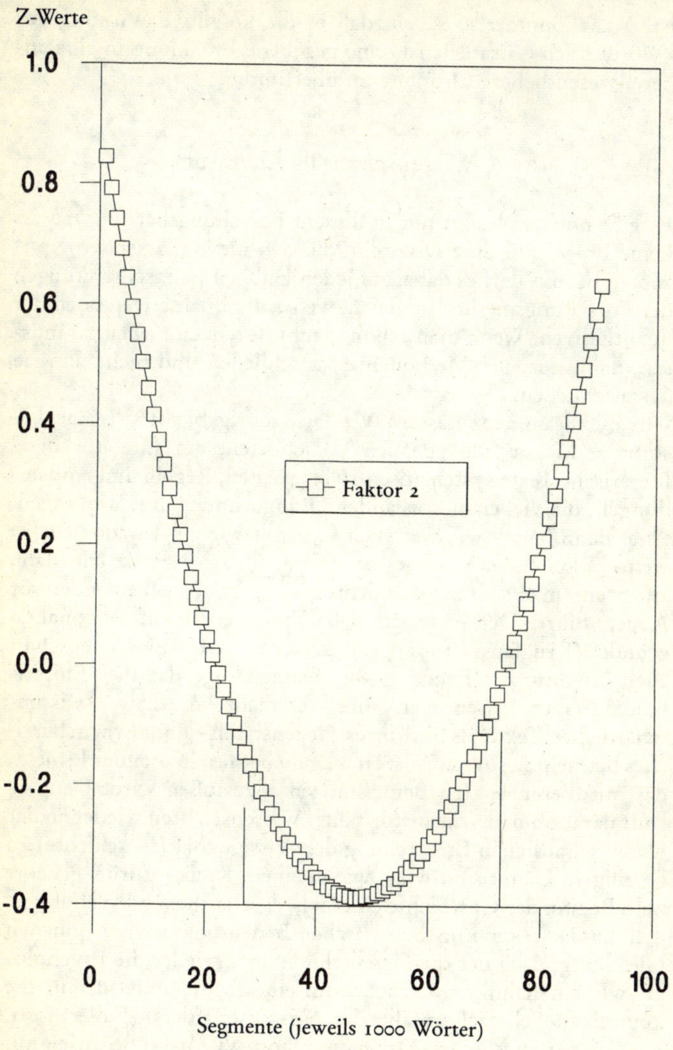

Schaubild 2: Vorhersagewerte des Faktors 2 für *La Route des Flandres*

ist. Man könnte also sagen, daß es die kognitive Wirkung der »Wörterbuch«-Strategie ist, eine gegebene Erzählung in eine andere, wesentlichere Ordnung zu überführen.

6. Wissenschaft als Literatur

Es gibt noch vieles zu tun in diesem Forschungsbereich, das ist keine Frage. Für eine Disziplin, die sich mit umfassenden Konzepten befaßt, darf es dabei auf jeden Fall keine Einschränkungen der Forschungsmethoden geben, weder der qualitativen noch der quantitativen. Wenn man schon glaubt, Grenzen ziehen zu müssen, dann nur, um Methoden einzuschließen und nicht, um sie auszuschließen.

Um es zusammenzufassen: Was also übrig bleibt, ist eine bestimmte Menge von genauen Vorschriften, um Literatur bzw. literarische Texte systematisch zu bearbeiten, Regeln und Anwendungen, die vielleicht vorhandene Rangordnungen neu mischen. Aber dann haben wir hier auch so etwas wie ein Paradox, selbst wenn es kein ganz richtiges ist. Dieses Quasi-Paradox tritt dann auf, wenn man sich zwei evidente Sachverhalte nacheinander vor Augen führt. Der erste ist, daß Wissenschaft auf Rationalität gründet (Kruglanski 1991); und der zweite ist, daß Wissenschaft auch Literatur ist (Tweney 1989). Daraus folgt, daß die »Empirische Literaturwissenschaft« die systematische Analyse wissenschaftlicher Texte als Teil ihres Gegenstands- und Arbeitsbereiches betrachten sollte. Es ist ein ungeheuer faszinierendes Projekt, das mit diesen letzten Bemerkungen angestoßen wird. Denn es läuft darauf hinaus, die historischen Wissenschaften wieder an der wissenschaftlichen Erforschung der Wissenschaft(sgeschichte) zu beteiligen. Damit sind wir – wie in einem Kreis – zurückgekehrt zum Beginn der Geschichte einer wissenschaftlichen Psychologie, d. h. zu der erkenntnistheoretischen Bedeutung der persönlichen Gleichung, nach der die Geschichte immer wieder die Psychologie wie ein Klinikum braucht, um eine Kompensation »für die kognitiven Schwächeanfälle der Wissenschaftler« (Fuller 1991, 320) leisten zu können. Das hatte schon Wygotskij begriffen mit seinem Satz, daß »alle Methodologie ohne Geschichte leer ist« (Yaroschevsky 1989, 173): und wirklich ist es ja so, daß eine Methodologie nur etwas für unser Wissen bedeutet, aber nichts für die Welt. Wie Fuller behauptet (1992, 430), ist gerade das ja insgesamt das Kennzeichen für »Intellektualismus«. Gerade jetzt, denke ich, hat aber die »Empirische Literaturwisssenschaft« die Möglichkeit und die Fähigkeit, die Tür aufzustoßen für eine neue Disziplin, die sich in erster Linie mit einem rationalen Studium der Wissenschaften befaßt, durch das dann wirklich ein Gewinn für unser Wissen und für die Welt erreicht wird.

Übersetzt von Reinhold Viehoff

Anmerkungen

1 Das wird von Roland Barthes zu Beginn seiner Autobiographie (1978, 5 und 130) bestätigt, wo er schreibt: »All dies muß als etwas betrachtet werden, das von einer Romanperson gesagt wird.«

2 Vgl. Diderots Schauspiel *Jacques der Fatalist und sein Herr*, in dem der Diener seinem Herrn klarmacht: »Man kann nicht eine Sache haben und zugleich deren Namen. Du hast den Namen und ich die Sache.«

3 Man beachte, wie sehr Bachtins Theorie der literarischen Kreativität mit Freuds Aufsatz »Der Dichter und das Phantasieren« (1908) zusammenstimmt, worin analysiert wird, wie unsere geheimsten Wünsche und Gedanken, wenn sie von einem Autor in einer sozial verträglichen Weise umgesetzt worden sind, den Grundstock für das literarische Werk bilden.

4 In dieser Hinsicht ist die einzige Literatur, in der man eine konstante Bewegung hin zur Einsinnigkeit bemerken kann, die wissenschaftlich geschriebene Literatur.

5 Deutsch: *Die Straße in Flandern*, München/Zürich: Piper 1985.

6 Die Daten wurden von Pascal Staquet als Teil seiner Magisterarbeit über Simons *La Route des Flandres* erhoben.

7 Es ist natürlich ein gewisser Nachteil der ansonsten sehr wirkungsvollen Wörterbuchstrategie der Inhaltsanalyse, daß es im Grunde zu jeder Version eines Wörterbuchs, zum Beispiel des »Regressive Imagery Dictionary«, zu jeder der jeweils verwendeten Sprachen eine vollständige Version geben muß, was ein sehr hohes Maß an Sprachkompetenz (in mindestens zwei Sprachen) erfordert. Im Gegensatz dazu benötigt die »Wort-zu-Wort-Analyse« kaum spezielle Sprachkompetenz auf seiten des Analysators; er muß lediglich verstehen können, worum es bei dem in Frage stehenden Text geht.

8 Die Korrelationen zwischen den beobachteten und den vorhergesagten Werten sind für das »konkrete« Denken .21 ($p < .0001$) und für das »abstrakte« Denken .16 ($p < .0008$), bei gegebenem $n = 452$ in beiden Fällen.

9 Die Quadratwurzelwerte des »konkreten« und des »abstrakten« Denkens wurden übertragen in eine nicht-lineare Technik zur Vereinfachung der Daten, die auf einer statistischen Kalkulation der Medianwerte der Verteilung beruht; die vereinfachten Werte wurden umgekehrt dann in weiteren Regressionsanalysen untersucht, mit dem Resultat jener Kurven, die das Schaubild 1 zeigt. Ich danke Yves Bestgen (Hogenraad und Bestgen 1989) für Rat und Hilfe bei diesem Verfahren.

10 In bezug auf die Varianz, die durch die drei Faktoren aufgeklärt wird (20,6%); in bezug auf die Varianzaufklärung durch die einzelnen Faktoren bedeutet dies z. B. für Faktor 2 im Schaubild 2:
$[\underline{R}^2 = .12, \underline{F}\ (2, 87) = 6.07, \underline{p} < .0034]$
und $[\underline{r}_{\text{FII (observed-predicted)}} = .35, \underline{p} < .0007, n = 90$ Beobachtungen].

Literatur

Axelos, K. (1977), *Contributions à la logique*, Paris: Minuit.

Bakhtin [= Bachtin], M. M. (1981), *The Dialogic Imagination*, Austin: University of Texas Press.

Barthes, R. (1978), *Über mich selbst*, München: Matthes & Seitz.

Deese, J. (1985), *American Freedom and the Social Sciences*, New York: Columbia University Press.

Derrida, J. (1972), *Die Schrift und die Differenz*, Frankfurt/M.: Suhrkamp.

Diderot, D. (1970), *Jacques le Fataliste et son Maître*, Paris: Garnier-Flammarion.

Foucault, M. (1972), *Die Ordnung des Diskurses*, München: Hanser.

Freud, S. (1908), »Der Dichter und das Phantasieren«, in: *Gesammelte Werke*, Frankfurt/M.: S. Fischer 1960, 211-223.

Fuller, S. (1991), »Disciplinary Boundaries and the Rhetoric of the Social Sciences«, in: *Poetics Today* 12, 301-325.

– (1992), »Epistemology Radically Naturalized: Recovering the Normative, the Experimental, and the Social«, in: R. Giere (Hg.), *Cognitive Models of Science. Minnesota Studies in Philosophy of Science*, Bd. xv, Minneapolis.

Hogenraad, R. (1990), *A Little Organon of Content Analysis. From the Psychological Analysis of Discourse to the Analysis of Psychological Discourse*, Louvain-la-Neuve (Habilitationsschrift Fachbereich Psychologie, Katholische Universität Löwen).

– und Y. Bestgen (1989), »On the Thread of Discourse: Homogeneity, Trends, and Rhythms in Texts«, in: *Empirical Studies of the Arts* 7, 1-22.

–, C. Daubies und Y. Bestgen (1991), *Une théorie et une méthode générale d'analyse du contenu assistée par ordinateur: Le Système* PROTAN

(PROTOCOL ANALYZER), *Version du 29 novembre 1991*, unveröffentlichtes Manuskript, Fachbereich Psychologie, Katholische Universität Löwen.
– und E. Orianne (1986), »Imagery, Regressive Thinking, and Verbal Performance in Internal Monologue«, in: *Imagination, Cognition, and Personality* 5, 127-145.
Iker, H. P. und R. H. Klein (1974), »WORDS: A Computer System for the Analysis of Content«, in: *Behavior Research Methods and Instrumentation* 6, 430-438.
Jucquois, G. (1986), »La Cohérence Interprétative: Aspects Anthropologiques de Quelques Notions Philologiques«, in: *Cahiers de l'Institut de Linguistique de Louvain* 12, 183-248.
Klein, I. (1989), *INTEXT*, Münster: Selbstverlag.
Kris, E. (1952), *Psychoanalytic Explorations in Art*, New York: International Universities Press.
Kruglansky, A. W. (1991), »Social Science-Based Understanding of Science. Reflections on Fuller«, in: *Philosophy of the Social Sciences* 21, 223-231.
Levelt, W. J. M. (1981), »The Speaker's Linearization Problem«, in: *Philosophical Transactions of the Royal Society of London*, B 295, 305-315.
Martindale, C. (1975), *Romantic Progression: The Psychology of Literary History*, Washington, D. C.: Hemisphere.
– (1990), *The Clockwork Muse: The Predictability of Artistic Change*, New York: Basic Books.
Mohler, P. P. und C. Zuell, TEXTPACK PC, *Release 4.0, May 1990*, Mannheim, ZUMA.
Norris, C. (1987), *Derrida*, London: Fontana Press.
Reiss, T. J. (1971), »Espaces de la pensée discursive: Le cas Galilée et la science classique«, in: *Revue de Synthèse* 85-86, 5-47.
Roubichou, G. (1976), *Lecture de L'Herbe de Claude Simon*, Lausanne: Editions L'Age d'Homme.
Simon, C. (1960), *La Route des Flandres*, Paris: Minuit; deutsch: *Die Straße in Flandern*, München/Zürich: Piper 1985.
Spence, D. P. (1982), *Narrative Truth and Historical Truth. Meaning and Interpretation in Psychoanalysis*, New York: W. W. Norton.
Stone, P. J., D. C. Dunphy, M. S. Smith und D. M. Ogilvie (1966), *The* GENERAL INQUIRER: *A Computer Approach to Content Analysis*, Cambridge, MA: The MIT Press.
Viehoff, R. (Hg.) (1983), *Literaturwissenschaft und Inhaltsanalyse* (= Sonderheft *SPIEL* 2,2), Frankfurt a. M./Bern/New York: P. Lang.
Vološinov, V. N. (1973), *Marxism and the Philosophy of Language*, Cambridge, MA: Harvard University Press (Original 1929).
Yaroshevsky, M. (1989), *Lev Vygotsky*, Moskau: Progress.

Auswahlbibliographie

Vorbemerkung

(1) Im folgenden handelt es sich um eine *Auswahlbibliographie*, die von Achim Barsch, Gebhard Rusch und Reinhold Viehoff, unter Mitarbeit von Christian Filk, Karsten Gries und Claudia Sawitzki erstellt wurde. Sie beschränkt sich auf Veröffentlichungen des Zeitraums von 1985 bis 1992. Bücher und Aufsätze, von denen wir glauben, daß sie die gegenwärtige Forschungslage beeinflußt haben oder repräsentieren, sind aufgenommen worden, wobei wir uns bei Autoren, die in diesem Gebiet vorwiegend publizieren, in der Regel auf die Nennung von maximal fünf Publikationen beschränkt haben. Grundsätzlich ist die Auswahl, die wir getroffen haben, nicht als negative Bewertung all der Arbeiten aufzufassen, die hier nicht aufgeführt werden.

(2) Die zeitliche Eingrenzung dieser Auswahlbibliographie (Bearbeitungsstand: 9. 5. 1993) ergibt sich aus dem Erscheinungsdatum dieses Bandes und daraus, daß andere entsprechende Auswahlbibliographien Literatur bis zum Jahre 1984 nachweisen. Hier können genannt werden:

Barsch, A. u. a. (1982), »Bibliographie deutschsprachiger Veröffentlichungen zur Empirischen Literaturwissenschaft«, in: *SPIEL* 1, 1, 123-136.

Tötösy de Zepetnek, S. (1992), »Systemic approaches to literature: an introduction and selected bibliographies«, in: *Canadian Review of Comparative Literature*, March/June, 21-93.

Viehoff, R. (1991), »Auswahlbibliographie (1960-1984)«, in: ders. (Hg.), *Alternative Traditionen. Dokumente zur Entwicklung einer Empirischen Literaturwissenschaft*, Braunschweig/Wiesbaden (= *Konzeption Empirische Literaturwissenschaft*, Bd. x), 341-361.

Außerdem erscheinen regelmäßig Artikel zu den hier interessierenden Forschungsfragen in folgenden Zeitschriften:

SPIEL (Siegener Periodicum zur Internationalen Empirischen Literaturwissenschaft), 1982 ff.
POETICS (International Review for the Theory of Literature), 1971 ff.
ESA (Empirical Study of the Arts), 1983 ff.
IASL (Internationales Archiv für Sozialgeschichte der Literatur), 1976 ff.
LiLi (Zeitschrift für Literaturwissenschaft und Linguistik), 1971 ff.

* * *

Adling, W./Dressler, R./Wiedmann, D. (1986), »Klassikerrezeption im Spannungsfeld Theater – Publikum. Zu einer theatersoziologischen Studie in fünf Sprechtheatern«, in: *Weimarer Beiträge* 32, 12, 1941-1957.

Aebli, H. (1988), »Towards a psychological theory of understanding literary texts«, in: D. Meutsch und R. Viehoff (Hg.), *Comprehension of Literary Discourse. Results and Problems of Interdisciplinary Approaches*, Berlin/New York, 175-189.

Albrecht, J. (1988), *Europäischer Strukturalismus. Ein forschungsgeschichtlicher Überblick*, Tübingen.

Albrecht, R. (1987), *Das Bedürfnis nach echten Geschichten. Zur zeitgenössischen Unterhaltungsliteratur in der DDR*, Frankfurt a. M./Bern/New York/Paris.

Alter, R. (1988), »The difference of literature«, in: *Poetics Today* 9, 3, 574-591.

Andringa, E. (1986), »Perspektivierung und Perspektivenübernahme. Zur Wahrnehmung literarischer Figuren«, in: *SPIEL* 5, 1, 135-146.

– (1987), »Rezeption und Situation. Zur Subjektivität literarischen Verstehens«, in: E. Ibsch und D. H. Schram (Hg.), *Rezeptionsforschung zwischen Hermeneutik und Empirik*, Amsterdam, 229-255.

– (1988), »Leservoraussetzungen und die Rezeption literarischer Figuren«, in: *Diskussion Deutsch* 19, 104, 622-644.

– (1989), »Entwicklungen im literarischen Lesen: Aspekte, Perspektiven und Fragen«, in: *SPIEL* 8, 1, 1-24.

– (1990), »Verbal data on literary understanding: A proposal for protocol analysis on two levels«, in: *POETICS* 19, 231-276.

– (1991), »Talking about Literature in an Institutional Context. An Empirical Approach«, in: *POETICS* 20, 157-172.

– (Hg.) (1989), *Developments in Literary Reading*, Sonderheft *SPIEL* 8,1.

– und R. Viehoff (Hg.) (1990), *Literary Understanding*, Sonderheft *POETICS* 19, 6.

Antos, G. (1987), »›Ist es auch Ihr sehnlichster Wunsch, wie ein Schriftsteller schreiben zu können?‹ Vorläufige Bemerkungen zu einer Ideologiekritik des Schreibens. Am Beispiel literarischer Produktion«, in: *LiLi* 17, 68, 21-32.

Arbeitsgruppe NIKOL (Hg.) (1986), *Angewandte Literaturwissenschaft*, Braunschweig/Wiesbaden.

Arnheim, R. (1986), *New Essays on the Psychology of Art*, Berkeley.

Arnold, W., W. Dittrich und B. Zeller (Hg.) (1987), *Die Erforschung der Buch- und Bibliotheksgeschichte in Deutschland*, Wiesbaden.

Assmann, A. (1985), »Die Domestikation des Lesens. Drei historische Beispiele«, in: *LiLi* 15, 57/58, 95-110.

Attridge, D., G. Bennington und R. Young (Hg.) (1987), *Poststructuralism and the Question of History*, Cambridge.

Aufenanger, S. (1990), »Soziologisch orientierte Leseforschung in den

USA«, in: Stiftung Lesen (Hg.) (1990), *Lesen im internationalen Vergleich. Ein Forschungsgutachten der Stiftung Lesen für das Bundesministerium für Bildung und Wissenschaft. Teil I*, Mainz, 210-217.

Aust, H. (1986), »Lesen und Interpretieren«, in: *Sprache und Literatur* 57, 31-46.

Baeriswyl, F. (1989), *Verarbeitungsprozesse und Behalten im Arbeitsgedächtnis*, Heidelberg.

Balzer, W. (1985), »Stufen der Empirizität«, in: *SPIEL* 4, 1, 135-153.

Bange, P. (1986), »Towards a pragmatic analysis of narratives in literature«, in: *POETICS* 15, 73-89.

Bar-Haim, G. (1990), »Ideology effects and the nature of popular culture«, *Communications* 15, 1/2, 149-162.

Barner, W. (Hg.) (1990), *Literaturkritik – Anspruch und Wirklichkeit.* DFG Symposium 1989 Germanistische Symposien, Stuttgart.

Barret, D. (1986), *Media Sociology*, London.

Barsch, A. (1988), »Literatur und Recht aus literaturtheoretischer Sicht«, in: B. Dankert und L. Zechlin (Hg.), *Literatur vor dem Richter. Beiträge zur Literaturfreiheit und Zensur*, Baden-Baden, 63-90.

– (1988), »Zum Indizierungsverfahren von Norman Spinrads ›Der stählerne Traum‹«, in: Kühnel et al. (Hg.), *Mittelalter-Rezeption III. Gesammelte Vorträge des 3. Salzburger Symposions: ›Mittelalter, Massenmedien, Neue Mythen‹*, Göppingen, 359-371.

– (1990), »Literary trials: a model for explaining social conflicts concerning literature«, in: *Journal of Literary Semantics* 19, 1, 30-45.

– (1991), »›Populäre Literatur‹ als Forschungsproblem einer empirischen Literaturwissenschaft«, in: *Wirkendes Wort* 41, 1, 101-119.

– (1991), *Metrik, Literatur und Sprache. Generative Metrik zwischen empirischer Literaturwissenschaft und generativer Phonologie*, Braunschweig/Wiesbaden.

– (1992), »Handlungsebenen des Literatursystems«, in: *SPIEL* 11, 1, 1-23.

– (1993), »Kommunikation mit und über Literatur: Zu Strukturierungsfragen des Literatursystems«, in: *SPIEL* 12, 1, 34-61.

Beaugrande, R. de (1985), »Poetry and the ordinary reader: A study of immediate responses«, in: *Empirical Studies of the Arts* 3, 1-22.

– (1987), »Schemas for literary communication«, in: Halasz, L. (Hg.), *Literary discourse. Aspects of cognitive and social psychological approaches*, Berlin/New York, 49-99.

– (1987), »Text, attention, and memory in reading research«, in: R. Tierney, P. Anders und J. Mitchell (Hg.), *Understanding Readers' Understanding*, Hillsdale, New Jersey, 15-58.

– (1988), »Quantitative und künstlerische Wahrnehmung«, in: *SPIEL* 7, 1, 1-37.

– (1989), »Naive respondents and creative response«, in: *SPIEL* 8, 2, 233-254.

– (1989), »The naive reader: anarchy or self-reliance?«, in: *Empirical Studies of the Arts* 7, 1-22.
– (1989), »Toward the empirical study of literature: a synoptic sketch of a new society«, in: *POETICS* 18, 7-28.
Becker, J. (Hg.) (1986), *Die Diskussion um das Jugendbuch. Ein forschungsgeschichtlicher Überblick von 1890 bis heute*, Darmstadt.
– (Hg.) (1989), *Der Buchhandel im Europäischen Binnenmarkt. Symposion des Börsenvereins des Deutschen Buchhandels am 6. und 7. April 1989 in Bonn*, Frankfurt/M.
Behm, H. u.a. (1992), *Büchermacher der Zukunft. Marketing und Management im Verlag*, Darmstadt.
Behrens, U. u.a. (1986), *Jugend und neue Medien. Video, Bildschirmspiele und Computer ›erobern‹ die jugendliche Lebenswelt*, Trier.
Beilfuss, W. (1987), *Der literarische Rezeptionsprozeß*, Frankfurt/M.
Benjafield, J. und R. Muckenheim (1989), »A historicodevelopmental analysis of the regressive imagery dictionary«, in: *Empirical Studies of the Arts* 7, 79-88.
Bereiter, C. und M. Scardamalia (1987), *The psychology of written composition*, East Sussex.
Berg, H. de (1991), »Text – Kontext – Differenz. Ein Vorschlag zur Anwendung der Luhmannschen Systemtheorie in der Literaturwissenschaft«, in: *SPIEL* 10, 2, 191-206.
– und M. Prangel (Hg.) (1993), *Kommunikation und Differenz*, Opladen.
Bertelsmann Stiftung (Hg.) (1991), *Lesen im Medienumfeld*, Gütersloh.
Bertelson, P. (Hg.) (1987), *The Onset of Literacy*, Cambridge.
Bilsky, W. u.a. (1986), »Rezeption prosozialer Dilemmata«, in: *SPIEL* 5, 1, 83-106.
Black, A., P. Freeman und P. N. Johnson-Laird (1986), »Plausibility and the comprehension of text«, in: *British Journal of Psychology* 77, 51-62.
Bleich, D. (1988), »Homophobia and sexism as popular values«, in: *SPIEL* 7, 2, 313-330.
– und B. G. Caraher (Hg.) (1989), *Empiricism and Hermeneutics. The Invention of Facts in the Study of Literature*, Sonderheft *POETICS* 18.
Boeckmann, K. (1990), »Wirklichkeitsverlust durch Medien?«, *Communications* 15, 1/2, 9-20.
Bogdal, K.-M. (1985), »Lesealltag in der Schule. Beobachtungen, Überlegungen, Korrekturen«, in: *Diskussion Deutsch* 16, 85, 459-467.
Böhme-Dürr, K. (1987), »Wie wirken medienspezifische Darstellungsformen auf Leser, Hörer und Zuschauer«, in: *Zeitschrift für Semiotik* 3/4, 363-395.
Bonfadelli, H. (1990), »Stand und Ergebnisse der Lese(r)forschung in der Schweiz«, in: Stiftung Lesen (Hg.), *Lesen im internationalen Vergleich. Ein Forschungsgutachten der Stiftung Lesen für das Bundesministerium für Bildung und Wissenschaft*. Teil 1, Mainz, 80-101.

– K. Meier (1986), *Jugend und Medien*, Frankfurt/M./Berlin.
Bourdieu, P. (1985), *Distinction. A social critique of the judgement of taste*, London.
– (1985), »The market of symbolic goods«, in: *POETICS* 14, 13-44.
Brand, A. G. und J. Chibnall (1989), »The emotions of apprentice poets«, in: *Empirical Studies of the Arts* 7, 45-50.
Bratley, P. und P. A. Fortier (1985), »Themes and Variations in Gide's L'Immoraliste«, in: *Empirical Studies of the Arts* 3, 153-170.
Brewer, W. F. und K. Ohtsuka (1988), »Story structure, characterization, just world organization, and reader affect in American and Hungarian short stories«, in: *POETICS* 17, 395-416.
Brier, A. (1985), »Hamlet: A Pascal program to count joint frequencies of words in a text«, in: *SPIEL* 4, 1, 177-195.
Brinkmann, A. (1990), »Stand und Ergebnisse der Lese(r)forschung in der Bundesrepublik Deutschland«, in: Stiftung Lesen (Hg.), *Lesen im internationalen Vergleich. Ein Forschungsgutachten der Stiftung Lesen für das Bundesministerium für Bildung und Wissenschaft*, Teil 1, Mainz, 29-52.
Britton, B. und S. M. Glynn (Hg.) (1987), *Executive Control Processes in Reading*, East Sussex.
– und J. B. Black (Hg.) (1985), *Understanding Expository Text*, Hillsdale, New Jersey.
Brown, R. H. (1985), »Narrative, literary theory, and the self in contemporary society«, in: *Poetics Today* 6, 4, 573-590.
Brückner, W., P. Blickle und D. Breuer (Hg.) (1985), *Literatur und Volk im 17. Jahrhundert. Probleme populärer Kultur in Deutschland*, Teil 1-11, Wiesbaden.
Bühl, W. L. (1986), »Kultur als System«, in: F. Neidhardt, R. M. Lepsius und J. Weiss (Hg.), *Kultur und Gesellschaft. Kölner Zeitschrift für Soziologie und Sozialpsychologie*, Sonderheft 27/86, Opladen, 118-144.
– (1987), *Kulturwandel. Für eine dynamische Kultursoziologie*, Darmstadt.
Bumke, J. (1986), *Höfische Kultur. Literatur und Gesellschaft im hohen Mittelalter*, Bd. 1-2, München.
Burgert, M., M. Kavsek, B. Kreuzer und R. Viehoff (1989), *Strukturen deklarativen Wissens – Untersuchungen zu »Märchen« und »Krimi«*, LUMIS-Schriften 23, Siegen.
Chartier, R. (1985), »Ist eine Geschichte des Lesens möglich? Vom Buch zum Lesen: einige Hypothesen«, in: *LiLi* 57/58, 250-273.
– (1985), »Volkskultur und Gelehrtenkultur. Überprüfung einer Zweiteilung und einer Periodisierung«, in: H. U. Gumbrecht und U. Link-Heer (Hg.), *Epochenschwellen und Epochenstrukturen im Diskurs der Literatur- und Sprachhistorie*, Frankfurt/M., 376-388.
– (1990), *Lesewelten. Buch und Lektüre in der frühen Neuzeit*, Frankfurt/M.

Cole, M. (1985), »The zone of proximal development: where culture and cognition create each other«, in: J. W. Wertsch (Hg.), *Culture, Communication, and Cognition: Vygotskian perspectives*, Cambridge, 146-161.
Collier, P. und H. Geyer-Ryan (1990), *Literary theory today*, Cambridge.
Coltheart, M. (1987), *Attention and Performance XII: The Psychology of Reading*, East Sussex.
Crawford, M. und R. Chaffin (1986), »The reader's construction of meaning: cognitive aspects on gender and comprehension«, in: E. A. Flynn und P. P. Schweickart (Hg.), *Gender and Reading. Essays on Readers, Texts, and Contexts*, Baltimore/London, 3-30.
Cupchik, G. C. (1986), »A decade after Berlyne: new directions in experimental aesthetics«, in: *POETICS* 15, 345-401.
– (1988), »General and particular forms of knowledge in the arts«, in: *SPIEL* 7, 2, 243-260.
Czech, G. und G. Schandera (1987), »Prosa schreiben – Prosa lesen. Zur Aufnahme neuerer Erzählstrukturen durch junge Leser«, in: *Beiträge zur Kinder- und Jugendliteratur*, 86, 25-37.
D'Haen T. (Hg.) (1986), *Linguistics and the Study of Literature*, Amsterdam.
Danneberg, L. (1990), »Interpretation: Kontextbildung und Kontextverwendung demonstriert an Brechts Keuner-Geschichte ›Die Frage, ob es einen Gott gibt‹«, in: *SPIEL* 9, 1, 89-130.
Darnton, R. (1985), Rousseau und sein Leser, in: *LiLi* 15, 57/58, 111-146.
Davis, S. (1988), »A dialogic approach to the reader/text relationship«, in: *SPIEL* 7, 2, 261-280.
Davison, A. und G. Green (Hg.) (1988), *Linguistic Complexity and Text Comprehension. Readability Issues Reconsidered*, East Sussex.
Deffner, G. (1988), »Concurrent thinking aloud: An on-line tool for studying representations used in text understanding«, in: J. László, D. Meutsch und R. Viehoff (Hg.), *Verbal Reports as Data in Text Comprehension Research*, Berlin/New York, 351-367.
Derks, P. L. (1989), »Pun frequency and popularity of Shakespeare's plays«, in: *Empirical Studies of the Arts* 7, 45-50.
Dierks, T. (1987), »Buchmarktforschung«, in: *Bertelsmann Briefe* 122, 17-21.
Dijk, T. A. van (Hg.) (1985), *Handbook of Discourse Analysis*, London.
Dimpfl, M. (1987), »Literarischer Jugendfunk. Zum Angebots- und Bedürfniswandel zwischen 1970 und 1985 am Beispiel des Bayerischen Rundfunks«, in: *SPIEL* 6, 1, 63-77.
Doggenaar, J. van und H. Leemans (1987), »Subdivisions of booksupply made by individual buyers of literature«, in: *POETICS* 16, 255-274.
Dollerup, C., I. Reventlow und C. Rosenberg-Hansen (1990), »Reader, text, translation and interpretative potentials«, in: *Multilingua: Journal of Cross-cultural and Interlanguage Communication* 9, 271-284.

–, –, – (1990), »The Copenhagen studies in readers' response«, in: *SPIEL* 9, 2, 413-436.

Dölling, F. P. (1985), *Literatur und Alltagserfahrung*, Frankfurt/M./Bern/New York.

Dröge, F. (1987), »Strukturelle Bedingungen der Bedürfniskonstitution: Zur Marktförmigkeit des geistigen Verkehrs in der bürgerlichen Gesellschaft«, in: *SPIEL* 6, 1, 39-62.

Dülmen, R. van (1986), *Die Gesellschaft der Aufklärer. Zur bürgerlichen Emanzipation und aufklärerischen Kultur in Deutschland*, Frankfurt/M.

Eckhardt, J. (1987), *Kinder- und Jugendliteratur*, Darmstadt.

Eggert, H., U. Profitlich und K. R. Scherpe (1990), *Geschichte als Literatur. Formen und Grenzen der Repräsentation von Vergangenheit*, Stuttgart.

Engels, E.-M. (1985), »Evolutionäre Erfahrung und Realismus. Kritische Überlegungen zur realistischen Grundlage der Evolutionären Erkenntnistheorie und eine konstruktionistische Rekonstruktion«, in: *SPIEL* 4, 1, 41-70.

Engelsing, R. (1987), *Analphabetentum und Lektüre. Zur Sozialgeschichte des Lesens in Deutschland zwischen feudaler und industrieller Gesellschaft*, Stuttgart.

Enzensberger, C. (1987), »Welches Bedürfnis nach der Literatur? Funktionsästhetik als Theoriespiel«, in: *SPIEL* 6, 1, 79-100.

Ericsson, K. A. (1988), »Concurrent verbal reports on text comprehension: a review«, in: J. László, D. Meutsch und R. Viehoff (Hg.), *Verbal Reports as Data in Text Comprehension Research*, Berlin/New York, 295-325.

– H. A. Simon (1984), *Protocol Analysis: Verbal Reports as Data*, Cambridge, M. A.

Faulstich, W. (1986), »Systemtheorie des Literaturbetriebs: Ansätze«, in: *LiLi* 16, 62, 125-133.

– (1986), »Systemtheorie des Literaturbetriebs: Ergänzungen«, in: *LiLi* 16, 63, 164-169.

– (1990), »Massenkommunikation und Medien: Zur Bedeutung eines philologischen Desiderats«, in: *LiLi* 20, 79, 93-100.

– (Hg.) (1991), *Medien und Kultur.* Beiträge zu einem interdisziplinären Symposium der Universität Lüneburg, Göttingen (= *LiLi* Beiheft 16).

Feige, A. (1990), »Gesellschaftliche Reflexivitätsprozesse und Massenkommunikation am Beispiel der DDR«, in: *Zeitschrift für Publizistik und Kunst*, 387-397.

Felperin, H. (1985), *Beyond Consciousness. The Uses and Abuses of Literary Theory*, Oxford.

Finke, P. (1985), »Empirizität allein genügt nicht. Kritische Überlegungen zur Konzeption empirischer Wissenschaft«, in: *SPIEL* 4, 1, 71-97.

Fischbach, U. M. (1985), »Rezeptionsforschung: Komplementärgeschichten zu J. D. Salingers Geschichten«, in: *SPIEL* 4, 2, 409-433.

Flader, D. (1990), *Verbale Interaktion. Studien zur Empirie und Methodologie der Pragmatik*, Stuttgart.

Foerster, Heinz v. (1985), *Sicht und Einsicht*, Braunschweig/Wiesbaden.

Fohrbeck, K. und A. J. Wiesand (1987), *Kunst ohne Grenzen? Kulturelle Identität und Freizügigkeit in Europa*, Köln.

–/– (1987), *Renaissance der Mäzene? Interessenvielfalt in der privaten Kulturfinanzierung*, Köln.

Fohrmann, J. und H. Müller (Hg.) (1988), *Diskurstheorien und Literaturwissenschaft*, Frankfurt/M.

– und W. Vosskamp (Hg.) (1987), »Von der gelehrten zur disziplinären Gemeinschaft«, in: *Deutsche Vierteljahrsschrift für Literaturwissenschaft und Geistesgeschichte*, 61, (Sonderheft), Stuttgart.

Fokkema, D. (1988), »On the reliability of literary studies«, in: *Poetics Today* 9, 3, 529-543.

Forsyth, N. (Hg.) (1988), *Reading Contexts*, Tübingen.

Franzmann, B. (1990), »Leseverhalten im Spiegel neuerer Untersuchungen«, in: Stiftung Lesen (Hg.), *Lesen im internationalen Vergleich. Ein Forschungsgutachten der Stiftung Lesen für das Bundesministerium für Bildung und Wissenschaft*, Teil 1, Mainz, 53-70.

Freundlieb, D. (1989), »The empirical study of literature. How empirical can it be?«, in: *Empirical Studies of the Arts* 7, 115-130.

Friedman, M. (1986), »Commercial influences in popular literature: An empirical study of brand name usage in American and British hit plays in the postwar era«, in: *Empirical Studies of the Arts* 4, 63-78.

Fritz, A. (1990) »Leseforschung in einer Mediengesellschaft. Überblick über den Stand der Forschung Ende der 80er Jahre im deutschsprachigen Raum«, in: *Internationales Archiv für Sozialgeschichte der deutschen Literatur* 15, 2, 202-216.

– und A. Suess (1986), *Lesen. Die Bedeutung der Kulturtechnik Lesen für den gesellschaftlichen Prozeß*, Konstanz.

Garner, R. (1987), *Metacognition and Reading Comprehension*, Norwood, New Jersey.

Garnham, A. und J. Mason (1987), »Episode structure in memory for narrative text«, in: *Language and Cognitive Processes* 2, 2, 133-144.

Gelbhaar, D. (1986), »Warum Kriminalliteratur erforschen?«, in: *Weimarer Beiträge* 32, 1, 89-108.

Gerhart, M. (1989), »The dilemma of the text: How to ›belong‹ to a genre«, in: *POETICS* 18, 355-374.

Gibson, E. J. und H. Levin (1989), *Die Psychologie des Lesens*. Mit einer Einführung von Hans Aebli, Frankfurt/M.

Glasersfeld, E. v. (1987), *Wissen, Sprache und Wirklichkeit*, Braunschweig/Wiesbaden.

Glicksohn, J., R. Tsur und C. Goodblatt (1991), »Absorption and Trance-Inductive Poetry«, in: *Empirical Studies of the Arts* 9, 115-122.

Glück, H. (1986), *Schrift und Schriftlichkeit. Eine sprach- und kulturwissenschaftliche Studie*, Stuttgart.

Godglück, P. (1988), »Tradieren. Gedächtnisleistungen und Texteigenschaften. Zur Diskussion eines Problems zwischen den Disziplinen«, in: *SPIEL* 7, 1, 39-87.

Göhler, H., B. Lindner und D. Löffler (Hg.) (1989), *Buch – Lektüre – Leser. Erkundungen zum Lesen*, Berlin/Weimar.

Goody, J. (1986), *The Logic of Writing and the Organization of Society*, Cambridge.

–, I. Watt und K. Gough (1986), *Entstehung und Folgen der Schriftkultur*, Frankfurt/M.

Graf, R. (1991), *Das Theater im Literaturstaat. Literarisches Theater auf dem Weg zur Bildungsmacht*, Tübingen.

Grimaud, M. (1989), »Reference and preference in narrative: Sherwood Anderson's Winesburg, Ohio«, in: *Empirical Studies of the Arts* 7, 33-44.

Grimm, J. (1986), »Assoziationsstrukturen im Kriminalheftroman – oder die Verwurzelung fiktionaler Konzepte in der Lebenswelt. Ergebnisse einer systematischen Inhaltsanalyse«, in: *SPIEL* 5, 2, 241-260.

– (1986), *Unterhaltung – zwischen Utopie und Alltag. Methode und praktische Anwendung der Inhaltsanalyse am Beispiel von Kriminalheftromanen*, Frankfurt/M./Bern/New York.

Groeben, N. (1985), »Empirisierung der Literaturwissenschaft: Theorie – oder methodenzentriert?«, in: *SPIEL* 4, 1, 117-133.

– (1986), *Handeln, Tun, Verhalten als Einheiten einer verstehend-erklärenden Psychologie*, Tübingen.

– (1990), »Das Konzept der Text-Leser-Interaktion in der Empirischen Literaturwissenschaft«, in: *SPIEL* 8, 2, 255-273.

– und P. Vorderer (1988), *Leserpsychologie 2: Lesemotivation – Lektürewirkung*, Münster.

– u. a. (1988), *Forschungsprogramm Subjektive Theorien. Eine Einführung in die Psychologie des reflexiven Subjekts*, Tübingen.

Großmann, R. (1991), *Musik als ›Kommunikation‹. Zur Theorie musikalischer Kommunikationshandlungen*, Braunschweig/Wiesbaden.

– (1993), »Musikalische Kommunikation. Aspekte der Bedeutungskonstruktion und ihres medialen Wandels«, in: *SPIEL* 12, 1, 123-135.

Halász, L. (1989), »Social psychology, social cognition and the empirical study of literature«, in: *POETICS* 18, 29-44.

– (1991), »Emotional effect and reminding in literary processing«, in: *POETICS* 20, 247-272.

– (1993), *Dem Leser auf der Spur. Literarisches Lesen als Forschen und Entdecken*, (*Konzeption Empirische Literaturwissenschaft*, Bd. XI), Braunschweig/Wiesbaden.

– (Hg.) (1987), *Literary Discourse. Aspects of Cognitive and Social Psychological Approaches*, Berlin/New York.

– , J. László und C. Pléh (1988), »The short story. Cross-cultural studies in reading short stories«, in: *POETICS* 17, 287-304.
– u. a. (1991), »Differences in recall and understanding of literary texts read several times«, in: *SPIEL* 10, 2, 231-258.
Hansson, G. (1985), »Verbal scales in research on response to literature«, in: C. R. Cooper (Hg.), *Researching Response to Literature and Teaching of Literature*, Norwood, 212-231.
– (1989), »How to recognize an ›interpretive community‹ when you see one«, in: *Empirical Studies of the Arts* 7, 115-130.
– (1990), »Not a day without a book. On the reading of popular fiction«, in: *SPIEL* 9, 2, 277-293.
– (1991), »Kinds of understanding, kinds of difficulties in the reading of literature«, in: A. C. Purves (Hg.), *The Idea of Difficulty in Literature*, Albany, New York, 93-115.
Häntschel, G., J. Omrod und K. Renner (Hg.) (1985), *Zur Sozialgeschichte der deutschen Literatur. Von der Aufklärung bis zur Jahrhundertwende. Einzelstudien*, Tübingen.
Harker, W. J. (1987), »Literary theory and the reading process«, in: *Written Communication* 4, 235-252.
– (1988), »Literary communication: the author, the reader, the text«, in: *Journal of Aesthetic Education* 22, 5-14.
– (1989), »Information theory and the processing of literary texts«, in: *New Literary History* 20, 2, 465-481.
Hauptmeier, H. (1987), »Sketches of theories of genre«, in: *POETICS* 16, 5, 397-430.
– (1987), »Typologie oder Klassifikation? Anmerkungen zur Gattungstheorie«, in: *SPIEL* 6, 2, 207-225.
–, D. Meutsch und R. Viehoff (1987), *Literary understanding from an empirical point of view*, LUMIS-Schriften 14, Siegen.
–,–,– (1989), »Empirical Research on Understanding Literature«, in: *Poetics Today* 10, 3, 563-604.
– und S. J. Schmidt (1985), *Einführung in die Empirische Literaturwissenschaft*, Braunschweig/Wiesbaden.
Hejl, P. M. (1985) »Konstruktion der sozialen Konstruktion: Grundlinien einer konstruktivistischen Sozialtheorie. Einführung in den Konstruktivismus«, in: *Schriften der Siemens Stiftung* Bd. 10, München, 85-115.
– (1993), »Kultur als sozial konstruierte Wirklichkeiten: Zur Analytik der ›dritten Ebene‹ aus systemtheoretischer Sicht«, in: *SPIEL* 12, 1, 81-104.
Hempfer, K. W. (1990), »Schwierigkeiten mit einer ›Supertheorie‹: Bemerkungen zur Systemtheorie Luhmanns und deren Übertragbarkeit auf die Literaturwissenschaft«, in: *SPIEL* 9, 1, 15-36.
Hendon, W. S., C. J. v. Rees und H. Verdaasdonk (Hg.) (1987), *Reading Practices and Preferences, Social and Economic Aspects*, Sonderheft *POETICS*, 16.

Hess-Lüttich, E. W. B. (1986), »Dialogisches Handeln – ästhetisches Zeichen. Grundbegriffe dialoglinguistischer Literaturanalyse«, in: F. Hundsnurscher und E. Weigand (Hg.), *Dialoganalyse*. Referate der 1. Arbeitstagung Münster 1986, Tübingen, 13-34.

Heydebrand, R. v. (1988), »Zur normativen Konstruktion der Literatur um 1900. Ein Bericht über Untersuchungen an sozialdemokratischen, katholischen und ›neutralen‹ Unterhaltungsblättern«, in: *LiLi* 18, 71, 61-72.

– , D. Pfau und J. Schönert (Hg.) (1988), *Zur theoretischen Grundlegung einer Sozialgeschichte der Literatur. Ein struktural-funktionaler Entwurf*, herausgegeben im Auftrag der Münchener Forschergruppe ›Sozialgeschichte der deutschen Literatur 1770-1990‹, Tübingen.

Hirschmann, E. C. (1987), »Consumer preference in literature, motion pictures, and television programs«, in: *Empirical Studies of the Arts* 5, 31-46.

Hodge, R. (1990), *Literature as Discourse*, Baltimore.

Hoffstaedter, P. (1986), *Poetizität aus der Sicht des Lesers*, Hamburg.

– (1987), »Poetic text processing and its empirical investigation«, in: *POETICS* 16, 75-92.

Hogenraad, R. und Y. Bestgen (1989), »On the thread of discourse: Homogeneity, trends, and the rhythms in texts«, in: *Empirical Studies of the Arts* 7, 1-22.

Holland, N. N. (1985), »Reading readers reading«, in: Ch. R. Cooper (Hg.), *Researching Response to Literature and the Teaching of Literature: Points of Departure*, Norwood, New Jersey, 3-21.

– (1988), *The Brain of Robert Frost. A Cognitive Approach to Literature*, New York/London.

Hoppe-Graff, S. (1984), »Verstehen als kognitiver Prozeß. Psychologische Ansätze und Beiträge zum Textverstehen«, in: *LiLi* 14, 55, 10-37.

Huber, S. (1987), »Sozial-ethische Desorientierung durch Literatur? Über die Indizierungsproblematik bei Büchern in der Bundesrepublik Deutschland«, in: *SPIEL* 6, 2, 319-342.

Hühn, P. und W. Künne (1986), »Interkulturelle Rezeption. Die Verstehensmodalität englischsprachiger Gedichte bei deutschen und britischen Lesern – zur Frage der Rezeptionsrelevanz unterschiedlicher kultureller Distanz zwischen Leser und Text: Ergebnisse einer explorativen empirischen Untersuchung«, in: *SPIEL* 5, 2, 181-239.

Hunt, R. A. (1988), *Pragmatic Aspects of Literary Reading*, LUMIS-Schriften 19, Siegen.

– (1989), »Learning to converse with texts: some real readers, some real texts, and the pragmatic situation«, in: *SPIEL* 8, 1, 107-130.

– (1990), »The parallel socialization of reading comprehension research and literary theory«, in: Bogdan, D. und S. B. Straw (Hg.), *Beyond Communication. Reading Comprehension and Criticism*, Portsmouth, New Hampshire, 91-105.

– (1991), »Modes of reading, and modes of reading Swift«, in: J. Clifford (Hg.), *The Experience of Reading. Louise Rosenblatt and Reader-Response Theory*, Portsmouth, New Hampshire, 105-126.
– und D. Vipond (1985), »Crash-testing a transactional model of literary reading«, in: *Reader* 14, 23-39.
–/– (1986), »Evaluations in literary reading«, in: *Text* 6, 1, 53-71.
–/– (1987), »Aesthetic reading: some strategies for research«, in: *English Quarterly* 20, 178-183.
– u. a. (1990), »Making sense of reading«, in: R. Beach und S. Hynds (Hg.), *Developing Discourse Practices in Adolescence and Adulthood*, Norwood, New Jersey, 110-135.
Hurrelmann, B. (1985), »Fernsehende Kinder – lesende Kinder in der Sicht ihrer Mütter«, in: *Wirkendes Wort* 35, 6, 363-386.
– (1989), »Fernsehen, Familienkommunikation und das Lesen der Kinder. Einige empirische Befunde zur Entwicklung der Medienkultur in Familien«, in: *SPIEL* 8, 1, 157-174.
Ibsch, E. (1989), »›Facts‹ in the empirical study of literature: The United States and Germany – A comparison«, in: *POETICS* 18, 389-404.
– (1988), »Observer and Participant in Literary Communication«, in: *Poetics Today* 9, 3, 515-527.
– (1988), »Zur literarischen Sozialisation. Beobachtungen zur Polyvalenz-Konvention«, in: *SPIEL* 7, 2, 333-345.
– (1989), »Motivations, epistemological considerations, concepts of literature, and aims of research in the Empirical Study of Literature in the United States and Germany«, in: *Empirical Studies of the Arts* 7, 99-114.
Imdahl, M. (Hg.) (1987), *Wie eindeutig ist ein Kunstwerk?*, Köln.
Jäger, G. (1988), »Der Kampf gegen Schmutz und Schund. Die Reaktion der Gebildeten auf die Unterhaltungsindustrie«, in: *Archiv für Geschichte des Buchwesens* 31, 163-191.
– (1989), »Freundschaft, Liebe und Literatur von der Empfindsamkeit bis zur Romantik: Produktion, Kommunikation und Vergesellschaftung von Individualität durch ›Kommunikative Muster ästhetisch vermittelter Identifikation‹«, in: *SPIEL* 8, 1, 69-87.
– (1990), *Buchhandel und Wissenschaft. Zur Ausdifferenzierung des wissenschaftlichen Buchhandels*, LUMIS-Schriften 27, Siegen.
– (1991), »Die Reflexivität literarischer Kommunikation. Zur Rekonstruktion der literarischen Evolution im 18. Jahrhundert als Reflexivitätsgewinn«, in: W. Faulstich (Hg.), *Medien und Kultur. Beiträge zu einem interdisziplinären Symposium der Universität Lüneburg (= LiLi* Beiheft 16), Göttingen, 86-94.
Janssen, S. und H. Leemans (1988), »Differences in consumer behavior between buyers of literature«, in: *POETICS* 17, 563-578.
Jeggle, U. u. a. (Hg.) (1986), *Volkskultur in der Moderne. Probleme und Perspektiven empirischer Kulturforschung*, Reinbek bei Hamburg.

Jensen, K. B. (1988), »Surplus meaning: Outline of a pragmatist theory of media reception«, in: *SPIEL* 7, 2, 293-311.
Jonas, H. (1990), »Empirical research into reception and the methodology of literature«, in: *POETICS* 19, 465-474.
Kantz, M. (1987), »Toward a pedagogically useful theory of literary reading«, in: *POETICS* 16, 155-168.
Kaufmann, B. (1989), »Literatur als Problem«, in: *SPIEL* 8, 2, 275-286.
Keller, F. (1986), *Das Leseverhalten von Kindern in der Freizeit. Eine empirische Untersuchung in den 4. Klassen einer Großstadt*, Frankfurt/M./Bern/New York.
Kiefer, M.-L. (1987), »Massenkommunikation 1964 bis 1985. Trendanalyse zur Mediennutzung und Medienbewertung«, in: *Media Perspektiven* 3, 137-148.
Kintgen, E. R. (1986), »Expectations and processes in reading poetic narratives«, in: *Empirical Studies of the Arts* 4, 79-95.
Klatzky, R. L. (1989), *Gedächtnis und Bewußtsein*, Stuttgart.
Kluwe, R. H. (1988), »Methoden der Psychologie zur Gewinnung von Daten über menschliches Wissen«, in: H. Mandl und H. Spada (Hg.), *Wissenspsychologie*, München/Weinheim, 359-385.
Kneer, G./Nassehi, A. (1991), »Verstehen des Verstehens – Eine systemtheoretische Revision der Hermeneutik«, in: *Zeitschrift für Soziologie* 20, 5, 341-356.
Knobloch, Cl. (1990), »Sprach- und Textverstehen: Über die Aktualität Schleiermachers«, in: *SPIEL* 8, 2, 213-231.
– (1990), »Zum Status und zur Geschichte des Textbegriffs. Eine Skizze«, in: *LiLi* 20, 77, 66-87.
Knoche, M. (1986), *Volksliteratur und Volksschriftenvereine im Vormärz. Literaturtheoretische und institutionelle Aspekte einer literarischen Bewegung*, Frankfurt/M.
Kochan, D. C. (1990), *Literaturdidaktik – Lektürekanon – Literaturunterricht*, Amsterdam/Atlanta, GA.
Köcher, R. (1988), »Familie und Lesen. Eine Untersuchung über den Einfluß des Elternhauses auf das Leseverhalten«, in: *Archiv für Soziologie und Wirtschaftsfragen des Buchhandels* LXIII, W 2275–W 2364.
Köck, W. K. (1987), »Biosystems theory and empirical aesthetics«, in: *POETICS* 17, 401-439.
– (1987), »Kognition, Semantik, Kommunikation«, in: S. J. Schmidt (Hg.), *Der Diskurs des Radikalen Konstruktivismus*, Frankfurt/M., 340-373.
Köhler, U. E. (1990), »Lesekultur in beiden deutschen Staaten. 40 Jahre – ein Vergleich. Geschichte – Theorie – Empirie«, in: *Archiv für Soziologie und Wirtschaftsfragen des Buchhandels* LXIV, W 2369-W 2628.
Koller, H.-Ch. (1990), »Die Philanthropische Pädagogik und das Zeichensystem ›Literatur‹«, in: *SPIEL* 9, 1, 173-197.

Krippendorff, K. (1990), »Eine häretische Kommunikation über Kommunikation über Kommunikation über Realität«, in: *DELFIN* 13, 7, 1, 52-67.

Kriz, J. (1985), »Wie empirisch ist die Empirie?«, in: *SPIEL* 4, 1, 7-40.

Kruse, P. (1988), »Stabilität, Instabilität, Multistabilität. Selbstorganisation und Selbstreferentialität in kognitiven Systemen«, in: *DELFIN* 11, 6, 1, 35-57.

Kutsch, A. (1990), »Das DDR-Mediensystem. Eine Auswahl-Bibliographie (18. März bis 3. Oktober 1990)«, in: *Mitteilungen StRuG* 16, Sonderheft, Dezember 1990.

Langner, R. (Hg.) (1986), *Psychologie der Literatur. Theorien, Methoden, Ergebnisse*, Weinheim/München.

Larsen, S. F. (1987), »Remembering and the archeology metaphor«, in: *Metaphor and Symbolic activity* 2, 187-199.

– und J. László (1990), »Cultural-historical knowledge and personal experience in the appreciation of literature«, in: *European Journal of Social Psychology* 20, 425-440.

– und U. Seilmann (1988), »Personal remindings while reading literature«, in: *Text* 8, 411-429.

László, J. (1986), »Same story with different point of view. The role of point of view in mental representation of a literary text«, in: *SPIEL* 5, 1, 1-22.

– (1988), »Readers' historical-social knowledge and their interpretation and evaluation of a short story«, in: *POETICS* 17, 461-482.

– (1990), »Images of social categories vs. images of literary and non-literary objects«, in: *POETICS* 19, 277-292.

– (1993), »Drei Formen des Wissens in der empirischen Untersuchung der Interpretation literarischer Erzählungen«, in: *SPIEL* 12, 1, 105-109.

– und S. F. Larsen (1991), »Cultural and text variables in processing personal experiences while reading literature«, in: *Empirical Studies of the Arts* 9, 23-34.

–, D. Meutsch und R. Viehoff (1988), »Verbal reports as data in text comprehension research: an introduction«, in: *Text* 8, 4, 283-294.

Leenhardt, J. (1984), »L'opérationnalisation des procédures critiques de la sociologie de la littérature«, in: R. Heyndels und E. Cros (Hg.), *Opérativité des méthodes sociocritiques*, Montpellier, 67-83.

– (1985), »Das ›Lesen-Können‹ oder: Über die sozio-historischen Modalitäten des Lesens«, in: *LiLi* 15, 57/58, 238-249.

– (1988), »Les effets esthétiques de l'œuvre littéraire: un problème sociologique«, in: M. Poulain (Hg.), *Pour une sociologie de la lecture. Lectures et lecteurs dans la France contemporaine*, Paris, 57-79.

Lehmann, G. K. (1987), »Die Empirie des Literarischen und Wege ihrer Erforschung«, in: *SPIEL* 6, 1, 21-38.

Lem, S. (1985), »Pathologie der Kultur«, in: *SPIEL* 4, 2, 215-255.

Leonhardt, C. (1985), *Das Taschenbuch. Seine Stellung und sein Einfluß im deutschen Buchmarkt*, Frankfurt/M.
Lerchner, G. (1990), »The text as a ›model-forming system‹ in literary communication«, in: *POETICS* 19, 411-422.
Liedtke, J. (1987), »Zur Rekonstruktion und Repräsentation erzählter Ereignisse«, in: *Papiere zur Linguistik* 37, 2, 11-26.
Linde, C. (1986), »Private stories in public discourse. Narrative analysis in the social sciences«, in: *POETICS* 15, 183-203.
Lindemann, B. (1988), »Settings: some cognitive issues in the theory of genres«, in: *Journal of Literary Semantics* XVII, 1, 3-19.
Linder, J. (1990), »›Verarbeitung‹ im Rechtssystem? Zu den ›Austauschbeziehungen‹ zwischen Literatursystem und Rechtssystem«, in: *SPIEL* 9, 1, 37-68.
Lindner, B. (1989), *Gegenwartsliteratur und junge Leser – eine literatursoziologische Studie*, Teil I und II, Berlin.
– (1993), »Wahrnehmungsmuster – Historische Dimensionen der Bildwahrnehmung«, in: *SPIEL* 12, 1, 110-122.
Löffler, D. (1990), »Intuitive sujet concepts in reception«, in: *POETICS* 19, 411-422.
Ludwig, H. W. und W. Faulstich (1985), *Erzählperspektive empirisch. Untersuchungen zur Rezeptionsrelevanz narrativer Strukturen*, Tübingen.
Luger, K. (1985), *Medien im Jugendalltag. Wie gehen die Jugendlichen mit Medien um – Was machen die Medien mit den Jugendlichen?*, Wien.
Luhmann, N. (1986), »Das Medium der Kunst«, in: *DELFIN* 7, 4, 1, 6-15.
Machinek, A. (1988), »Wozu Literaturkritik? Empirische und innerbetriebliche Bedeutung von Rezensionen«, in: H. L. Arnold (Hg.), *Über Literaturkritik. Text + Kritik* 100, 82-88.
Magliano, J. P. und A. C. Graesser (1991), »A three-pronged method for studying inference generation in literary text«, in: *POETICS* 20, 193-232.
Mandl, H. und W. Schnotz (1985), *New Directions in Text Processing*. Forschungsbericht Nr. 36 des DIFF, Tübingen.
Margolin, U. (1986), »The doer and the deed: action as a basis for characterization in narrative«, in: *Poetics Today* 7, 2, 205-225.
Marschark, M. und R. Hunt (1985), »On memory for metaphor«, in: *Memory and Cognition* 13, 413-424.
Martindale, C. (1986), »Aesthetic evolution«, in: *POETICS* 15, 439-475.
– (1988), »Positivism, constructivism, and poetics«, in: *SPIEL* 7, 2, 209-242.
– (1990), *The Clockwork Muse. The Predictability of Artistic Change*, New York.
– (Hg.) (1988), *Psychological Approaches to the Study of Literary Narratives*, Hamburg.
– und A. Martindale (1988), »Historical evolution of content and style

in nineteenth- and twentieth-century American short stories«, in: *POETICS* 17, 333-356.
Mast, C. (1985), *Medien und Alltag im Wandel. Eine Literaturstudie zu Akzeptanz und Nutzung alter und neuer Medien*, Konstanz.
McCarthy, J. A. (1986), »›Plan im Lesen‹: On the beginnings of a literary canon in the 18th century (1730-1805)«, in: *Komparatistische Hefte* 13, 29-45.
McCormack, E. R. (1985), *A Cognitive Theory of Metaphor*, Cambridge.
McCormic, K. und G. F. Waller (1987), »Text, reader, ideology: the interactive nature of the reading situation«, in: *POETICS* 16, 193-208.
Meutsch, D. (1986), »Mental models in literary discourse. Towards the integration of linguistic and psychological levels of description«, in: *POETICS* 15, 307-331.
– (1987), *Literatur verstehen. Eine empirische Studie*, Braunschweig/Wiesbaden.
– (1989), »How to do thoughts with words II: Degrees of explicitness in think aloud during the comprehension of literary and expository texts with different types of readers«, in: *POETICS* 18, 45-72.
– und S. J. Schmidt (1985), »Über die Rolle von Konventionen beim Verstehen literarischer Texte«, in: *SPIEL* 4, 2, 381-408.
– und R. Viehoff (Hg.) (1987), *Comprehension in Literary Discourse. Results and Problems of Interdisciplinary Approaches*, Berlin/New York.
– und R. A. Zwaan (1990), »On the role of computer models and technology in literary and media studies«, in: *POETICS* 19, 1-12.
Meyer, F. (1989), »Literary history and the history of mentalities: reflections on the problems and possibilities of interdisciplinary cooperation«, in: *POETICS* 18, 85-92.
– C.-M. Ort (1990), »Literatursysteme – Literatur als System. Eine theoretische Vorbemerkung«, in: *SPIEL* 9, 1, 1-14.
Meyszies, U. (1990), »Understanding literary narrative texts: outline for an interdisciplinary dialogue«, in: *POETICS* 19, 505-524.
Miall, D. S. (1988), »Affect and narrative. A model of response to stories«, in: *POETICS* 17, 259-272.
– (1990), »Readers' responses to narrative: evaluation, relating, anticipating«, in: *POETICS* 19, 323-357.
Mignolo, W. D. (1991), »Canons a(nd) cross-cultural boundaries (or, whose canon are we talking about?)«, in: *Poetics Today* 12, 1, 1-28.
Miller, J. R. (1985), »A knowledge-based model of prose comprehension: applications to expository texts«, in: Britton, B. K. und J. B. Black (Hg.), *Understanding Expository Texts*, Hillsdale, New Jersey, 199-226.
Mohr, H.-U. (1985), »Ästhetische Erfahrung und sozialgeschichtlicher Prozeß. Systemtheoretisch und rollentheoretisch orientierte Überlegungen zu einer Funktionsgeschichte der Literatur«, in: *SPIEL* 4, 2, 297-350.

Müller, H.-P. (1986), »Kultur, Geschmack und Distinktion. Grundzüge der Kultursoziologie Pierre Bourdieus«, in: F. Neidhardt, M. R. Lepsius und J. Weiss (Hg.), *Kultur und Gesellschaft*, Opladen, 162-190.

Nasar, J. L. (Hg.) (1988), *Environmental Aesthetics. Theory, Research and Application*, Cambridge.

Nierlich, E. (1986), »Was heißt es, eine empirisch-wissenschaftliche Theorie zu konstruieren?«, in: *Zeitschrift für allgemeine Wissenschaftstheorie* XVII, 2, 295-314.

– (1987), »Das Literarische«, in: *SPIEL* 6, 1, 183-207.

Noelle-Neumann, E. und R. Schulz (1986), »Typologie der Käufer und Leser«, in: *Archiv für Soziologie und Wirtschaftsfragen des Buchhandels*, LXII, W 2164-W 2256.

Nooy, W. de (1988), »Gentlemen of the jury. The features of experts awarding literary prizes«, in: *POETICS* 17, 531-562.

– (1989), »Literary prizes. Their role in the making of juvenile literature«, in: *POETICS* 18, 199-214.

Nünning, A. (1990), »Bausteine einer konstruktivistischen Erzähltheorie«, in: *DELFIN* 13, 7, 1, 3-17.

Nünning, V. (1988), »Voraussetzungssystem und Produktionshandlungen«, in: *SPIEL* 7, 2, 347-372.

Nüse, R. u. a. (1991), *Über die Erfindung/en des Radikalen Konstruktivismus. Kritische Gegenargumente aus psychologischer Sicht*, Weinheim.

Nutz, W. und V. Schlögell (1986), »Der Heftromanleser als popularkulturale Erscheinung«, in: *Communications* 12, 2, 7-39.

Olsen, S. H. (1987), *The End of Literary Theory*, Cambridge.

Ort, C.-M. (1985), »Problems of interdisciplinary theory-formation in the social history of literature«, in: *POETICS* 14, 321-344.

– (1989), »›Empirical‹ literary history? Theoretical comments on the concept of historical change in empirical literary science«, in: *POETICS* 18, 73-84.

– (1992), »Vom ›Text‹ zum ›Wissen‹: Die literarische Konstruktion soziokulturellen Wissens als Gegenstand einer nicht-reduktiven Literaturgeschichte«, in: L. Danneberg und F. Vollhardt (Hg., zus. m. H. Böhme u. J. Schönert), *Vom Umgang mit Literatur und Literaturgeschichte. Positionen und Perspektiven nach der ›Theoriedebatte‹*, Stuttgart, 409-441.

Ostermann, R. (1993), »Explorative Datenanalyse als Alternative zur modellgeleiteten statistischen Analyse«, in: *SPIEL* 12, 1, 136-150.

Parsons, M. J. (1987), *How We Understand Art. A Cognitive Developmental Account of Aesthetic Experience*, Cambridge.

Pasternack, G. (1985), »Intradisziplinäre Theoriebildung und interdisziplinärer Diskurs. Diskussionspapier zu G. Rusch und S. J. Schmidt, ›Das Voraussetzungssystem Georg Trakls‹«, in: *SPIEL* 4, 1, 155-175.

Peer, W. van (1987), »Empirical studies and their relationship to the theory of literature«, in: *SPIEL* 6, 2, 146-162.

– (1990), »The measurement of metre. Its cognitive and affective functions«, in: *POETICS* 19, 259-276.
– (1987), »Empirical studies and their relationship to the theory of literature«, in: *SPIEL* 6, 2, 145-162.
– (1987), »Top-down and bottom-up: interpretative strategies in reading E. E. Cummings«, in: *New Literary History* 18, 3, 597-610.
– (Hg.) (1988), *The Taming of the Text: explorations in Language, Literature, and Culture*, London.
Plumpe, G. (1985), »Systemtheorie und Literaturgeschichte. Mit Anmerkungen zum deutschen Realismus im 19. Jahrhundert«, in: H. U. Gumbrecht und U. Link-Heer (Hg.), *Epochenschwellen und Epochenstrukturen im Diskurs der Literatur- und Sprachhistorie*, Frankfurt/M., 251-264.
Polanyi, L. (1988), *Telling the American story. A Structural and Cultural Analysis of Conversational Storytelling*, Cambridge.
Prangel, M. (1986), *Die Pragmatizität ›fiktionaler‹ Literatur. Zur Rezeption der Romane und Erzählungen Ludwig Ganghofers*, Amsterdam.
Prenzel, M. (1991), »Lese- und Rezeptionsmotivation aus der Sicht einer Interessentheorie«, in: *SPIEL* 10, 1, 141-159.
Raabe, M. (1987), *Leser und Lektüre des 18. Jahrhunderts. Die Ausleihbücher der Herzog August Bibliothek Wolfenbüttel 1715-1800*. Bde. 1-4, München.
Radway, J. A. (1987), *Reading the Romance. Women, Patriarchy, and Popular Literature*, London/New York.
Rafetseder, H. (1988), *Bücherverbrennungen. Die öffentliche Hinrichtung von Schriften im historischen Wandel. Kulturstudien* (Bibliothek der Kulturgeschichte, 12), Wien/Köln/Graz.
Raforth, B. A. und D. L. Rubin (1988), *The social construction of written communication*, East Sussex.
Rees, C. J. van (1989), »The institutional foundation of a critic's connoisseurship«, in: *POETICS* 18, 179-214.
– (1987), »How reviewers reach consensus on the value of literary works«, in: *POETICS* 16, 275-294.
– (Hg.) (1985), *Empirical Sociology of Cultural Productions.* Sonderheft POETICS 14.
Reeves, C. E. (1986), »The language of Convention: literature and consensus«, in: *Poetics Today* 7, 1, 3-28.
Reiter, A. (1985), »EDV und Ideologiekritik: Inhaltsanalyse einer zeitgenössischen völkisch-nationalen Zeitschrift als Modell«, in: *SPIEL* 4, 2, 351-380.
Rencksdorf, K. (1989), »Mediennutzung als soziales Handeln. Zur Entwicklung einer handlungstheoretischen Perspektive der empirischen (Massen-)Kommunikationsforschung«, in: M. Kaase und W. Schulz (Hg.), *Massenkommunikation. Theorien, Methoden, Befunde. Kölner*

Zeitschrift für Soziologie und Sozialpsychologie, Sonderheft 30, Opladen, 314-336.
Röhrich, L. (Hg.) (1988), *Volksdichtung zwischen Mündlichkeit und Schriftlichkeit*, Tübingen.
Rosenblatt, L. M. (1985), »Transaction versus interaction: a terminological rescue operation«, in: *Research in the Teaching of English* 19, 96-107.
Rosengren, K.-E. (1987), »Literary criticism: future invented«, in: *POETICS* 16, 295-326.
– u. a. (Hg.) (1985), *Media Gratifications Research. Current Perspectives*, Beverly Hills/London/New Delhi.
Rupp, G. (1987), *Kulturelles Handeln mit Texten. Fallstudien aus dem Schulalltag*, Paderborn/München/Wien/Zürich.
– (1989), »Lesen: Aussteigen – Aufsteigen. Aspekte der Lektürebiographie von Ulrich Bräker bis Peter Weiss«, in: *Literatur für Leser* 1, 11-21.
– (1990) »Lesen im Literaturunterricht als kulturelles Handeln. Am Beispiel der ›Rekonstruktion‹ eines postmodernen zeitgenössischen Textes: Bodo Kirchhoffs ›Olmayra Sanchez und ich‹ aus dem Band ›Ferne Frauen‹«, in: *SPIEL* 9, 2, 361-385.
Rusch, G. und I. J. Schmidt (1983), Das Voraussetzungssystem Georg Trakls, Braunschweig/Wiesbaden.
Rusch, G. (1985), »The theory of history, literary history and historiography«, in: *POETICS* 14, 257-278.
– (1986), »Verstehen verstehen – Ein Versuch aus konstruktivistischer Sicht«, in: N. Luhmann und K. E. Schorr (Hg.), *Zwischen Intransparenz und Verstehen. Fragen an die Pädagogik*, Frankfurt/M., 40-71.
– (1987), »Cognition, media use, genres«, in: *POETICS* 16, 431-469.
– (1987), *Erkenntnis, Wissenschaft, Geschichte. Von einem konstruktivistischen Standpunkt*, Frankfurt/M.
– (1991), »Zur Systemtheorie und Phänomenologie von Literatur. Eine holistische Perspektive«, in: *SPIEL* 10, 2, 305-339.
– (1993), »Phänomene, Systeme, Episteme. Bemerkungen zur aktuellen Diskussion systemtheoretischer Ansätze in der Literaturwissenschaft«, in: H. de Berg und M. Prangel (Hg.), *Kommunikation und Differenz*, Opladen, 228-244.
Sander, V. (1986), »Zum deutschen Buch in Amerika: Produktion und Rezeption«, in: DVJS 60, LX, 484-495.
Saxer, U. (1991), »Medien als problemlösende Systeme. Die Dynamik der Rezeptionsmotivation aus funktional-struktureller Sicht«, in: *SPIEL* 10, 1, 45-79.
–, W. Langenbucher und A. Fritz (1989), *Kommunikationsverhalten und Medien. Lesen in der modernen Gesellschaft*, Gütersloh.
Scheele, B. und N. Groeben (1986), »The structure-formation technique in aesthetics«, in: *POETICS* 15, 527-555.
–/– (1988), *Dialog-Konsens-Methoden. Zur Rekonstruktion Subjektiver*

Theorien. Die Heidelberger Struktur-Lege-Technik (SLT), konsensuale Ziel-Mittel-Argumentation und kommunikative Flußdiagramm-Beschreibung von Handlungen, Tübingen.
Schenda, R. (1987), »Bilder vom Lesen – Lesen von Bildern«, in: *Internationales Archiv für Sozialgeschichte der deutschen Literatur* 12, 82-106.
Schenk, M. (1987), *Medienwirkungsforschung. Kommentierte Auswahlbibliographie der anglo-amerikanischen Forschung*, Tübingen.
Scherf, E. M. (1989), »Motiv- und zielbestimmter Umgang mit Texten. Überlegungen zu einem funktionalen Rezeptionsmodell«, in: *Weimarer Beiträge* 35, 12, 1980-1995.
Schlenstedt, S. (Hg.) (1986), *Wer schreibt, handelt. Strategien und Verfahren literarischer Arbeit vor und nach 1933*, Berlin/Weimar.
Schmidt, S. J. (1980), *Grundriß der Empirischen Literaturwissenschaft*, Bd. 1: *Der gesellschaftliche Handlungsbereich Literatur*, Braunschweig/Wiesbaden.
– (1982), *Grundriß der Empirischen Literaturwissenschaft*, Bd. 2: *Zur Rekonstruktion literaturwissenschaftlicher Fragestellungen in einer Empirischen Theorie der Literatur*, Braunschweig/Wiesbaden.
– (1984), »Empirische Literaturwissenschaft in der Kritik«, in: *SPIEL* 3, 2, 291-332.
– (1985), »On writing histories of literature. Some remarks from a constructivistic point of view«, in: *POETICS* 14, 279-302.
– (1986), »Texte verstehen – Texte interpretieren«, in: A. Eschbach (Hg.), *Perspektiven des Verstehens*, Bochum, 75-106.
– (Hg.) (1987), *Media Genre*, Sonderheft *POETICS* 16, 5.
– (Hg.) (1987), *Der Diskurs des Radikalen Konstruktivismus*, Frankfurt/M.
– (Hg.) (1992), *Kognition und Gesellschaft. Der Diskurs des Radikalen Konstruktivismus*, Bd. 2, Frankfurt/M.
– (1988), »Diskurs und Literatursystem. Konstruktivistische Alternativen zu diskurstheoretischen Alternativen«, in: J. Fohrmann und H. Müller (Hg.), *Diskurstheorien und Literaturwissenschaft*, Frankfurt, 134-158.
– (1989), *Die Selbstorganisation des Sozialsystems Literatur im 18. Jahrhundert*, Frankfurt/M.
– (1989), »Past: Notes on Memory and Narration«, in: *Empirical Studies of the Arts* 7, 191-202.
– (1990), *Why Literature is not enough, or: Literary Studies as Media Studies*. LUMIS-Schriften 25, Siegen.
– (1991), *Grundriß der Empirischen Literaturwissenschaft*. Mit einem Nachwort zur Taschenbuchausgabe, Frankfurt/M.
– (1991), »Text understanding – A self-organizing cognitive process«, in: *POETICS* 20, 273-301.
Schnotz, W. (1988), »Textverstehen als Aufbau mentaler Modelle«, in: H. Mandl und H. Spada (Hg.), *Wissenspsychologie*, München/Weinheim, 299-330.

Schön, E. (1990), »Die Leser erzählen lassen. Eine Methode in der aktuellen Rezeptionsforschung«, in: *Internationales Archiv für Sozialgeschichte der deutschen Literatur* 15, 2, 193-201.
– (1990), »Die Entwicklung literarischer Rezeptionskompetenz. Ergebnisse einer Untersuchung zum Lesen bei Kindern und Jugendlichen«, in: *SPIEL* 9, 2, 229-276.
Schönert, J. (1985), »The social history of German literature. On the present state of distress in the social history of German literature«, in: *POETICS* 14, 303-320.
– (1988), »Gesellschaftliche Modernisierung und Literatur der Moderne«, in: C. Wagenknecht (Hg.), *Zur Terminologie der Literaturwissenschaft*, Stuttgart, 393-413.
– (1990), »The reception of sociological theory by West German literary scholarship 1970-1985«, in: R. Sheppard (Hg.), *New Ways in Germanistik*, New York/Oxford/München, 71-94.
Schrader, M. (1988), »Sprache als Kriterium literarischer Kritik«, in: *LiLi* 71, 48-60.
Schram, D. H. (1991), *Norm und Normbrechung. Die Rezeption literarischer Texte als Gegenstand empirischer Forschung*, Braunschweig/Wiesbaden.
– und P. C. W. von Wieringen (1986), »Die dogmatische Person und die Rezeption normwidriger Informationen aus literarisch und nicht-literarisch präsentierten Texten«, in: *SPIEL* 5, 1, 49-81.
Schreier, M. und N. Groeben (1991), »›Death enemy‹ or ›Promoter‹? On the relation between film-television-consumption and motivation to read«, in: *SPIEL* 10, 1, 5-43.
Schröder, H. J. (1991), »Das narrative Interview – ein Desiderat in der Literaturwissenschaft«, in: *Internationales Archiv für Sozialgeschichte der deutschen Literatur* 16, 1, 94-109.
Schulte-Sasse, J. (1988), »Literarische Wertung: Zum unausweichlichen historischen Verfall einer literaturkritischen Praxis«, in: *LiLi* 18, 71, 13-47.
Schurian, W. (1986), *Psychologie ästhetischer Wahrnehmungen. Selbstorganisation und Vielschichtigkeit von Empfindung, Verhalten und Verlangen*, Wiesbaden.
Schuur, M. und G. Seegers (1989), »The perception of book categories by adult users of Dutch public libraries«, in: *POETICS* 18, 479-490.
Schwanitz, D. (1990), *Systemtheorie und Literatur. Ein neues Paradigma*, Opladen.
– (1993), »Systemtheoretischer Handlungsbegriff und literarische Kommunikation«, in: *SPIEL* 12, 1, 72-80.
Seegers, G. und S. de Jong (1988), »Appreciation of bookclubs by members and former members«, in: *POETICS* 17, 547-562.
– und H. Verdaasdonk (1987), »Effects of acquired readership and review-

ers' attention on the sales of new literary works«, in: *POETICS* 16, 237-254.
Segers, R. T. (1989), »Das Verstehen zeitgenössischer Literatur. Charakteristische Verfahren der literarischen Kritik in Tages- und Wochenzeitungen des niederländischen Sprachraums«, in: *SPIEL* 8, 1, 131-155.
– (1993), »Durchbruch und Kanonisierung: Eine neue Provokation für die Literaturgeschichtsschreibung?«, in: *SPIEL* 12, 1, 1-22.
Seilman, U. (1990), »Readers entering a fictional world«, in: *SPIEL* 9, 2, 323-342.
– und S. F. Larsen (1989), »Personal resonance to literature: A study of remindings while reading«, in: *POETICS* 18, 165-178.
Shen, D. (1988), »Stylistics, objectivity, and convention«, in: *POETICS* 17, 221-238.
Shen, Y. (1988), »Schema theory and the processing of narrative texts: the X-bar story grammar and the notion of discourse topic«, in: *Journal of Pragmatics* 12, 3-4, 639-676 (Nachdruck in: A. Kasher (Hg.), *Cognitive Aspects of Language Use*, North Holland 1989).
Shiach, M. (1989), *Discourse on popular culture. Class, gender and history in cultural analysis, 1730 to the present*, Stanford.
Silbermann, A. und A. Hänseroth (1985), *Der Übersetzer. Eine berufs- und literatursoziologische Untersuchung*, Wiesbaden.
Smirnov, I. P. (1985), »Jenseits des Poststrukturalismus oder Läßt sich Literatur definieren«, in: *Poetica* 17, 183-201.
Smith, F. (1988), *Understanding Readers' Understanding. Analysis of Reading and Learning to Read*, East Sussex.
Stadler, M. und W. Wildgen (1987), »Ordnungsbildung beim Verstehen und bei der Reproduktion von Texten«, in: *SPIEL* 6, 1, 101-144.
Stagl, J. (1986), »Kulturanthropologie und Kultursoziologie: Ein Vergleich«, in: F. Neidhardt, M. R. Lepsius und J. Weiss (Hg.), *Kultur und Gesellschaft*, Opladen, 75-91.
Steen, G. J. (1989), »Metaphor and literary comprehension: Towards a discourse theory of metaphor in literature«, in: *POETICS* 18, 113-141.
– (1989), »How empirical are the British? A view from continental empirical studies of literature«, in: *PARLANCE, Journal of the Poetics and Linguistics Association* 2, 55-77.
– (1990), »Thinking aloud about metaphor in literature: Considerations of method«, in: *SPIEL* 9, 2, 295-322.
– (1991), »The empirical study of literary reading: aspects of data collection«, in: *POETICS* 20, 451-468.
Steinlein, R. (1987), *Die domestizierte Phantasie. Studien zur Kinderliteratur, Kinderlektüre und Literaturpädagogik des 18. und frühen 19. Jahrhunderts*, Heidelberg.
Stempel, W.-D. (1986), »Everyday narrative as a prototype«, in: *POETICS* 15, 203-217.

Stephan, J. (1985), *Lesen und Verstehen. Eine Anleitung zum besseren Umgang mit fiktionaler Literatur*, Darmstadt.

Sternberg, R. J. und E. E. Smith (Hg.) (1988), *The Psychology of Human Thought*, Cambridge.

Stiftung Lesen (Hg.) (1990), *Lesen im internationalen Vergleich. Ein Forschungsgutachten der Stiftung Lesen für das Bundesministerium für Bildung und Wissenschaft*. Teil 1: *Bundesrepublik Deutschland, Deutsche Demokratische Republik, Schweiz, Österreich, Großbritannien, Frankreich, USA*, Mainz.

– (Hg.) (1991), *Lesen. Zahlen, Daten, Fakten über Bücher, Zeitungen, Zeitschriften und ihre Leser*, Mainz.

Stocker, K. (1987), »Literaturinteresse bei Schülern. Bericht über ein interdisziplinäres Projekt«, in: *SPIEL* 6, 2, 275-311.

Svenson, C. (1989), »Poetic set: the effects of typographic arrangement on the immediate responses to poetry. A developmental study«, in: *SPIEL* 8, 1, 77-106.

Tack, W. H. (1987), »Ziele und Methoden der Wissensrepräsentation«, in: *Sprache & Kognition* 6, 3, 150-163.

Tannen, D. (1987), »The orality of literature and the literacy of conversation«, in: J. A. Langer (Hg.), *Language, Literacy, and Culture: Issues of Society and Schooling*, Norwood, 67-88.

Taylor, T. J. und D. Cameron (1987), *Analysing Conversation. Rules and Units in the Structure of Talk*, Oxford.

Tellegen-van Delft, S. (1986), *Why Read*, Amsterdam.

– und L. Coppejans (1991), *Imaginative Reading Research into Imagination. Reading Behaviour and Reading Pleasure*, The Hague.

Tergan, S.-O. (1986), *Strukturen der Wissensrepräsentation als Grundlage qualitativer Wissensdiagnostik*, Wiesbaden.

Tetlock, P. E. (1988), »Integrative complexity of text and reader as moderators of aesthetic evaluations«, in: *POETICS* 17, 357-366.

Tewes, B. (1985), »Literatur in deutschen Tageszeitungen«, in: *SPIEL* 4, 2, 435-457.

Thal, O. (1985), *Realismus und Fiktion*, Dortmund.

Thierse, W. und D. Kliche (1985), »DDR-Literaturwissenschaft in den 70er Jahren«, in: *Weimarer Beiträge* 31, 2, 267-308.

Thun, N. (1987), *Adressatenwechsel. Literarische Kommunikation in Sowjetrußland (1917-1930)*, Berlin (DDR).

Tierney, R. J., P. L. Anders und J. Nichols Mitchell (1987), *Understanding Readers' Understanding. Theory to Practice*, East Sussex.

Titzmann, M. (Hg.) (1991), *Modelle des literarischen Strukturwandels*.

Tomlinson, A. (1989), *Consumption, Identity, and Style*, London.

Tötösy de Zepetnek, S. (1990), »Die empirische Literaturwissenschaft und die Vorwörter kanadischer Romane des 19. Jahrhunderts: Versuch einer Theorieanwendung«, in: *SPIEL* 9, 2, 343-360.

Uther, H.-J. (Hg.) (1990), *Märchen in unserer Zeit. Zu Erscheinungsformen eines populären Erzählgenres*, München.
Verdaasdonk, H. (1989), »Literary magazines as media for publishing literary texts«, in: *POETICS* 18, 215-238.
Viehoff, R. (1986), »How to construct a literary poem?«, in: *POETICS* 15, 287-306.
– (1987), »Kind und Literatur. Überlegungen zur Erforschung literarischer Rezeption. Dargelegt am Beispiel des Romans ›Kindheitsmuster‹ von Christa Wolf«, in: J. M. Fischer, K. Prümm und H. Scheuer (Hg.), *Erkundungen. Beiträge zu einem erweiterten Literaturbegriff. Festschrift für H. Kreuzer*, Göttingen, 259-292.
– (1987), »Literatur und Bedürfnis – Bedürfnis und Literatur. Überlegungen zur Bedeutung des Bedürfnisbegriffs in der Literaturwissenschaft«, in: *SPIEL* 6, 1, 1-20.
– (1988), »Literarisches Verstehen. Neuere Ansätze und Ergebnisse empirischer Forschung«, in: *Internationales Archiv für Sozialgeschichte der deutschen Literatur* 13, 1-39.
– (1988), »Literaturkritik als literarisches Handeln und als Gegenstand der Forschung. Hinweise auf Situationsbedingungen und Handlungskontexte«, in: *LiLi* 18, 71, 73-91.
– (1990), »Literaturkritik 1973 und 1988 – Aspekte des literarischen Wertewandels«, in: W. Barner (Hg.), *Literaturkritik. Anspruch und Wirklichkeit*, Stuttgart, 440-459.
– (Hg.) (1991), *Alternative Traditionen. Dokumente zur Entwicklung einer empirischen Literaturwissenschaft*, Braunschweig.
Vipond, D., R. A. Hunt und L. C. Wheeler (1987), »Social reading and literary engagement«, in: *Reading Research and Instruction* 26, 3, 151-161.
– u. a. (1988), »Making sense of reading«, in: R. Beach und S. Hynds (Hg.) (1988), *Becoming Readers and Writers During Adolescence and Adulthood*, Norwood, N. J., 1-42.
Vliet, H. v. und A. v. d. Velden (1993), »Zu einer radikal neuorientierten Empirischen Theorie der Literatur«, in: *SPIEL* 12, 1, 23-33.
Volpers, H. (1987), »Möglichkeiten und Grenzen alternativer Kleinverlage auf dem deutschen Buchmarkt«, in: *Media Perspektiven* 7, 460-469.
Vorderer, P. (Hg.) (1991), *Von der Lese- zur Rezeptionsmotivation*, Sonderheft *SPIEL* 10, 1.
– und N. Groeben (Hg.) (1987), *Textanalyse als Kognitionskritik? Möglichkeiten und Grenzen ideologiekritischer Inhaltsanalyse*, Tübingen.
Wabnegger, E. (1987), *Literaturskandal. Studien zur Reaktion des öffentlichen Systems auf Karl Gutzkows Roman ›Wally, die Zweiflerin‹ (1835-1848)*, Würzburg.
Wagner, K. (1991), *Die literarische Öffentlichkeit der Provinzliteratur. Der Volksschriftsteller P. Rosegger*, Tübingen.

Wales, K. (1988), »Back to the future: Bakhtin, stylistics and discourse«, in: W. van Peer (Hg.), *The Taming of the Text: Explorations in Language, Literature, and Culture*, London, 176-192.

Waller, G. F. (1987), »The new rhetoric and the new literary theory: cognitive and cultural interaction«, in: *POETICS* 16, 103-130.

Walter, A. (1987), »Zu einigen Fragen der Dispositionen des Leseverhaltens und der Wirkung der Literatur«, in: *Weimarer Beiträge* 33, 5, 849-862.

Walther, G. (1991), »Das Buch als Tat. Talcott Parsons als Gründervater einer umfassenden Theorie zur ›Sozialgeschichte der deutschen Literatur 1770-1990‹«, in: *Archiv für Sozialgeschichte* 31, 444-456.

Wardetzky, K. (1989), »Kinder und Märchen. Zwischenergebnisse einer empirischen Untersuchung«, in: *SPIEL* 8, 2, 177-211.

– (1992), *Märchen – Lesarten von Kindern. Eine empirische Studie*, Berlin.

Weaver, C. (1985), »Parallels between new paradigms in science and in reading and literary theories: an essay review«, in: *Research in the Teaching of English* 19, 298-316.

Werber, N. (1992), *Literatur als System. Zur Ausdifferenzierung literarischer Kommunikation*, Opladen.

– (1993), »›Economic vices – literary benefits‹. Zur Differenzierung von Literatur, Ästhetik und Wirtschaft um 1800«, in: *SPIEL* 12, 1, 61-71.

Wieler, P. (1990), »›Verständigung‹ über ›Verstehen‹ als ein Problem der Literaturdidaktik«, in: *SPIEL* 9, 2, 387-414.

Willenberg, H. (Hg.) (1987), *Zur Psychologie des Literaturunterrichts. Schülerfähigkeiten – Unterrichtsmethoden – Beispiele*, Frankfurt/M.

– und B. Lange (1989), »Verstehensfortschritte von Schülern nach einem Jahr. Versuch einer neuropsychologisch begründeten Lerntheorie«, in: *SPIEL* 8, 1, 49-75.

Winckler, L. (1986), *Autor-Markt-Publikum. Soziale Grundlagen des bürgerlichen Literaturprozesses*, Berlin.

– (1987), *Kulturelle Erneuerung und gesellschaftlicher Auftrag. Zur Bestandspolitik der öffentlichen Bibliotheken und Betriebsbüchereien in der SBZ und DDR 1945-1951*, Tübingen.

Winko, S. (1990), »Probleme der Analyse von Wertungen und Werten in Texten: Versuch einer interdisziplinären Grundlegung und Entwurf eines Rekonstruktionsverfahrens«, in: *SPIEL* 9, 1, 201-218.

– (1991), *Wertungen und Werte in Texten. Axiologische Grundlagen und literaturwissenschaftliches Rekonstruktionsverfahren*, Braunschweig/Wiesbaden.

Wolf, G. (1988), »Reflexionen und Erfahrungen: Über ›Transkription‹ als Instrument und Quelle von Kommunikationsforschung«, in: *SPIEL* 7, 1, 197-208.

Wrolstad, M. E. und D. Fischer (Hg.) (1986), *Toward a new Understanding of Literacy*, London.

Zijlmans, K. und J. Hoogeveen (1988), *Kommunikation über Kunst. Eine Fallstudie zur Entstehungs- und Rezeptionsgeschichte des ›Blauen Reiters‹ und von Wilhelm Worringers ›Abstraktion und Einfühlung‹*, Leiden.
Zöllner, K. (1990), »›Quotation analysis‹ as a means of understanding comprehension processes of longer and more difficult texts«, in: *POETICS* 19, 293-322.
Zwaan, R. A. (1991), »Some parameters of literary and news comprehension: effects of discourse-type perspective on reading rate and surface structure representation«, in: *POETICS* 20, 2, 139-156.

Hinweise zu den Autorinnen und Autoren

Els Andringa, geb. 1949, studierte Germanistik, Literaturwissenschaft und Psychologie in Utrecht (NL) und Wien. Sie promovierte 1979 mit einer Arbeit zur empirischen Literaturwissenschaft und publizierte auf den Gebieten der Leserforschung, Textlinguistik und Literaturwissenschaft. Zur Zeit ist sie Dozentin für theoretische Literaturwissenschaft an der Universität Utrecht.

Achim Barsch, geb. 1952 in Bielefeld; Studium der Germanistik, Literaturwissenschaft, Geschichte und Philosophie an den Universitäten Münster und Bielefeld; Promotion 1980 in Bielefeld; Wissenschaftlicher Mitarbeiter, Hochschulassistent und seit 1988 Hochschuldozent an der Universität-Gesamthochschule Siegen. Interessenschwerpunkte: Literaturtheorie, Rhythmus- und Metrikforschung, empirische und angewandte Literaturwissenschaft. – Veröffentlichungen: (zusammen mit S. J. Schmidt) *Generative Phonologie und generative Metrik*, Opladen 1981; *Die logische Struktur linguistischer Poetiken*, Berlin 1981; *Metrik, Literatur und Sprache*, Braunschweig/Wiesbaden 1991; ferner Aufsätze zu Literatur und Recht, Fragen literarischer Wertung und zur systemtheoretischen Orientierung der Literaturwissenschaft.

Sara M. Davis, Ph. D. 1985 an der Rutgers-University; Professorin für Psychologie am Rosemont College. Ihre Interessen in bezug auf literaturwissenschaftliche Fragen berühren sich mit ihrem Forschungsschwerpunkt in Entwicklungspsychologie. – Gegenwärtig beschäftigt sie sich v. a. mit Problemen einer »feministischen« Psychologie. Zahlreiche Untersuchungen über Kommunikationsprozesse während des Unterrichts.

Douwe W. Fokkema ist Ordinarius für Vergleichende Literaturwissenschaft an der Universität Utrecht; seit 1987 dort auch Direktor des Forschungsinstituts für Geschichte und Kultur. – Wichtige Buchveröffentlichungen: *Literary History, Modernism, and Postmodernism*, 1984; (in Zusammenarbeit mit Elrud Ibsch) *Theories of Literature in the Twentieth Century*, 1978; (in Zusammenarbeit mit Elrud Ibsch) *Het Modernisme in de Europese Letterkunde*, 1984 (englisch: *Modernist Conjectures: A Mainstream in European Literature 1910-40*, 1988); *Literatuurwetenschap en Cultuurverdracht*, 1992.

Norbert Groeben, geb. 1944; Dipl. Psych., M. A., Dr. phil. habil.; Studium der Germanistik, Psychologie, Philosophie, Theologie und Soziologie 1963-67; 1968-72 wissenschaftlicher Assistent am Psychologischen

Institut in Münster; seit 1973 Professor in Heidelberg (ab 1980 ordentlicher Professor für Allgemeine Psychologie und Psycholinguistik). Forschungsschwerpunkte: Sprach- und Denkpsychologie, Wissenschaftstheorie und Anthropologie; Literaturpsychologie und Empirische Literaturwissenschaft. – Monographien zu: Literaturpsychologie; Kriterien psychologischer Forschung; Leserpsychologie: Textverständnis und Textverständlichkeit, Lesemotivation und Lektürewirkung; Argumente für eine Psychologie des reflexiven Subjekts; Rezeptionsforschung als Empirische Literaturwissenschaft; Produktion und Rezeption von Ironie; Dialog-Konsens-Methoden: Forschungsprogramm Subjektive Theorien; Textwirkungsforschung; Kritik des Radikalen Konstruktivismus.

László Halász, Professor am Institut für Psychologie der Ungarischen Akademie der Wissenschaften in Budapest und Honorarprofessor der Ungarischen Akademie der Schönen Künste in Budapest. – Zahlreiche Bücher und Aufsätze zu Themen der literarischen Wertung und des literarischen Verstehens. *Literary Discourse. Aspects of Cognitive and Social Psychological Approaches*, Berlin/New York 1987; Jüngste Veröffentlichungen: *Dem Leser auf der Spur. Literarisches Lesen als Forschen und Entdecken. Zur Sozialpsychologie des literarischen Verstehens*, Braunschweig/Wiesbaden 1993; Herausgeber eines Sonderheftes der internationalen Zeitschrift POETICS zum Thema Kurzgeschichten.

Robert Hogenraad, Professor am Psychologischen Fachbereich der Katholischen Universität von Löwen/Belgien in Louvain-La-Neuve; ordentliches Mitglied der Belgischen Forschungsgemeinschaft. Sein Interesse an Textanalysen leitet sich ab aus seinen Forschungen zu einer sozialwissenschaftlichen Epistemologie; in diesem Zusammenhang Entwicklung zahlreicher computerunterstützter Inhaltsanalyseprogramme und Wörterbücher (z.B. PROTAN). Gegenwärtige Forschungsschwerpunkte: Fragen einer Wissenschaftspsychologie (Wissenschaftsanalyse als Analyse institutionellen Wissens). Er konzipiert dabei Wissenschaftsgeschichte – einem Vorschlag Colin Martindales folgend – als »history without names«.

Elrud Ibsch, Studium der Germanistik, Romanistik, Philosophie und Literaturtheorie an den Universitäten Mainz, Paris und Utrecht; Promotion in Utrecht mit einer Dissertation über die ästhetischen Theorien Nietzsches; Ordinarius für Allgemeine Literaturwissenschaft an der Vrije Universiteit Amsterdam. – Wichtige Veröffentlichungen: (in Zusammenarbeit mit Douwe Fokkema) *Theories of Literature in the Twentieth Century*, 1978; *Het Modernisme in de Europese Letterkunde*, 1984; *Literatuurwetenschap en Cultuurverdracht*, 1992. Mitherausgeberin der Bände *Rezeptionsforschung zwischen Hermeneutik und Empirik*, 1987, und *Empirical Studies of Literature*.

Colin Martindale, Ph. D., Professor für Psychologie an der University of Maine in Orono/Maine. Sein Konzept einer »history without names« ist Grundlage eines umfangreichen Projekts zur erkenntnistheoretischen, wissenschaftstheoretischen und empirischen Erforschung der Literaturgeschichte. In zahlreichen Studien hat er dazu für alle Künste Anwendungsbeispiele erarbeitet und publiziert. Jüngste Veröffentlichungen u. a.: *Psychological approaches to the study of literary narratives*, Hamburg 1988; *The Clockwork Muse. The Predictability of Artistic Change*, New York 1992. Herausgeber der Internationalen Zeitschrift *ESA. Empirical Study of the Arts.*

Motoki Natori, geb. 1960 in Yamanashi (Japan), 1979-1990 Studium der Literaturwissenschaft in Kanazawa, Regensburg und Hokkaido, 1990-1992 Studium am LUMIS (Institut für Empirische Literatur- und Medienforschung) in Siegen, zur Zeit Studium in Hokkaido (Japan). Arbeitsgebiete: Empirische Literaturwissenschaft (internationale Studien zu Literatursystemen, historiographische Studien von Literatursystemen u. a.). – Bisherige Arbeiten: »Literarische Wertung beim ›Akutagawa-Preis‹«; »Riruke to Moderune no Jidai« (»Rilke und die Zeit der Moderne«); »Mangas: Japanische Comics: ihre Vielfalt und Dynamik«.

Claus-Michael Ort, geb. 1956; Studium der Literaturwissenschaft, Soziologie und Geschichte in München; 1982-1986 Lehr- und Forschungstätigkeit an der Universität München, Forschungsgruppe »Sozialgeschichte der deutschen Literatur 1770-1900«; seit 1989 an der Universität Kiel; 1992 Promotion.

Gerhard Pasternack, Studium der Germanistik und Philosophie; 1967 Promotion in Hamburg; Habilitation 1979 in Kiel; seit 1981 Professor für Literaturtheorie an der Universität Bremen, seit 1986 zugleich Professor für Philosophie. Mitbegründer des »Zentrums Philosophische Grundlagen der Wissenschaften« an der Universität Bremen und Herausgeber der Schriftenreihe des »Zentrums«. Arbeitsschwerpunkte auf den Gebieten der Hermeneutik, der Methodologie der Geisteswissenschaften und der philosophischen Ästhetik. – Buchpublikationen: *Spiel und Bedeutung*, 1971; *Theoriebildung in der Literaturwissenschaft*, 1975; *Interpretation 1979; Georg Lukács' späte Ästhetik*, 1985.

Willie van Peer, Professor für Literaturtheorie an der Reichsuniversität Utrecht/Niederlande. Hauptforschungsgebiete: Fragen der Theorieentwicklung und der damit verbundenen epistemologischen Probleme sowie der Zusammenhang von Form und Funktion bei literarischen Texten. – Veröffentlichungen u. a.: *Stylistics and Psychology: Investigations of Foregrounding*, London 1986; (Hg.) *The Taming of the Text. Explorations in*

Language, Literature, and Culture, London 1988; (Hg.) *But what is Literature? Literary Studies and the Question of Definition*, Sonderheft *SPIEL* 11, 2, 1992.

Gebhard Rusch, geb. 1954; Studium der Geschichte, Philosophie, Linguistik und Literaturwissenschaft an den Universitäten Bielefeld und Siegen; Promotion 1987: *Erkenntnis, Wissenschaft, Geschichte. Von einem konstruktivistischen Standpunkt*; zur Zeit Wissenschaftlicher Mitarbeiter am Institut für Empirische Literatur- und Medienforschung (LUMIS) an der Universität Siegen. – Zahlreiche Veröffentlichungen zur Sprach-, Medien- und Kommunikationstheorie, zur Theorie von Geschichte und Geschichtswissenschaft, zur Literaturgeschichte und zur Mediennutzung.

Brigitte Scheele, geb. 1942; staatlich geprüfte Physiotherapeutin, Dipl.-Psych., Dr. phil.; Privatdozentin am Psychologischen Institut der Universität Heidelberg. Arbeitsschwerpunkte: Kognitions-, Motivations- und Emotionspsychologie einschließlich Anwendungsperspektiven; Sprachpsychologie.

Margrit Schreier, geb. 1960; B.A.; 1980-1983 Studium der Englischen Sprache und Literatur am New College in Oxford; seit 1986 Studium der Psychologie an der Universität Heidelberg; dort seit 1988 wissenschaftliche Mitarbeiterin im SFB 245: »Sprache und Situation«.

Rien T. Segers, geb. 1947; Studium der Niederlandistik, Allgemeinen Literaturwissenschaft und Psychologie in Utrecht, Stanford, Yale und Konstanz; Professor für Allgemeine und Vergleichende Literaturwissenschaft an der Universität Groningen/Niederlande. Mehrmalige Gastprofessuren im Ausland, u. a. an der Indiana University, der New York University, der University of Alberta, der Université Laval und der University of Tokyo. Präsident der ›Commission on Publications‹ der ›International Comparative Literature Association‹. – Veröffentlichungen u. a. über literarische Wertung (*The Evaluation of Literary Texts*, 1978), über Rezeptionsforschung (*Het lezen van literatuur*, 1984^2) und über Literaturdidaktik (*Over-lezen*, 2 Bände, 1984). Herausgeber von mehreren Büchern, zuletzt: *Etudes de réception / Reception Studies*, Bern u. a. 1993.

Gerard J. Steen, geb. 1957; Forschungsstipendiat und Dozent für Allgemeine Literaturwissenschaft an der Universität Amsterdam. Forschungsinteressen: Textverstehensprozesse, insbesondere mit Rücksicht auf die Rolle der Metapher und die hiermit verbundenen methodischen Probleme. – Publikationen in diesem Bereich u. a. in: *POETICS, SPIEL* und *Poetics Today*; eine Monographie über Metapherverständnis in der Literatur ist in Vorbereitung.

Reinhold Viehoff, Habilitation 1991 an der Universität Siegen für Neuere Deutsche Literatur und Allgemeine Literaturwissenschaft. Forschungsmitglied des LUMIS-Instituts in Siegen und Herausgeber der internationalen Zeitschrift SPIEL. Siegener Periodicum zur Internationalen Empirischen Literaturwissenschaft. Forschungs- und Publikationsschwerpunkte: psychologische und soziologische Probleme literarischer Produktion/Rezeption, Literatur und Rundfunk, Gattungstheorie, literarische Sozialisation und Probleme einer Methodologie der Literaturwissenschaft. – Jüngste Veröffentlichung: (Hg.) *Alternative Traditionen, Dokumente zur Entwicklung einer empirischen Literaturwissenschaft*, Braunschweig/Wiesbaden 1991.

Peter Vorderer, geb. 1959; Studium der Psychologie und Soziologie an den Universitäten Heidelberg, New York State University/New York, Ann Arbor/Michigan und Mannheim; Diplom in Psychologie in Heidelberg 1987, in Soziologie in Mannheim 1989; Promotion zum Dr. phil. an der TU Berlin 1992. – Publikationen im Bereich der empirischen Literatur- und Medienwissenschaft bzw. -psychologie, zuletzt: *Fernsehen als Handlung*. Mitherausgeber der Reihe *Empirische Literatur- und Medienwissenschaft.*

Petra Wieler, Studium der Germanistik, Geschichte und Pädagogik an der Universität Köln; 1988 literaturdidaktische Dissertation an der RWTH Aachen; 1984-1991 wissenschaftliche Mitarbeiterin an den Reichsuniversitäten Utrecht und Groningen; seit 1992 Dozentin an der Universität Köln.

205/1/8.92

205/2/8.92

suhrkamp taschenbücher wissenschaft
Soziologie, Theorie der Gesellschaft

205/3/8.92

suhrkamp taschenbücher wissenschaft
Soziologie, Theorie der Gesellschaft

– Brechungen. stw 922
– Recht und Politik. stw 923
– Prinzipien der Wirklichkeit. stw 924
Kern/Schumann: Industriearbeit und Arbeiterbewußtsein. stw 549
Kettler/Meja/Stehr: Politisches Wissen. stw 649
Kippenberg/Luchesi (Hg.): Magie. Die sozialwissenschaftliche Kontroverse über das Verstehen fremden Denkens. stw 674
Kocka (Hg.): Interdisziplinarität. stw 671
Korte: *siehe unter Elias*
Lenhardt: Schule und bürokratische Rationalität. stw 466
Lenski: Macht und Privileg. stw 183
Lepenies: Melancholie und Gesellschaft. stw 967
Lepenies (Hg.): Geschichte der Soziologie. 4 Bde. stw 367
Löwenthal: Schriften 1-5. stw 901-905
Luckmann: Die unsichtbare Religion. stw 947
Lüderssen/Sack (Hg.): Vom Nutzen und Nachteil der Sozialwissenschaften für das Strafrecht. 2 Bde. stw 327
– Seminar: Abweichendes Verhalten I-IV. 4 Bde. stw 84-87
Luhmann: Funktion der Religion. stw 407
– Legitimation durch Verfahren. stw 443
– Soziale Systeme. stw 666
– Die Wissenschaft der Gesellschaft. stw 1001
– Zweckbegriff und Systemrationalität. stw 12
– *siehe auch Haferkamp/Schmid*
– *siehe auch Welker; Welker/Krawietz*
Luhmann/Fuchs: Reden und Schweigen. stw 848
Luhmann/Pfürtner (Hg.): Theorietechnik und Moral. stw 206
Luhmann/Schorr: Reflexionsprobleme im Erziehungssystem. stw 740
Luhmann/Schorr (Hg.): Zwischen Absicht und Person. stw 1036
– Zwischen Anfang und Ende. stw 898
– Zwischen Intransparenz und Verstehen. stw 572
– Zwischen Technologie und Selbstreferenz. stw 391
Luhmann/Spaemann: Paradigm lost: Über die ethische Reflexion der Moral. stw 797
Mannheim: Konservatismus. stw 478
– Strukturen des Denkens. stw 298
– *siehe Kettler/Meja/Stehr*
Mead: Geist, Identität und Gesellschaft. stw 28
– Gesammelte Aufsätze. Bd. 1. stw 678
– Gesammelte Aufsätze. Bd. 2. stw 679
– *siehe auch Joas*
Meja/Stehr (Hg.): Der Streit um die Wissenssoziologie. stw 361

205/4/8.92

suhrkamp taschenbücher wissenschaft
Soziologie, Theorie der Gesellschaft

Mommsen: Max Weber. stw 53
Moore: Ungerechtigkeit. stw 692
Müller: Sozialstruktur und Lebensstil. stw 982
Münch: Dialektik der Kommunikationsgesellschaft. stw 880
– Die Struktur der Moderne. stw 978
– Theorie des Handelns. stw 704
Niemitz (Hg.): Erbe und Umwelt. stw 646
Nowotny: Eigenzeit. stw 1052
Oakes: Die Grenzen kulturwissenschaftlicher Begriffsbildung. stw 859
Oser: Moralisches Urteil in Gruppen. stw 335
Otto/Sünker (Hg.): Politische Formierung und soziale Erziehung im Nationalsozialismus. stw 927
– Soziale Arbeit und Faschismus. stw 762
Parsons: Gesellschaften. stw 106
– siehe auch Schluchter (Hg.): Verhalten
– siehe auch Schütz/Parsons
Plessner: Die verspätete Nation. stw 66
Rammstedt: Deutsche Soziologie 1933-1945. stw 581
– siehe auch Simmel
Ribeiro: Der zivilisatorische Prozeß. stw 433
Rosenbaum: Formen der Familie. stw 374
– Proletarische Familien. stw 1029
Rosenbaum (Hg.): Familie und Gesellschaftsstruktur. stw 244
Rossi: Vom Historismus zur historischen Sozialwissenschaft. stw 699
Roth: Politische Herrschaft und persönliche Freiheit. stw 680
Sachße/Engelhardt (Hg.): Sicherheit und Freiheit. stw 911
Schluchter: Aspekte bürokratischer Herrschaft. stw 492
– Rationalismus der Weltbeherrschung. stw 322
– Religion und Lebensführung. 2 Bde. stw 961/962
Schluchter (Hg.): Max Webers Sicht des antiken Christentums. stw 548
– Max Webers Sicht des Islam. stw 638
– Max Webers Sicht des okzidentalen Christentums. stw 730
– Max Webers Studie über das antike Judentum. stw 340
– Max Webers Studie über Hinduismus und Buddhismus. stw 473
– Max Webers Studie über Konfuzianismus und Taoismus. stw 402
– Verhalten, Handeln und System. Talcott Parsons' Beitrag zur Entwicklung der Sozialwissenschaften. stw 310
Schöfthaler/Goldschmidt (Hg.): Soziale Struktur und Vernunft. stw 365
Schröter: »Wo zwei zusammenkommen in rechter Ehe ...« stw 860
Schütz: Das Problem der Relevanz. stw 371

205/5/8.92

205/6/8.92